JN322126

遣隋使がみた風景

—東アジアからの新視点—

氣賀澤 保規 編

八木書店

煬帝と厩戸皇子（聖徳太子）

図1　煬帝（「歴代帝王図」）

図2　伝聖徳太子

七世紀初頭、大陸の隋と島国の倭の間で、二つの個性が一瞬交錯し、火花を散らした。一人は隋の煬帝（五六九〜六一八、在位六〇四〜六一八）、もう一人は倭の厩戸皇子（聖徳太子。五七四〜六二二。摂政五九三〜六二二）である。両人は生年も没年もほぼ重なり、それぞれの政治を動かすとともに、感性豊かな才能を発揮し、歴史にその名を刻んだ。東アジア世界はこの時期を経て、いよいよ本格的に動き出すことになる。

（本文6頁参照）

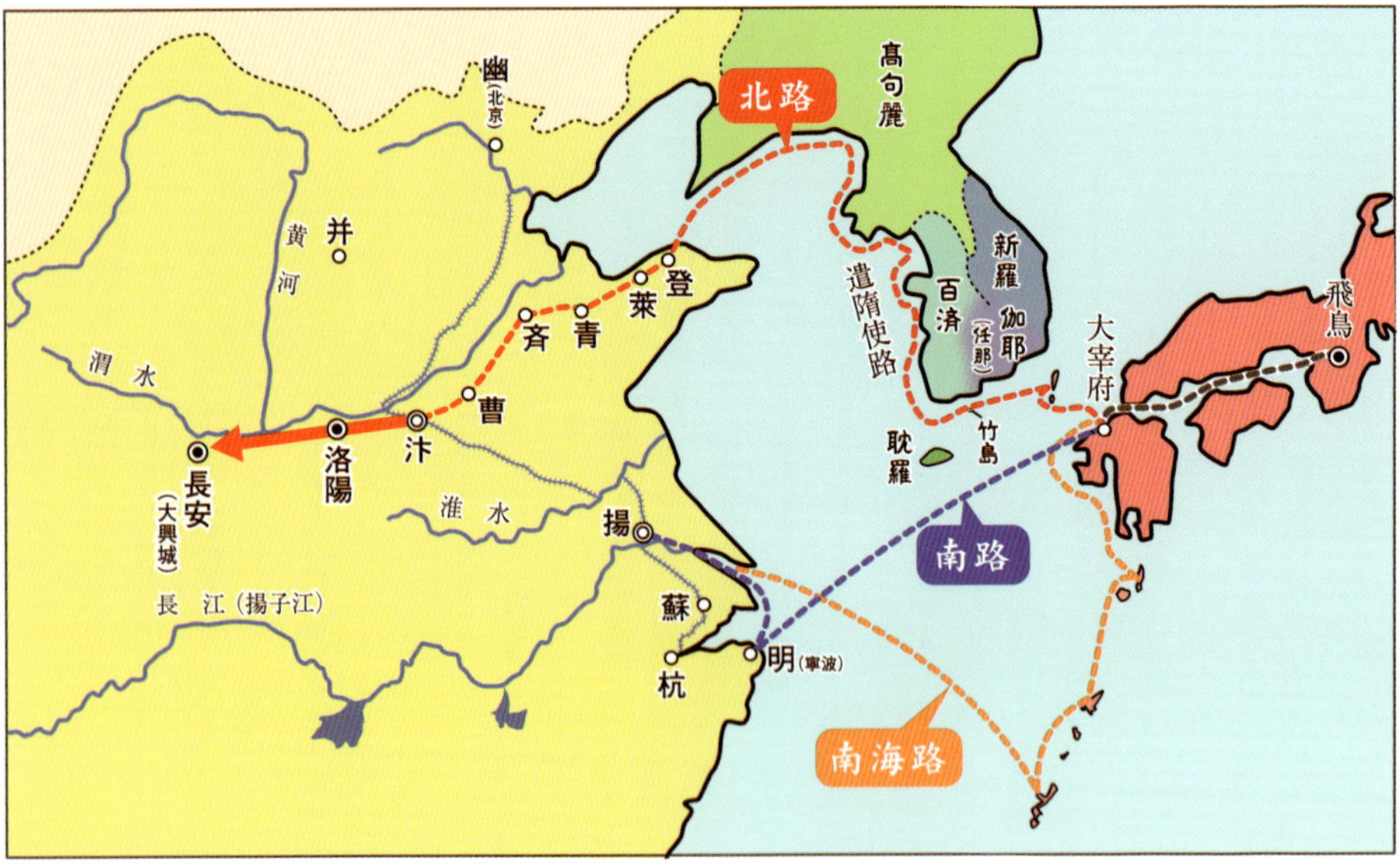

図3　遣隋使の経路図（南路・南海路は遣唐使コース）

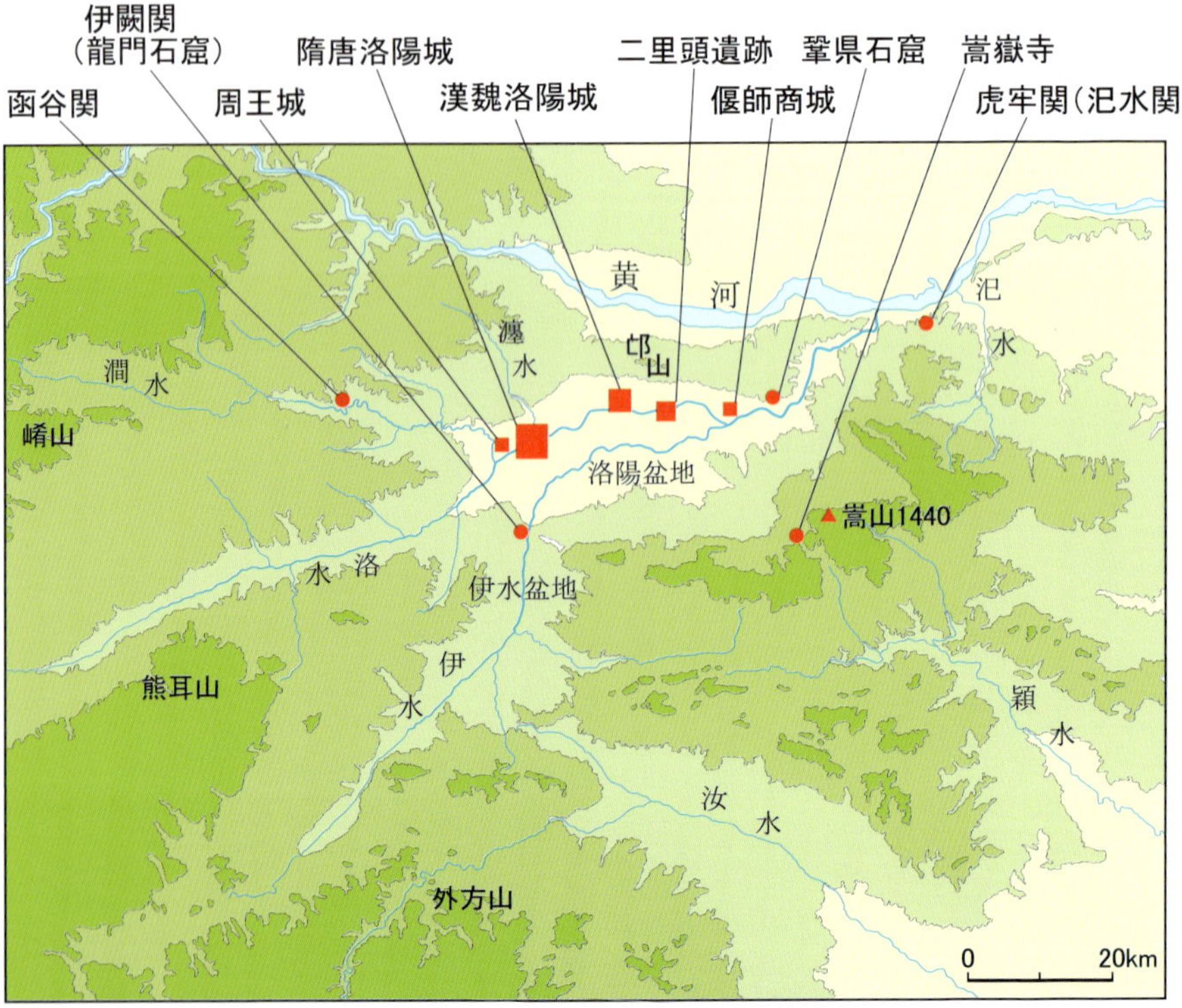

図4　洛陽盆地周辺地図

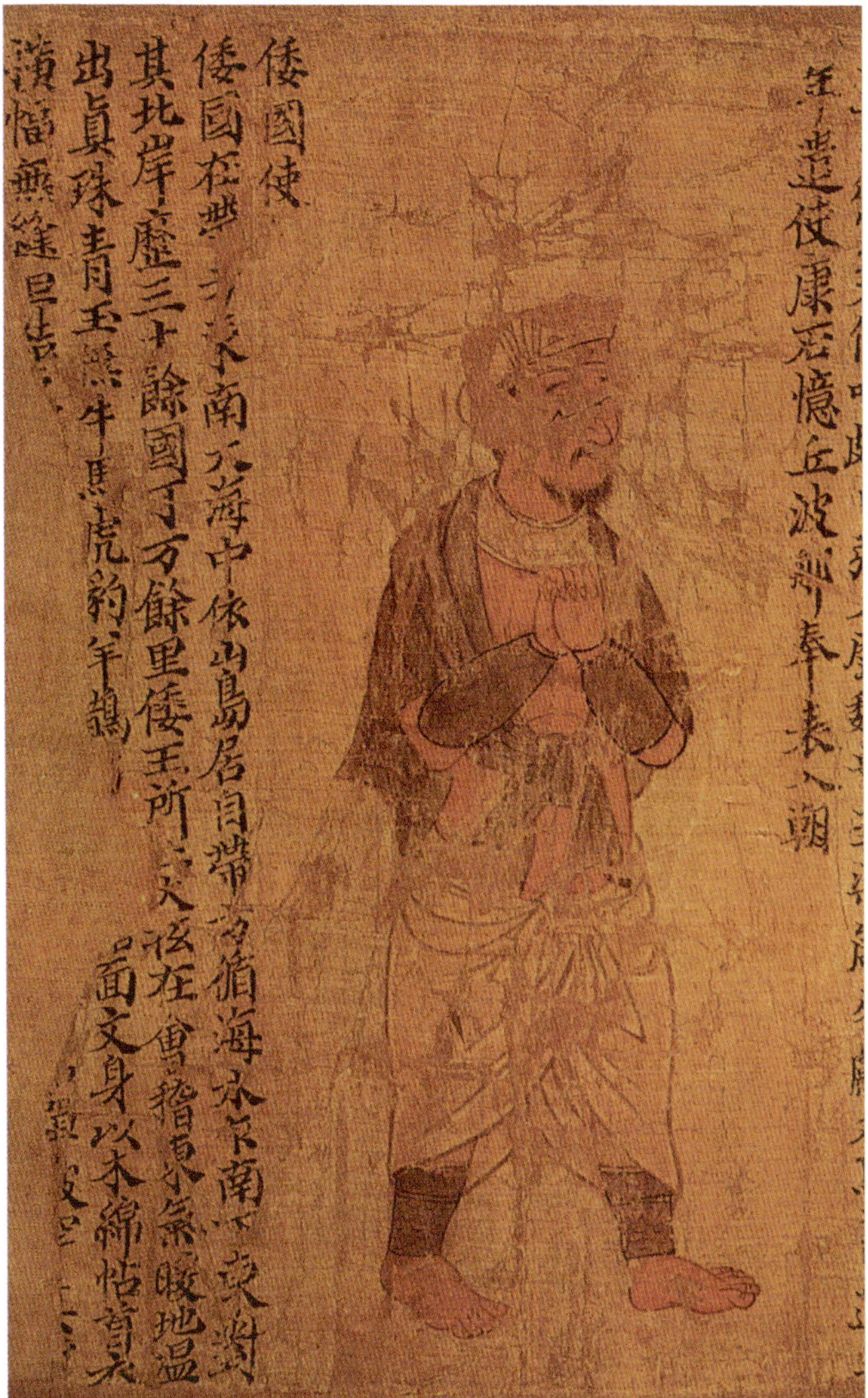

図５　倭国使（「梁職貢図」。154、273、283 頁参照）

山東青州龍興寺仏教石像

図6　菩薩立像（北斉）

図7　三尊立像（東魏）

図8　如来坐像（隋）

図9　如来立像（北斉）

隋代の男性風景

図10　盾を持つ武士俑

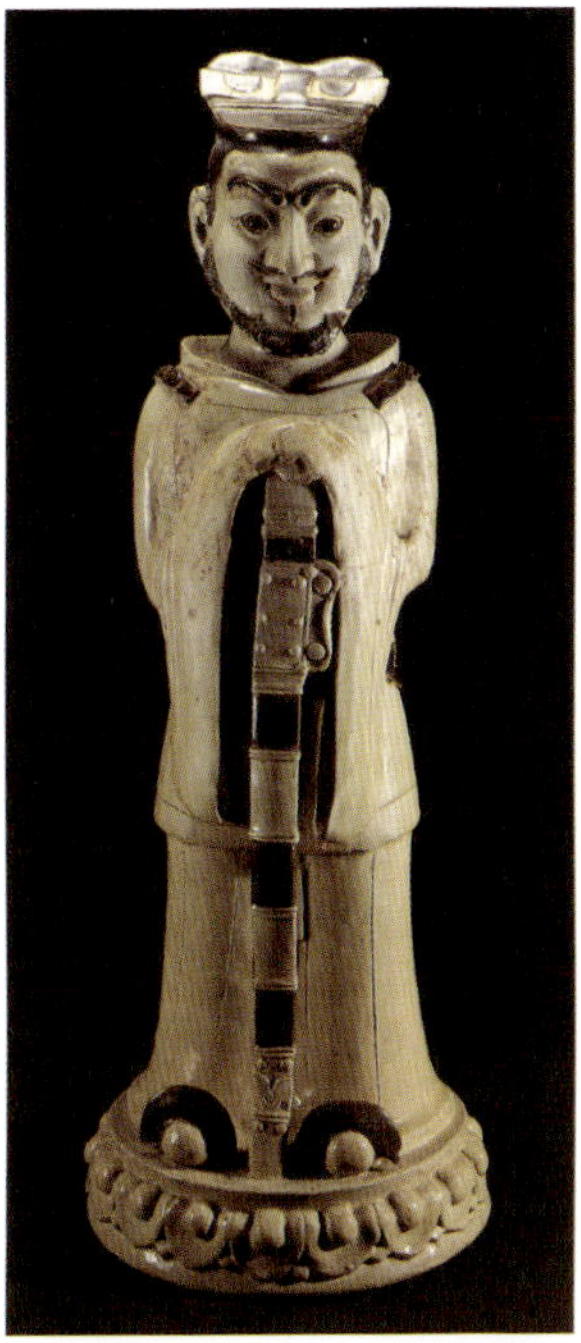

図11　白磁黒彩の侍官俑

図12　出家者俑

図13　隋代の西域系胡人俑

隋代の女性生活風景

図14　炊事風景

図15　箕を使う婦人

図16　物思いにふける女性

図17　侍女群像

図 18　白磁囲碁盤

図 19　男性伎楽壁画

図 20　婦女伎楽隊

図 21　臼

図 22　母豚の乳を飲む子豚

隋代の建造物

図24　大住聖窟入口風景
（河南省安陽　宝山霊泉寺）

図23　神通寺四門塔
（山東省歴城県）

図26　安済橋
（趙州橋、河北省趙県）

図25　隋代家屋（陶屋）

目　次

カラー口絵
煬帝と厩戸皇子（聖徳太子）……1　遣隋使の経路図／洛陽盆地周辺地図……2
倭国使……3　山東青州龍興寺仏教石像……4
隋代の男性風景……5　隋代の女性生活風景……6
隋代の娯楽社会風景……7　隋代の建造物……8

序章　東アジアからみた遣隋使――概説と課題……氣賀澤保規　1

第Ⅰ部　遣隋使と国際関係……29

1　『隋書』倭国伝からみた遣隋使……氣賀澤保規　31
2　東アジアの国際関係と遣隋使……金子修一　59
3　朝鮮からみた遣隋使……田中俊明　88
4　アジア交流史からみた遣隋使――煬帝の二度の国際フェスティバルの狭間で……氣賀澤保規　114

第Ⅱ部　遣隋使とその時代の諸相……145

1　推古朝と遣隋使……吉村武彦　147
2　遣隋使の国書……川本芳昭　168
3　遣隋使と飛鳥の諸宮……林部　均　190
4　遣隋使の「致書」国書と仏教……河内春人　223

第Ⅲ部　倭人と隋人がみた風景……249

1　倭人がみた隋の風景……氣賀澤保規　251
2　隋人がみた倭の風景……鐘江宏之　282
3　遣隋使のもたらした文物……池田　温　304
終章　遣隋使の新たな地平へ――おわりに寄せて……氣賀澤保規　349

付　録……357
遺隋使史料集……359
1　隋書倭国伝……359
2　日本書紀……367
3　その他……374
人物略伝……384
1　隋　編……384
2　倭国編……392
地図・官制図……398
7世紀初頭の東アジア・中央アジア・北アジア……398
隋代（6世紀後半）の東アジア世界……399
唐初（7世紀前半）の東アジア世界……399
隋代地図及び隋末唐初群雄割拠図……400
隋の洛陽（東京）城……401
隋代中央・地方官制図（煬帝期官制を基準に）……402
年　表……403
隋代史関係年表……403
隋代各国遣使年表……409
参考文献……418

【コラム】遣隋使――新聞記者が答えるQ＆A……426
図版出典一覧……439
執筆者紹介……441

序章　東アジアからみた遣隋使――概説と課題

氣賀澤　保規

はじめに――隋という時代の特色

隋の建国と仏教政策

隋という王朝は、五八一年（開皇元）二月、北周の外戚として実権を握った楊堅が創始して、初代文帝となってから、二代目の煬帝が六一八年（大業一四）三月に、最後に揚州の江都宮（今日の江蘇省揚州市）で部下の宇文化及の反乱で殺されて終わるまでの、わずか二代三八年の短命な王朝であった（図1・図2参照）。しかし隋はこの短い間に、五八九年（開皇九）には四〇〇年におよんだ分裂に終止符を打つとともに、並行して新律令「開皇律令」を制定して、中央の三省六部制から地方の州（郡）県制の実施など、統一国家の体制を全面的に整えた（付録402頁図6「隋代中央・地方官制図」参照）。二〇世紀初めに廃止されるまでつづく人材選抜の科挙制の始まりはこの時期のことであった。そしてこの開皇律令こそは次の唐代律令にそのまま継承され、ここから海を渡って日本の古代国家の基となった。いい換えれば、日本の古代律令国家の原点は隋にま

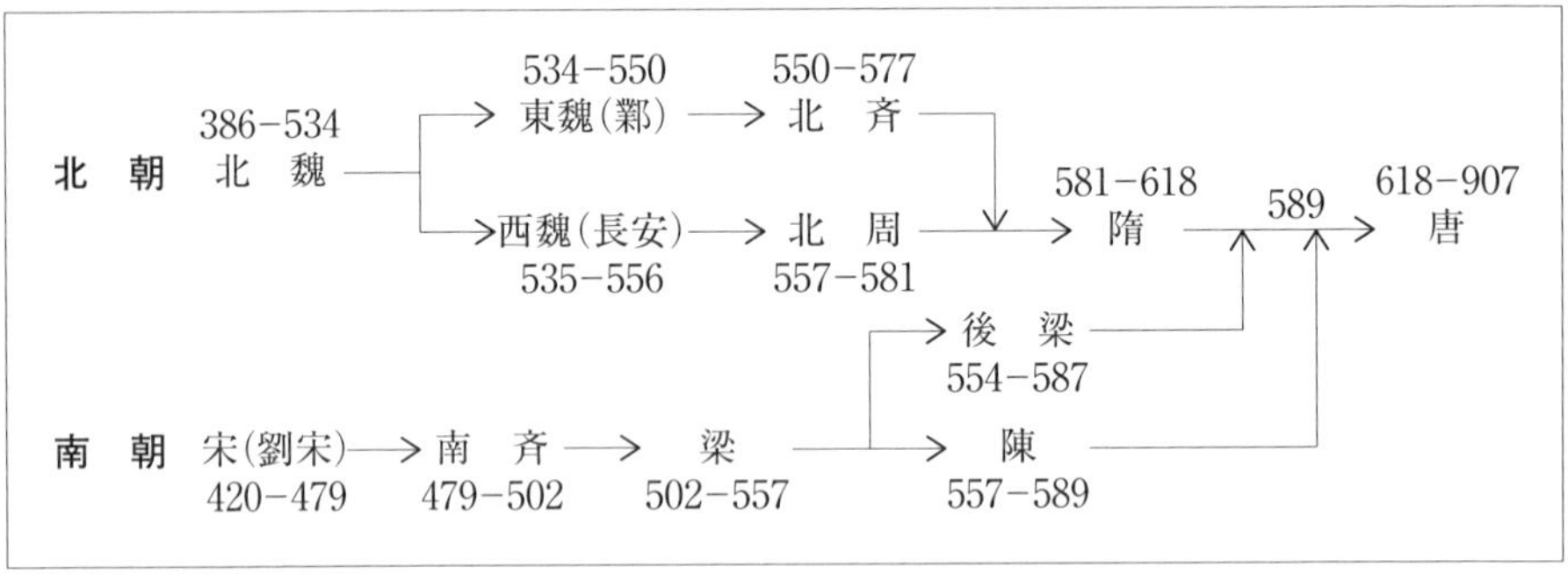

図１　王朝交替図（南北朝・隋唐時代）

でさかのぼることができる。

また煬帝は、北の黄河流域と南の揚子江（長江）流域とをつなぐ幹線＝大運河を完成させ、南北が政治的にも経済的にも一体化する道を開いた。南は江南の杭州から、北は幽州（現在の北京）までつづく全長二〇〇〇キロを越える大動脈である。唐朝はこれによって、発展する江南の税米や物資を北に輸送し、人の往来も促し、南北の距離がいっそう近づいた。日本からの遣唐使はいずれもこの大運河を使って都に赴いたのである。これ以後、宋元明清の歴代王朝においても運河が主要な南北をつなぐ幹線となることには変わりなく、さらに今日の中国政府の「南水北調」（揚子江の水で北の水不足を補う）計画にまでつながっている。

一方、隋を考える場合に忘れてはならないのは、仏教の存在である。隋に先立つ北周の武帝は、五七四年から五七八年にかけて、まず北周の治下から始め、新たに支配下に置いた旧北斉領内まで、華北の仏教を徹底的に弾圧した。これが中国の四大廃仏（排仏）事件、いわゆる「三武一宗の法難」の一つに数え上げられる北周武帝の廃仏である。これにたいし隋の文帝は、みずからの仏教信者としての立場に、北周との違いを鮮明にさせる政治的意図を重ねて、即位直後から仏教保護にのりだし、「普く天下に詔して、任せて出家を聴」し、経典や仏像の製作を認め、「民間の仏経は六経（儒教経典）より多きこと数十百倍」（『隋書』経籍志）ともいうべき仏教の隆盛ぶりを招来した。

文帝はその後仏教への傾斜を深め、治世後半の六〇一年（仁寿元年）には、「儒学の道」を教える学校を全廃状態にするという詔を出し、並行して「舎利を諸州に頒つ」ところの、前後三回におよぶ「仁寿舎利（塔）事業」に着手した（268〜269頁参照）。これが唐代の、則天武后の大雲（経）寺を全土に配置する事業など

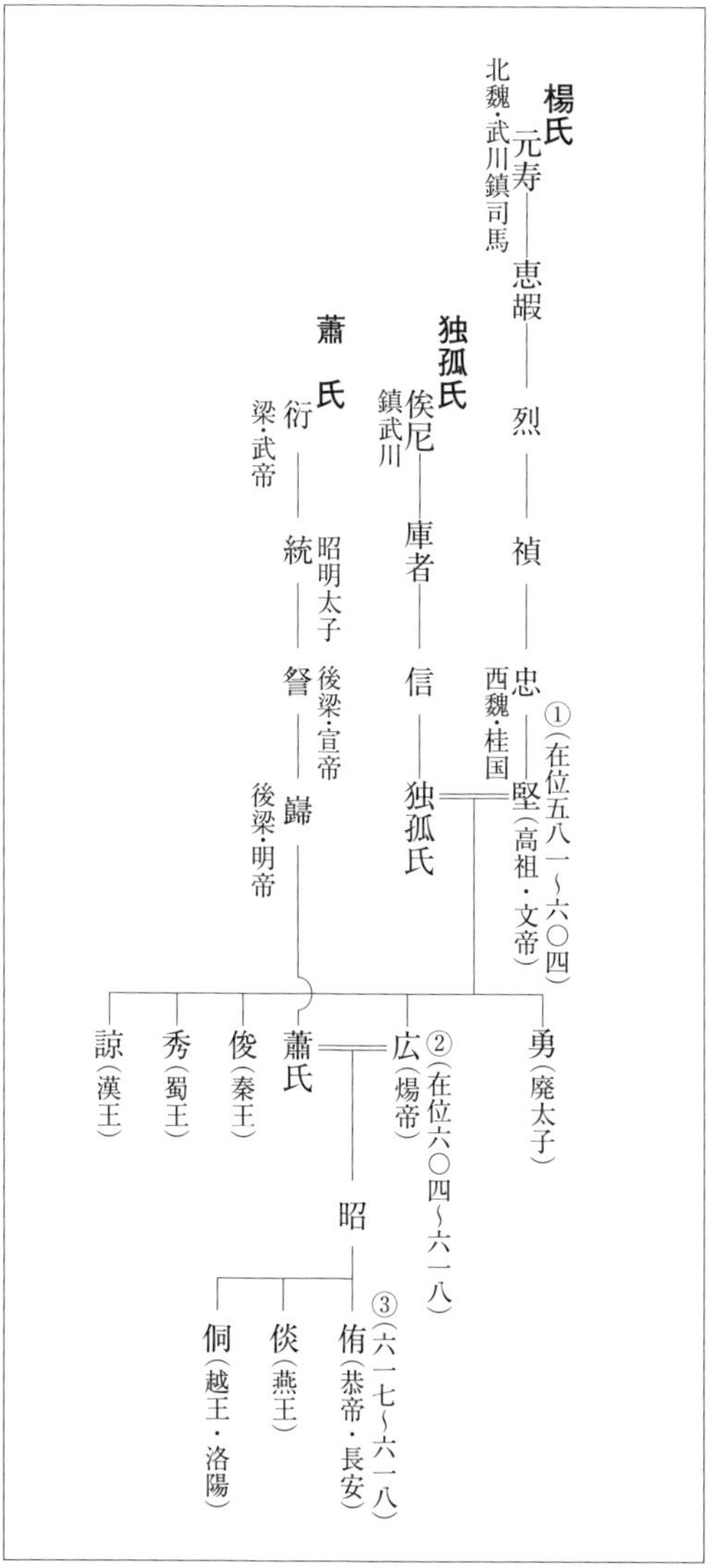

図２　隋朝楊氏の系譜

を経て、日本の国分寺・国分尼寺にまで連なる。

以上のようにみてくると、隋という時代は、唐朝三〇〇年に止まらず、後世にまで計り知れない影響を与えた、中国史上の大きな節目に位置づけられることがわかるだろう。それに加えて、隋は律令と仏教という二本の柱を通じて、初めて東アジア世界に共通する足場を築き、その中心に立つことになった。ここに成立した東アジア世界の関係は唐代にうけつがれ、また羈縻や冊封で表現される国際関係がその滅亡におよぶまで維持された。今日しばしば俎上にのぼる東アジア共同体の東アジア世界とは、この隋代以来の長い歴史的背景があることは留意されてよいだろう。

遣隋使研究の視点

さて、このような特色をもつ隋という王朝に、東の海の彼方にあった島国から使者が派遣されてきた（口絵2頁図3「遣隋使の経路図」参照）。倭（推古朝）の使節＝遣隋使である（倭に限らず隋への各国の使節はすべて遣隋使であるが、以下本書で遣隋使という場合は、とくに断りがない限り倭の遣隋使を指すものとする）。その隋への来訪は、かりに朝鮮の百済が間に介在していたとしても、大局的には統一隋の動向への対処、隋のもつ政治的、文化的先進性への関心につき動かされた、主体的な判断にもとづく行動とみてよいだろう。つまり本格的な国造りを目指す以上、遣隋使の派遣は必然的に出てくる選択であり、国運をかけた重い決断であった。そうした点から遣隋使は、日本古代史上の一大トピックであり、日本史上最初の、自前の本格外交といえるかもしれない。

このように遣隋使は、日本史の側において大きな意味を有していた。そのため、従来主に日本史的視点から取り上げられ、日本史的関心のなかで論じられることが多かった。そこでは遣隋使は日本史の問題であった。しかし一旦そこから目を離してみると、遣隋使問題は、隋を中心とする東アジアの国際関係を考えさせる貴重な手がかりを内包する。この立場から、西嶋定生氏や堀敏一氏を先頭とする中国史研究者を中心に、隋の東アジア政策や国際関係の構造が取り上げられ、その位置づけや意義づけに力が注がれてきた。これまでの研究動向を大きく括ってみるならば、一方は日本史の問題として、他方は東アジア国際関係史の問題という二本柱のあいだで、多くの蓄積を築いてきたことになる。

だが遣隋使の歴史的使命や国際的位置づけに目が向けられる一方、遣隋使の舞台となった隋という王朝の実態や国情はこれまでどこまで語られてきただろうか。つまり隋という歴史の場において遣隋使を考えるという視座であるが、その肝心な試みは必ずしも十分ではなかったのではないか。倭から派遣された使節たちは圧倒的な国力の差、体制の違いを目の当たりにし、そのことが母国の国造りにたいする大きな刺激となったはずである。彼らは隋で何を見、何を肌で感じ取ったのだろうか。私たちはまだこのような素朴な疑問にも正面から答える用意をしてこなかったように思われる。

本書はこのような反省と問題関心に立って、「東アジアからみた遣隋使」という共通テーマのもと、従来の枠や見方を自由にふみ出し、新たな遣隋使像を構築することを目指している。小野妹子が遣隋使となって初めてかの地を踏んでから、今一四〇〇年をちょうど越えたところにある。転機に立つ日本の行く末を考えるとき、自前で東アジアに乗り出し、大国隋と正面から向き合った推古―厩戸（聖徳）時代の倭国（日本）の姿勢は、何らかの指針となるはずである。そのためにもその時代の姿、遣隋使の果たした役割、東アジア国際交流の意味をより踏み込んで明らかにすることが求められている。

一　遣隋使時代の隋と煬帝

派手好きな煬帝

遣隋使の時代というと、よく知られた六〇七年（隋・大業三年、倭・推古一五年）の小野妹子の遣使をはさんで、その両端に立つ二人の人物のことがつよく意識される。一人は隋の煬帝（ようだい）（五六九〜六一八、在位六〇四〜六一八）、もう一人は倭の厩戸皇子（聖徳太子。五七四〜六二二。摂政五九三〜六二二）である（口絵1頁図1・図2参照）。両人は生年も没年もほぼ重なり、各王朝の最高権力者として時代を動かす立場に立ち、ともに個性的で感性豊かな才能を発揮した。七世紀の初め、遣隋使を介してこの二つの個性は交錯し、一瞬の火花を散らし、東アジア世界の本格的な幕開けを告げた。だがしかし後世、前者が中国史上まれに見る暴君との汚名をきせられ、後者は太子信仰の対象として祀られ、多くの人々の尊崇を集めつづけるという、まったく反対の評価に身を委ねることとなった。

煬帝に先立つ文帝の治世は、内治に力を入れ、外征を抑え、生活も質素倹約を旨とする方針がとられた時代であった。その結果、文帝期の後半には戸口は増え、当初の四〇〇万に満たない戸数が、八九〇万戸にまで倍増し、倉庫に収まりきらない税物は廊下に野積みされる始末であった（『隋書』食貨志・『資治通鑑』巻一八〇・仁寿四年七月）。万事しまり屋の文帝にたいし、その後にくるのが、派手好きで権勢欲に燃えた煬帝の時代である。彼は一四年間の治世において、父ののこした蓄えを使いつくし、全土に燃え広がった反隋の嵐の中で没することになった。

煬帝に暴君の汚名をきせることになる要因の第一は、即位以来、休むことを知らぬ大規模土木事業によって、民衆を疲弊の底に落としたことである。彼は皇帝になると、ただちに政治拠点を長安（大興城）から東方の洛陽に移し、住民を大々的に動員し新たな洛陽＝東京（のち東都と改名）を造営した。それにつづくのが右で述べた大運河の開鑿となり、工事のしまいには男だけでは足らず、女も動員の対象となった。それに加えて豪奢な生活ぶりがあり、連年の行幸や外征があり、在位中まるまる一年間都（東都洛陽）に腰を落ち着けて政治に励むことは一度としてなかった。次頁にあげる表1「煬帝在位中移動表」からも確認できるように、一四年に近い在位中、洛陽にいた時間は三分の一程度にしかすぎなかったのである。

そして治世の後半、大業八年（六一二）から三年、計三回にわたった高句麗遠征が強行され、大変な犠牲を払いながらも、高句麗側の根強い抵抗によって結局失敗に終わった。その動員の量たるや有史に例がないほどのもので、初回の場合は兵員が「一百一十三万三千八百人」で公称「二百万」人、これに食糧などを運ぶ補給部隊が倍の数でついたという（『資治通鑑』巻一八一・大業八年正月）。このうち遼水（遼河。遼寧省を流れる川）を渡って高句麗領に攻め込んだものが「三十万五千」人で、無事帰還できたものがわずか「二千七百人」であった（『資治通鑑』巻一八一・大業八年七月）。動員と犠牲の多さは人を驚かせてあまりがある。

かくして、隋末の大動乱が勃発する。この時期の反乱の特徴は、ほぼ全土で大小さまざまな集団が澎湃と

表1　煬帝在位中移動表

年　号（西暦）	煬帝の行動（アラビア数字は月）	洛陽停留期間
仁寿4（604）	7 即位（仁寿宮）→ 8 京師（長安）、 11 京師→11 洛陽（東都）	↕ 604.11-605.8 （約10か月）
大業元（605）	8 洛陽→ 9？江都（揚州）	
2（606）	3 江都→（伊闕＝龍門）→ 4 洛陽	↕ 606.4-607.3 （約10か月）
3（607）	3 洛陽→京師（長安）→（北の巡察） → 北岸澤→雁門→太原→ 9 洛陽	↕ 607.9-608.3 （約6か月）
4（608）	3 洛陽→五原→（長城一帯巡察）→ 8 恒山 → 9 洛陽	↕ 608.9-609.2 （約5か月）
5（609）	2 洛陽→ 3 京師→（西方・吐谷渾遠征） → 6 張掖→（帰還）→ 9 京師→11 洛陽	↕ 609.11-610.3 （約4か月）
6（610）	3 洛陽→ 4？江都	
7（611）	2 江都→（北上・黄河を渡る）→ 4 涿郡（北京）	
8（612）	3 涿郡（第1回高句麗遠征）→（遼水渡る） → 6 遼東城→（帰還）→ 9 洛陽	↕ 612.9-613.3 （約6か月）
9（613）	3 洛陽（第2回高句麗遠征）→ 4（遼水渡る） → 6 撤退（楊玄感の乱）→ 閏9 博陵郡（河北）	
10（614）	3 博陵（第3回高句麗遠征）→ 3 涿郡 → 7 懐遠鎮→ 8 撤退→10 洛陽→京師 →12 洛陽	↕ 614.12-615.3 （約3か月）
11（615）	3 洛陽→ 4 汾陽宮（山西）→（北辺巡察） → 8 雁門→ 9 太原→10 洛陽	↕ 615.10-616.7 （約10か月）
12（616）	7 洛陽→8 ？江都→以後、大業14（618）3月の死まで江都停留	
		計　約54か月

立ち上がったことであり、記録に見えるところでその数二〇〇ほど、実数はおそらくその倍はあったと推定される。それらの反乱の動きは、六一〇年頃からぽつぽつと始まり、六一三年の楊玄感の乱を境に一気に高まり、隋末には事実上隋は機能停止に陥った（付録400頁図4「隋代地図及び隋末唐初群雄割拠図」参照）。煬帝は南の揚州（江都）に逃れ、日々享楽にふけるなかで、最後は臣下の宇文化及が起こした兵乱によって殺された。

煬帝は暴君であったか

ただ注意しておきたいのは、煬帝の所業は暴君・暴政のレッテルを貼るだけではすまないことである。個人的資質からみた煬帝は、歴代王朝の皇帝のなかで屈指の存在に入り、国造りの構想力や実行力では名君の誉れ高い唐の太宗李世民をもしのぐ。また煬帝は兄を押しのけて権力の座につくという熾烈な権力闘争を体験している。

煬帝悪評の要因となる大運河の開鑿は、隋にとって南朝を併合した領土統一の先にくる経済の南北一体化、そのための南北をつなぐ幹線の必要性という現実にもとづいて断行された。中国の大河はいずれも西から東へと流れ、そのまま海に出る。黄河、淮河、揚子江（長江）、みな然りである。そうした事情から大河間を結び、大量の人と物の移動を容易にする運河は、古来いくども試みられ、挫折を繰り返してきた悲願ともいうべき大事業であった。いずれは誰かが果たさなければならないこの悲願を、煬帝は多大な犠牲に目もくれず一気に達成したということも忘れてはならない。そのお蔭で唐は悪役にならず、大動脈の恩恵だけにあずかり、長く命脈を保つことができたのであった。

彼は即位直後に長安（大興城）をすてて洛陽に新たな首都を建造する。その上で、運河を開き、それを使って行幸するとともに、北辺の突厥（とっけつ／とっくつ）の本拠（内蒙古（モンゴル））にでかけて啓民可汗（けいみんかかん）を威圧し、ついで西の青海（せいかい）方面で勢力を有した吐谷渾（とよくこん）を西方に蹴散らし、最後に乗り出したのが高句麗征討である。これら煬帝の行動を追いかけていくと、決してそこには無駄な動きはなく、着実に一つの方向に向かって歩を進めていることが明らかとなる。統一帝国隋を強化し、南北を一体化させ、ついで周辺諸国を従えた東アジアの盟主となる道である。隣接の高句麗はその路線の先にあるものを鋭敏に察知したがゆえに、断固として抵抗し、一方隋の側はみずからの路線を貫徹させるためには、どうしても高句麗を圧伏させる必要があった。その意味で、煬帝の高句麗遠征は単なる暴君の所業としては片付けられない重みをもっていた。

煬帝は若くより文学的感性にすぐれ、仏教でも天台宗（てんだいしゅう）の開祖となる天台智顗（ちぎ）を師として菩薩戒（ぼさつかい）（大乗仏教者の守るべき戒律とその資格）を受け（48頁参照）、仏教には通暁していた。その一方、生死を分ける政権争いの修羅場を生きぬいて権力の頂点に立ち、国家のあるべき形を見据えた構想力や先見性では並み大抵の存在ではない。東アジアの盟主としての見通しも彼にはあった。倭はこのような強烈な存在感を備えた男と向き合わなければならなかった。そうした立場からいって、例えば倭使の小野妹子に裴世清（はいせいせい）をつけて倭に赴かせた理由も、たんなる冊封（さくほう）、答礼の使者というレベルにとどまらない、東アジアの盟主にむけた布石といった面からも考えられてよいのではないか。これまでややもすれば等閑視されがちであった煬帝という個性に、これを機会にきちんと目を向けておきたい。

二　遣隋使関係史料をめぐる理解と課題

さて、遣隋使を知る手がかりであるが、それは基本的に二つの史料に限られるといって過言でない。一つは『隋書』倭国伝（以下「倭国伝」と略す）であり、もう一つが『日本書紀』（以下『書紀』と略す）の関係年次の記事である。遣隋使の理解を進めるためには、まずそれらを押さえ直してみる必要があり、本書の各論でも基本的にこの二つの史料にもとづいて展開される。そこで最初にあたって、両史料の関係記事をめぐって従来取り上げられてきた主たる論点あるいは疑問点を、史料の原文と対応する解釈（読み下し）を示すなかで、整理しておくこととする。傍線を付したところがその該当箇所となる。なお両史料の関係箇所全体は、原文に読み下しを付し、巻末に付録として掲げている（付録359～383頁「遣隋使史料集」参照）。

(1)『隋書』巻八一・倭国伝

①開皇二十年、②倭王。姓阿毎、字多利思比孤、号阿輩雞弥。遣使詣闕。上令所司訪其風俗。③使者言、倭王以天為兄、以日為弟。天未明時出聴政、跏趺坐、日出便停理〔治〕務、云委我弟。高祖曰、此太無義理。於是訓令改之。④王妻号雞弥。後宮有女六七百人。名太子為利〔和〕歌弥多弗利。無城郭。

①開皇二十年（六〇〇年）、②倭王あり。姓は阿毎、字は多利思比孤、阿輩雞弥と号す。使を遣わして闕（都、隋大興城＝長安）に詣る。上（隋文帝）、所司（担当役人）をしてその風俗を訪わしむ。③使者言う、「倭王は天

を以て兄となし、日を以て弟となす。天未だ明けざる時、出でて政を聴き、跏趺（あぐら）して坐し、日出ずれば便ち理〔治〕務（政務）を停め、いう我が弟に委ねん」と。高祖曰く、「これ太だ義理（道理）なし」と。ここにおいて訓えて之を改めしむ。④王の妻は雞弥と号す。後宮に女六、七百人あり。太子を名づけて利〔和〕歌弥多弗利となす。城郭なし。

⑤内官有十二等。一曰大徳、次小徳、次大仁、次小仁、次大義、次小義、次大礼、次小礼、次大智、次小智、次大信、次小信、員無定数。有軍尼一百二十人、猶中国牧宰。八十戸置一伊尼翼〔冀〕、如今里長也。十伊尼翼〔冀〕属一軍尼。

⑤内官に十二等あり（徳・仁・義・礼・智・信の大小十二等）。一は大徳といい、次は小徳、次は大仁、次は小仁、次は大義、次は小義、次は大礼、次は小礼、次は大智、次は小智、次は大信、次は小信、員（各ポスト）に定数（定員）なし。軍尼（国司）一百二十人あり、猶お中国の牧宰（地方長官）のごとし。八十戸に一伊尼翼〔冀〕を置く、今の里長の如きなり。十伊尼翼〔冀〕は一軍尼に属す。

⑥（中略――倭国の風俗・生活・風土など全般）

⑦有阿蘇山。其石無故火起接天者、俗以為異、因行禱祭。有如意宝珠。其色青、大如雞卵、夜則有光。云魚眼精也。

⑦阿蘇山あり。その石の、故なくして火起り天に接する者あり、俗以て異となし、因って禱祭（神に祈る祭祀）を行う。如意宝珠（思うままに珍宝を出す珠。虚空蔵菩薩がもつ）あり。その色青くして、大なること雞卵の如く、夜は則ち光あり。魚の眼精なりという。

⑧新羅・百済皆以倭為大国、多珍物、並敬仰之、恒通使往来。

⑧新羅・百済、皆倭を以て大国となし、珍物多しとし、並びに之を敬仰し、恒に使を通じ往来す。

大業三年、其王多利思比孤遣使朝貢。⑨使者曰、聞海西菩薩天子重興仏法。故遣朝拜、兼沙門数十人来学仏法。⑩其国書曰、日出処天子致書日没処天子。無恙、云云。帝覧之不悦、謂鴻臚卿曰、蛮夷書有無礼者、勿復以聞。明年、⑪上遣文林郎裴清使於倭国。

大業三年（六〇七）、その王多利思比孤（聖徳太子?）、使を遣わして朝貢す。⑨使者（小野妹子）曰く、「聞く、海西の菩薩天子、重ねて仏法を興すと。故に遣して朝拝せしめ、兼ねて沙門数十人をして、来りて仏法を学ばしむ」と。⑩その国書に曰く、「日出ずる処の天子、書を日没する処の天子に致す。恙なきや、云云」と。帝（煬帝）、之を覧て悦ばず、鴻臚卿（外務大臣）に謂って曰く、「蛮夷の書、無礼なる者あり、復た以て聞する（奏上する）なかれ」と。明年（六〇八）、⑪上、文林郎裴清（裴世清）を遣わして倭国に使せしむ。

（中略――裴世清ら使節の隋倭間の海路コース。百済↓竹島↓（南望）躭羅国（正しくは耽羅国。済州島）

↓都斯麻国（対馬）↓一支国（壱岐）↓竹斯国（筑紫）↓秦王国（厳島・周防?）↓）

又経十余国、達於海岸。自竹斯国以東、皆附庸於倭。倭王遣小徳阿輩台、従数百人、設儀仗、鳴鼓角来迎。後十日、又遣大礼哥多毗、従二百余騎郊労。既至彼都。⑫其王与清相見、大悦曰、我聞海西有大隋、礼義之国。故遣朝貢。我夷人、僻在海隅、不聞礼義。是以稽留境内、不即相見。今故清道飾館、以待大使。冀聞大国惟新之化。清答曰、皇帝徳並二儀、沢流四海。以王慕化、故遣行人来此宣諭。既而引清就館。其後清遣人謂其王曰、朝命既達。請即戒塗。於是設宴享以遣清、復令使者随清来貢方物。⑬此後遂絶。

また十余国を経て、海岸（難波津）に達す。竹斯国（筑紫）より以東は、皆倭に附庸す（服属する）。倭王、小徳の阿輩台（何輩台、難波吉士雄成?）を遣わし、数百人を従え、儀仗（儀仗隊）を設け、鼓角（太鼓と角笛）を鳴らして来り迎えしむ。後十日、また大礼の哥多毗（額田部連比羅夫?）を遣わし、二百余騎を従え郊労せしむ（都の郊外で使者を迎える）。既にしてかの都（飛鳥宮?）に至る。⑫その王、清と相見え、大いに悦んで曰く、「我れ聞く、海西に大隋あり、礼義の国と。故に遣りて朝貢せしむ。我は夷人、海隅（海のこなた）に僻在して、礼義を聞かず。ここを以て境内（領内）に稽留（ぐずぐず）し、即ち相見えず。今故に道を清め館を飾り、以て大使（裴世清）を待つ。冀わくは大国（隋）惟新の化（維新の教え）を聞かんことを」と。清、答えて曰く、「皇帝、徳は二儀（天と地）に並び、沢（恩沢）は四海に流る。王（倭王）の化を慕うを以て、故に行人（使者＝裴世清）を遣わしてここに来り、宣諭せしむ」と。既にして清を引いて館に就かしむ。その後、清、人を遣わしてその王に謂って曰く、「朝命既に達せり。請うらくは即(ただ)ちに塗(みち)を戒(いまし)められんことを（旅の支度をせよ）」と。ここにおいて、宴享(えんきょう)を設け以て清を遣わし（帰国させ）、復(ま)た使者（小野妹子）をして清に随い来りて方物を貢ぜしむ。⑬この後、遂(つい)に絶つ。

右の引用史料中に傍線を付したところをめぐって、これまでに以下のような問題点の指摘がなされている。引用史料中の数字と以下の数字は対応する。

①「開皇二十年」の遣使。後述するがこの年の遣隋使の記事は、この「倭国伝」にあって『書紀』にはない。したがって『書紀』の記述を重視する立場（本居宣長(もとおりのりなが)以来）から、この開皇二〇年にかかわる記事は正式な倭国の使節のものではない、とみなされてきた。しかし戦後は、開皇二〇年使節の存在を認めることが共通認識になりつつある。この解釈の転換がなぜ生まれることになったのか。開皇二〇年の遣使の実在性をいうための論証は十分であろうか。

②倭王の姓が阿毎(あめ)、字が多利思比孤(たりしひこ)、号が阿輩雞弥(あほけみ)（おおきみ）とあることの理解。とくに阿輩雞弥は大王、天王、大君、天君などとして天皇に先行する称号と解されるが、ではこの場合「阿毎の多利思比孤」とは誰にあたるのか。

③倭の使者が隋の高祖（文帝）の質問に答え、倭王が天を兄とし、日を弟としたという論理はどこから来るか。これを聞いた高祖が「これ太だ義理なし」「訓えて之を改めしむ」とした意味、「之」が直接指すところをどう理解したらよいか。

④倭王の妻の呼称が「雞弥」（「君」のことか）であったとすると、当時倭王は男性であったと理解された可能性が生まれる。その場合、推古天皇（女帝）との関係はどうなるか。倭の側はそれを伏せて隋に倭王のことを伝えたのか。また太子の名で「利歌弥多弗利」は「和歌弥多弗利（ワカミタフリ）」と理解されるが、それは厩戸皇子（聖徳太子）とつながるか。

⑤「内官に十二等あり」という十二等級の官名は、推古一一年（六〇三）一二月に実施された冠位十二階と同じとみなせるが、「倭国伝」では開皇二〇年（六〇〇）のことに入れている。この年号の齟齬をどう捉えるか。六〇三年に実施された記事が「倭国伝」で誤って前に混入したのか、あるいはそもそも「倭国伝」の六〇〇年の遣使記事じたいが信用できないのか、意見が分かれるところとなる。

⑥「倭」の風俗・生活様態の全般。ここでの問題は別途詳論するため（第Ⅲ部2参照）、史料をあげることは省略するが、内容は男女の服飾、履物、装身具、髪型、頭冠、寝具、武器、儀仗、犯罪、刑罰、楽器、習俗、漁労、仏教、民間信仰、娯楽、飲酒、気候、土壌、鵜飼、食事、婚姻、葬儀、服喪となり、倭の国柄から風俗習慣、暮らしぶりなど多岐にわたる興味深い記事が盛り込まれ、当時の倭の実情をうかがう貴重な材料となる。

しかし見方をかえると、そこに一貫した未開性あるいは民度の低い社会実態が印象づけられる。とするとその様態は、倭＝大和政権下の様子を描写したものか、改めてその遅れた姿の意味と実態をどう認識するかが問題となる。本居宣長はここから開皇二〇年の遣使の記事は信用できない、その年の使者は倭国を勝手に名乗った九州や韓国あたりのもの、という論を展開した（本居宣長『馭戒慨言』。本書38〜39頁参照）。

⑦「その石の、故なくして火起り天に接する」ところの「阿蘇山」をどう理解するか。この存在が一つの理由になって、開皇二〇年（六〇〇）の遣使記事を九州方面の地方豪族のそれとみなす説につながるが、阿蘇山とはそのような地方性の象徴ですませるものでよいか。

⑧「新羅・百済、皆倭を以て大国とな」すという記事の実態をどう理解するか。この記事が古代における日本（倭）を中心とした朝鮮半島との朝貢関係をいう論拠となり、「小中華説」が生まれるが、当時の国際関係や倭の力量からそのことは可能であったか。

⑨「海西の菩薩天子（である隋皇帝）が重ねて仏法を興す」と倭の使者がいう菩薩天子とは、誰を指しているのか。文帝か煬帝か。それをどちらに特定するかで、「開皇二〇年」の遣使記事の解釈に影響を与える（第Ⅰ部1参照）。また「兼ねて沙門数十人をして、来りて仏法を学ばしむ」というが、沙門数十人という数の多さは信用できるか。また後述の『書紀』でいう人数・時期との関係をどう理解するか。

⑩倭の「国書」でいう「日出ずる処の天子、書を日没する処の天子に致す」と帝（煬帝）の「不悦」「無礼」とした反応との関係をどう解釈するか。「悦ばず」「無礼」とした理由は、倭が対等の「天子」と称したことにあるのか、倭を「日出ずる」、隋を「日没する」と表現したことか、その両方を合わせて隋側は非難したからか。

なお、「蛮夷書有無礼者、勿復以聞」の読み方（解釈）であるが、「蛮夷の書に無礼なる者あれば、復た以聞（奏上）することなかれ」と読み、「今後このような蛮夷の無礼な国書は奏上するな」とする解釈がある。本書では当面「蛮夷書」は妹子のもたらした倭の国書を指すと理解する。

⑪隋が文林郎裴世清を「倭国に使せし」めた理由・目的は何か。文林郎は煬帝の時、皇帝に直属する秘書省で最下位の文書担当官、従八品のポストであった。文林郎というと、文帝の時に整った散官（文散官。官界でのランク・俸給を示す官名。実職ではない）の最下位（従九品上）のそれにあてる解釈もあるが、これは修正される必要がある。おそらく裴世清はその立場から煬帝の直々の命をうけて使者となったはずである。なぜ「無礼」と怒った対象に使者を出すことになったのか。文林郎の立場からすると、返礼あるいは冊封を越えた意図、皇帝の意向の伝達あるいは現地調査などの役割も考えられるかもしれない。

⑫裴世清が「その王」たる倭王に拝謁したおり、倭王は「大いに悦」び、「大隋」は「礼儀の国」、「故に遣りて朝貢せしむ。我は夷人、海隅に僻在して、礼義を聞かず」と述べたという。前出⑨の箇所で「日出処天子」から「日没処天子」へと対等であることを主張し、ここではみずからを「海隅」の地に生きる「夷人」で、隋に「朝貢」したという。この姿勢の懸隔さをどのように理解したらよいか。記述の作為性を考えないとすると、倭の姿勢は隋使裴世清に会うことで一八〇度に近い転換がなされたと解されるあるいはみずからを夷人と認めて朝貢したということは、その先に冊封関係が意識されていたことにはならないか。

⑬最後の「この後、遂に絶つ」という文言の理解。「倭国伝」では妹子の大業四年（六〇八）の再訪を遣隋使の最後とみなすが、しかし『隋書』の他の部分や『書紀』の記事から、遣使はその後もあった可能性が高いとみなされている。とすると「倭国伝」ではなぜそのような記述で締めくくることになったのか。

隋からみて、本当はその後も正式な使者の受け入れがあったのか。

⑵『日本書紀』巻二二・推古紀

次に⑴の『隋書』倭国伝の場合と同様に、『書紀』の記事からも多くの疑問点や問題点が引き出される。ここでは直接遣隋使にかかわる部分をすべてあげた上で、同じく従来議論の対象になってきた主たる箇所にふれてみたい。

〔推古一五年〕秋七月戊申朔庚戌、①大礼小野臣妹子遣於大唐。以鞍作福利為通事。

〔推古天皇一五年（六〇七）〕秋七月戊申朔の庚戌（三日）、①大礼の小野臣妹子を大唐に遣わす。鞍作福利を以て通事（通訳）となす。

十六年夏四月、小野臣妹子至自大唐。唐国号妹子臣曰蘇因高。即大唐使人裴世清・下客十二人、従妹子臣至於筑紫。遣難波吉士雄成、召大唐客裴世清等。為唐客更造新館於難波高麗館之上。

十六年（六〇八）夏四月、小野臣妹子、大唐より至る。唐国、妹子臣を号して蘇因高という。即ち大唐の使人裴世清・下客（従者）十二人、妹子臣に従いて筑紫に至る。難波吉士雄成を遣り、大唐の客裴世清らを召さしむ。唐客の為に、更めて新館を難波高麗館の上に造らしむ。

六月壬寅朔丙辰、客等泊于難波津。是日、以飾船卅艘、迎客等于江口、安置新館。於是、以中臣宮地連烏摩呂・大河内直糠手・船史王平為掌客。②爰妹子臣奏之曰、臣参還之時、唐帝以書授臣。然経過百済国之日、百済人探以掠取。是以不得上。於是、群臣議之曰、夫使人雖死之、不失旨。是使矣何怠之、失大国之書哉。則坐流刑。時天皇勅之曰、妹子雖有失書之罪、輙不可罪。其大国客等聞之、亦不良。乃赦之不坐也。

六月壬寅朔の丙辰（一五日）、客ら、難波津に泊まる。この日、飾船三十艘を以て、客らを江口（淀川河口）に迎え、新館に安置す。ここにおいて、中臣宮地連烏摩呂・大河内直糠手・船史王平を以て掌客（接待係）となす。②ここに妹子臣、之を奏して曰く、「臣参り還るの時、唐帝、書（国書）を以て臣に授く。然れども百済国を経過するの日、百済人、探りて以て掠取す。ここを以て上るを得ず」と。ここにおいて、群臣之を議して曰く、「夫れ使人は之に死すと雖も、旨を失わず。この使や何ぞ之を怠り、大国の書を失うや」と。則ち流刑に坐す。時に天皇之に勅して曰く、「妹子、書を失うの罪あると雖も、輙く罪すべからず。その大国の客ら之を聞かば、亦た良からざらん」と。乃ち之を赦し坐せず。

③秋八月辛丑朔癸卯、唐客入京。是日、遣飾騎七十五匹、而迎唐客於海石榴市術。額田部連比羅夫、以告礼辞焉。

③秋八月辛丑朔の癸卯（三日）、唐客、京（飛鳥）に入る。この日、飾騎七十五匹を遣わし、唐客を海石榴市（奈良県桜井市）術に迎えしむ。額田部連比羅夫をして、以て礼辞を告げしむ。

④壬子、召唐客於朝庭、令奏使旨。時阿倍鳥臣・物部依網連抱二人、為客之導者也。於是、大唐之国信物置於庭中。時使主裴世清親持書、両度再拝、言上使旨而立之。⑤其書曰、皇帝問倭皇。使人長吏大礼蘇因高等、至具懐。朕欽承宝命、臨仰区宇、思弘徳化、覃被含霊。愛育之情、無隔遐邇。知皇介居海表、撫寧民庶。境内安楽、風俗融和、深気・至誠、遠脩朝貢。丹款之美、朕有嘉焉。稍暄、比如常也。⑥故遣鴻臚寺掌客裴世清等、稍宣往意、并送物如別。時阿倍臣出進、以受其書而進行。大伴囓連、迎出承書、置於大門前机上而奏之。事畢而退焉。是時、皇子・諸王・諸臣、悉以金髻花著頭、亦衣服皆用錦紫繡織及五色綾羅。丙辰、饗唐客等於朝。

④壬子（一二日）、唐客を朝庭（小墾田宮?）に召し、使の旨を奏せしむ。時に阿倍鳥臣・物部依網連抱の二人、客の導者となるなり。ここにおいて、大唐の国の信物（土産の品）を庭中に置く。時に使主の裴世清、親ら書（国書）を持ち、両度再拝し、使の旨を言上して立つ。⑤その書に曰く、「皇帝、倭皇に問う。使人長吏（使節代表）の大礼蘇因高ら、至りて懐を具さにす。朕、欽んで宝命（天命）を承け、区宇（天下）に臨み仰ぎ、徳化を弘め、含霊（人類）に覃被する（ゆきわたらす）を思う。愛育の情、遐邇（遠近）を隔つなし。知る、皇（倭皇）の海表に介居し（拠を定める）、民衆を撫寧す。境内（領内）安楽にして、風俗融和し、深気・至誠もて、遠く朝貢を脩む。丹款（まごころ）の美なること、朕、嘉するあり。稍く暄かにして、比ろ常の如し。⑥故に鴻臚寺掌客の裴世清らを遣わし、稍や往意（訪問の意図）を宣べしめ、并せて物を送ること別の如し」と。時に阿倍臣、出で進み、以てその書を受けて進み行く。大伴囓連、迎え出でて書を承け、

大門の前の机上に置きて之を奏す。事畢りて退く。この時、皇子・諸王・諸臣、悉く金の髻花（髪飾り）を以て頭に著け、亦た衣服は皆な錦紫の繍織及び五色の綾羅を用いる。丙辰（一六日）、唐客らを朝（朝庭）に饗す。

九月辛未朔乙亥、饗客等於難波大郡。辛巳、唐客裴世清罷帰。則復以小野妹子臣為大使、吉士雄成為小使、福利為通事、副于唐客而遣之。爰天皇聘唐帝。其辞曰、⑦東天皇敬白西皇帝。使人鴻臚寺掌客裴世清等至、久憶方解。季秋薄冷、尊何如。想清悆。此即如常。今遣大礼蘇因高・大礼乎那利等往。謹白、不具。是時、⑧遣於唐国学生倭漢直福因・奈羅訳語恵明・高向漢人玄理・新漢人大圀、学問僧新漢人日文・南淵漢人請安・志賀漢人慧隠・新漢人広済等、并八人也。（中略）

九月辛未朔の乙亥（五日）、客らを難波大郡に饗す。辛巳（一一日）、唐客の裴世清罷めて帰らんとす。則ち復た小野妹子臣を以て大使となし、吉士雄成を小使となし、福利を通事となし、唐客に副えて遣わす。ここに天皇、唐帝に聘う。その辞に曰く、「⑦東の天皇、敬みて西の皇帝に白す。使人の鴻臚寺掌客裴世清ら至り、久しきの憶い方に解けり。季秋（九月）薄冷にして、尊は何如。想うに清悆（ゆったりとする）ならん。これ（当方）は即ち常の如し。今大礼蘇因高・大礼乎那利らを遣りて往かしむ。謹んで白す、不具」と。この時、⑧唐国に学生、倭漢直福因・奈羅訳語恵明・高向漢人玄理・新漢人大圀、学問僧の新漢人日文・南淵漢人請安・志賀漢人慧隠・新漢人広済ら、并せて八人を遣わすなり。

〔一七年〕秋九月、小野臣妹子等、至自大唐。唯通事福利不来。（中略）

〔一七年（六〇九）〕秋九月、小野臣妹子ら、大唐より至る。唯だ通事福利来たらず。

⑨〔二二年〕六月丁卯朔己卯、遣犬上君御田鍬・矢田部造於大唐。（中略）二十三年秋九月、犬上君御田鍬・矢田部造、至自大唐。百済之使、則従犬上君而来朝。

⑨〔二二年（六一四）〕六月丁卯朔の己卯（一三日）、犬上君御田鍬・矢田部造を大唐に遣わす。（中略）二十三年（六一五）秋九月、犬上君御田鍬・矢田部造、大唐より至る。百済の使、則ち犬上君に従いて来朝す。

①『書紀』ではこれ以後、隋をすべて「唐（大唐）」と表記するが、なぜあえて隋という正式な国名を用いようとしないのか。これまでのほぼ共通する見方によると、隋は短命に終わったので、次の唐とあわせて標記することで煩雑を避けたとされるが、果たしてそのような理解は合理的だろうか。

②小野妹子「隋の国書」紛失事件について。唐（隋）帝から授かった国書を妹子は百済を経過したおりに百済人に略奪されたと報告し、妹子処分問題に発展するが、この略奪紛失事件は確かなことか。妹子は国書の提出を意図的に避ける必要があり、略奪事件をでっちあげたのか。その場合国書の中身はどのようなものであったのか。あるいは最初から国書はないのを、妹子が存在したかのように話を作り上げたのか。

③隋の使者一行は六月一五日（丙辰）に難波津に到着してから八月三日（癸卯）まで、一月半以上待たされ

た。この間国書紛失事件で妹子の処分問題に揺れていたとしても、使者には礼を欠く対応とならないか。もっと別途の問題（東アジア戦略など）が朝廷側で論じられていた可能性は考えられないか。

④裴世清の倭王にたいする儀式次第・儀礼形式・会見場面をどう具体的に再現できるだろうか。「京」「朝庭」の場所は推古のいる小墾田宮でよいか、あるいは厩戸がいたとされる斑鳩宮であったのか。また隋使との会見の席に立ち会ったのは誰か。天皇（推古）の関与はどのようであったか。

⑤使者（裴世清）の宣する隋帝の「国書」の中身を倭側ではどう受け止めたか。隋帝は「皇帝―倭皇」の関係のなかで、倭が遠く「朝貢」してきたことに「徳化」の立場で応える趣旨のことをいい、倭はそれに反発していない。『隋書』倭国伝にみえた倭の国書の「日出処天子致書日没処天子、無恙云云」という言い回しとは、様相を大きく異にする。この関係をどうとらえたらよいか。

⑥「鴻臚寺掌客裴世清」の鴻臚寺掌客は、正式には鴻臚寺典客署掌客にあたると思われるが、それは『隋書』百官志下の文帝時の官品で最下位の正九品下となる。外国使節を担当する鴻臚寺の官員が使者となったのは理解できるが、「倭国伝」では文林郎（従八品）とあり、両書の肩書きの違いをどのように理解するか。

⑦この倭の国書になって「東の天皇、敬みて西の皇帝に白す」として天皇―皇帝の形で表記する。ただし天皇号はこの時期まだ成立していないという。とすると、この国書そのものの作為性が浮上する。また「敬白」形式にこめられた隋に対する倭の側のへりくだった姿勢、その位置関係の認識をどう理解するか。

⑧妹子に同行する八名の学生・学問僧の問題。「倭国伝」では「沙門数十名」が妹子の最初の遣使の時（六〇七年）に同行したことになっている。年次の一年のずれ、人数のちがいをどのように説明するか。「倭国伝」と『書紀』とで共通するのは、学生・学問僧を帯同したのが二回目であったという点である。とすると開皇二〇年の遣使の意味は、この点と関連づけてどう説明できるのであろうか。

⑨「倭国伝」では六〇八年以後、隋倭間の関係が途絶したとあったが、『書紀』ではその後に犬上御田鍬が派遣され、帰国時には「百済之使」を伴ったとある。両記事の違い、また百済の使者がかかわる理由はどう理解したらよいのか。いったい犬上御田鍬の使節団はどこまで動いたのだろうか。

三　東アジアの遣隋使――おわりにかえて

前節では『隋書』倭国伝と『日本書紀』推古紀から、それぞれ直接導き出される主たる課題や問題点を列記してみた。もちろん細部に目をやると、さらに言及しなければならない多くの点が存在するが、ここではそれ以上には踏み込まない。遣隋使の理解にあたってすでに多くの議論や解釈の蓄積があること、またそこには興味深い様々な課題が横たわっていることを知ってもらうのが本意だからである。

さて、遣隋使をめぐる主要な論点の所在を示したことをふまえ、最後に「東アジアの遣隋使」の視座から、両史料にまたがるより大きな課題を整理し、以下本書の各論につなげることにしたい。

⑴　両史料から遣隋使の派遣回数の問題をどう理解するか。これは遣隋使を語るさいに決まって取り上げ

られる課題である。それにあたって、「倭国伝」にあって『書紀』にない開皇二〇年（六〇〇）の遣使、そして逆に「倭国伝」になくて『書紀』にある推古二二年（六一四）の犬上御田鍬の遣使をどう位置づけるかは避けられない問題となっている。従来、後者の遣使についてはほとんど自明のこととして疑問も出されていないが、果たしてそれでよいか。回数問題の裏にある遣使の実態には、まだ踏み込む余地は多いように思われる。

(2) 小野妹子の遣使にかかわる両史料の記事で共通するのは、仏教の問題である。「倭国伝」では「海西の菩薩天子、重ねて仏法を興す」、したがって「沙門数十人をして、来りて仏法を学ばしむ」とあり、『書紀』では「倭漢直福因・奈羅訳語恵明・高向漢人玄理・新漢人大圀」の四名の留学生の他に、学問僧「新漢人日文・南淵漢人請安・志賀漢人慧隠・新漢人広済」の四名を留学に出したとある。ここから倭が仏教を受容することに積極的であった姿勢、また両国をつなぐのに仏教の果たした役割の大きさがみてとれる。その仏教の意味についてどう考えたらよいのだろうか。

(3) 倭の仏教受容の積極さにも関連して、両史料からこの時期の隋と倭の国力や文化の程度が大きく懸隔だった現実が浮かび上がる。そのことを前提とすると、後発の地から文明の先進地に赴いた倭の使者たちは、大変なカルチャーショックを受けたことが容易にうかがわれる。遣隋使一行は隋の地で何を見、何を考えたのだろうか。その反対に、倭の使者たちが伝えた自国の様子、あるいは裴世清が目にした倭の様子はどのようであったのだろうか。両史料をつうじてこのような新たな興味もかき立てられる。

(4) 『隋書』倭国伝（隋）と『書紀』推古紀（日）は、遣隋使あるいは両国の往来という国際問題を対極の側から補いあう貴重な史料である。とくに小野妹子遣使をめぐって両史料を重ねてみると、およそ次のような形で一本の流れがみえてくる。

倭の国書「日出ずる処の天子、書を日没する処の天子に致す」（隋）→煬帝「蛮夷の書、無礼なる者あり。復た以て聞するなかれ」（隋）→煬帝「文林郎裴世清の派遣」（隋）（日）→小野妹子「隋の国書の百済による略奪事件報告」（日）→倭王（天皇）「我れ聞く、海西に大隋あり、礼義の国と。故に遣りて朝貢せしむ。我は夷人」（隋）→煬帝（国書）「王（倭王）の化を慕うを以て、行人を遣わし、宣諭せしむ」（隋）→煬帝「皇帝、倭皇に問う。……皇（倭皇）、海表に介居し、民庶を撫寧し、……丹款（まごころ）の美、朕嘉（よみ）すること有り」（日）→倭天皇「東の天皇、敬みて西の皇帝に白す。使人の鴻臚寺掌客裴世清ら至り、久しきの憶い方（まさ）に解けり」（日）

ここから隋と倭の位置関係とその姿勢、裴世清を派遣した意図、「国書」問題の本質、あるいは底流にある隋の対倭・対東アジア戦略、さらには隋をとりまく国際関係など、避けて通れぬ課題が浮かび上がってくるだろう。本書でも改めて取り上げることになる。

(5) 両史料を比較するなかで意識されることの一つに、史料の信頼性・作為性の問題がある。とりわけ『隋書』よりも半世紀以上も後に編纂された『書紀』にあっては、「倭国伝」を見ての作為、装飾を施した可能性は当然想定できる。その問題にかかわって、『書紀』が隋のことを一貫して「唐（大唐）」と表記するのはなぜだろうか。従来あまり論議されたことのないこうした問題にも踏み込んでおく必要があるだろう。

本書で引用する『隋書』・『日本書紀』の原典は、原則として左記を底本とした。ただし執筆者それぞれの解釈・判断に基づいて字句や訓読、表記などを随時改めている。

○『**隋書**』　中華書局標点本（第一版、一九七三年）。なお「倭国伝」の日本語の読み下しや解釈では、主に石原道博『新訂魏志倭人伝・後漢書倭伝・宋書倭国伝・隋書倭国伝』（岩波文庫、一九八五年）を参考。

ちなみに、『隋書』の「帝紀」（皇帝一代の年代記＝本紀）に関する表記について、正式には「高祖帝紀」「煬帝帝紀」となるべきものと考えられるが、本書では、煩雑さを避け、「高祖紀」「煬帝紀」の表記で統一して使用する。

○『**日本書紀**』　日本古典文学大系『日本書紀』下（岩波書店、一九六五年）

第Ⅰ部　遣隋使と国際関係

1 『隋書』倭国伝からみた遣隋使

氣賀澤　保規

はじめに——遣隋使は何回あったか

倭国伝と書紀

遣隋使を明らかにするにあたって、まず直面するのが、遣使がいったい何回あったのか、という問題である。五八一年から六一八年におよんだ隋朝にたいし、推古朝は五九二年から六二八年まで、ちょうど一〇年のずれをもって並行した。その両朝が重なる短い時期に遣隋使は行われたのであるが、じつは回数理解に諸説が存在する。序章で紹介したように、遣隋使にかかわる主要史料は、中国史の側からは『隋書』倭国伝（以下、「倭国伝」と略す）、日本史の側からは『日本書紀』推古紀（以下、『書紀』と略す）となるが、『隋書』にはその他の関連記事が残り、回数問題を複雑にする。ちなみにそれらの史料を年代順に整理した一覧表を示してみよう（表1参照）。

表1からわかるように、隋と日本の史料が一致するのが六〇七年（隋・大業三、推古一五）と六〇八年（大業

表1　遣隋使関係資料比較対照表

回	『隋　書』	『日本書紀』推古紀
(1)	開皇二〇年（六〇〇）（倭国伝）、大興城 倭王（阿毎多利思比孤）が使者を派遣。 使者が倭国の状況を伝える。	（推古八年）
(2)	大業三年（六〇七）（倭国伝）、洛陽 倭王、使者を遣わし、沙門数十人に仏法を学ばせる。その「国書」で「日出ずる処の天子、書を日没する処の天子に致す。恙無きや云々」と記し、煬帝を怒らせた。	推古一五年（六〇七） 秋七月戊申朔庚戌（三日）、大礼の小野臣妹子を「大唐」に遣わす。
	大業四年（六〇八）（倭国伝）　裴世清の遣使 文林郎裴世清を倭国に遣使。朝鮮半島沿いに海路を進み、躭羅国（済州島）、都斯麻国（対馬）、一支国（壱岐）、竹斯国（筑紫）、秦王国を経て倭国の「海岸」に達す。 倭王、小徳阿輩台に数百人の儀仗をつけて来迎。一〇日後、大礼哥多毗、二百余騎で使者を都に迎え、倭王が面会する。王は隋を「礼儀の国」といい、裴世清は煬帝の朝命を伝える。	推古一六年（六〇八）　隋使裴世清の来訪。 夏四月、妹子、「大唐」より「大唐使人裴世清・下客十二人」を伴って筑紫に着く。 六月壬寅朔丙辰（一五日）、裴世清ら難波津に上陸し、「新館」に入る。 妹子は、「唐帝（煬帝）」からの国書を百済に「掠取」されたと奏上（流刑に当たるところを赦される）。 秋八月辛丑朔癸卯（三日）、「唐客（裴世清）」入京。 壬子（一二日）、裴世清、「皇帝（煬帝）」の国書を「倭皇」に伝える。 丙辰（一六日）、「唐客」を朝廷で饗応する。
(3)	大業四年（六〇八）（煬帝紀） 三月壬戌（一九日）、百済・倭・赤土・迦羅舎国が遣使してきた。	（推古一六年）

(4)	大業四年（六〇八）秋？（倭国伝） 裴世清、倭王との面会後間もなく、帰国を申し出、倭はそこで「使者」をつけて送り返した。	推古一六年（六〇八）裴世清の帰国、妹子二度目の遣使。 九月辛巳（一一日）、「唐客」裴世清が帰国。「天皇」は「唐帝」に、「東の天皇敬みて西の皇帝に啓す……」の国書を出す。 妹子を大使、吉士雄成を小使、鞍作福利を通事とし、「唐国」への学生倭漢直福因、奈羅訳語恵明、高向漢人玄理、新漢人大圀、学問僧新漢人日文、南淵漢人請安、志賀漢人慧隠、新漢人広済らを派遣。
	大業四年（六〇八）？（流求国伝） この年派遣された倭国使が、隋将朱寛が流求を攻めて捕獲した「布甲」を、これは夷邪久国人のものと認定した。	
	（大業五年）	推古一七年（六〇九） 秋九月、小野臣妹子ら「大唐」より帰国、福利帰らず。
(5)	大業六年（六一〇）（煬帝紀） 春正月己丑（二七日）、倭国、遣使して方物を貢ず。（同月丁丑〔一五日〕、諸蕃を集め国際フェスティバルを開催）	（推古一八年）
(6)	（大業一〇年）	推古二二年（六一四） 六月丁卯朔己卯（一三日）、犬上御田鍬・矢田部造を「大唐」に遣わす。
	（大業一一年）	推古二三年（六一五） 秋九月、犬上御田鍬・矢田部造が「大唐」より百済の使者をともなって帰国。

四、推古一六）の二回である。すなわち倭国使（小野妹子（おののいもこ））が「日出ずる処の天子」云々の国書を出したのをその一回とし、翌年（六〇八年）に隋使（裴世清（はいせいせい））が妹子の帰国にあわせて派遣され、倭で一連の行事を終えた後、同年秋に帰国するにさいして妹子が再度遣使されたのを二回目とする。裴世清は役目を終えて無事帰国し、妹子も二度目の務めを終えて、再度帰国したのが六〇九年（推古一七）秋九月であったことが『書紀』に記録される。

だが面白いことに、「倭国伝」と『書紀』の記録の間に挟まるようにして、『隋書』巻三・煬帝紀の大業四年（六〇八）三月壬戌（一九日）の条に、「百済・倭・赤土（せきど）・迦羅舎（からしゃ）の国、並びに使を遣わし方物を貢ず」という記事がのこされる。いっしょに名前のあがった赤土国と迦羅舎国は東南アジアの国々、百済は朝鮮半島南部の国であった。こうした国々にまざって倭の名がみられたが、これはその時期隋に滞在していたと推定される小野妹子一行と、いかなる関係になるだろうか。妹子の使節団のこと、あるいはそれとは別に派遣された使節という二説があることも指摘しておきたい（129頁参照）。

「煬帝紀」にはさらにもう一つ、別の遣隋使記事があった。それが大業六年（六一〇）春正月己丑（二七日）の条に載る「倭国、使を遣わし方物を貢ず」という短い一節である。ちょうどこの正月、二つの重要なできごとがあった。一つは元旦早暁、全身白装束をし、手に香華（こうげ）をもった数十人の一団が、弥勒仏の下生（げしょう）（出世（しゅっせい））を唱え、洛陽城門守備兵の武器をうばって反乱行動に出たことである。これは短時間に終わったが、住民の心胆を寒からしめ、その後に起こる動乱の先触れともなった。そしてこの月のもう一つのできごとが、一五日から月末まで洛陽城内の豊都市（ほうとし）（唐の南市）を中心に開かれた国際フェスティバルである。これは隋の国際関係を論ずる上で重要な問題であり、別の場で改めて取り上げるが（第Ⅰ部4参照）、右の記事でいう遣隋使はこのフェスティバルの最中の洛陽（らくよう）を訪れたことになる。時期的にいえば、妹子が二度目の使者の役目を終えて帰った翌年にあたる。

「煬帝紀」に載せられた右の二つの遣隋使記事は、「倭国伝」の中でぴったり合うものは見出せない。じつをいうと「煬帝紀」にある遣隋使記事はその二つだけであり、逆に「倭国伝」にみられた妹子の遣使を直接うかがわせる記述は「煬帝紀」からは確認できない。とすると両者は別々の事実を記録したものとして、双方あわせて四回の遣隋使があったという理解も成り立つことになる。なお「煬帝紀」の二回分は『書紀』では確認できないが、そこでも遣使記事をすべて載せるとは限らないとの前提に立つ必要がある。

さてこうしてみてくると、のこるは「倭国伝」の開皇二〇年（六〇〇）の遣使と『書紀』推古二二年（六一四）の犬上御田鍬（いぬかみのみたすき）の遣使という、最初と最後の問題となる。いずれも一方にしか記事はないが、ともかくこれをあわせると遣隋使は最大で六回、それが六〇〇年から六一四年までの一五年間のうちに実施されたこととなる。これは二年半で一回の計算になるが、果たしてまだ国力の整備も十分でない中で、それほど頻繁に使者を出す必要があったか、という当然の疑問に逢着する。

研究史

では回数問題をめぐってこれまでにどのような解釈が出されてきているか。いまその細部にふれる余裕はないが、すでに早くに坂元義種氏によって詳しい集約がなされており（坂元義種、一九八〇）、戦前から戦後に

表2　遣隋使回数諸説一覧表（△印：不確定さを残した位置づけ）＊

年紀＼回数				一回説	三回説			四回説					五回説		六回説	
西暦	隋朝	倭国	典拠	鄭①	本居②	坂本③	高橋④	石原⑤	山崎⑥	宮崎⑦	井上⑧	篠川⑨	徐⑩	上田⑪	増村⑫	坂元⑬
(1)六〇〇年	開皇二〇年	（推古八年）	倭国伝			（△権宜使）	○	○	○	○	○	○	○	○	○	○
(2)六〇七年	大業三年	推古一五年七月三日	倭国伝・日本書紀	○（(2)(3)）	○	○		○		○	○		○（(2)(3)）	○	○	○
(3)六〇八年	大業四年三月一九日	（推古一六年）	煬帝紀				○		○	○（(3)(4)）		○			○	○
(4)六〇八年	（大業四年）	推古一六年九月一一日	日本書紀		○	○		○			△?		○	○	○	○
(5)六一〇年	大業六年正月二七日	（推古一八年）	煬帝紀				○		○	△?		○	○	○	○	○
(6)六一四年	（大業一〇年）	推古二二年六月一三日	日本書紀		○	○		○	○	△?	○	△	○	○	○	○

＊「西暦」欄の各年に付した数字⑴〜⑹は、前掲表1「遣隋使関係資料比較対照表」（32〜33頁）の回数に対応し、各研究者名の番号①〜⑬は、左に番号を付して掲げた関係業績を指す。

①鄭孝雲「遣隋使の派遣回数の再検討」（『立命館文学』五五九、一九九九年）
②本居宣長『馭戎慨言』上之上巻
③坂本太郎「聖徳太子の鴻業」（『岩波講座日本歴史』岩波書店、一九三四年）、同『日本全史2　古代Ⅰ』（東京大学出版会、一九六〇年）
④高橋善太郎「遣隋使の研究―日本書紀と隋書との比較―」（『東洋学報』三三―三・四、一九五一年）
⑤石原道博「中国における日本観の端緒的形態―隋代以前の日本観―」（『茨城大学文理学部紀要（人文科学）』一、一九五一年）。なお西嶋定生「東アジア世界と冊封体制」（『岩波講座日本歴史』第二巻、古代2、一九六二年。『古代東アジア世界と日本』岩波現代文庫、二〇〇〇年に所収）もこの説に依拠した四回説をとる。
⑥山崎宏「隋より見た日本」（『歴史教育』八―一、一九六〇年）。のち山崎「隋朝の留学僧使節と日本の留学僧」（『隋唐仏教史の研究』法蔵館、一九六七年）で五回説に転換。
⑦宮崎市定『隋の煬帝』（人物往来社、一九六五年）
⑧井上光貞「日本古代国家の成立―推古朝の意義―」（『古代史研究の世界』吉川弘文館、一九七五年、初出一九七一年）
⑨篠川賢「遣隋使の派遣回数とその年代」（『日本古代の王権と王統』吉川弘文館、二〇〇一年）
⑩徐先堯「隋倭国交の対等性について」（『文化』二九―二、一九六六年）
⑪上田正昭「古代貴族の国家意識」（『日本古代国家論究』塙書房、一九六八年）
⑫増村宏「隋書と書紀推古紀―遣隋使をめぐって」（『鹿児島大学法文学部研究紀要　文学科論集』四、一九六八年）・「隋書と書紀推古紀―遣隋使をめぐって（続）」（『鹿児島大学法文学部研究紀要　文学科論集』五、一九六九年）および同著『遣唐使の研究』（同朋舎出版、一九八八年）の第一編「遣隋使問題の再検討」。
⑬坂元義種「遣隋使の基礎的考察―とくに遣使回数について―」（井上薫教授退官記念会編『日本古代の国家と宗教』下巻、吉川弘文館、一九八〇年）

かけての回数説の変化・動向を把握することができる。またのちに鄭孝雲氏が自説を展開する過程で、先行の業績を一覧表に整理し参考になる（鄭孝雲、一九九九）。そこで鄭氏の整理と表示の方法を借り、坂元氏の集約に近年の一部を加え、代表的な回数説の構造を表にまとめてみた（表2参照）。ここから回数説が一回・三回・四回・五回・六回の五つ存在し、しかも同じ回数説といっても中身はそれぞれがあり、決して単純でないことがわかるはずである。

一　遣隋使の回数問題とその課題

三回説

複雑な回数問題をめぐって、戦前から戦後の諸説を丹念に整理した坂元義種氏は、その転換点ともいうべき役割を果たしたと評価したのが、前掲の表2―④の高橋善太郎「遣隋使の研究―日本書紀と隋書との比較―」であった。すなわち、戦前主流を占めたのは『書紀』にもとづく三回説（表2―(2)・(4)・(6)の三回。以下同様）であった。その解釈は江戸時代の本居宣長（もとおりのりなが）にはじまる。彼は著書『馭戎慨言』（ぎょじゅうがいげん）（『本居宣長全集』八、筑摩書房、一九七二年。四一～四二頁）において例えばこう指摘する。

其年（開皇二〇・推古八――筆者註）倭国遣使といへるも。まことの皇朝の御使にあらず。……あるひは韓人のつて。又西のほとりの国人の。みだりにいへるをきき。あるひは又かしこの使などの来て。みづから物せしも。ただ筑紫わたり。西のかたそはを見たるのみにて。なべてのさまくはしき事をばしらずていへる故に。さて大業は。隋の煬帝が年号。その三年は。すなはち同じ御代（推古）の一五年にて。此御使ぞまさしくかの妹子臣をつかはししをいひて。皇朝の大御使（おおみつかい）のはじめには有ける。此時かの国は。隋の代なりしを。書紀に。遣於大唐としるされたるは。此後ほどもなく隋はほろびて。書紀撰れしほどは。唐の代なりし故に。その時の名を。前へもかよはしていへる也。

宣長は『隋書』と『書紀』を比べ、とくに開皇二〇年の遣使が倭国使を騙った韓人や西国人の仕業であったことによる欺瞞性を取り上げ、『書紀』のもつ正当性を強調した。この考え方は国粋主義のつよい戦前に堅持されただけでなく、戦後においてもなお影響力をもちつづけ、高校の日本史や世界史の教科書にも、ながく六〇七年の小野妹子の遣隋使だけが特記されていた。

とはいえ宣長もそうであったが、「倭国伝」の開皇二〇年の記事をまったく無視することはむずかしい。そこで宣長は、倭国のものでない他所者が勝手に倭の使いを名のったと決めつけた。これにたいして同じ三回説を支持する坂本太郎氏は、戦前においては、それを『書紀』には見えないが一概に架空とはいえず、「新羅征討と関連したる隋国情偵察ともいうべき権宜の使節であり、太子の深慮に出づる所」のものとした。戦後になっても氏は同じ基調の上に、「それが日本の記録に残らなかったのは、まだ外交機関が整わず、太子の私的な使節という性格をもったから」と繰り返し、開皇二〇年遣使への含みをのこしていた。

ところで同じ三回説ながら、戦後まもなくして従来の理解に大きな変更を迫る解釈が提示された。すなわちそれが、『書紀』は『隋書』をふまえた改変（「造作」）であったことを主張する高橋善太郎氏の所説である。氏によると、『書紀』には三回の遣使があったことが記されるが(2)・(4)・(6)、それに先行する『隋書』にも同じく三回の使者の隋への来訪を伝える記事がのこされる（(1)・(3)・(5)）。『書紀』の作者は『隋書』を確実に見ており、その独特の国体観念によって不名誉な開皇二〇年（六〇〇）の遣使を抹消し、代わって最後の六一四年遣使を追加して三回とし、そのことで開皇二〇年（六〇〇）が誤りであることを印象づけようとした、と氏はいうのである。この構図を導き出すために、氏は(2)の「倭国伝」の記事を(3)にあて、妹子の二度の遣使を(3)と(5)につなげ、大幅な解釈の変更を求めた。

高橋氏のこの遣隋使新解釈は、学界にそのまま受け入れられることは難しかったが、大きく二つの意味でその後の研究の進展にからむこととなった。一つは『書紀』が第一という縛りから解かれ、『隋書』も視野に収めた新たな史料解釈の道が開かれたことである。二つ目は、これによって従来無視されてきた開皇二〇年の遣使の実在性に注目が集まり、坂本氏のいう「権宜の使節」ではない正規で最初の遣隋使であった、とする見方がほぼ定着したことであった。かくして、まず『書紀』にもとづく三回に「開皇二〇年の遣使」を足した四回説が有力となり、一歩遅れて五回説、六回説がその後につづき、遣隋使回数説がほぼ出揃うこととなった。

六回説と一回説

さて、最後にたどりついた六回説であるが、それを詳細に説いたのは東洋史分野の増村宏氏であり、日本史分野の坂元義種氏が増村説を全面的に支持した。その見解の基本的なところはこうである。六回分を個別に押さえてみると、隋と倭で史料的に重なる回（(2)の六〇七年）は別にして、他の五回分も片方の史料だからというだけで否定する理由にならない。まして使節相互の移動に要した日程・時間の関係、各回にかかわる記事内容の重みなどを勘案すると、それぞれが独立した遣使であったとみなさざるをえないと。前掲の高橋善太郎氏の所説は、『隋書』の三回説をふまえて『書紀』が三回分を「造作」したとし、もととなる『隋書』に信頼性を置くべきだと結論づけたが、増村氏も同じく『書紀』の編者が『隋書』を見ていたことを認める。しかしその日本側の三回分がまったくの捏造であったかというとそうではなく、それぞれに独自の情報も認められ、一概に否定することは無理であるというわけである。

ところで、回数説としては従来まったくなかった一回説が近年、韓国の研究者である鄭孝雲氏によって出されているので、その見解にもふれておきたい。氏はまず、開皇二〇年（六〇〇）の遣使が成立しないことを次のような論拠をあげて説明する。

・「倭国伝」の開皇二〇年の遣使では、倭国使が隋帝（文帝）に接見したことが記録されず、大業三年（六〇七）には隋帝（煬帝）に面会したことが記される。
・開皇二〇年とされる記録に、推古一一年（六〇三）に倭国で制定された冠位十二階の記述が見える。
・後代の史書（『通典』辺防・倭条や『冊府元亀』外臣部・朝貢条）を見ると、開皇二〇年と大業三年とが一つの使節として扱われている。
・開皇二〇年の遣使は『書紀』に記録がない上、「倭の五王」以来一三〇年の空白後、隋に単独で登場することは無理である。

ここから鄭氏は、(1)開皇二〇年の遣使を(2)大業三年（六〇七）の遣使（小野妹子の使節）に一体化させて理解する、さらに(3)の大業四年三月一九日がこの使節団の隋の皇帝に謁見した日にあたり、それは百済の使臣と一緒であったはずとの結論を導き出した。つまり(1)―(2)―(3)の三回はじつは一回の遣使であり、それは倭の自前行動としてではなく、百済を媒介して実現したものであった。

さらに氏によると、のこる三回分の遣使のうち、(4)推古一六年（六〇八）九月一一日の遣使は、裴世清の送使として小野妹子と鞍作福利（くらつくりのふくり）が遣わされるが、妹子は百済に止まって隋に行かずに翌年帰国し、福利だけが隋に赴き隋帝に見（まみ）える。それが(5)大業六年（六一〇）正月二七日であった。すなわち(4)と(5)は一つながりであるが、結局正式の使節にはならない。そして最後の(6)推古二二年（六一四）の犬上御田鍬遣使は、隋の混乱のために百済にとどまり、翌年百済の使者をともなって帰国したとなる。結局は正式な遣隋使は小野妹子の最初の遣使一回だけであり、開皇二〇年の派遣は存在しなかった。「倭国伝」の末尾に、裴世清が使者を務めて帰国後、「この後、遂に絶ゆ」と倭との往来がなくなったごとく記録されるのも、あながち由なしとしない、と鄭氏はまとめるのである。

二　開皇二〇年遣使の評価問題(1)

西嶋定生・堀敏一説―東洋史家

以上、倭の遣隋使派遣回数をめぐって諸説を概観した。『日本書紀』（推古紀）と『隋書』（倭国伝・煬帝紀）という限られた二系統の史料にもとづき、それぞれから抽出される三回分をどう組み合わせるかによって、様々な説が成立することとなった。それに加えて、諸説の背景には、戦前から戦後への時代の転換、歴史認識の変化が影を落としていた。遣隋使の理解はじつは現代史の問題とも直結していたことを忘れてはならない。

さて、遣隋使の派遣をめぐって、その解釈がもっとも大きく揺れたのが、「倭国伝」に記載された「開皇二〇年の遣使」であった。戦前まではその記事はほとんど無視され、『書紀』の推古一五年（六〇七、隋大業三）における「小野妹子の使節」が第一回とされ、戦後になって一転、『隋書』の記事の正当性が見直され、開皇二〇年に初めて遣使された意味が新たに論じられることとなった。

いま参考までに、新たな解釈にかかわる二、三の代表的な見解を示してみたい。まず西嶋定生氏であるが、そのよく知られた「東アジア世界と冊封体制」（西嶋定生、一九六二）においてこうまとめた。

六世紀の初頭以来約一世紀にわたって通交のとだえていた日本が、ふたたび中国王朝と通交を開始するのは、この隋王朝からである。六〇〇年（文帝・開皇二十、推古天皇八年）、第一回の遣隋使派遣が行なわれた。このことは日本の記録に伝わらず、中国の記録にのみ存するものである（『隋書』倭国伝）。……

以上の日本の遣隋使派遣について特徴的なことは、第一には、第一回のそれが聖徳太子による新羅征討の当年で、しかも前述（開皇一八年〔五九八〕――筆者註）の隋の文帝の高句麗征討の直後のことであり、……いずれも隋と朝鮮半島との交渉に対応するものであったという点である。

次に堀敏一氏は次のように述べる（堀敏一、一九九三）。

いずれにせよこのような言葉（「倭国伝」の開皇二〇年の条に出される阿毎・多利思比孤、阿輩雞弥などの言葉――筆者註）は、日本からの使節派遣が実際になければ残りにくい。したがってこのときの遣隋使は、日本側に記録がないけれども、あったものと認めなければならない。また派遣の時期が、新羅との関係悪化の時期であり、また開皇十八年の隋の最初の高句麗遠征のすぐ後であることにも注意すべきである。朝鮮半島と利害関係をもつ日本としては、大国隋のこの方面への圧力が実感されたにちがいない。また有名な冠位十二階や憲法十七条が制定されたのが、この外交のあとであることにも注意すべきであろう。これらはおそらく右の遣使によって触発されたのであろう。

に集約した。

吉田孝説――日本史家

西嶋・堀両氏が中国史家であったのにたいし、日本史家の吉田孝氏は著書（吉田孝、一九九九）でこのよう

倭の朝廷は、五世紀の倭の五王を最後として、中国の王朝から冊封（王に任命）されることがなく、使者も百年以上、派遣していなかったが、西暦六〇〇年に、久しぶりに使者を派遣する。なぜか。その理由は次のように推測される。

六〇〇年、倭は大規模な軍隊を派遣して新羅と戦うが、遣隋使の派遣はおそらくそのことと関係があるだろう。新羅はこの六年前に隋から冊封（新羅王に任命）され、形式的には隋の皇帝の臣下になっているので、新羅を攻めることは、隋と敵対することになるからである。倭は新羅との対立を有利に運ぶために、隋に使者を派遣したのであろう。……

それ（六〇〇年の倭使による風俗説明――筆者註）を聴いた隋の皇帝は「此れ太だ義理なし」（道理に合わない）といい、よく教えて改めさせよ、と命じた。野蛮人あつかいである。

倭の使者は、どんなに恥しい思いをしたことだろう。隋の広大な都、倭とはまったく隔絶した高度な文明を目の前にして、倭の使者が受けたカルチャーショック（異文化の衝撃）の大きさは、私たちの想像を絶するものであったろう。

六〇〇年遣使と「近代化」

これら中国史・日本史にわたる三氏の所説は、ともに開皇二〇年（六〇〇）の使者の存在を認める。そして理由として、六〇〇年が倭と新羅の関係がもっとも緊迫した年であったこと、また直前の隋の高句麗遠征にあらわれた拡張路線の衝撃があったこと、その二点が一致して指摘された。倭はこれら内的外的な要因によって、隋と直に関係を結ぶべき段階にさしかかっていた。

こうして開皇二〇年の遣使が確かなものとなると、ここから推古朝で行われた一連の改革につながる動き、それらが六〇〇年直後に集中する理由も明らかとなる。すなわち、六〇三年一〇月に小墾田宮を造営し、推古天皇が遷居する。同一二月には冠位十二階の制定、六〇四年正月に暦日の初めての採用（隋の皇極暦か）、そして四月に憲法十七条が発布された。さらに同年九月に朝礼を拝跪礼（ひざまずいておがむこと）に改め、翌六〇五年閏七月の諸臣・諸王へ褶（袴の上に着た衣服）を着用させる、などがつづく。小墾田宮は推古天皇のために都となる飛鳥に築かれた最初の宮殿である。冠位十二階は日本において初めて導入された位階の制度、憲法十七条は厩戸皇子（聖徳太子）が撰したとされる官吏の守るべき道徳的規範であり、体制の整備、王権の確立に直結する措置であった。これら全体を通じて、倭国朝廷の面貌が大きく変わる様子が印象づけられる。筆者はこれを、当時における「近代化」の道とみなしている。

それに加えてちょうどその時期、倭国では、仏教のことがにわかに問題となることも注目される。端的なところで、憲法十七条には「篤く三宝（仏教）を敬え」が掲げられた。六〇三年一一月に秦河勝が厩戸皇子から仏像を下賜されたこと、六〇五年四月に丈六仏の制作を鞍作鳥に命じたこと、六〇六年に厩戸が「勝鬘経」と「法華経」を進講したことなどがある。このような仏教への関心の高まりは、六〇〇年の遣使がもたらした情報が多分に影響している、と考えるのも決しておかしくはない。

三　開皇二〇年遣使の評価問題(2)——大業三年遣使「菩薩天子」「重興仏法」の意味するもの

遣隋使と仏教

ところで遣隋使にかかわって仏教というと、私たちはただちにあの有名な史料を想起することができる。すでに序章で紹介した「倭国伝」の大業三年（六〇七）の使者が来意を告げた文句、「聞く、海西の菩薩天子、重ねて仏法を興すと。故に遣わして朝拝せしめ、兼ねて沙門数十人をして、来りて仏法を学ばしむ（聞海西菩薩天子重興仏法。故遣朝拝、兼沙門数十人来学仏法）。」である。この記事を通じて、当時の国際関係を結ぶ上で仏教がいかに重要な役割を負っていたか、東アジアに占める仏教の存在感がいかに大きかったかを確認することができる。

この点に関連して、近年新たな視座から遣隋使と仏教の問題を専論した河上麻由子氏の所説に少し言及してみたい（河上麻由子、二〇〇五・二〇〇八）。

氏によると、今問題とする隋代に先立つ南朝期、とくに梁の武帝期（五〇二～五四九）を中心に、「仏教的朝貢」という形をとる国際関係が成立していた。倭が百済から初めて仏教を受容したいわゆる「仏教公伝」の時期がその梁代にあたるが、これは倭が梁と関係を築くための手段、国際関係に参入する方途として認識されてのことであった。下って隋代、文帝は仏教を弾圧した北周に代わって仏教を復興するにあたり、強く意識したのが、崇仏皇帝として知られた梁の武帝であった。文帝は武帝の仏教にかける姿勢と当時の仏教的朝貢の意味を十分了解していた。また跡を継いだ第二代の煬帝も、父文帝の仏教政策の立場やみずからの師として招いた南朝系の天台智顗（ちぎ）を通じて、梁の武帝の業績、ことに仏教的朝貢の意味を認識していた。すなわち、倭が百済から仏教を受け入れた背景には、仏教的朝貢関係を進める梁とつながる意図があったからであり、同じ理由をもって倭は、隋にたいしても仏教を前面に出した使者を派遣したのであった、と。

「菩薩天子」とは菩薩戒を受けた天子（皇帝）をいう。皇帝が菩薩戒を受ける意味や意図について、河上氏を含め、先行研究の説明は必ずしも明確ではないが、辞書的にいえば菩薩は「悟りの成就を欲する人、さとりの完成に努力する人」「在家・出家に通じ、発心して仏道を行ずる者」であり、菩薩戒とは菩薩として（菩薩になるために）「止悪・修善・利他」に努める誓いあるいは決まりとなる（中村元『仏教語大辞典』）。ここから敷衍するならば、菩薩は現世の仏教者として最高の立場、それに就くことを正当に認める手続きあるいはその証明が菩薩戒と理解できる。つまり菩薩天子とはこの世において、俗権と聖権の双方をあわせもつ最高権力者を意味することになる。もちろん文帝にとっては北周武帝の廃仏によって離反した仏教界と人心の収攬が、晋王（のちの煬帝）にとっては統治する江南地域（旧陳支配地域）の民心の安定が、それぞれ菩薩戒を受けた裏にあったことはいうまでもない。

「菩薩天子」は誰か

ではそうすると、倭国側によって「海西の菩薩天子」が「重ねて仏法を興す」とされた「菩薩天子」とは誰を指しているのだろうか。文帝か、それとも煬帝か。まず出されるのが、遣使の時期がちょうど煬帝期にあたることを理由に、それは煬帝とみなすべきであるという解釈である。これにもとづけば、倭国は煬帝の即位を承知した上で、仏法を学ぶために留学生（留学僧）を送り、あわせて「日出ずる処の天子、書を日没する処の天子に致す、恙（つつが）なきや云云。」の国書を送ったことになる[1]。

だが煬帝説は必ずしも優勢ではない。確かに煬帝は菩薩戒を受けている。しかしそれは晋王時代の開皇一一年（五九一）一一月のことであって（『隋天台智者大師別伝』）、皇帝になってからではなかった。彼が智顗を師に仰いだ裏には、旧陳・南朝系の支持を得、江南方面への足場を固めようとする意図の他に、ライバルとなる兄皇太子の楊勇（ようゆう）とそれを支える高熲（こうけい）、またその側に控える三階（さんがい）教の信行（しんぎょう）という存在を意識したことも考えられる（氣賀澤保規、二〇〇五）。煬帝は仏教への理解は深かったが、信仰心では父文帝のような傾倒ぶりはなく、即位後は仏教抑圧にも乗り出し（山崎宏、一九六七）、仏教と距離を置いていたとみられていた。

これにたいして文帝は、皇帝であった開皇五年に菩薩戒を受けた正真正銘の菩薩天子であった（『弁正論』巻三・隋高祖文帝）。また彼は、梁の武帝とならぶ崇仏皇帝であることはとみに知られており、北周武帝による仏教弾圧後、隋において仏教保護の政策を推進し、「重興仏法」に合致する立場にあった[2]。そして仁寿元年（六〇一）六月、全土の主要寺院に舎利塔を造立させることを命じた詔のなかで、文帝は「朕帰依三法、重興聖教」の文言を使っている。「聖教」は仏法と同義であり、遣隋使が用いたところの「重興仏法」と重なる表現となる。それにまた、仁寿元年の舎利塔事業（268〜269頁参照）を実行したおり、「高麗・百済・新羅の三国の使者が、それぞれ一舎利を自国に請来して起塔供養したい」と願い出て、許されたという記事が伝えられている（『広弘明集』巻一七）。

かくして、倭の使者が「重興仏法」を用いた先には文帝がおり、その文帝にかかわる情報は開皇二〇年の遣使あるいは同時期の朝鮮半島を通じてもたらされた、という見方が導き出される。こうした見方をふまえて先の河上麻由子氏は、「倭国は、……〔梁の――筆者註〕武帝が仏教的朝貢を好んだのと同様に文帝も仏教的朝貢に対して好意を抱くであろうと判断して、菩薩戒を受けた皇帝である「菩薩天子」、文帝に対し崇仏型の仏教的朝貢を行ったのではなかろうか」とまとめたのであった（河上麻由子、二〇〇八）。

この結論は、開皇二〇年の遣隋使が存在したことを想定する本章の立場を一面で補強する。ただしそれはそれとして、「重興仏法」を文帝に結びつける論理にいささか気になる点がある。倭の側は文帝の逝去、煬帝の即位を知らないまま使者を送り、文帝に合わせた国書を携えて至り、そのまま発言し、かつ提出するということは、実際問題として本当にありえるだろうか。もしそうであれば、倭は長期間、大陸情報から隔絶状態にあったことになる。少なくとも煬帝が即位した仁寿四年（六〇四）七月以降、六〇七年の使節団の出立時まではそうであって、皇帝代替わりの事実を知らなかったことになる。

しかし煬帝即位の報は決して秘密ではなく、とくに緊張した関係にあった隣国の高句麗には、それが隋からいち早く伝えられるか、別のルートで情報収集されていたと考えられる。新羅、百済においても同様ではなかったか。であれば、例えば六〇五年（推古一三・煬帝大業元）八月に高句麗から倭に、造仏像用「黄金三百両」が貢上された機会などに、倭はその情報に接していてもおかしくはなかった。

では、使節たちは事前に知らずに到着したとしてみよう。かれらは上陸後ただちに皇帝交替の報を耳にするはずであり、前帝に合わせた発言を準備し、また国書を持参したのであれば、急遽それを新帝向けに変更しなければならない。新帝の代になっていることを知りながら、あえて前帝向けのもので通すのは、大変なリスクを犯すことになる。新帝煬帝が文帝向けの使節であったと知れば、当然不快さや怒りをあらわにするのは見えている。この見方に立てば、「蛮夷の書、無礼なる者あり、復た以て聞するなかれ」と激怒した理由は、従来いわれてきた「日出ずる処の天子、書を日没する処の天子に致す」の範囲を越えて考えなければならなくなるが、そうなってよいだろうか。

「重興仏法」の解釈

とまれ客観的に考えるならば、六〇七年時の小野妹子の遣隋使、その遣使を送り出した倭の政府は、煬帝即位を事前に知った上で行動を起こしたとみるのが至当ではないか。そこで件の「重興仏法」解釈であるが、これを文帝専用の特定用語と捉える必要はない。煬帝にたいしそう提示することで、彼を新たな仏教興隆者ともちあげ、河上氏のいう「仏教的朝貢」の姿勢を前面に押し出してもおかしくないからである。

煬帝は父文帝より仏教に距離を置くものであったとしても、熱心な仏教信者であることに変わりはない（図1参照。煬帝時代の写経例）。また彼の行った「寺院融合令」が反仏教性の表れとしばしば例に引かれるが（山崎宏、一九六七）、それは高句麗遠征に迫られ、肥大化した仏教教団にむけたものであり、時期は大業五～七年のこと、遣隋使が現れる大業三年（六〇七）にはまだその気配もない。まして外部の使節から煬帝に「重興仏法」を使って悪いはずはなく、場合によっては父を越える存在として、煬帝の自尊心を満足させる効果すら生むかもしれない。煬帝が倭国使を「無礼」と怒りながら、なお答礼にあたる使者を出したのも、そうした推移と無関係ではないように思われる。

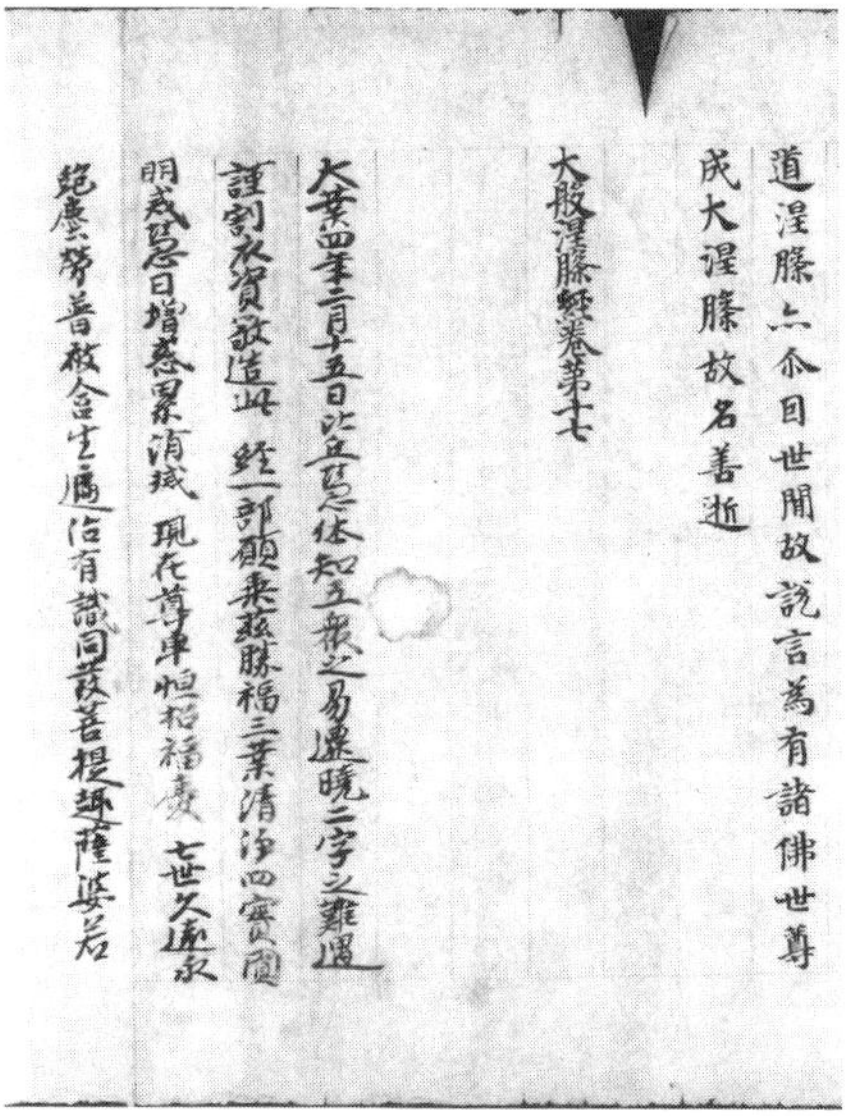
道涅槃 六尒目世間故說言爲有諸佛世尊
成大涅槃故名善逝
大般涅槃經卷第十七

図1　大業4年『大般涅槃経』（敦煌写経）

倭の使者――おそらく小野妹子――が用いた「重興仏法」の語は、文帝の場合にあてはまるのは確かである。しかしこの場合の相手は煬帝とみなすべきであり、倭の側は煬帝をあえて「重ねて仏法を興す」存在として持ち上げたと解釈できる。とすると、倭は隋の政界にかなり通暁し、したたかな外交を展開しようとしていた様子すら垣間見られることになる。倭が相手を「重興仏法」の「菩薩天子」と表現したとしても、それは「聖徳太子が憧れた中国の菩薩天子」といったものではなく、もっと冷徹な計算の上にあったのではないか。倭におけるそのような姿勢やある種の自信は、開皇二〇年の遣使が一度現地を見ている実績があって初めて可能となるのではないか。すなわち、倭国使の用いた「重興仏法」を煬帝にあてて理解することが、逆に開皇二〇年の遣使の存在を浮かび上がらせてくれるのである。

そうなると改めて問われるのが、なぜ六〇七年であったのか、である。開皇二〇年（六〇〇）から七年を経過した推古一五年という年、厩戸皇子による国内の一連の改革が一段落ついたところで実施されたというのが、これまでほぼ共通する解釈であった。しかしそれだけでは六〇七年という年になる十分な説明にはならない。従来この点にはほとんど踏み込まれてないままきているが、一度は取り上げられてよい課題となるだろう（第Ⅰ部4参照）。

おわりに――『日本書紀』の「大唐」の背景

画期としての開皇二〇年

戦後進められてきた遣隋使研究は、戦前来の考え方を転換させ、『隋書』倭国伝に載る「開皇二〇年の遣使」の実行性を認める方向で進んできた。本章でも改めて従来の研究動向を集約し、問題点の所在や論点を広く整理した上で、開皇二〇年の遣使を第一回のそれとすることに正当性を見出すに至った。そのことに関連して、倭から何回使節が送られたのかの諸見解を整理し、じつに各人各様の解釈のあることを提示した。では筆者は何回説に立つかであるが、本章では開皇二〇年問題に主眼を置く関係上、ここでは踏み込めなかった。この問題は本書で国際関係などを論じたあと、終章の「遣隋使の新たな地平へ」において改めて言及することにする。

以上、倭の第一回遣隋使は開皇二〇年に行われたことが確認できたと考える。とすると次に関心が向かうのが、かれらは初めて踏み出したその隋の世界において、何を見、何を感じ、何を考えたのだろうか、ということである。一行が体験したことや見聞きした情報は、帰国後の政治に何らかの形で反映されるのはまちがいない。遣隋使の積極的な位置づけのためにも、そのような視座からの考察はあってもよかったが、残念ながらその点はあまり注意されてこなかったように思われる。そうした反省に立って、本書では隋における遣隋使の立場にもうすこし密着し、当時の隋の世界を考えてみることにしたい（第Ⅲ部1参照）。

開皇二〇年という年は、隋代政治史の上で大きな節目であったといってよい。隋の前半期を動かしてきた高熲を中心とする政治勢力が後退し、楊広―楊素というそれまで背後に押しやられていた勢力が前面に躍り出る。そしてそれを進める背景には、文帝が踏み出した対東アジア拡大路線があり、また仏教を政治とつなげる仏教重視策が存在した。そうした緊張した政治的状況とともに、遣隋使が目の当たりにしたのは隋の高度に整った支配体系と物質的、文化的な高さであったろう。かれらは深いカルチャーショックのなかで、自国の後進性を痛切に感じ取ったのではないか。

倭（推古朝）において、国内諸改革が本格化する、それも短期間に一気に実行されるのが、六〇〇年のすぐ後からである。加えて、厩戸皇子（聖徳太子）が仏教への傾斜をつよめ、十七条憲法に「二に曰く、篤く三宝を敬え。三宝とは仏法僧なり」と盛り込み、仏教政策としてそれを意識したのも同じ時期であった。これら一連の動きはまさに遣使の帰国したことで説明がつくだろう。かれらは帰国するや、隋の国内情勢を逐一報告する。隋の先進性と豊かさ、また東アジアに向けられた野心や政治における緊張感、それに国を仏教によってまとめようとする政治姿勢なども。そして最後にかれらは、自国の遅れを挽回するために、政治体制の改革の推進を強く説いたはずである。こうした問題は、第Ⅰ部4においてさらに踏み込んで考えてみたい。

『書紀』に記載されなかった理由

かくして、開皇二〇年の遣隋使が存在したことが、隋の国内状況を分析することからも裏づけられた。だが、もう一つ気になる問題がのこされる。なぜ『書紀』ではその重大な事柄が記録されなかったか、である。このことについて、筆者は従来ほとんど問題にされたことのない角度からの見方を示しておきたい。

「倭国伝」によると、開皇二〇年の遣隋使は隋の担当官の質問に答えて、自国の遅れや未開性を露呈する発言をして、文帝に強く諭されたことになっている。本居宣長はそのことに反発し、しかも『書紀』に記録がないことから、それが日本（倭）の正式な使節でないものによる所業と断じたのであったが（38～39頁参照）、その見解は『書紀』が正しいとの前提の上に組み立てられている。また日本史の研究者の説でも、宣長のいうところは認めなくとも、この場合の『書紀』の関係記事には誰も疑問を挟まない。だが『書紀』は天皇の正統性を説くために、作為や潤色が加えられていることはつとに知られている。

そうした観点から『隋書』と『書紀』の成立時期を比べてみると、『隋書』の編纂が唐の貞観一〇年（六三六）に本紀（帝紀）五巻・列伝五〇巻としてなされ、後の顕慶元年（六五六）に「五代史志」三〇巻を足して、今日の『隋書』八五巻ができあがった。「倭国伝」は列伝であるから、六三六年にはできていたことになる。これにたいして『書紀』は養老四年（七二〇）、舎人親王らによって撰せられた三〇巻と系図一巻からなる日本最初の正史であった。両者の間には、八四年ないしは六四年という差が存在する。その間には遣隋留学生として大陸にわたった南淵請安や高向玄理、僧日文らが帰国しており、かれらによって大陸の最新情報とともに多くの典籍・文物がもたらされた。また遣唐使としても、その間に何度か往来があり、使者たちは熱心に典籍の入手に努めたという。

ちなみに九世紀後半に編纂された『日本国見在書目録』を見ると、正史家条に「隋書八十五巻　顔師古撰」としてその名があがり、正史『隋書』が平安前期までには日本に将来されていたことがわかる。このことはそれが、唐朝の宮中の奥にあるいは史館の書庫に秘蔵されたものではないことを裏づける。唐にとって前朝の記録『隋書』は秘密にされる性格のものでなく、むしろみずからの正統性を裏づけるために積極的に公開されてよいものであった。そのような過程と事情を考慮すれば、『隋書』は比較的早い段階から日本に来ていた、当然のことながら、『書紀』の執筆者とされる舎人親王らはこれに目を通していた、と推定できる。

舎人親王らが『隋書』倭国伝を見たとしよう。天皇の正統性と「神国」たる自国の歴史を説く立場からは、その開皇二〇年の記事は大変まずいものと映っておかしくない。しかし相手の史書の記載は消せない。であれば、自国の側でそれを徹底的に無視することが次に取るべき手であり、ここに『書紀』に六〇〇年の遣隋使が見えない理由が浮かび上がってくる。

さらに関連していうと、どうしたことか『書紀』では「隋国（大隋）」という国名は一切使わず、すべて「唐国（大唐）」と改め〝もろこし〟と訓じてきた。〝もろこし〟の訓は編纂当時のものかどうかは疑問であるが、しかし冷静に考えて、隋と唐が異なる王朝であるのは自明のことで、一体に扱うことは本来おかしい。にもかかわらず『書紀』はその無理を強引に押し通し、しかもこれまでの研究でもそのことに特別の違和感を挟むことをしてこなかった。『書紀』がなぜ徹底して「隋」字を使うことをしなかったか、換言すればなぜ隋朝の存在を無視しようとしたのか、その答えは開皇二〇年の遣使そのものを消し去りたかったという深謀遠慮に求めることができるだろう。

註

（1）　本章参考文献「大橋一章・谷口雅一、二〇〇二」では、第八章の冒頭「聖徳太子が憧れた中国の菩薩天子」（谷口雅一）において、仏教経典の整備、写本数、古像修理数、新像の彫刻数などから「文帝が篤い仏教信者だったことは確かだが、煬帝はそれ以上に篤い信者だった。」として、聖徳太子が送った国書の「海西の菩薩天子」は煬帝であったと結論した。これにたいして礪波護氏は、文帝の煬帝をはるかに凌ぐ仏教活動の実績、あるいは煬帝の仏教にたいする姿勢などから、大橋らの解釈を厳しく批判し、「重興仏法の菩薩天子は隋文帝である」とした（礪波護、二〇〇五）。

（2）　文帝と「重興仏法」の関係をつよく意識したのが、塚本善隆氏である（塚本善隆、一九七三および同、一九七四。なお礪波護、二〇〇五も参照）。

参考文献

朝日新聞社、二〇〇〇『中国国宝展』展示図録

大橋一章・谷口雅一、二〇〇二『隠された聖徳太子の世界：復元・幻の天寿国』（日本放送出版協会）

河上麻由子、二〇〇五「隋代仏教の系譜―菩薩戒を中心として―」（九州大学二一世紀COEプログラム（人文科学）東アジアと日本：交流と変容編『東アジアと日本―交流と変容』二、九州大学大学院比較社会文化研究院。同氏著『古代東アジア世界の対外交渉と仏教』第一部第三章に所収、二〇一一年、山川出版社）

――――、二〇〇八「遣隋使と仏教」（『日本歴史』七一七。『古代東アジア世界と仏教』第一部第四章に所収、二〇一一年、山川出版社）

氣賀澤保規、二〇〇一「隋仁寿元年（六〇一）の学校削減と舎利供養」（『駿台史学』一一一）

――――、二〇〇五『中国の歴史6　絢爛たる世界帝国　隋唐帝国』（講談社）の第一章「新たな統一国家―隋王朝―の「隋朝中期の政治動向―遣隋使が見た隋の風景―」

坂元義種、一九八〇「遣隋使の基礎的考察―とくに遣使回数について―」（井上薫教授退官記念会編『日本古代の国家と宗教』下巻、吉川弘文館）

塚本善隆、一九七三「隋仏教史序説―隋文帝誕生説話の仏教化と宣布―」（『鈴木学術財団研究年報』九。『同著作集』三、大東出版社、一九七五年に所収）

鄭　孝雲、一九九九「遣隋使の派遣回数の再検討」『立命館文学』五五九）

――――、一九七四「隋文帝の宗教復興特に大乗仏教振興―長安を中心にして―」（『南都佛教』三二）

礪波　護、二〇〇五「天寿国と重興仏法の菩薩天子と」（『大谷学報』八三―二）

西嶋定生、一九六二「東アジア世界と冊封体制」（岩波講座『日本歴史』第二巻、古代2。『古代東アジア世界と日本』岩波現代文庫、二〇〇〇年に所収）

藤善眞澄・王勇、一九九七『天台の流転』（山川出版社）

堀　敏一、一九九三「中華的世界帝国」(『中国と古代東アジア世界』岩波書店)
山崎　宏、一九四二「仁寿年間に於ける送舎利建塔事業」(『支那中世仏教の展開』清水書店)
――――、一九六七「隋の高句麗遠征と仏教」(『史潮』四九、『隋唐仏教史の研究』法蔵館、第七章に所収)
吉田　孝、一九九九『日本歴史２　飛鳥・奈良時代』(岩波ジュニア新書)

2 東アジアの国際関係と遣隋使

金子　修一

はじめに

私の課題は、遣隋使について東アジアの国際情勢の中からその特徴を考察することである。本論に先立って、このような問題設定の必要性について一言述べておきたい。

「冊封（さくほう）体制」「東アジア世界」という熟語は、今では高校の教科書にも用いられている。しかし、これらの用語がそれこそ東アジア世界の特色を示す言葉として積極的に用いられるようになったのは、一九六〇年代から七〇年代にかけてであった。一九六二年に西嶋定生氏は「六～八世紀の東アジア」を発表し、中国王朝が周辺諸国の君主に王号以下の爵号を授与する行為が、国内における爵号授与と同一の手続きに拠っていることに着目した。そして、唐代までの東アジア諸国の動きについて、中国国内の君臣関係における爵号授与の国外への拡延として解釈できることを示し、王号を主とする爵号の東アジア諸国への授与（冊封）によって形成される国際的な体制を冊封体制と名附けた（西嶋定生、一九六二）。一九七〇年にはその見解をさらに発展させ、前近代の中国・朝鮮・日本・北ヴェトナムの地域は東アジア世界という地域的世界として見るべきである、と提唱し、東アジア世界に共通する指標として漢字・儒教・律令制及び中国化した仏教（漢訳仏典）を挙げた。さらに、唐代までの東アジア世界は冊封体制を軸に展開した、と述べたのである（西嶋定生、一九七〇）。

このように、日本をその一員とする東アジア世界の視点で日本の歴史展開を把えようとすると、古代日本と中国王朝との関係も両国の間だけで考えるわけにはいかなくなる。例えば、六四五年の大化改新（乙巳の変）は遣唐使の派遣の途絶えている時期に起こった事件であるが、この年には唐の太宗による高句麗遠征が行われており、こうした東アジア規模の大事件の影響が日本に波及し、中大兄皇子らによって乙巳の変が引き起こされた、という考え方もある。この考え方には賛否両論があるが、東アジア世界という視点を設定することによって、日本が遣隋使・遣唐使を派遣しなかった時期についても、東アジア諸国との関連を考慮しつつ日本の歴史展開を考えることが可能となったことは明らかである。実際にそうした考慮の必要なことは本書の諸氏の論文に明らかであろうし、本稿の以下の記述からもその点を感得して頂ければ幸いである。

東アジア世界の視点で遣隋使の時代の国際関係を把えた基礎的な文献としては、第一にさきの西嶋氏の「六〜八世紀の東アジア」があり、遣隋使の専論ではないが種々注目すべき記述が見られる。隋代の東アジア世界に関する必読の専論としては、堀敏一氏の「隋代東アジアの国際関係」（一九七九年）があり、堀氏の書き下ろしになる『中国と古代東アジア世界』（一九九三年）にも関連した記述がある。また、拙稿「隋唐交代と東アジア」（一九九二年）は一般向けの論考であるが、隋唐交代期における高句麗の存在の重要性、及び高句麗とその西に位置する北アジア諸国との直接交渉に留意して記述した。本稿はこれらの先行研究を基礎に記述したが、第三節は正史の外国伝を通読した経験を踏まえて執筆した。

一　隋の東アジア政策と隋代東アジアにおける日本の位置

隋の文帝と東アジア

隋の文帝（在位五八一～六〇四）は、開皇元年（五八一）二月に北周の幼主静帝の禅譲を受ける形で即位し、隋王朝を開いた。すると七月には靺鞨（まっかつ）、八月には突厥（とっけつ）の遣使があったが、一〇月には百済の威徳王（いとく）、一二月には高句麗の平原王（へいげん）が遣使した。一方、隋は八月には吐谷渾（とよくこん）を青海に撃ってこれを降しており、開皇三年（五八三）になると内紛に乗じて突厥を東西に分裂させることに成功し、東突厥は隋末まで隋に臣属した。こうして、北と西の異民族を抑えた隋の外交は、東アジア諸国中心に展開することとなった。ただし新羅の隋への遣使はやや遅れ、隋が中国を統一した五年後の開皇一四年（五九四）に真平王（しんぺい）の遣使したのが最初となる。南北朝時代でも高句麗は南北両朝と、百済は主に南朝と交渉していた。これに対して、新羅が中国王朝（主に北斉と陳）と本格的に交渉するようになるのは六世紀後半のことである。また、倭（日本）が北朝と交渉した事実はない。南北朝時代の東アジアにあっては、黄海をはさんで向かい合う高句麗・百済が中国との交渉の主役となっており、隋初もその情勢には変わりはなかった。

しかし、開皇四年（五八四）まで毎年隋に遣使していた高句麗は翌年になると一転して陳（ちん）に遣使し、以後は隋に使者を送らなくなる。百済も五八二年には隋に使者を送ったが、五八四年・五八六年には陳に遣使した。つまり、隋の建国から数年すると、高句麗・百済とも陳との交渉を重視する方向に転換したのである。陳の建国時（五五七年）には長江上流の四川省方面は既に北周が領有しており、北周が北斉を滅ぼし（五七七年）、その北周の禅譲を隋が受けた時点では、北朝の隋と南朝の陳との国力の差は歴然としていた。それにもかかわらず高句麗と百済とが陳に遣使したのは、隋に対する警戒心が高まったからともいえるが、南北朝の対立を長びかせることで中国王朝との交渉における自国の優位を保とうとする両国の苦心の現れ、と理解することもできる。既に突厥と北斉・北周との間にも同様の動きが見られた。五六〇年代から五八〇年頃にかけて突厥は北斉・北周と頻繁に交渉したが、当初は北周に軍事援助したものの、北斉が劣勢に陥ると逆に北斉を援助し、北斉滅亡後もその残存勢力を援助している。突厥の外交姿勢は二転し、一貫していないように思われる。しかし突厥の側から見れば、その南方政策は北斉・北周のいずれか一方による華北統一の阻止という点で一貫していた、と解釈できる（伊藤慎吾、二〇〇六）。あるいは、隋の建国前にあったこのような動きが、隋建国後の高句麗や百済の外交に影響を与えたのかも知れない。

　したがって、開皇九年（五八九）正月に隋が陳を滅ぼしたこと（平陳）の高句麗・百済に与えた影響の大きさは想像に難くない。たまたまこの年、隋の戦船が耽牟羅国（耽羅すなわち済州島）に漂着した。百済の威徳王は戦船を隋に送り返すと共に、遣使して隋の平陳を賀う上表文を奉った。文帝は詔を下し、百済はあえて毎年入貢するには及ばず隋もまた特に使者を送ることはない、という意味のことを述べた（『隋書』百済伝）。隋の側では百済との外交に消極的な姿勢で臨むという意味であるが、これまでの百済の態度も問題としない

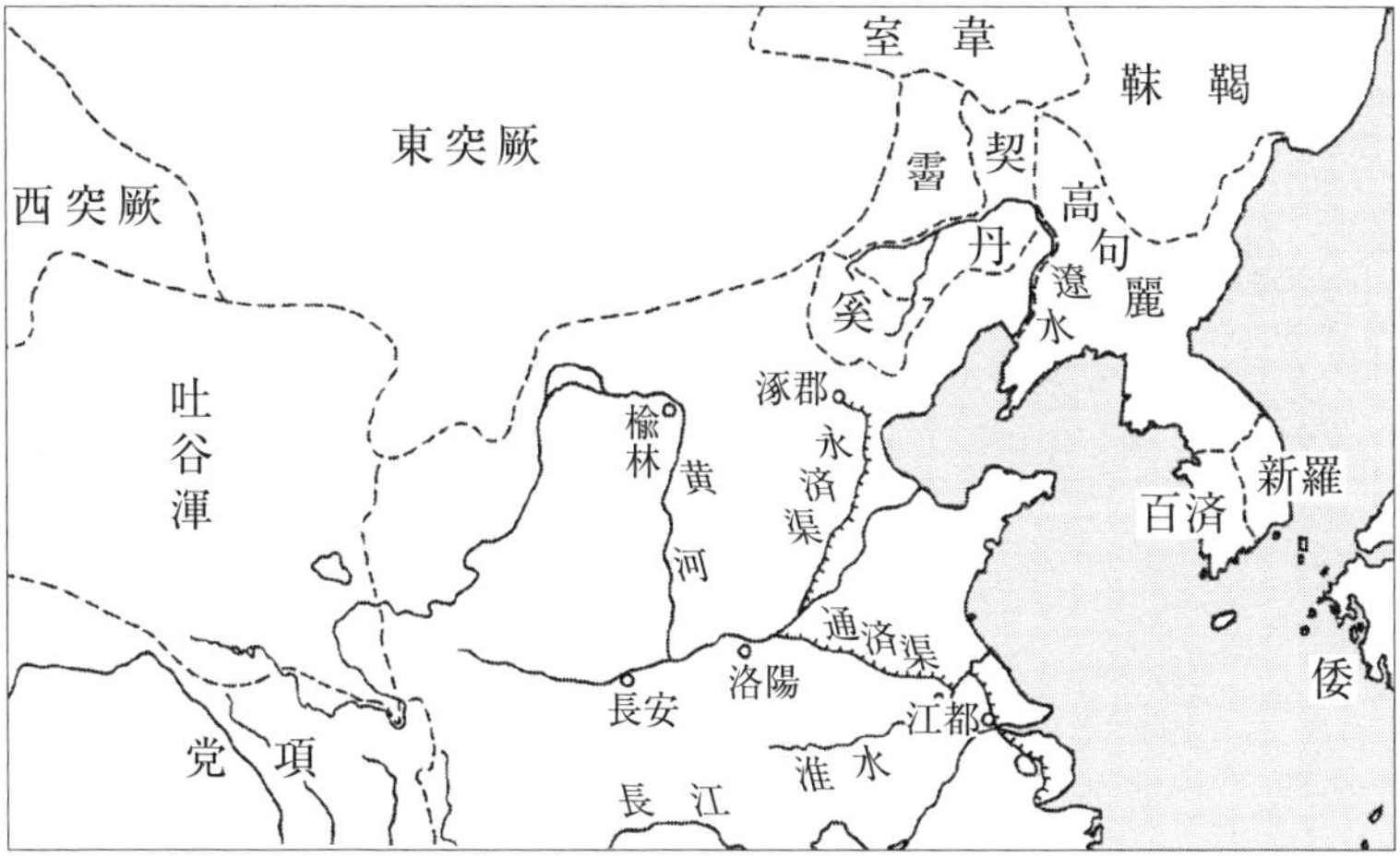

図　隋および唐初の周辺諸国

という文帝の意志表示、とも読み取れる。こうして、百済は隋との関係悪化を回避することができた。一方、高句麗の平原王は大いに懼れ、武器を整え軍糧を蓄える防禦策を講じた。文帝も翌開皇一〇年（五九〇）には平原王に璽書を下し、隋の働きかけに対して高句麗が警戒心を解かないことなどを非難した。平原王は謝罪しようとしたが同年のうちに卒し、子の嬰陽王が立った。嬰陽王は隋と交渉して高句麗王に封ぜられ、隋との関係を維持することに成功した。しかし、平原王の死去という偶然によって問題が先送りされただけで、高句麗と隋との関係が根本的に改善されたわけではなかった。

煬帝と高句麗・日本

隋と高句麗との関係が決定的に悪化するのは、隋二代目の皇帝煬帝（在位六〇四～六一八）の時代になってからである。創業の主である文帝は内政を優先し、対外関係には概して消極的であった。煬帝は一転して対外積極策に乗り出し、大業三年（六〇七）には突厥を始めとする北方民族を威圧しようとして北辺に巡幸した。煬帝が突厥の啓民可汗の牙帳（テント）に赴いた時、折悪しく高句麗の使者が先に来ており、啓民可汗は隠さずにその使者を煬帝に引き合わせた。隋の与り知らない北方ルートで高句麗と突厥とが自由に往来していた事実を知った煬帝は、大きな警戒心を抱いたのであろう。高句麗の使者に対して高句麗王に早く来朝すべきことを伝えるように言い、来朝しない場合には啓民を将いて巡幸する、と威嚇した（『隋書』突厥伝）。嬰陽王は懼れて入朝しなかったが、頗る藩礼（外国の臣下としての礼）を欠くものとみなされてしまった。なお、煬帝の第一次高句麗遠征には、大業五年（六〇九）に隋に来朝した高昌国王麴伯雅が従軍している（同書高昌国伝）。高昌国は現在の新疆回紇自治区吐魯番市にあった漢人王朝である。突厥の啓民可汗ではなかったが、西域の遠方の国まで自分に従っていることを、煬帝は高句麗に誇示したのであろう。

大業四年（六〇八）正月に煬帝は詔して河北諸郡の男女百余万を発し、黄河から涿郡（今の北京）を結ぶ運河永済渠を開鑿させた（63頁図参照）。これは、高句麗遠征用の兵員や物資を運ぶための準備であった。煬帝はまた突厥の啓民可汗を東都洛陽で謁見し、手厚く待遇した。啓民可汗はこの年に亡くなったが、次の始畢可汗とも良好な関係を保つように計った。翌大業五年には煬帝は西方の吐谷渾に親征してこれを破り、その地に西海・河源・鄯善・且末の四郡を置いた。高句麗遠征の前に西方を抑え、兵力を東方に集中できるようにしたのである。

倭国が隋に遣使したのはこのような時であった。『隋書』倭国伝には、『日本書紀』に見えない開皇二〇年（六〇〇）の遣隋使のことがその前に記されているが、これについては本書の他の章で触れられるので、ここ

では述べない。次いで『隋書』倭国伝に

> 大業三年（六〇七）、其の王多利思北（比）孤、遣使朝貢す。（中略）其の国書に曰く、「日出る処の天子、書を日没する処の天子に致す、恙無きや、云云」と。帝之を覧て悦ばず、鴻臚卿（渉外担当の役所鴻臚寺の長官）に謂いて曰く、「蛮夷の書に礼を無みする者有らば、復た以て聞する勿かれ」と。

とある。すなわち、有名な「日出る処」で始まる国書を持参したのが、小野妹子率いるこの時の遣隋使であった。六〇〇年の遣隋使でも、「倭王は天を以て兄と為し、日を以て弟と為す」という使者の言葉が、文帝から「此れ太だ義理無し」すなわち「全く筋の通らない話だ」、と言われていた。しかるに、このたびの遣隋使でも倭王（推古天皇）と煬帝とを対等とする国書を持参し、「このような礼を無視した蛮夷の書があれば二度と自分の眼に触れさせないように」、と煬帝に言われてしまった。それにもかかわらず、煬帝は翌年に裴世清を倭国に派遣した。ちょうど、高句麗と隋との間が急速に悪化した時期で、高句麗の背後にある日本との関係を維持する必要を、煬帝も感じていたのであろう。

なお、隋使の裴世清の官は『隋書』倭国伝では文林郎（官職の高さを示す官品は従九品上か従八品）、『日本書紀』では鴻臚寺掌客（官品は正九品）で高くはないが、後の唐朝草創期（六一八年建国）には外交を職掌とする要職の主客郎中（官品は従五品上）に任ぜられた。隋唐の裴氏は名門であり、煬帝が倭国を低く見て裴世清を派遣したとは考えられない（池田温、一九七一）。

二　隋の高句麗遠征と冊封体制

高句麗遠征と煬帝・太宗

以上のような突厥・倭・吐谷渾等の周辺諸国への働きかけを経て、煬帝の高句麗遠征は決行された。この間、百済や新羅も高句麗征討への協力を申し出ている。大業七年（六一一）二月には、煬帝は「高麗（高句麗はしばしば高麗と略記される）の高元、藩礼を虧失す。将に罪を遼左に問い、勝略を恢く宣べんと欲す」という詔を発した（『隋書』煬帝紀上）。煬帝の高句麗親征の理由は、あくまで嬰陽王が藩臣の礼を欠いたことにあったのである。翌大業八年（六一二）には一一三万三八〇〇の軍を二百万と号し、高句麗の国都の平壌へと進撃した。しかし、夏を過ぎた七月に至っても勝利を収めることができず、逆に各地で大敗を喫して軍を引き揚げた。続く大業九年・一〇年にも煬帝は高句麗遠征の軍を起こしたが、既に大業九年の第二次遠征の途中から国内では反乱が続発し、親征の完遂は到底不可能となった。しかし、翌年の第三次遠征では高句麗も疲弊して降を請うたので、面目を保った煬帝は軍を返した。だが、時既に遅く、大業一四年（六一八）三月に煬帝は避難先の江都（揚州）で側近に殺され、隋朝の命脈は尽きたのである。

西嶋定生氏は以上の経過を詳述したのち、「まことに隋は高句麗遠征に命運をかけたというべきである。藩国の臣礼を正すという冊封体制の維持は、このように文字どおり国運を賭して行なわれたのである」と述べ（西嶋定生、一九六二、二〇〇〇年版の六一頁）、中国王朝が外国王朝との関係を冊封体制によって維持することは国を傾けるほどの重要な意義を持つ、と主張した。しかるに、これより先の開皇一八年（五九八）には、高句麗の遼西侵入をきっかけに文帝も高句麗征討の軍を起こしたが、さしたる成果もないままに引き揚げていた。宮崎市定氏はこの文帝の高句麗討伐について、平陳後十年近くも大きな戦争がなく昇進や賞賜の機会を得ない軍人達の希望を聞くために、気が進まぬながらも文帝が高句麗侵入の軍を起こすに至ったのであろう、という。そして煬帝の高句麗戦争は、褒美の貰いたい上級将校の始めた戦争であり、三回も続いたのは将校達の名誉挽回の心理が働いたからである、という意味のことを述べている（宮崎市定、一九六五）。これに対して堀敏一氏は、煬帝の末年には蘇威・宇文述・裴矩等の「五貴」が権力を握り、そうした少数近臣の政権独占が煬帝による高句麗征討の客観的判断を狂わせた、とする（堀敏一、一九七九）。

このように、隋滅亡の引金ともなった煬帝による高句麗遠征の原因については、これを冊封体制の論理の発現とする西嶋氏の解釈に対して、宮崎氏や堀氏の解釈は取り立てて東アジア世界や冊封体制論とは関係しない。煬帝の高句麗遠征の解釈は、西嶋氏の冊封体制論を考える上で一つの重要な論点となろう。

高句麗と隋との対立は唐に入っても引き継がれ、最後には六六八年の唐と新羅とによる高句麗討滅という形で解消されることになる。西嶋氏は、当初高句麗に称臣（臣を自称して、臣下としての立場を明示する）を求めない態度を示した唐の高祖に対し、中書侍郎温彦博の述べた

遼東の地、周は箕子の国と為し、漢家の玄菟郡なるのみ。魏晋已前、近く提封の内に在り、許すに不臣を以てすべからず。若し高麗（高句麗）と抗礼すれば、則ち四夷何を以て瞻仰せん。且つ中国の夷狄に於けるは、猶太陽の列星に比するがごとし。理として降尊し、俯して夷貊と同じくすること無し。

という言を引き（『旧唐書』温彦博伝。同書高句麗伝はやや簡略）、かつて郡県制支配下にあった伝統的封疆（伝統的な中国の領域）の地は、あくまで中国王朝の体制内に位置づけられるべきものであり、これを不臣抗礼の外域と認めることは（他の異民族との関係から言っても――筆者註）中国王朝としては不可能であった、という意味の指摘をしている。

なお、「不臣」とは「臣下としない、臣下とならない」という意味で、唐までの中国王朝は基本的に外国を臣下とみなすので、「不臣」の地位を中国王朝が認めれば優遇ということになり、外国が自らそのような態度をとれば、中国王朝からすれば傲慢ということになる。「抗礼」とは外国が中国王朝に対等の礼つまり不臣の立場をとることであり、「抗」という語自体外国の対等外交が不遜である、という意味を表している。

さらに、六四二年には高句麗で権臣泉蓋蘇文が栄留王を弑して宝蔵王を立てるという政変があり、これに対して唐の太宗は高句麗征討の軍を起こした。西嶋氏はその時の「討高麗詔」から、冊封関係にある藩国の秩序の保持は中国王朝の責務であり中華を保つ所以と考えられていた、と指摘する。そしてこのことは、冊封体制内にあるものは夷狄といえども君臣の義をもって律せられるべきであり、その限りにおいてその罪を糺すことは同一の君臣関係にある国内秩序の保持と共通すると考えられていた、と言い換える。この遠征は貞観一九年（六四五）に行われたが（「はじめに」参照）、十分な成果を収めることができなかった。すると太宗は六四七年・六四八年にも高句麗征討を行うが、西嶋氏は最後の第三回目の高句麗征討を批判した房玄齢の上表から（『旧唐書』房玄齢伝）、高句麗を討伐すべき場合はそれが臣節を失ったとき、中国に侵寇したとき、および永久に中国の患となるときに限定されるべきものであって、そこでは冊封関係にある藩国に対しては名目の無いいくさを興すべきでないことが主張されている、と説明する。そして、唐の太宗朝における朝鮮三国の抗争とこれに対応した唐の動きは冊封関係の存在を前提とするものであり、よって当時の東アジアにおける国際政局が現実に展開する場として、中国王朝を中心とする冊封体制の存在が重視されなければならない、と指摘する（西嶋定生、一九六二）。

煬帝の高句麗遠征の発動された理由を尋ねて唐の太宗朝にまで筆が及んでしまったが、宮崎・堀氏が隋朝または煬帝朝の政治情況の中で考えようとしているのに対し、西嶋氏は唐代に至る長い時間軸の中で考えようとしている、といえる。西嶋氏の着目した前引の温彦博の言がその場限りの発言でないとすれば、玄菟（げんと）郡・楽浪（らくろう）郡・帯方（たいほう）郡のあった朝鮮の地域に対する中国王朝の封疆（領域）意識と、長城以北の遊牧民族の地域に対する中国王朝の意識とは当然相違するものとなる。したがって、煬帝の高句麗遠征の原因についても、それまでの中国王朝と高句麗との関係の中で考えるか隋の政治史の中で考えるかで、その理解は大きく変わってくるであろう。その点を実証的に考察しようとするならば、隋唐までの異民族との戦争における征討詔の内容を逐一吟味していくことも必要となろう。それは今後の課題としたいが、以上の煬帝の高句麗遠征をめぐる問題を見ても、どのような視点で冊封体制や東アジア世界を把えるかで、その理解のずいぶん違ってくることが判る。そこで次に、西嶋定生氏の東アジア世界論と堀敏一氏の東アジア世界論との相違について、やや詳しく述べてみたいと思う。

二つの東アジア世界論

前述のように、西嶋氏は一九六二年に冊封体制の存在を指摘し、その後に冊封体制の存在を手がかりに東アジア世界設定の必要性を説いた。西嶋氏の冊封体制論は初めから東アジア世界論と緊密な関係を有していたのである。ではなぜ東アジア世界の設定にこだわったのであろうか。西嶋氏は一九六四年発表の「私の古墳遍歴」において、一九五七年（昭和三二）頃の氏の問題関心が日本における中国史研究の存在意義に向けられていた、と述べている。また、それは現代日本のわれわれを規定する歴史性の把握のためであり、日本史研究と絶縁した場で中国史研究を取り扱うべきではなく、中国史研究はその直接的結果やそこで把握された方法によって日本史研究に奉仕しなければならない、とも述べている（西嶋定生、一九六四、二〇〇二年版の三七七頁）。その後、西嶋氏は明清に至る東アジア世界総体の歴史叙述を何度も試みているが、ヨーロッパ経済の浸透によって最終的に崩壊した東アジア世界から離脱し、帝国主義化した日本のその後の歴史については厳しい視線を向けている。また、日本は海によってアジア大陸から切り離された島国であるが、日本の歴史は国内だけで進行していたと考えるべきではなく、東アジア世界という領域を設定してその中で日本の歴史展開を考察すべきである、ということも繰り返し述べている（西嶋定生、一九七三、二〇〇二年版の六三〜六四頁）。つまり西嶋氏にとっては、日本の歴史について独善的な見方を排して中国史・朝鮮史との関連で理解していく上で、東アジア世界の設定は是非とも必要なことであったのである。

以上の西嶋氏の視点は貴重であり、今後にも生かされなければならないと思う。しかしながら、すぐれて理論的なその視点は、実証的には種々の問題を残すことになった。例えば、西嶋氏の言う冊封体制は爵制に基く国内の君臣関係が国外に拡延したものであり、その限りでは東アジア諸国に限定されるべきものではない。また、「冊封」は明清時代の国際関係には頻見する用語であるが、元以前の用例はきわめて少なく、唐以前の正史の用例は皆無に近い（金子修一、二〇〇六）。したがって、唐以前においては「冊封」の語を用例から帰納的に定義することはほとんど不可能であり、論者によって用例の範囲も異なることになるのである。事実、以下に見る堀敏一氏の場合は冊封の対象は西嶋氏の場合に比べて広く取られている。また、冊封体制が機能した時代については、「六〜八世紀の東アジア」の叙述では四世紀後半から唐代にかけてのように読み取れるが、その結語では冊封体制は漢代から存在したと記されている。したがって西嶋氏は、まず冊封体制という政治構造が中国文化を「東辺諸国」に拡延した事実を前提にして、あとは論証することなくさらに地域と時代とを拡大・延長させ、冊封を媒介とした文化圏の形成を論じている、という厳しい批判も出てくるのである（李成市、二〇〇〇、四四頁）。また、東アジア世界に共通する四つの指標についても、李成市氏はことに漢字について、その歴史的・地理的な使用範囲が西嶋氏の言う東アジア世界に止まるかどうか疑問を呈しており、さらに高句麗―新羅―日本のように、中国王朝とは直接結びつかない形での周辺諸国間の漢字の伝播の事実について注意を喚起している。

西嶋氏の問題提起を受けて、一九六〇年代からその逝去に至るまで冊封体制や東アジア世界を論じ続けた中国史研究者に堀敏一氏がいる。学徒出陣によって中国の山西省で敗戦を迎えた堀氏にあっても、戦前の日本の中国侵略には厳しい眼を向けていたと思われるが、西嶋氏のように日本からの視点を強調することはない。むしろ、中国王朝から視るという立場が貫かれているように思われる。また、生涯にわたって数多く書き続けられた堀氏の東アジア世界論は、西嶋氏の「六〜八世紀の東アジア」のような、以後の所論の大前提となる基礎的な論を持たない。そこで、堀氏の冊封体制論・東アジア世界論については、西嶋氏の論と対比して注意すべき点についてかいつまんで述べていく（金子修一、二〇〇八）。

西嶋氏の東アジア世界論では冊封関係の存在が重要であったが、堀氏によれば中国の異民族支配のあり方を示す用語としては羈縻（きび）がもっともふさわしい。中国王朝と異民族との間には冊封・朝貢・和蕃公主（わばんこうしゅ）（皇帝の娘の公主であることを建前とする女性の異民族への降嫁）等の種々の関係が見られるが、それらを包括的に表現した語が羈縻である。臣属を意味する冊封の語は魏晋南北朝の日本・朝鮮・中国との関係を示すには適当かも知れないが、中国の異民族支配全体の中では重要ではあるが一部のやり方である、と堀氏は言う。冊封体制の存在を西嶋氏は隋唐東アジアの国際関係から論証しようとしたが、堀氏によれば冊封体制は魏晋南北朝に最も有効に機能した。よって冊封のよく作用した期間についても、西嶋氏と堀氏とでは理解に相違がある。また、唐代には異民族の領域を名目的に唐の府州に編入し、その首長を府の長官の都督（ととく）や州の長官の刺史（しし）に任命する羈縻府（きびふ）・羈縻州（きびしゅう）の制度が盛んに行われた。この羈縻州の語はよく知られているが、堀氏によれば羈縻州の制度が行われるようになったのは唐代からで、漢代からある羈縻の語と羈縻州とを混同してはならない。さらに、唐代では吐蕃（とばん）の賛普（さんぷ）、突厥や回紇（かいこつ）（回鶻（かいこつ））の可汗（かかん）など異民族固有の称号の授与も唐王朝によって盛んに行われたが、堀氏はこれも冊封と理解する。西嶋氏の場合には、君臣関係の周辺諸国への拡延として中国国内の爵号に由来する王号の授与が重視されるが、どのような称号の授与まで冊封の範囲に認めるか、という点でも堀氏の見解は西嶋氏と相違するのである。

したがって、冊封体制及び東アジア世界の適用範囲も西嶋氏と堀氏とでは相違してくる。西嶋氏は日本の歴史的展開を考える条件として東アジア世界の存在を重視するので、自ら設定した日本・朝鮮・中国と北ヴェトナムという東アジア世界以外の地域における冊封の存否には言及しなかった。一方堀氏は、中国を中心とする東アジアの歴史は、北アジアないし中央アジアの諸民族と中国との関係を抜きにしては考えられない、という。そして、中国が日本・朝鮮に対して適用した政策も北アジア諸民族との関係の中で生まれたものが多い、とする。また、チベット高原も中国との関係は緊密であり、西北回廊以西の地域も歴史上の西域であって東アジアの歴史的世界に含めて差し支えない、とする。日本の位置附けを重視する西嶋氏の立場からすれば、西域やチベット方面まで東アジア世界に含めて考えるのは、余りにも東アジア世界の範囲を広く把えすぎた印象を受ける。しかし堀氏からすれば、日本を含めた東アジア地域の歴史展開を考える上で、これに関係する地域もすべて東アジア世界に含める必要がある、ということなのであろう。西嶋氏は、氏の東アジア世界に共通する漢字以下の四つの指標を挙げた。しかし、堀氏の東アジア世界では敢えてそのような共通の指標を想定する必要はなく、よって氏の東アジア世界論では西嶋氏の四つの指標について全く言及する所がなかったのであろう。

以上のように、同じ冊封、同じ東アジア世界という言葉を使っていながら、西嶋氏と堀氏とでそれぞれの用語の含意する範囲は大きく相違していた。西嶋氏の場合には、煬帝の高句麗遠征の原因にしても爵制的秩序に基く国際秩序からの逸脱という側面を重視するのに対し、爵位以外の可汗等の称号授与も冊封の範疇で把え、東アジア世界の外交の前提として中国と北アジア諸国との関係を重視する堀氏の場合には、国際関係における爵制的秩序の側面は余り重視されないのである。しかし、西嶋氏が温彦博の言を引用しながら指摘したように、歴史的な玄菟郡や楽浪郡・帯方郡の存在が、高句麗に対する隋唐の封疆意識に投影していたことは否定できないのではなかろうか。唐代までの中国王朝の北アジア・中央アジア諸国に対する意識と東アジア諸国に対する意識との間に、中国王朝が東アジアにおいて玄菟郡・楽浪郡を持ち得たことの影響はなかったのであろうか。中国王朝の北アジア諸国等に対する意識と東アジア諸国に対する意識との間に何らかの相違があったとすれば、日本・朝鮮・中国及び北ヴェトナムを主要地域とした西嶋氏の東アジア世界の設定には一定の意義があることになろう。中国王朝と東アジア諸国との歴史的関係をふまえながら、なおかつ中国と北アジア諸国・中央アジア諸国との関係も視野に入れながら、あらためて東アジア世界設定の意義について検討していく必要があるのではなかろうか。

三　正史外国伝の中の東夷伝と倭国伝

煬帝の高句麗遠征からさらに東アジア世界論の意義にまで筆が及んだが、最後に唐代までの正史外国伝における倭人伝の特色について瞥見してみたい（85頁表「正史外国伝の東夷伝と倭国伝」参照）。

前節で述べた西嶋・堀両氏の東アジア世界論のうち、特に堀氏の場合には、中国と東アジア諸国との関係を考える上で必要なその他の地域も、東アジア世界の範囲に組み入れて考察しようとしていた。よって東アジア世界を考える上でも、東夷伝や倭人伝の特色を正史外国伝全体の中で理解しておくことが必要であろう。

『漢書』

中国最初の正史は『史記』であるが、司馬遷在世中の前漢武帝期で筆が止まっているので、ここでは取り上げない。一王朝の断代史の正史は、後漢に作られた『漢書』が最初となる。前漢の国際関係を反映して、匈奴伝・西域伝はそれぞれ二巻にわたって詳細に記述されているが、その他の地域は「西南夷・両粤・朝鮮伝」として一巻にまとめられ、倭国伝はない。朝鮮についても武帝の時の朝鮮四郡設置に至る出兵記事が大半を占めている。

『後漢書』

『後漢書』になると東夷列伝、南蛮・西南夷列伝がそれぞれ一巻ずつを占めるようになる。西域伝も独立しているが、北狄伝に相当するのは南匈奴列伝と烏桓・鮮卑列伝とである。東夷列伝は夫余・挹婁・高句麗・東沃沮・濊・三韓と倭であり、倭伝が初めて登場する。ただし、『後漢書』は南朝宋の范曄の手になるもので、その成立は西晋の陳寿の『三国志』より遅れる。倭伝についても、多くの部分で『魏志』倭人伝を下敷にしていることが知られている（石原道博、一九八五）。もちろん、建武中元二年（五七）の史上初めてとなる倭（奴国）の中国遣使など、後漢のみの貴重な記録も伝えられている。

『三国志』（『魏志』）

中国正史の日本に関する纏まった記事として最古のものであり、かつ内容もきわめて豊富なのが、『魏志』倭人伝である。正確には『三国志』魏書東夷伝倭人条と表記すべきであるが、正史の『三国志』は元来は『魏書』『蜀書』『呉書』の独立した三書であり、印刷術の普及した北宋時代に印刷出版するに当たり『三国志』と総称するようになった。その『魏書』のことを『魏志』と呼ぶ例は多いので、『魏志倭人伝』ではなく、『魏志』倭人伝と表記すれば余り問題はないかと思う。魏を正統とする『三国志』では外国伝は『魏書』に附されているが、『三国志』外国伝の特色は二つある。一つは烏丸・鮮卑・東夷伝のみあって、西域伝・南蛮伝に相当する伝のないことである。『三国志』には南朝宋の裴松之による厖大な注が残されており、そこには魏の魚豢『魏略』の西戎伝が引かれているので、魏の時代に西域と断絶していたわけではない。したがって、『三国志』魏書に西域伝のない理由は別に考えなくてはならないが、それは今後の課題としておく。いま一つは倭人伝の字数が最も多いことで、二千字近くある。当時の中国周辺の民族で最も強力であったのは高句麗・鮮卑であるが、それぞれ一三五〇字・一二三〇字ほどである。外国伝の中で倭国伝の字数が最も多い正史はほかにはなく、倭に対する魏の関心のそれだけ高いことを示している。その理由は、倭が海上で呉を扼する位置にあると魏が把握（誤認）したことに因ると考えられるが、十年ほどの間に倭国使が四回派遣され、三回は魏都の洛陽まで行っている。この間に魏の使者も二回邪馬台国に来ている。『魏志』倭人伝は、単に日本に関する纏まった最古の記録というだけではなく、短期間ながら密接な交流のあったことがその叙述を精彩に富むものにしているのである（金子修一、二〇〇三・二〇〇七）。

『晋書』

魏蜀呉の三国を西晋が統一するのも束の間で（西晋の建国は二六五年、中国統一は二八〇年）、四世紀代には華北に五胡諸国が登場し、晋王朝は長江流域に逃れて東晋として再建される。唐初に作られた『晋書』には五胡諸国の歴史は「載記」三〇巻として纏められているが、その他の周辺諸民族については「四夷伝」として一巻に纏められているに過ぎない。倭人についても、主に『魏志』倭人伝に拠った僅かな記録しか残されていない。

『宋書』『南斉書』『梁書』

南朝の正史では、『宋書』『南斉書』『梁書』及び宋・斉・梁・陳の歴史を纏めた『南史』に外国伝がある。梁代にできた『宋書』には北朝の北魏に索虜伝一巻が当てられているほか、鮮卑伝・吐谷渾伝に一巻、夷蛮伝に一巻が当てられている。夷蛮伝は南夷・西南夷・東夷及び国内の蛮の列伝で、東夷伝は高句麗国・百済国・倭国から成る。倭国伝は讃・珍・済・興・武の倭の五王に関する記述や、見事な漢文の倭王武の上表文があって注目されているが、字数は六百字足らずで余り多くはない。やはり梁代の『南斉書』は北魏に関する魏虜伝が一巻、蛮・東南夷伝が一巻、芮芮虜・河南（＝吐谷渾）・氐羌伝が一巻である。東南夷伝の中に東夷伝として高麗国（高句麗のこと、後半欠文）・百済国（前半欠文）・加羅国・倭国が収載されているが、倭国は僅か六五字である。唐初の『梁書』では諸夷伝一巻があり、海南諸国・東夷・西北諸戎で構成され北狄伝に相当するものはない。東夷伝は高句麗・百済・新羅・倭・文身国・大漢国・扶桑国から成る。倭伝は六百字程度で『宋書』倭国伝をやや上回るが、新しい内容はほとんどなく、梁と倭との間には実際の交渉はなかったと考えられている。

『南史』

唐代に入ると、南朝と隋を含む北朝とにそれぞれ『南史』『北史』が作られるが、『南史』は夷貊伝上下二巻で、上巻は海南諸国・西南夷、下巻は東夷・西戎・蛮・西域諸国・北狄（蠕蠕）である。東夷は高句麗・百済・新羅・倭国・文身国・大漢国・扶桑国で、『魏志』倭人伝以来の諸伝の記事を利用した倭国伝は七百字足らずであるが、東夷伝では高句麗伝に次ぐ長文である。総じて、北朝に北方を抑えられた南朝の場合、他の王朝の正史に比べて東南アジア諸国との交渉に詳しいのが特徴である。ただし、仏教の交流を中心とした記述が主で、政治的交渉の記述はきわめて少ない。一方、高句麗・百済・倭国を主とする東夷の記述は、全体の量は少なくても官爵の授受等の政治的交渉が主となっている点で、東南アジア諸国との記述とは大きな相違がある。また、南北両朝の西側の接点となる鄧至・宕昌等の西方勢力との交渉の記述が見られるのも、南北朝時代の一つの特色である。

『魏書』『周書』

北朝では、北斉に作られた『魏書』には五胡諸国や南朝の列伝もあるが、その挙例は省略する。周辺諸民族の場合は東夷伝に相当するのが一巻、吐谷渾・高昌等の西方諸勢力や南方の蛮・獠が一巻、西域伝が一巻、北狄伝に相当する蠕蠕・高車等が一巻である。東夷伝は高句麗・百済・勿吉・失韋・豆莫婁・地豆于・庫莫奚・契丹・烏洛侯の順である。高句麗以下の東アジア・東北アジア諸国と北魏との関係の重要性が窺われるが、交渉のなかった新羅及び倭国の伝はない。唐初成立の『北斉書』に外国伝はなく、やはり唐初の『周書』には異域伝上下がある。上巻では高句麗・百済が東夷伝に相当し、蛮・獠が南方勢力、稽胡・庫莫奚が北狄伝に相当する。宕昌・鄧至・白蘭・氐はいわば中国領域内の西方諸勢力である。下巻では突厥が北狄伝に相当し、吐谷渾・高昌以下波斯に至る諸国が西域伝に相当しよう。

『北史』

北魏・北斉・北周・隋四朝の歴史を纏めた唐代の『北史』では、五胡諸国や後梁について記した「僣偽附庸」の後に、東夷伝・南蛮伝・西方勢力に相当するのが各一巻、西域伝一巻、蠕蠕伝等の北狄が一巻、これも北狄伝に相当する突厥・鉄勒伝が一巻ある。東夷伝相当の巻は高麗・百済・新羅・勿吉・奚・契丹・室韋・豆莫婁・地豆干（于）・烏洛侯及び流求・倭である。流求については『隋書』にも伝があり、おおむね台湾のことと推定されている。倭伝の記事は前半は『魏志』倭人伝、後半は『隋書』倭国伝に拠っており、千三百字以上の記事の長さは『魏志』倭人伝に次いでいる。中国を統一した王朝の正史では北方民族の比重が大きくなるが、北朝の正史では常に東夷伝が初めに置かれており、高句麗・百済及び東北アジア諸勢力と北朝との関係の重要性が反映していると見られる。ただし、倭は隋以前の北朝には文字通り没交渉であった。

『隋書』及び『旧唐書』『新唐書』

唐初に成立した『隋書』の外国伝は、東夷・南蛮・西域・北狄各一巻となっている。東夷は高麗・百済・新羅・靺鞨・流求国・倭国の順である。南蛮は林邑・赤土・真臘・婆利、西域は吐谷渾・党項・高昌三国の記述が比較的長く、以下康国等の二〇国が続き、隋代に入って西域との交渉の発展してきたことが感得される。北狄は突厥・西突厥・鉄勒・奚・契丹（室韋附）の五（六国）であるが、突厥の記述が圧倒的である上に鉄勒までトルコ系である。つまり、中国を統一した隋朝では突厥等の北方トルコ系民族との関係が増したのであるが、『隋書』外国伝の構成は従来の北朝の形式を踏襲しているのである。

そこで、唐朝の歴史を記した一〇世紀半ばの『旧唐書』外国伝と『隋書』外国伝とを比べてみると、『旧唐書』では突厥伝が一巻上下（下巻に西突厥等を含む）、迴紇伝一巻、吐蕃伝一巻上下、南蛮・西南蛮伝一巻、西戎伝一巻、東夷伝一巻、北狄伝一巻となっている。隋唐における国祚の長さの相違も考慮に入れなければならないが、『旧唐書』では唐と拮抗する関係にあった突厥・回紇・吐蕃の比重がやはり大きくなっている。南蛮・西南蛮は林邑以下一五国で、東女国・南詔蛮等、中国の領域の諸部族が西南蛮に区分されている。西戎は党項羌・高昌等から大食までの一四国である。東夷伝は高麗・百済・新羅・倭国・日本で、西嶋氏の言う東アジア世界の諸国であるが、倭国とこれを改称した日本とは別になっている。北狄伝は鉄勒・契丹・奚・室韋・烏羅渾（『北史』の烏洛侯）の従来の国々に加えて、靺鞨・渤海靺鞨・霫が加わっている。このうちの渤海靺鞨は、唐後半には渤海として日本と密接な交流を結ぶことになる。

五代後晋の開運二年（九四五）に成立した『旧唐書』は、ことに後半に史料を並べただけのような編集の不備が目立つ。そこで北宋中期の嘉祐五年（一〇六〇）に再編集されたのが『新唐書』である。当時尊重された古文体に原史料が書き換えられて判りにくくなった部分もあるが、『旧唐書』以後に入手された史料も盛り込まれている。日本については日本伝に統一され、次に触れるような宋代の新情報も掲げられている。

前述のように、中国を統一した王朝にあっては長城以北の諸民族との関係が圧倒的に重要となる。『旧唐書』の外国伝にはその点が如実に現れているが、北朝を引き継いだ隋にあっては、外国伝の配列を見る限り高句麗を中心とする東夷との関係が重要であったと言える。そこで、隋代の倭国の位置附けを計るために『隋書』東夷伝の各国の字数を比べると、高麗（高句麗）―一九二三字、百済―九三八字、新羅―四三二字、靺鞨―六四七字、流求国―一一〇五字、倭国―一二九三字で、倭国伝は東夷伝の末尾にあるが字数では高句麗に次いでいる。因みに、『隋書』高句麗伝の字数も『魏志』倭人伝に六十字及ばず、『魏志』倭人伝が当時としては際立った長さであったことが実感される。『旧唐書』倭国日本伝は七二八字で、入宋僧奝然の報告に基いた歴代天皇の系譜のある『新唐書』日本伝（石原道博、一九八六）でも八六四字であり、『隋書』倭国伝は唐代までの倭国伝では二番目の長さである。初めの四分の一で『後漢書』倭伝・『魏志』倭人伝の内容が要約され、次に日本側の史料にない開皇二〇年（六〇〇）の最初の遣隋使について伝える。その後に官位や服飾、探湯等の刑罰あるいは風俗などに関する記述があり、独自の記事も多い。これらは倭国の遣隋使や、小野妹子と共に倭国に来た裴世清の報告に基くものであろう。最後に、六〇七年の小野妹子の遣隋使及び裴世清の遣使の記事がある。対馬―壱岐をたどる経路は『魏志』倭人伝の時と変わりないが、その前に阿蘇山の記述がある。そこで、裴世清らは博多湾ではなく有明海に入ったとする見方もある。裴世清の都入りに当たっては、倭王による二度の歓迎の様子も伝えられている。短文ではあるが、これらは倭国の賓礼(ひんれい)を伝えた記事として重要視されている。

このように、三国魏以来三百数十年ぶりに見られた日中双方の使節の交換にふさわしく、『隋書』倭国伝には倭国使や隋使の報告による具体的な記事が散りばめられている。唐代にも唐の使者は何回か日本に来たが、『旧唐書』や『新唐書』には唐使の報告に基くと思われる記事はほとんど見られない。この点は、唐王朝の関心が北方の突厥や回紇、或いは西方の吐蕃に移ったこととも関係していよう。『隋書』倭国伝の記事は、全中国を統一した王朝の国際的関係の重心が東夷から北狄に移る間の貴重な記録として受け取るべきであろう。なお、その中には「新羅・百済は皆(みな)倭の大国(たいこく)為りて珍物(ちんぶつ)多きを以て、並びに之を敬仰(けいぎょう)し、恒(つね)に通使(つうし)往来す」という文もある。唐の開元二四年（七三六）に玄宗から聖武天皇に宛てた国書が、日本に対する国書として唯一伝存している（張九齢『唐丞相曲江張先生文集』巻一二「勅日本国王書」）。中に「彼（日本）は礼儀の国」という一文がある。これを日本人の礼儀正しい態度を中国が認識したように説く向きに対し、堀敏一氏は礼儀の国であることは中華に類するゆえに称賛に値するとされたもので日本だけのことではない、と述べて日本が中国から特に高く評価されたとする独りよがりの解釈を戒めている（堀敏一、一九九四、一九九八年版の二二四～二二五頁）。しかし、隋代において新羅や百済が珍物の多い大国として日本を敬仰していたという右の記述は、『隋書』の東夷伝や倭国伝の扱いから見て、少くとも隋王朝の認識としてはそのまま受け取ってよいのではなかろうか。

おわりに

本書には、遣隋使の性格についてさまざまな角度から分析した数多くの論考が収録されている。そこで本稿では遣隋使に直接に関連する事柄よりも、遣隋使の特色を理解する上で必要と思われる隋と周辺諸国との関係について述べてきた。隋と高句麗との関係に紙数を費やす結果となったが、北斉・北周を継いで間もない隋にあっては、それだけ高句麗との関係が重要であったのである。繰り返すが、中国を統一した王朝にあっては北方遊牧民との関係がきわめて重要となるが、その点で隋はやや特殊であった。倭国はより強力に国家を統治していく必要から遣隋使を派遣したが、その隋は中国を統一した王朝としては東アジア諸国との関係を比較的重視していた。日本に関する比較的長文の記録を残す『隋書』倭国伝と、十数次の遣唐使の派遣にもかかわらず記事の簡略な『旧唐書』倭国日本伝との相違には、隋と唐との間で東アジア諸国の比重の変化した事実が反映していた、と考えることができるであろう。

参考文献

池田　温、一九七一「裴世清と高表仁―隋唐と倭の交渉の一面―」(『東アジアの文化交流史』吉川弘文館、二〇〇二年に所収)
石原道博、一九八五『魏志倭人伝・後漢書倭伝・宋書倭国伝・隋書倭国伝』(岩波文庫)
――、一九八六『旧唐書倭国日本伝・宋史日本伝・元史日本伝』(岩波文庫)

伊藤慎吾、二〇〇六「六、七世紀中国王朝の興亡と、北方民族との関係に関する一考察」（山梨大学教育人間科学部二〇〇五年度卒業論文）
金子修一、一九九二「隋唐交代と東アジア」（『隋唐の国際秩序と東アジア』名著刊行会、二〇〇一年に所収）
――――、二〇〇三「中国史の眼で『魏志』倭人伝を読む」（『法政史学』五九）
――――、二〇〇六「東アジア世界論と冊封体制論」（田中良之・川本芳昭編『東アジア古代国家論 プロセス・モデル・アイデンティティ』すいれん舎）
――――、二〇〇七「『魏志』倭人伝の字数―卑弥呼の時代と三国―」（『創文』五〇三）
――――、二〇〇八「古代東アジア研究の課題―西嶋定生・堀敏一両氏の研究に寄せて―」（専修大学社会知性開発研究センター『東アジア世界史研究センター年報』一）
西嶋定生、一九六二「六～八世紀の東アジア」（同〈李成市編〉『古代東アジア世界と日本』岩波書店、二〇〇〇年に「東アジア世界と冊封体制―六～八世紀の東アジア―」と改題して所収）
――――、一九六四「私の古墳遍歴」（『西嶋定生東アジア史論集』四、岩波書店、二〇〇二年に所収）
――――、一九七〇「総説」（前記『古代東アジア世界と日本』に「序説―東アジア世界の形成」と改題して所収）
――――、一九七三「東アジア世界」（『西嶋定生東アジア史論集』三、岩波書店、二〇〇二年に「東アジア世界の形成と展開」と改題して所収）
堀　敏一、一九七九「隋代東アジアの国際関係―冊封体制論の検討―」（『東アジアのなかの古代日本』研文出版、一九九八年に所収）
――――、一九九三『中国と古代東アジア世界 中華的世界と諸民族』（岩波書店）
――――、一九九四「日本と隋・唐両王朝との間に交わされた国書」（前記『東アジアのなかの古代日本』に所収）
宮崎市定、一九六五『隋の煬帝』人物往来社、一九六五年及び中央公論社文庫、一九八七年に収録（『宮崎市定全集』七、岩波書店、一九九二年に所収）
李　成市、二〇〇〇『東アジア文化圏の形成』（山川出版社）

表　正史外国伝の東夷伝と倭国伝

No.	書名	成立	撰者	収載外国伝	倭人伝字数
1	漢書	後漢	班固	匈奴伝、西南夷両粤朝鮮伝、西域伝	なし
2	後漢書	南朝宋	范曄	東夷列伝（夫餘国・挹婁・高句驪・句驪・東沃沮・濊・韓・倭）、南蛮西南夷列伝、西羌伝、西域伝（拘弥国・于窴国・西夜国・子合国・徳若国・條支国・安息国・大秦国・大月氏国・高附国・天竺国・東離国・栗弋国・巌国・奄蔡国・莎車国・疏勒国・焉耆国・蒲類国・移支国・東且弥国・車師）、南匈奴列伝、烏桓・鮮卑列伝	六七三字
3	三国志・魏書	西晋	陳寿	烏丸・鮮卑・東夷伝（夫餘・高句麗・東沃沮・挹婁・濊・韓・倭）	一九八三字
4	晋書	唐	房玄齢等	四夷伝（夫餘国・馬韓・辰韓・粛慎氏・倭人・裨離等十国・吐谷渾・焉耆国・亀茲国・大宛国・康居国・大秦国・林邑国・扶南国・匈奴）	三六八字
5	宋書	梁	沈約	索虜伝、鮮卑吐谷渾伝、夷蛮伝（南夷〔林邑国・扶南国〕、西南夷〔訶羅陁国・呵羅単国・媻皇国・媻達国・闍婆婆達国・師子国・天竺迦毗黎国〕、東夷〔高句驪国・百済国・倭国〕、蛮〔荊雍州蛮・豫州蛮〕）	五六六字
6	南斉書	梁	蕭子顕	魏虜伝、蛮・東南夷伝（東夷〔高麗国・百済国・加羅国・倭国〕、南夷〔林邑国・扶南国・交州〕）、芮芮虜・河南・氐楊氏・宕昌	六五字
7	梁書	唐	姚思廉	諸夷伝（海南諸国〔林邑国・扶南国・盤盤国・丹丹国・干陁利国・狼牙脩国・婆利国・中天竺国・師子国〕、東夷〔高句驪・百済・新羅・倭・文身国・大漢国・扶桑国〕、西北諸戎〔河南王・高昌国・滑国・周古柯国・呵跋檀国・胡蜜丹国・白題国・亀茲・于闐国・渇盤陁国・末国・波斯国、宕昌国・鄧至国・武興国・芮芮国〕）	六二一字
8	南史	唐	李延寿	夷貊伝上巻（海南諸国〔林邑国・扶南国〕、西南夷〔訶羅陁国・呵羅単国・婆皇国・婆達国・闍婆達国・槃槃国・丹丹国・干陁利国・狼牙脩国・婆利国・中天竺国・天竺迦毗黎国・師子国〕）、下巻（東夷〔高句麗・百済・新羅・倭国・文身国・大漢国・扶桑国〕、西戎〔河南王・宕昌国・鄧至国・武興国〕、蛮〔荊雍州蛮・豫州蛮〕、西域諸国〔高昌国・滑国・呵跋檀・周古柯・胡密丹等国・白題国・亀茲・于闐・渇盤陁国・末国・波斯国〕、北狄〔蠕蠕〕）	六六〇字

9	魏書	北斉	魏収	東（高句麗・百済国・勿吉国・失韋国・豆莫婁国・地豆于国・庫莫奚国・契丹国・烏洛侯国）、西・南（氐・吐谷渾・宕昌羌・高昌・鄧至・蛮・獠）、西域（鄯善国・且末国・于闐国・蒲山国・悉居半国・権於摩国・渠莎国・車師国・且弥国・焉耆国・亀茲国・姑黙国・温宿国・尉頭国・烏孫国・疏勒国・悦般国・者至抜国・迷密国・悉萬斤国・忸密国・洛那国・粟特国・波斯国・伏盧尼国・色知顕国・伽色尼国・薄知国・牟知国・阿弗太汗国・呼似密国・諾色波羅国・早伽至国・伽不単国・者舌国・伽倍国・折薛莫孫国・鉗敦国・弗敵沙国・閻浮謁国・大月氏国・安息国・大秦国・阿鈎羌国・波路国・小月氏国・罽賓国・吐呼羅国・副貨国・南天竺国・畳伏羅国・抜豆国・嚈噠国・朱居国・渴槃陁国・鉢和国・波知国・賒弥国・烏萇国・乾陀国・康国）、北（蠕蠕・匈奴宇文莫槐・徒何段就六眷・高車・吐突隣部〔下略〕）	なし
10	周書	唐	令狐徳棻等	異域伝上巻（東〔高麗・百済〕、南〔蛮・獠〕、西〔宕昌羌・鄧至羌・白蘭・氐〕、北〔稽胡・庫莫奚〕）、下巻（北〔突厥〕、西〔吐谷渾・高昌・鄯善・焉耆国・亀茲国・于闐国・嚈噠国・粟特国・安息国・波斯国〕）	なし
11	北史	唐	李延寿	僭偽附庸（夏・燕・後秦・北燕・西秦・北涼・後梁）、東（高句麗・百済・新羅・勿吉国・奚・契丹国・室韋国・豆莫婁国・地豆干国・烏洛侯国・流求国・倭国）、南（蛮・獠・林邑・赤土国・真臘国・婆利国）、西（氐・吐谷渾・〔一部略〕宕昌羌・鄧至・白蘭・党項羌・附国・稽胡）、西域（鄯善国・且末国・于闐国・蒲山国・悉居半国・権於摩国・渠莎国・車師国・高昌・且弥国・焉耆国・亀茲国・姑黙国・温宿国・尉頭国・烏孫国・疏勒国・悦般国・者至抜国・迷密国・悉萬斤国・忸密国・破洛那国・粟特国・波斯国・伏盧尼国・色知顕国・伽色尼国・薄知国・牟知国・阿弗太汗国・呼似密国・諾色波羅国・早伽至国・伽不単国・者舌国・伽倍国・折薛莫孫国・鉗敦国・弗敵沙国・閻浮謁国・大月氏国・安息国・條支国・大秦国・阿鈎羌国・波路国・小月氏国・罽賓国・吐呼羅国・副貨国・南天竺国・畳伏羅国・抜豆国・嚈噠国・朱居国・渴槃陁国・鉢和国・波知国・賒弥国・烏萇国・乾陁国・康国・安国・石国・女国・鏺汗国・吐火羅国・米国・史国・曹国・何国・烏那曷国・穆国・漕国）、北（蠕蠕・匈奴宇文莫槐・徒何段就六眷・高車・吐突隣部〔下略〕）、突厥・西突厥、鉄勒	一三四字

12	隋書	唐	魏徴・長孫無忌等	東夷（高麗・百済・新羅・靺鞨・流求国・倭国）、南蛮（林邑・赤土国・真臘国・婆利国）、西域（吐谷渾・党項羌・高昌国・康国・安国・石国・女国・焉耆国・亀茲国・疏勒国・于闐国・鏺汗国・吐火羅国・挹怛国・米国・史国・曹国・何国・烏那曷国・穆国・波斯国・漕国・附国）、北狄（突厥・西突厥・鉄勒・奚・契丹・室韋）	一二九三字
13	旧唐書	後晋	劉昫等	突厥、西突厥、迴紇、吐蕃、南蛮西南蛮（林邑国・婆利国・盤盤国・真臘国・陀洹国・訶陵国・墮和羅国・墮婆登国・東謝蛮・西趙蛮・牂牁蛮・南平獠・東女国・南詔蛮・驃国）、西戎（泥婆羅国・党項羌・高昌・吐谷渾・焉耆国・亀茲国・疏勒国・于闐国・天竺国・罽賓国・康国・波斯国・拂菻国・大食国）、東夷（高麗・百済国・新羅国・倭国・日本国）、北狄（鉄勒・契丹・奚国・室韋・靺鞨・渤海靺鞨・霫・烏羅渾国）	七二八字
14	新唐書	北宋	欧陽脩等	突厥、西突厥、吐蕃、回鶻、薛延陀・抜野古・僕骨・同羅・渾・契苾・多覧葛・阿跌・葛邏禄・抜悉密・都播・骨利幹・白霫・斛薛・黠戛斯、沙陀、北狄（契丹・奚・室韋・黒水靺鞨・渤海）、東夷（高麗・百済・新羅・日本・流鬼）、西域（泥婆羅・党項・東女・高昌・吐谷渾・焉耆国・亀茲・跋禄迦・疏勒・于闐・天竺国・摩掲它・罽賓・康・寧遠・大勃律・小勃律・吐火羅・謝颶・識匿・箇失密・骨咄・蘇毗・師子・波斯・拂菻・大食）、南蛮（南詔・蒙巂詔・越析詔・浪穹詔・邆賧詔・施浪詔・環王・婆利・盤盤・扶南・真臘・訶陵・投和・瞻博・室利佛逝・名蔑・単単・驃・両爨蛮・南平獠・西原蛮）〔一部省略〕	八六四字

3　朝鮮からみた遣隋使

田中　俊明

はじめに

朝鮮半島では六世紀半ばに大変動があった。それは新羅の飛躍的発展である。五四一年に百済の要請を受けて、百済と和議を結んだ新羅は、五四〇年代後半から高句麗領に向けて進撃する。そして五五一年に百済が回復したもとの百済王都漢城（かんじょう）を、翌年に奪取し、新州（しんしゅう）を設置する。新羅がついに西海岸を獲得したのである。百済はそのため新羅と交戦するようになるが、五五四年、管山城（かんざんじょう）の戦いにおいて、聖王（せいおう）（聖明王）が戦死し、百済軍は大敗する。百済と新羅の位置が逆転した事件である。新羅はさらに五六二年に、残されていた加耶（かや）諸国、特に大加耶（だいかや）を中心とする地域であるが、それを滅ぼし、そちらにも大きく領土を獲得する。

高句麗は、三国では先進の大国であったが、百済と長く敵対してきた。四二七年の平壌（ピョンヤン）遷都も、百済・新羅に向けてよりいっそう強く圧力をかけようという意図をもって進めた、南下政策の一環であった。そして四七五年には、上記の百済王都漢城を攻め落とし、王を殺害し、百済はいったん滅びたのであった。その後再興された百済に対しても圧迫しつづけたが、六世紀なかばに、新羅の実力が大きく伸びることによって、高句麗対新羅を軸にした三国対立へと変化していくことになる。

そうした変動は、高句麗に、倭国へ接近する道を歩ませる。五七〇年、高句麗は初めて倭国に使者を送ってきた。新羅はそれ以前から、倭国と通交しており、新羅と対抗していく上で、倭国との友好な関係を必要としたものといえる。

中国に隋王朝が成立し、南北対立を解消しておよそ三〇〇年ぶりに統一を果たしたのは、それ以後のことである。朝鮮半島における三国の対立激化と、中国における南北朝の終焉が、いわゆる倭国の遣隋使の時期の国際関係を大きく規定することになる。

ここでは、朝鮮三国それぞれの遣隋使、つまり隋との関係を追究し、また倭国への遣使についても検証し、その上で、朝鮮三国からみた倭国の遣隋使について考察したい。

一　朝鮮三国の遣隋使

(1) 高句麗

ではまず、朝鮮三国それぞれの対隋外交を確認したい。高句麗からである。

『隋書』高麗伝には、

璉（れん）の六世孫湯（とう）は、周の時代において、使者を派遣して朝貢した。武帝は、湯を上開府（じょうかいふ）・遼東（りょうとう）郡公・遼東王に任命した。高祖が禅譲を受けて帝位につくと、湯はまた使者を派遣して宮闕まで行かせた。〔高祖は〕大将軍に昇進させ、改めて高麗王に任命した。毎年、使者を派遣して朝貢し、絶えることがなかった。

とある。高祖は、隋の高祖、文帝のことである。そのもとに使者を送った高句麗王は、湯であった。湯は、高句麗の第二五代、平原王（在位五五九〜五九〇）を指す。その王代を前後する時期の高句麗の中国への遣使をみれば、次頁の表に示す通りである。

隋が成立する以前から、北朝の北斉・周、および南朝の陳へ使者を送っている。このように南北両朝に遣使するのは、この王代から始まったことではなく、むしろ高句麗が伝統的に進めてきた外交方針であった。五五七年に建国した陳に対しては、湯の時代の五六一年が最初であったが、五五〇年に東魏より禅譲を受けて建国した北斉へは、すでに前王の時代から五五〇年・五五一年・五五五年と遣使しており、湯の即位に際しては、北斉から「使持節・領東夷校尉・遼東郡公・高麗王」の冊封を受けている。高句麗は、基本的に、北朝との関係が南朝よりも深いといえる。それは北朝が陸続きであり近く、南朝は遠く離れ、海を越えて行かなければならない、ということとも大いに関わっている。しかしどちらかに偏るのでなく、その時々の事情にも応じて、両朝と外交関係を結んでいるのであり、しかも両朝から高い位置づけを得ていた。

北斉は北魏が東西に分裂したあとの東魏を受け継ぐものであるが、都の鄴城を中心にして、山東半島や遼西地方にまで勢力をおよぼしており、高句麗に隣接していた。ただし、友好な関係で推移したのではなく、五五三年に北斉は高句麗に対して魏末の流人を送り返すように求め、高句麗王（成。陽原王）が拒否したため、使者の崔柳が「高句麗王をこぶしでなぐり、王は椅子の下に落ちた。左右のものは息をひそめて動かず、王

表　朝鮮三国・倭の対中国遣使表（6世紀後半〜隋末）

	高句麗				百　済				新　羅				倭　国			
	陳	北斉	北周	隋	陳	北斉	北周	隋	陳	北斉	北周	隋	陳	北斉	周	隋
550		●														
551		●														
555		●														
561	●															
564		●								●						
565		●														
566	●															
567					●	●										
568									●							
570	●								●							
571	●								●							
572						●				●						
573		●														
574	●															
577			●		●		●									
578							●		●							
581				●				●								
582				●				●								
583				●												
584				●	●											
585	●															
586					●											
589								●								
591				●												
592				●												
594												●				
597				●												
598				●				●								
600				●												●
607								●								●
608								●								●
609				●												●
610																●
611								●								
614				●				●								●
615												●				

は謝り、崔柳は五〇〇〇戸をともなって帰った」（『北史』高句麗伝）という。その後、高句麗の北斉遣使は減少し、関係も悪化した（井上直樹、二〇〇八）。湯が北斉に遣使したのは、五六四年・五六五年・五七三年の三度であった。

その後、北斉が北周に滅ぼされ、北周が目前にまで迫ってきた五七七年、北周にも遣使している。

そのような北朝通交のあとを受けて、隋へも建国早々に使者を送り、文帝は、湯が周から受けた称号を前提にして、それを昇進させた大将軍・高麗王としたのであった。前王朝から一貫している冊封である。

さて隋が成立して、連年、遣使していた高句麗が、五八四年までで中断し、五八五年に陳に遣使している。陳への遣使は、五七四年以来、一〇余年ぶりのことである。隋へは、五九一年まで遣使していない。ではなぜ、隋への遣使をやめて、陳に久しぶりに遣使したのか。その背景については、正確にはわからないが、『隋書』高麗伝に「開皇年間（五八一～六〇〇）の初め、頻繁に使者を派遣して入朝してきた。陳を平定したあと、湯はたいへん恐れて、武器を整え穀物を蓄え、防戦の準備を進めた」とある。隋が陳を平定したのは五八九年であるが、高句麗がとったのは「守拒の策（防戦の準備）」であり、危機意識が高まっていたことがうかがえる。

高句麗が南北両朝に遣使していたことは、先にも述べたが、高句麗の立場でいえば、そのように両勢力と通交し、そのバランスの上に立って、それを利用しつつ自国の維持をはかったのであり、そのバランスが崩れることは警戒しなければならないことであった。隋の強大化を嫌ったために、隋への遣使を中断し、防御策を進めたのではないかと考える。

高句麗は、その一方で、靺鞨・契丹と通じていた。五九〇年、使者を送ってこないで「守拒の策」をとる湯に対して、文帝は、詰問する詔書を送る。その一節に、

> 藩屏として従属していると称してはいるが、忠誠たる節義はまだ十分尽くしているとはいえない。王はすでにわが国の臣下であるから、なにごとも朕の徳を享受しなければならない。しかし靺鞨をせめたて、契丹を閉じこめている。もろもろの藩国はぬかづいて、わが臣下となっている。善人が義を慕っているのを怒って、毒害を流そうとする気持ちが深いのはどうしてか。

とある。『隋書』契丹伝によれば、契丹は、北魏時代から高句麗の侵攻を受け、隋代以前に、一万家が高句麗に亡命することがあった。隋に降ったあとも、高句麗に属していた人たちがいたという。靺鞨については、『太平寰宇記』巻七一・河北道に「隋北蕃風俗記」を引いて「開皇年間に粟末靺鞨が高句麗と戦って勝たず、夫餘城の西北より部落をあげて関内に向かって降った。隋はそれを柳城（遼寧省朝陽）に置いた」とある。そうした戦闘によって一部の靺鞨は高句麗に降ったのであろう。

湯は、文帝からそのような詔書を受け取って恐れるが、返書しないまま、その年のうちに死去し、代わって長男の元（嬰陽王。在位五九〇～六一八）が即位する。文帝は高句麗に使者を派遣し、元を上開府儀同三司に任命し、遼東郡公の爵位をつがせ、衣を一襲賜わった。元は上表文をたてまつって謝恩し、あわせて祥瑞を祝い、王に冊封してもらうように要請した。文帝は元を優遇し、王に冊封した。

元に対するこの隋の冊封について、湯よりもひきさげた位であったという見解がある（堀敏一、一九七九）。確かに先にふれたように、湯は隋から、上開府儀同三司・大将軍・遼東郡開国公・遼東王とされていた。元

の場合、上開府儀同三司・遼東郡開国公のみで差があるようにみえる。しかし王号はすぐそのあとに要求して認められているから、大将軍の差だけとなろう。これについて、湯は、周の武帝からすでに冊封を受けており、隋としては最初であっても、周から連続しているととらえることができる。湯が大将軍になったのは、初封の時ではなく、再封の時であるから、元の初封の場合と単純に比較できない。初封としては、むしろ湯の場合と同等の位を与えた、とみるべきである。

　元はこのあと、五九一年に二度、そして五九二年にも遣使しているが、その後はまた五九七年まで使者を送っていない。そして五九八年に、元は靺鞨の兵一万余騎を率いて遼西に侵攻した。

　高句麗は、四世紀末に遼河までを確保するようになり、その後、遼河（りょうが）以西の北燕・北魏と友好な関係を維持するようになったために、その遼河がほぼ国境になったのであった。それ以来、高句麗が遼河を越えて戦闘するということはなく、この遼西侵攻は、実に約一九〇年ぶりの侵攻ということになる。

　高句麗が侵攻した背景として、高句麗が南朝から東北の南室韋（みなみしつい）や靺鞨などを含めて構築してきた交易網が遮断されることに対する抵抗であるとみる意見があるが（金昌錫、二〇〇七）、先にあげたように、営州の治所である柳城に、靺鞨の一部がいたのであり、靺鞨を率いて営州を攻撃した点をみると、営州にいた靺鞨との連係があったのではないかとみられる。そこにいた靺鞨を取り戻そうとする行動であったかも知れない。

　営州惣管の韋沖（いちゅう）がそれを撃退したが、侵攻に怒った文帝は、五男の漢王諒（りょう）を元帥として高句麗討伐軍を派遣する。それが隋の第一次の高句麗遠征ということになる。隋の高句麗に対する侵攻は、文帝の時代に一回、次の煬帝の時代に三回、あわせて四回なされた。その最初が、この時である。結局、遼河まで行って長雨と疫病のため退却するが、元も恐れて謝罪し、文帝はもとのように待遇するようになった。遠征の名目は、直接には高句麗側からの遼西侵攻であったが、高句麗による靺鞨・契丹との連係が危険視されたことはまちがいない。高句麗の立場でいえば、隋の強大化に対抗する上で、そのような近隣勢力と連係することが必要であった。

元は、その翌六〇〇年にも遣使するが、その後はまた中断する。そのころ、遼東、すなわち高句麗を討つべし、というのが一般の風潮であったようで、劉炫（りゅうげん）は「撫夷論（ぶいろん）」を作って慰撫すべきことを主張したが、当時悟るものはいなかったという（『隋書』巻七五・儒林）。

六〇四年に煬帝が即位した。そのころ漢人鞠氏（かんじんきくし）の政権である高昌（こうしょう）国の王や東突厥（ひがしとっけつ）の啓民可汗（けいみんかかん）らが隋に降った。煬帝は、六〇七年に啓民可汗のもとを訪れた。その時、高句麗の使者もそこに来ており、そのことに驚いた煬帝は、高句麗の使者に対して、隋が王の朝見を求めていることを伝えさせた。しかし元は、朝見しなかった。この、高句麗と突厥との連係が、煬帝に警戒意識をもたせ、次の遠征へとつながったとみることができる。

『隋書』高麗伝によれば、

大業七年（六一二）、煬帝は、そのような元の罪に対して討伐を行おうとした。帝の乗る車駕が遼水を渡り、帝が遼東城に陣営を置くと、道を分けて軍団を発し、それぞれ兵をその城下に駐屯させた。高麗は、兵を率いて出てきて防戦したが、敗戦つづきであった。そのため城に閉じこもって固守した。帝は諸軍に命令して攻撃させた。また諸将軍に勅して「高麗がもし降伏してくれれば、ただちにそれを受け入れよ。

兵を勝手にしてはいけない」と言った。城がいまにも落ちようとし、敵もそのたび降伏したいと求めてきた。しかし諸将軍は帝の趣旨を尊重して、それを好機ととらえて攻めるようなことをせず、まず帝に知らせることを優先した。帝からの指示がとどくころには、敵の守備もまた備わるようになり、そのためにまた出て防戦するようになった。このようなことが再三あったが、帝は悟らなかった。そのために食糧が尽き、軍も疲労し、補給もつづかず、諸軍は敗戦がつづくようになった。このときになって軍を引き返した。このときの行軍では、ただ遼水の西で敵の武厲邏を奪取し、遼東郡と通定鎮を置いて還っただけであった。

とある。これは六一一年から翌年にかけて、実際に高句麗領に侵攻するのは六一二年であるが、隋における最大の戦闘になった、煬帝の第一次遠征である。

遠征軍は、左第一軍鏤方道・第二軍長岑道というように関係のある地名を冠した左右一二軍ずつの二四軍で、各軍二万五〇〇〇人ほど。ほかに皇帝の本軍（御営）・軽装の遊軍・海路軍・異民族の軍があり、あわせると八〇万を超えた。「総じて一一三万三八〇〇、号して二〇〇万」というが、それほど実際と離れた数字ではない（浅見直一郎、一九八五）。「出師の盛んなさまは、古来いまだこれほどのことはなかった」といわれる。

この時は、高句麗側にも乙支文徳という英雄の活躍もあって、しのぐことができた。隋はその後、六一三年・六一四年とつづけて、煬帝としての第二・第三次の侵攻をおこなう。同じく『隋書』高麗伝で示せば、次の通りである。

九年（六一三）、皇帝はふたたびみずから高句麗を征服しようとした。そこで諸軍に勅書を出し、それぞれの便宜にしたがって従事させた。諸将軍は道を分けて城を攻めた。敵の勢いはひごとに弱まった。ところがたまたま楊玄感が反乱をおこし、その反書が到着した。皇帝はたいへん恐れて、即日、六軍がともに帰還した。兵部侍郎の斛斯政が高麗に亡命した。高麗は、その事実を具体的に知るようになり、精鋭すべてを発してやってきてしんがりの軍を追いかけたが、敗れることが多かった。

一〇年（六一四）、また天下の兵を徴発した。たまたま盗賊が蜂起し、多くの人々が流亡して、所在が途絶したために、軍期にまにあわないものが多く出た。遼水に到着すると、高麗もまた疲弊し、使者を派遣して降伏を要請してきた。斛斯政を捕らえて送ってきて贖罪しようとした。皇帝はそれを認め、懐遠鎮に駐屯してその降伏の使者を受け入れた。こうして捕虜と戦利品を持って、都に帰ってきた。高麗の使者を伴って太廟に報告した。そして使者を拘留した。さらに元を呼び出して入朝させようとしたが、元はとうとうやってこなかった。皇帝は諸軍に勅書を出して厳重に装備して今後の挙兵に備えさせた。しかし天下がたいへん乱れたため、結局、ふたたび行くことはできなかった。

こうして、高句麗に対する遠征は、失敗に終わったが、その翌年、煬帝が北巡して雁門に行き、そこで突厥に囲まれるという事件があった。そのときに、士卒を休めるためにも「遼東の役」をやめるように求められ、煬帝もそれに応じて断念を明言している。そうでなくても、叛乱があいつぎ、とても高句麗再征の余力はなかったはずである。

(2) 百　済

百済の隋への遣使は、隋建国の五八一年であり、『隋書』高祖紀では一〇月の「遣使来賀」である。高句麗は一二月であり、いちはやい対応であった。隋は、昌（威徳王。在位五五四～五九八）に対して、上開府儀同三司・帯方郡公に冊封している。五八二年にも遣使するが、その後はしばらく中断する。

百済は三七二年の東晉への遣使以来、宋から梁まで、南朝に対してのみ使者を送って通交をしてきた。一度の例外があるが（四七二年の北魏遣使）、およそ南朝一辺倒であった。

それが大きく変わるのは、五六七年の昌による北斉への遣使以後である。その年に、百済はまず陳に遣使をし（『陳書』廃帝紀では九月）、そのあと北斉へ遣使している（『北斉書』後主紀では一〇月）。五四九年に、侯景の乱によって蹂躙されている梁都建康に遣使して以来、久しぶりの中国通交である（その間、五五七年に成立した陳から、五六二年に百済王明が冊封されている。明は昌の父である聖王を指し、五五四年に新羅との戦いで戦死している。そうした情報がないくらいであり、陳に使者を送って冊封を受けたのではない）。このように南北両朝に遣使するのは、百済としては大きな方針転換といえる。

北斉は、鄴城を都としており、山東半島にまで勢力をおよぼしていたため、百済としては対岸の勢力であった。ただそうした状況は五三四年に東魏が鄴城に遷都して以後、すでにみられたのであるが、江南に梁が存続しており、梁とは遣使回数はそれほどではないにしろ、深くむすびついていたのであり（田中俊明、二〇〇二・二〇〇八）、南朝重視の方針はつづいていたのである。

後述するように、五六四年に敵対している新羅が北斉に遣使しており、翌年に冊封も受けている。そのことが百済を大きく刺激し、両朝へ遣使する方向をとらせたのであろう。

北斉は、すぐに昌を王として冊封し、さらに五七〇年には使持節（しじせつ）・侍中（じちゅう）・驃騎（ひょうき）大将軍・帯方郡公に、さらに五七一年に都督東青州諸軍事・東青州刺史を加えており、五七二年に百済から遣使している。高句麗との関係を修復しきれていない北斉は、百済王に山東半島先端とみられる東青州を委ねるかたちで、南朝との対抗の前面に位置づけしたようである。

五七七年に北斉が滅ぶと、昌はすぐに北周に遣使している。さらに翌年にもつづいて遣使をしている。ただし高句麗と違って、北周からの冊封は史料にみえない。隋への遣使は、そうした北朝通交の延長上にある。五八二年遣使以後中断した隋との関係であるが、隋が陳を平定した五八九年に、隋の軍船が耽牟羅国（たんむら）（済州島）に漂着した。その軍船が帰る際に、百済を経由した。昌はそれを援助し送り返した。その際にあわせて使者を派遣し、陳を平定したことを祝った。文帝はそれに対して、

百済王はすでに陳を平らげたことを聞いて、遠くから上表文を奉じてきた。往復はたいへん困難である。もし風浪にあえば、たちまち損害をこうむることになろう。百済王の心が至誠であることを、朕がすでによく知っているところである。たがいに遠く隔たっているとはいえ、面と向かっているのと同じである。どうしてたびたび使者を送ってこなければ、たがいに理解しあえないということがあろうか。今より以後は、毎年、入貢するにはおよばない。朕もまた使者を派遣しないことにする。王はそのことをよく理解するように。

と伝えている（『隋書』百済伝）。それは、高句麗に対する詰問とは大きく異なる対応である。この間、陳に対

しては、五八四年・五八六年に遣使していたのであり、両朝通交はつづいていた。文帝の詔書は、百済に大きな期待をしていないことをうかがわせる。百済はそれを受けて、ふたたび中断する。

五九八年に久しぶりに遣使したが、そのときは、隋が高句麗遠征を進めていた。昌は上表文を奉じて隋軍の先導になりたいと要請した。文帝は詔を下して「高句麗が貢物を奉献せず、人臣としての礼をとらなかったため、将軍に命じて高句麗を討たせたのである。高元の君臣は恐れおののき、つつしんで罪に服した。朕はもはや高句麗を許した。従ってこれ以上、討伐をすべきではない」と述べ、使者を厚くもてなして帰国させた（『隋書』百済伝）。それを知った高句麗は、百済に侵攻した。

百済は、その年に昌が死に、その弟恵王がつぎ、さらにその子宣（法王）がついだが、いずれも短命に終わり、璋（武王）が六〇〇年に即位した（在位六四一まで）。璋は六〇七年になって、隋に遣使し、さらに翌年にも遣使して、高句麗を討つことを要請した。『隋書』百済伝によれば「煬帝はそれを許し、高麗の動静をうかがわせた。しかし璋は、内では高麗と和通しており、詐りを抱いて中国の様子をうかがっていたのである」とある。しかし、その年に高句麗の来攻があったことが『三国史記』に記されており、和通は考えがたい。その後、六一一年に、隋が高句麗遠征を進めようとしたときに、璋は家臣国智牟を派遣し、参戦すべく軍期を問うた。煬帝は喜んで、使者を派遣して打ち合わせをしたが、翌年実際に隋が高句麗に侵攻したときには、「璋もまた境界に兵を厳重にし、助軍したいと声をあげたが、実際には両端を持していた」という。百済は、新羅との交戦も連年のようにつづいており、さらに隋に助力して、高句麗とも戦端を開く余裕はなかったものと思われる。その後、六一四年に遣使して、隋との通交は終わっている。

(3) 新　羅

新羅が隋に遣使したのは二回のみである。最初は五九四年で、金真平（きんしんぺい）（真平王）による（在位五七九～六三二）。その契機は明確ではない。文帝は、真平を上開府・楽浪郡公・新羅王に冊封した。『隋書』新羅伝によれば「大業年間以来、毎年、朝貢している」とあるが、帝紀では、その後六一五年の遣使が確認されるのみである。

『隋書』新羅伝には、新羅について興味深い記事がみられる。まず「魏の将軍毌（かん）（正しくは毋（ぶ））丘倹が、高句麗を討ったとき、高句麗人たちが沃沮（よくそ）に逃げていった。そのあと、また故国にもどったが、留まった人たちが新羅を作ったのである。そのため、新羅の人には、中国や高句麗・百済のひとたちが混じっている」「その王は、もともと百済人で、海路で逃がれて新羅に入り、ついにはその国で王になった」とある。三世紀半ば、魏軍は沃沮の地に侵入しているが、それは逃げ出した王を追いかけてであり、高句麗人の多数が沃沮に逃げ出したというわけではない。まして、その留まった人たちが新羅を建国した、という伝えは、ほかでみることのない珍説であり、事実とも異なる。新羅王がもともと百済人であったという説も、ほかにはみられない。

さらに「以前は、百済に従属していた。その後、百済が高句麗に侵攻したため、高句麗人が戦役にたえることができず、集団で新羅に帰順した。そのため新羅がついに強く盛んになった。そしてそのうえで百済を襲撃するようになり、迦羅（から）国を従属させるようになった」とある。新羅が、現実に、百済に従属していたということはなかったとみるべきである。しかし、そのように記される背景はあったといえる。

『梁職貢図(りょうしょくこうず)』百済国使条に、新羅ほかが百済に「附す」と記されている。これは、百済が五二一年に梁に派遣した使者から得た情報に基づくものと考えられるが、百済の主張というべきものである。五二一年には、新羅も梁へ遣使しているが、百済使に伴われて行っているのであり、『梁書』新羅伝によれば、その時の新羅の使者は、直接言葉を発しなかったようで、「ことばは百済を通してはじめて通じる」とある。そうしたことが、百済の主張を納得させる効果があったとみることができる。

このような誤った情報は、内容からみると、百済の誤誘導によるのではないかとみられる。通交関係が希薄であれば、そのようなことが起こりえたということである。

二　朝鮮三国の遣倭使

(1) 高句麗

高句麗は、五七〇年に倭国へ遣使している。それは先に述べた、新羅の発展と大いに関わることであり、百済をしのいで、高句麗の第一の敵となった新羅に対抗して、新羅も使者を送っている倭国に遣使したのであった。高句麗が倭国へ遣使したのは、『日本書紀』(以下、『書紀』)によれば、それ以前にも記録があるが、現実に使者が送られたのは、これが最初であったと考えられる。

高句麗と倭との関係は、当初から、あまりよい関係ではなかった。百済が成長し、高句麗と対抗して、南のほうに連係勢力を求め、加耶の南部と通交し、さらに倭と通交し、この間で、同盟関係を結んだのが四世紀後半であったが、そうした関係で、高句麗は、倭を敵視した。

六世紀になっても、五六二年のいわゆる「任那滅亡」後、倭が百済の計略によって高句麗を攻撃したという記事が欽明紀にみえる。ただし、それが事実であるかどうかは、対応史料がなく、よくわからない。上記のように、百済は五五四年に王が新羅との戦いで戦死しており、それから間もない時期に、百済がそのような計略を用いることができたのかどうか、疑問もある。

しかし高句麗は、先にみたような新羅の急成長を受けて危機意識をもち、倭に使者を送ってくる。『書紀』欽明三一年（五七〇）条によれば、越の岸に漂着したのであった。

このときの高句麗の使者が、どこから船出したのかについて、高句麗の王都平壌は、西海岸に近く、大同江から船出することは十分に可能である。しかし到着しているのが「越の岸」であり、西海岸から日本海側にまわってやってきたとは考えられない。従って、東海岸からと考えるべきである。ただし、五六八年に新羅・真興王の「巡狩管境」碑が、咸興の西北の黄草嶺と東北の磨雲嶺に建てられている。そしてそれを越えて、東海岸の港に出るというのは想像しがたいので、おそらく新羅の進出は一時的なもので、碑を建てたあとすぐに後退したのではないかと思われる。

到着した「越の岸」であるが、最初に郡司「道君」が天皇と称して会い、彼らを隠匿した。それを「越の人江渟臣裙代」が訴えて出たため露見したのであるが、道君は、加賀郡味知郷と関係あるとみる意見がある。味知郷は石川県鶴来町を含む手取川東岸地帯に比定される。高句麗使の着いた海岸は、道君の関係から、手取川の河口を利用した比楽湊ではないかとみられる。その道君と、江渟（沼）臣とは確執があったようである。のち、弘仁一四年（八二三）に加賀国が越前国から分立するが、その時、加賀国は加賀・江沼の二郡のみであった。その後、加賀郡から石川郡、江沼郡から能美郡が分かれ、四郡になる。そのうちの江沼郡は江沼臣、加賀郡は道君の勢力範囲であった。加賀郡と江沼郡の境は手取川（比楽川）と考えられるので、手取川を境にして、江沼臣と道君が対立していたのであろう。

越から琵琶湖に出て、琵琶湖を船で通過し、「山背の高椷館」に向かったのであった。さらに「相楽館に饗す」という。高椷館と相楽館は、同一かどうかはわからないが、『和名類聚抄』にみえる山城国相楽郡の大狛・下狛は、高句麗系の渡来人の居住地であったと考えられ、そのあたりに置かれたのではないかと考えられている。大狛は、現在の木津川市山城町上狛附近、下狛は精華町下狛附近と考えられている。

ただし、この時の使者一行は、欽明の死を経て、敏達の即位まで待たなければならなかった。そのもたらした国書は「烏羽の表」としてよく知られている。

その後、敏達二年（五七三）条に、再度、高句麗の使者が「越海岸」に到着したことを伝える。しかしこの時は、頻りに道に迷ったと言うことを疑って、うけいれずに追い返している。ただ、送り届けるための使者は派遣した。しかし送使に任命された吉備海部直難波が、波を恐れて使者を海に投げ入れてもどったため、翌年さらに安否を尋ねて高句麗使がやって来た。

ただし、この三回で、高句麗の倭への遣使は中断する。北斉とも通交を再開し、北周へとつづき、さらに隋の成立によって、優先順位が変わったということであろう。

その後、推古期になると、高句麗僧が多く渡来してくるのを見ることになる。慧慈・僧隆・雲聡・曇徴・

法定・恵灌である。

特に、五九五年には「高句麗僧の慧慈が帰化した。それで皇太子（聖徳太子）が師とした」とある。慧慈は「帰化」とあるが、六一五年には帰国している。『書紀』推古元年（五九三）四月条には、厩戸豊聡耳皇子を皇太子としたという記事のあとに、皇子は「内教を高麗僧慧慈に習い、外典を博士覚哿に学び、みな熟達した」とある。推古二九年（六二一）条に皇子が薨じたが、「高句麗僧の慧慈が、上宮皇太子が薨じたのを聞いて大いに悲しんだ。皇太子のために斎を設け、みずから経を説いた。（中略）わたしは異国にいるとはいえ、心は強く結ばれている。独り生きても何の益もない。わたしも来年の二月五日に必らず死のう。そうして浄土で上宮太子に遇い、ともに衆生を化さん、と。そして期日になって死んだ。時の人はみな言った。ひとり上宮太子だけが聖人ではなく、慧慈もまた聖人であると」と記している。

そのほか、推古一三年（六〇五）条には、天皇・皇太子らが銅と錦繍の丈六仏像をそれぞれ一躯造ろうとしたとき、「高麗国の大興王」がそれを聞いて、黄金三百両を貢上した、と記す。『元興寺縁起』に引く丈六光銘にも、これに対応する話があり、やはり「高麗大興王」としている。高句麗では、大興王という王はみあたらないが、年代的に嬰陽王の一六年であり、嬰陽王のことかとみられる。

さらに推古二六年（六一八）条に、高句麗が遣使してきた。そのときに「隋の煬帝が三十万の兵士でわが国を攻めてきたが、かえってわが国に敗れた。そのため俘虜の貞公・普通二人と鼓吹・弩・抛石など、さらに土産の物・駱駝一匹を貢献する」と言ったという。

その後も、高句麗からの使者は断続的にみられる。六四二年には百済と高句麗が連係するようになり、倭国は百済との友好な関係があって、その後の三国統一の戦争においては、百済・高句麗と同じ側に立つことになる。

(2) 百　済

百済は、四世紀後半以降、倭国とは友好な関係を結んできた。すなわち百済・加耶南部・倭の同盟関係である。それは基本的に六世紀はじめまで維持されたが、加耶諸国の消滅過程とも関わって、様相が一変した。六世紀なかばからは、新羅に対して劣勢のなかで、倭国とも通交関係を維持することになる。

『書紀』によれば、五七五年に遣使、五七七年に倭国から遣使、その送使、五八三年日羅来朝、五八八年遣使、五九五年僧侶、五九七年王子、五九九年遣使、六一五年遣使と遣使記事等がみえるが、特筆すべきものはない。

ところで七世紀初めに、高句麗と百済が、対新羅を軸として同盟関係に入ったという見解がある（今西龍、一九三四）。『書紀』推古九年（六〇一）条に、大伴連囓を高句麗に、坂本臣糠手を百済に別々に派遣しているが、翌年、両者がいっしょに百済から戻ってきている。その点と、『三国史記』に、六〇二年に百済が、六〇三年に高句麗が、別々にではあるが、どちらも新羅を攻撃している、という点によって、倭が求めた対新羅同盟に加わった、というのである。しかし、先にふれたように、五九八年に百済が隋の高句麗遠征に際して、その軍導となりたいと申し出たことに怒った高句麗が、百済国境に侵略しているし、六〇七年には、高句麗が百済の松山城・石頭城を攻撃している。高句麗・百済の対立関係は、前後つづいているとみなすべきである。その間に、百済と高句麗が、それぞれ新羅を攻撃したとしても、とても連係してのことであると見ることはできない。

(3) 新　羅

新羅と倭国との関係も、それほどいいわけではなかった。神功皇后の「新羅征討」を持ち出すまでもなく、『書紀』神功四九年条には新羅撃破の記事があり、神功六二年条にも新羅攻撃をめざした記事があるなど、敵対関係が多く見られる。五四一年～五四四年のいわゆる「任那復興会議」において、新羅との通和を求める安羅の意向を支持しているが、それは新羅と敵対する姿勢とは異なる。

しかし新羅が、積極的にかつ頻繁に倭国に使者を送るのは、高句麗が遣使してきた五七〇年よりもあとであり、その新羅使は「任那の調」を送ってくるのである。

『書紀』敏達四年（五七五）条には、

> 六月、新羅が使者を派遣して調を進上してきた。常例よりも多かった。同時に、多々羅・須奈羅・和陀・発鬼の四邑の調を進上した。

とあるのを最初として、六〇〇年・六一〇年・六一一年・六二三年とつづく。「任那の調」とは、この記事によれば、任那国＝金官国からの調、ということである。

また、例えば推古一八年（六一〇）条には、「秋七月、新羅使人沙喙部奈末竹世士と任那使人喙部大舎首智買とが筑紫にやって来た」とある。これによれば、「任那使人」は明らかに新羅の六部人で新羅の官位をもつ新羅人であり、新羅が新羅人を「任那人」にしたてて、「任那の使」として送ってきているのである。新羅がそのようにするのは、日本からの要求であろうと考えられるが、そのような要求に従った理由として、新羅が実際に「任那」すなわち金官国を領有したこととは、関係がない。それは新羅が独力で、また日本の金官国側への助力も排除して勝ち取ったものである。このときに、新羅が日本の要求に従ったのは、高句麗が日本に接近してきたことに対抗してのことと考えられる。

三　朝鮮三国からみた倭国の遣隋使

日本の遣隋使を考える前に、史料の問題についてひとことふれておきたい。日本の遣隋使の派遣回数について、論者によっていまだに意見が分かれるが、最大六回であり、それは『隋書』に四回、『書紀』にそこにみえないものが二回あるのをすべて認めてのことである。それを支持する場合、日本からの遣隋使のすべてが『隋書』に記録されていたわけではないということになる。一般には、中国の史書がすべての外交記事を伝えているわけではなく、記された限りでの検討、ということでやむを得ないのであるが、日本の場合は、幸いに、日本側の記録が残っていたということになる。

そしてまた、これまでみてきた三国の遣隋使は、『隋書』はじめ中国の史書にみえるものに限った検討をしている。それしか方法がないのであるが、実際には日本と同様に、中国側の記録に残されていない遣隋使があった可能性があるということである。そういう点に留意をしておく必要がある。

倭国の遣隋使について、朝鮮三国が直接関わる史料といえば、『書紀』推古一六年（六〇八）条にみえる、百済を通過し、百済によって国書を掠取されたという事件であろう。小野妹子ら一行が帰国する際に、唐からの裴世清（はいせいせい）らもいっしょに来たが、筑紫を経て難波津に到着した妹子が、唐帝（隋帝の誤り）から受けた書を、百済を通過したときに、百済人により掠取されたため、奉ることができない、と述べた。群臣たちは妹子を流刑に処すべしといったが、天皇は罪に問うべきではないとした、という話である。『三国史記』には、「隋の文林郎（ぶんりんろう）の裴清が倭国に奉使したが、わが国の南路を経由した」とのみ伝えている。もっとも『三国史記』のこの記事は、『隋書』倭国伝にみえる「明年（六〇八）、皇帝は、文林郎の裴清（はいせい）を倭国に使者として派遣した。百済に渡って、進んで竹島に至った。南には耽羅（たんら）国を望んだ。はるかな大海の中にある都斯麻（つしま）国を経由し、さらに東の一支（いき）国に至った。それから竹斯（つくし）国に至り、さらに東の秦王国に至った」とある記事から類推された可能性が高い。

この事件の注目すべき点のひとつは、倭国の遣隋使が百済を経由して帰国している、ということである。この時の往路についても、同道したという意見がある（鄭孝雲、一九九九）。『隋書』煬帝紀の大業四年（六〇八）条に「三月壬戌（一九日）、百済・倭・赤土・迦羅舎国」がともに遣使朝貢したことを記す。一般にこのようにいっしょに並んで記されていても、同時に入貢したとは考えないが、この場合は、七月に倭国を発した小野妹子らが、まず百済に到着し、そこから百済使とともに、隋に向かった、とみるのである。しかしそのこと自体を伝える記録は何もない。それに対して、復路は、百済・竹島・都斯麻国・一支国・竹斯国・秦王国というように詳細であり、その通りであったとみてもよかろう。ただし特筆されているのは特別だからであり、通例として百済を経由してというわけではなかろう。とはいえ、倭国と百済との関係は、上述のとおり、基本的に友好な関係であり、こうしたところにも、それがうかがえると言ってさしつかえない。

もうひとつは、国書掠取事件そのものである。その通りであれば、百済との友好な関係とは相容れないことになるが、はたしてどうであろうか。これは、隋の「対等」を認めない姿勢が国内で知られるのを防ぐために、小野妹子が偽りの報告をした、という理解が有力であったが（増村宏、一九八八）、裴世清もともにやって来ているのに、そのように隠すことに意味があるのか疑問であり、高句麗の外交戦略に荷担する倭の外交を黙認できない百済が、その通り、掠取したとみるべきである、という意見がある（李成市、一九九八）。しかしその場合、百済は隋との関係の悪化を見越してでも、そのようにする意味があったのかどうか。それほどのメリットがある掠取であるとは思えない。『書紀』編纂の段階で、それを表示したくないという編者の意図があって、造作されたのではなかろうか。

もうひとつの重要な問題は、倭国の国書が、高句麗僧慧慈によって作成されたという、李成市氏が提起する問題である。『隋書』倭国伝に、六〇七年の遣隋使がもたらした国書について「その国書には、日がのぼるところの天子が、日が没するところの天子に書面をお届けする。元気でおられるでしょうか云云とあった。帝はそれを見て不快に思った。鴻臚卿（こうろけい）に言った。蛮夷の書で礼の無いものがあれば、二度と奏上してくるな、と」と伝える、有名な国書である。国書は冒頭しか記録されていないが、国書の内容のどこが、煬帝の不興をかったのかが議論されてきた。隋を「日没する処」としたことか、みずからも「天子」と呼んだことか、意見が分かれている。しかし最近では、みずからを「天子」とする表現が問題であったという説が有力である。漢の皇帝や隋の皇帝との関係が特別な場合に、匈奴や突厥にそのような用例があるが、特別な関係のない倭王が称した場合に、不快感をもたれてもやむを得ないといえる。

問題はそのことではなく、この国書を誰が作成したのかである。李成市氏は、倭を「日出処」、隋を「日没処」と実感できるのは、倭ではなく、倭と隋との間にある地域ではないか、とみて、高句麗をそれにあてるのである。そして聖徳太子の師とされる高句麗僧の慧慈が想定できるという。この時期すなわち推古期の倭国の外交について、「四回におよぶ遼東の役（隋の高句麗征伐）は、すべてこの王の時代のことであり、慧慈の来日と帰国もまたこの王代のことであった。さらにいうならば倭の六度におよぶ遣隋使は、すべて慧慈の在日中の出来事である。（中略）こうした人物が推古朝の実力者の背後にひかえていたことは疑いあるまい」（坂元義種、一九七九）という指摘もあり、慧慈が作成したとみるのはかなり説得的であると思われる。

しかし、李成市説はそれのみでなく、そのような国書には「倭と連携して隋を牽制しようとする高句麗の戦略的な意図が反映されている」とする。『隋書』倭国伝には、「新羅・百済は、ともに倭を大国と考えており、珍しいものが多いので敬い、つねに使者を往来させている」という一節がある。李成市説は、倭国が国書や使節の口頭で隋に伝えたことには、このような倭国が大国であることのアピールも含まれているとみるのである。

それについては、慧慈がどのような国書を作成することによって、そのような戦略的な意図が満たされるのかを考えると、なかなか単純ではないように思える。もし「天子」表現も、隋に、倭国が「大国」であると思わせる意図によるとすれば、そこで不興をかった煬帝が、さらに思惑通りに、「大国」倭国にそれでも使者を派遣してくる、というような予測ができたのであろうか。あるいは、「天子」表現が不興をかうことは予想外で、単に「大国」であると思わせるのみで、事足りると考えたということであろうか。そうしたあたりが、もう少し説明される必要があるように思う。中間にある地域という点では、百済でも可であり、百済僧の関与もすでにそれとは別次元で指摘されてもいる。

おわりに

朝鮮三国の対中国外交は、倭国とは異なり、隋代になって久しぶりに通交が始まるということではなく、すでにそれ以前から北朝に対して遣使しており、北朝の隋に対しても、その一環として継続されたと見ることができる。その意味では、ことさら遣隋使のみをとりあげて外交を論じる必要もないのであるが、ただ、最初に述べたように、三国間の関係があらたな段階に入り、そしてまた隋が南北朝対立を解消して、ひとつの中国として周辺諸国に臨んだ、ということで、国際関係として大いに注目すべき激動の時代であるといえる。

この時期を通しても、朝鮮三国は三つ巴の争いをつづけており、それが大きく変わるのは六四二年の高句麗・百済の連係をまたなければならない。そしてそうした朝鮮半島内での対立に、隋との対立関係が加わったのであり、特に状況が激変したのは高句麗であった。高句麗は新羅・百済と敵対しつつ、倭国には友好関係を求め、隋の重なる侵攻をよくしのいだということになる。

百済・新羅は、それぞれの立場から、隋とも高句麗とも、また倭国とも時宜に応じた外交を進めているといえる。倭国はそのような諸国のはざまにあって、あらたに国際舞台に登場していったのであった。ある意味では、そうした対立のうずに巻き込まれていった、ともいえるが、埋没することなく独自の路線を進めたと評することができる。

参考文献

浅見直一郎、一九八五「煬帝の第一次高句麗遠征軍」（『東洋史研究』四四―一）
井上直樹、二〇〇八「五七〇年代の高句麗の対倭外交について」（『年報　朝鮮学』一一、九州大学朝鮮学研究会）
今西　龍、一九三四「百済史講話」（『百済史研究』近澤書店）
金　昌錫、二〇〇七「高句麗・隋戦争の背景と展開」（『東北亜歴史論叢』一五、東北亜歴史財団）
佐伯有清、一九八六「推古朝の対外政策と文化」（『日本の古代国家と東アジア』雄山閣）
坂元義種、一九七九「推古朝の外交」（『歴史と人物』一〇〇）
田中俊明、二〇〇二「百済と北斉」（千田稔・宇野隆夫編『東アジアと半島空間』思文閣出版）
――、二〇〇八「百済の対梁外交」（『忠清学と忠清文化』七、忠清南道歴史文化研究院）
鄭　孝雲、一九九九「遣隋使の派遣回数の再検討」（『立命館文学』五五九）
堀　敏一、一九七九「隋代東アジアの国際関係」（『隋唐帝国と東アジア世界』汲古書院）
増村　宏、一九八八『遣唐使の研究』（同朋舎出版）
李　成市、一九九八「高句麗と日隋外交」（『古代東アジアの民族と国家』岩波書店）
李　成制、二〇〇五「〝北魏末流人〟問題を通してみた高句麗の西方政策」（『高句麗の西方政策研究』国学資料院）
「高句麗の遼西攻撃と対隋戦争の開始」（同右）

4　アジア交流史からみた遣隋使──煬帝の二度の国際フェスティバルの狭間で

氣賀澤　保規

一　隋初の対外姿勢と高熲

突厥対策

隋朝は二代三八年という短命に終わったこともあって、隋をめぐる国際関係の実相、アジア交流史からみた隋の立場は必ずしもよくわかっていない。また従来その点にほとんどふれられることもなかった。なかんずく初代の文帝の時代は、周隋革命によって新王朝が始まったばかりで、領土の統一と支配体制の確立という内政面に全力を注がなければならなかった。対外的にいえば、北のモンゴル高原による突厥（とっけつ/とっくつ）（東突厥）の存在が重くのしかかり、その圧力にいかに抗するかが最大の課題であった。そのため隣接する朝鮮三国（高句麗・百済・新羅）に、軍事力がともなわない冊封（さくほう）的措置で対処した以外は、文帝期の中頃までほとんど外に手が回る余裕などはなかったのが実情である。

突厥問題を概観すると、隋が権力を握った当時、佗鉢可汗（たはつかかん）が勢力を有していたが、彼は仏教に傾倒する中で亡くなり、次に立った沙鉢略可汗（在位五八一〜五八七）が四〇万の騎馬兵力で北辺から西北辺にかけて攻め入り、建国間もない隋を危機に陥らせた。ただ隋にとって幸運であったのは、突厥の勢力が一枚岩ではなく、沙鉢略に対抗する大羅便（阿波可汗）なるものがその足を引っ張り続け、逆に沙鉢略を危機に追い込んだ。隋はその窮地に乗じ、北周王室から降嫁していた彼の妻（可賀敦）の千金公主を間に立てて、沙鉢略の懐柔をはかることに成功した。この間、辺境で部分的に衝突することがあっても、隋は突厥側に兵を向けることを極力避けている。いうまでもなく、江南による南朝最後の陳の制圧に全力を傾けるためであった。

そして開皇九年（五八九）に陳を倒して全土の統一に成功すると、一転して北への圧力を強める。その手始めに隋にとって桎梏となっていた大義公主（千金公主の改称）を、策略を用いて消した。彼女が傍に仕える胡人と私通しているという理由によってである。彼女はまず佗鉢可汗に嫁ぎ、ついで沙鉢略の妻となり、さらに都藍可汗の妻となり、隠然たる力を蓄えていた。隋はその上でさらに都藍の弱体化、孤立をはかるべく、隋に婚姻を求めてきた突利可汗を徹底的に支援して、その世界に楔を打ちこんだ。彼は沙鉢略と都藍の間で短期間可汗位にあった葉護（莫何）可汗の息子であった。それに隋風の啓民可汗という称号を与え、皇族に連なる安義公主を降嫁させ、彼女が死ぬと義成公主を嫁がせ、啓民との密接な関係を演出した（図1参照）。

隋は軍事力を動かすに先立って、女性（公主）のもつ力を最大限利用して、相手の分断をはかった。このように周辺の首長に降嫁される女性を和蕃公主とよぶが、漢代から唐末までのその歴史にあって、最も効果をあげたのがまさにこの時期のことであった。そして孤立感を深めた都藍可汗にたいし、隋は開皇一九年（五九九）に満を持して一斉に動き出し、またたくまに北辺を制圧して、支配を啓民の手に委ねた。都藍はそ

図1　突厥（東突厥）可汗関係系図

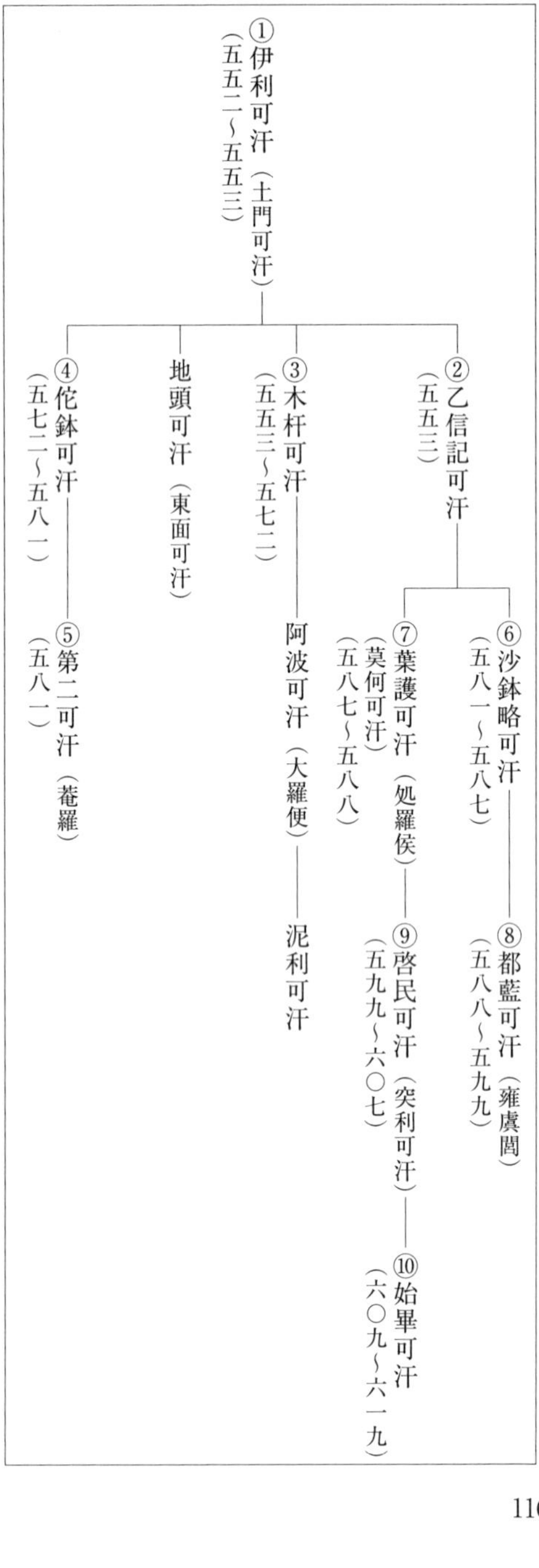

れに先立って部下に殺されていた。こうして隋は突厥にたいし、硬軟織り交ぜて弱体化をはかり、軍事的出動によって獲得した北辺の草原地帯を息のかかった啓民可汗の下に集結し、長年の重荷から解き放たれた。最初の倭国の遣隋使が訪れる前年のことであった。

巧みな外交政策と高熲

このように隋の前半期の国際政策をいえば、ほぼ突厥対策に尽きるといって過言でない。それも極力軍事的出動を避け、和蕃公主政策や内部対立を誘う外交政策に力を入れ、軍事行動は最後に置いていた。そのため西側の青海地方に勢力を張り、内部の政情の不安定さもあってしばしば隋の辺境に攻め込む吐谷渾(とよくこん)にたいしては、一切手を出すことなく、その意向に沿うようにつとめた。他方東方では、早くから朝貢の形をとってきた高句麗・百済・新羅の朝鮮三国には、冊封関係によって現状を追認する形がとられた（次節参照）。

この隋の巧みな外交政策を宰相として長年リードしたのが高熲(こうけい)であった。文帝も彼に全幅の信頼を寄せ、しばしば起こる高熲批判を抑え、自由に腕を振るわせた。いわゆる「開皇の治」はそのような文帝と高熲の信頼関係に支えられて実現し、後世につながる大きな足跡をのこした。その政治の基軸は、要約すれば現実的な内政重視の政策と国内統一の実現にあり、そのために外部への軍の出動や周辺諸国との対立を極力避けることであった。

二　文帝後半期と東アジアへの展開──開皇二〇年の倭使との邂逅

高句麗対策

さて、五八九年の中国国内統一の結果、突厥の立場が大きく変わりはじめる。その風向きの変化を同様に自分のものと敏感に受けとめたもう一つの国があった。突厥の東側に近接する高句麗である。朝鮮半島の北半から旧満州の南半分を領有し、中国王朝とは遼水をはさんで向き合った高句麗は、南の百済や新羅、西や北の契丹(きったん)その他の部族、さらに中国側と対峙していくために、モンゴル高原に現れた突厥と協力関係を築くことは重要な意味をもっていた。記録に残されたところでは、やや後の啓民可汗時代のこと、「これより先、高麗（高句麗）私かに使を啓民の所に通ず」（『隋書』突厥伝）とあり、高句麗と突厥がかなり密接につながっていたことが知られている。おそらく両者の関係はそれ以前からできていたとみてよいだろう。

前述したように、隋と朝鮮三国との間には冊封関係が結ばれた。そのうち高句麗は、隋が成立した直後の開皇元年一二月に朝貢使を出し、大将軍（正三品）・遼東郡公・高麗王と冊封された。これにたいして同年一〇月に一歩先んじて朝貢した百済は、上開府儀同三司（従三品）・帯方郡公・百済王と冊封され、大分遅れて開皇一四年（五九四）に遣使した新羅には、上開府儀同三司（従三品）・楽浪郡公・新羅王が贈られた。この冊封として用意されたものは、中国の官位（散実官）・爵位（封爵）に独立の国王号の三つからなるが、官位の部分をみると、高句麗だけが大将軍（正三品）として他の二国より高い扱いを受けていることがわかる。隋は高句麗を一段格上に扱う冊封関係を示したのである。

であれば高句麗は、隋が提示した安定した冊封体制に身を委ねてもよかったはずであるが、結果がそうではなかったのは周知のとおりである。高句麗はなぜ冊封の関係に安住する道を選ばなかったのであろうか。従来よくいわれてきたのは、隋が全国統一したことにより、新たな矛先が高句麗に向けられ、それに危機感を抱いてみずから国交を絶ったという点である。しかし隋にとって最大の課題は突厥問題であり、統一が実現したといっても好んで高句麗と事を構え、反隋へと追い込む余裕などはまだなかったはずである。となると、冊封関係を壊したのは主に高句麗側の事情ということになる。そのさい問題となるのは、やはり突厥の存在であった。

隋は突厥を封じ込めることを当時の外交の第一義とし、そのための布石を着々と打ってきた。突厥とつながりをもっていた高句麗にとって、それは決して他人事ではなかった。突厥の先には自国に攻勢がかけられるかもしれないという危機感がそこにあったからである。そうしたおりの開皇一三年（五九三）、突厥と高句麗の間に所在する「契丹・奚・霫・室韋、並びに遣使して方物を貢ず」（『隋書』高祖紀）というまとまった動きがあり、その前年頃からすでにこれら東北諸族と隋とのつながりが活発化する兆しがみられた（399頁図2参照）。おそらくこれも隋の外交活動の成果であり、軍を動かすことなく相手（この場合は突厥）を追い詰める策略の一つとなるが、この結果は高句麗も刺激し、反隋の姿勢を固めさせることになる。それまで連年朝貢使を出していた高句麗の動きは、それを境としてピタリと止まる。陳を平定したことがただちに高句麗につながるのではなく、隋が力点を置く突厥への対策が高句麗に波及し、反隋へと追い込んでいったと理解してよいと思われる。

開皇一八年の高句麗討伐

そして隋にとっての突厥問題は、前述したように、開皇一九年の大軍出動によって最終的に決着がつけられたが、それに先立って、文帝は前年の一八年（五九八）二月に、末子である五男の漢王諒を行軍元帥とする水陸三〇万の大軍を出し、高句麗討伐に向かわせた。しかし結果は散々で、同年九月に帰還したおりには「死する者十に八、九」（『隋書』高祖紀）にものぼる甚大な被害を蒙ったという。これが隋において都合四回実行された高句麗遠征の初回であった（あとの三回は次の煬帝期）。この大敗の責任は宰相で元帥長史につけられた高熲に押し付けられた。彼が最初から出動に反対していたこと、出動中は若い漢王諒の言を受け付けず危機に陥れたこと、などが理由にされたが、この大敗が彼を宰相から失脚させる引き金ともなった。

それにしても開皇一八年の出動には解せない点が多い。そもそも突厥問題が決着をみる前年であったこの年に、なぜ高句麗出兵となったのであろうか。そのまた前年の一七年五月には新王高元が即位したのを機に、「高麗、遣使して方物を貢」じ（『隋書』高祖紀）、久しぶりに両国の関係が修復されたところであった。だが同年後半頃であろうか、「〔高句麗〕王元、靺鞨の衆万余騎を率いて遼西を寇す」（『隋書』高麗伝。『資治通鑑』は同一八年二月につける）という侵攻が高句麗側から仕掛けられたという。この侵攻事件は、隋の営州総管韋沖によって簡単に蹴散らされ、一件落着となるものであったが、豈はからんや文帝はこれに激怒し、ただちに反撃を命じた。それが右の漢王諒の出軍となるのである。従来この経緯に特段疑問が出されていないが、筆者はそこにある種の作為の痕跡を感じとっている。

すなわち、隋との関係を修復したばかりの高句麗が、どうして「靺鞨の衆」を率いて隋に侵攻することになるのだろうか。一方隋はその侵攻を簡単に押し返したようにみえるにもかかわらず、ただちに軍勢を整えて出動を命じた素早さ、しかも三〇万もの兵力が動き出す手際のよさ、これらはいったいどうしたことか。三〇万もの兵が出動するには、相当の準備期間が必要となる。

靺鞨という種族は高句麗の北にあり、民族的に高句麗と近く、営州（遼寧省朝陽市）の北側（遼西一帯）に居住する契丹とは敵対の関係にあった。他方、靺鞨は隋の成立直後から朝貢をつづける親隋路線をとり、のちの煬帝の高句麗遠征にも加わっている。そのような靺鞨と高句麗の状況をふまえると、その年高句麗と靺鞨が隋と対立関係に入ることを覚悟して（あるいは目指して）、隋領の遼西に攻め込むことは到底考えられない。両者の共同行動が事実であったとすれば、それは共通の敵である契丹に向けられたもので、そこに隋の営州総管府の軍が関与したとなるのではないか。これを進めると、隋は契丹をして高句麗側を誘発し、高句麗を攻める格好の口実を用意させたという理解に逢着するだろう。

以上の解釈が成り立つとすると、高句麗が攻め入った直後といってもよい一八年二月に、三〇万もの大軍を出動させた背後の事情もみえてくる。すなわち文帝は、高熲の反対を押し切ってでも、高句麗を軍事的に威圧する決意を固めて、事前の兵力結集をかなり進めていたこと、そのため出兵の口実と時期をうかがい、高句麗の遼西侵攻が仕掛けられたこと、の二点である。この時期（開皇一八年）が選ばれたのは、何よりも突厥制圧の最後の詰めをなすべき段階を迎えていたことが考えられる。これだけの軍勢を出せば高句麗は容易に屈従し、かつ突厥の制圧も確実になる、と文帝は読んだのではないか。あわせて文帝のかわいがる第五子楊諒（ようりょう）を世に出す絶好の機会にもなる、と。

かくして導き出されるのは、第一次高句麗遠征は、文帝が初めて仕掛けた本格的な東アジア政策であり、それまでの高熲を中心とする内政重視の路線から東アジア拡大の路線への転換点、と位置づけられることである。隋代史は文帝と煬帝の間に大きな政策・路線の転換があった、というのがこれまでほぼ一致した見方であった。しかしより踏み込んでみると、煬帝期の東アジアの盟主を目指した拡張路線の起点は、じつは文帝期の後半、開皇一八年前後に求めることができた。その結果、開皇期の政治をリードしてきた高熲らのグループが排除され、最後に晋王広と楊素が主導権をにぎる、という厳しい政治闘争が繰り広げられることになる。このことは第Ⅲ部1で再びとり上げる。

隋文帝時代における国際問題といえば、ほぼ対突厥（東突厥）につきるが、それが開皇一九年、隋に服属した啓民可汗の下に突厥を集約する形で決着をみることになった。隋はこれによって一番の難問から解放されるが、それに先立つ一年前に、文帝は高句麗に大軍を動かし、新たな東アジアへの展開を鮮明にさせた。この出動は結果的に失敗に終わったとはいえ、隋の領土的な野心をむき出しにしたものとして、東アジア諸国に深刻な衝撃を与えたはずである。それぞれの国はこれから先隋とどう向き合うか、新たな課題をつきつけられた。倭による開皇二〇年（六〇〇）の遣隋使の登場も、そうした時代の危機感と無関係ではないと考える。

三　隋煬帝の対外戦略とその広がり

裴矩の登用

煬帝は仁寿四年（六〇四）七月、六四歳で亡くなった父文帝の亡骸の前で即位した。いわゆる柩前（きゅうぜん）即位である。文帝の死をめぐって、煬帝が手をかけたとする見方が有力であるが、そのことは今は取り上げない。まもなく并州（へいしゅう）（山西省）によって弟の漢王諒が反乱を起こしたが、短期間でこれを平定すると、一一月に長安から洛陽に移り、旧来の洛陽（漢魏洛陽城）に代わる新都洛陽城を造営し、新政の拠点とした。煬帝はここを東京（とうけい）といい、ついで東都（とうと）とよび、事実上の首都に位置づけた。

さて煬帝は即位して、隋をめぐる国際関係を見まわし、その交流関係の弱体さを認識した。とりわけ西域方面との往来がはなはだ貧弱である。当時、「西域諸蕃、多く張掖に至り、中国と交市する」（『隋書』裴矩伝）状態で、隋の中心まで西域諸国が来ることは少なかった。一つの理由は文帝期が国内統一と対突厥に力を入れ、西域政策を遂行する余裕がなかったこと、もう一つは西の青海方面に拠点を置く吐谷渾に交通をさえぎられたためであった。張掖は祁連山脈の東側を走る河西回廊の中間点にあるオアシス都市であり、隋の中心の長安さらに洛陽までには遥かに遠い。

煬帝はそこで裴矩なるものを起用し、西域諸国対策の総責任者として事に当たらせた。裴矩は河東聞喜（山西省）の裴氏、山東貴族に連なる名門の出で、北斉に仕え、隋になってその文武に通じた実務官僚として頭角を現し、政争には関与せず、文帝と煬帝の両代にわたって一貫して信頼を寄せられた人物である。彼は新たな国際展開を考える煬帝の意を背景に、八面六臂の活動によってそれまでの状況を一変させた。その主たる行動を『隋書』巻六七の本伝と『資治通鑑』の記事によって整理しておきたい。

⑴まず煬帝の大業のはじめ（大業二年＝六〇六頃）、張掖に来ている商胡たちからそれぞれの国情や自然景観を聞き取り、『西域図記』三巻にまとめ、当時の西域状況を明らかにした。そこには大小四四か国が取り上げられ、別に地図も作られたという。また東の中国側窓口となる敦煌から西の西海（黒海または地中海）に達する三つのルート、いわゆる西域三道の行路が整理された（図2参照）。

⑵ついで張掖で西域一〇余国のもの（商胡）を説得して中国内地に誘い、大業四年（六〇八）八月に煬帝が北岳恒山で行った祭祀に参列させた（「裴矩伝」で大業三年とあるがこれは誤り）。

(3) 大業五年（六〇九）、煬帝の吐谷渾・西方親征が実施されると、敦煌（甘粛省）に赴き、高昌国王の麴伯雅と伊吾国の吐屯設（突厥任命の統治者の官名、王に相当）らを張掖に招き入れた（高昌も伊吾も新疆ウイグル自治区）。そして六月、吐谷渾を蹴散らして意気揚々と張掖に進んでくる煬帝一行を、高昌・伊吾両王と西域二七国のものを道左に立って向かえさせた。「道左に立つ」とは相手に対する尊敬や屈従を表す儀礼である。現地の張掖・武威の住民には盛装させ、道の両側で隊列を迎えさせ、中国の威勢を彼らにみせつけた。

(4) ついで煬帝は、張掖で観風行殿（移動宮殿）を設置し、高昌王以下の西域のものたちを宴会に招き、主に西域系音楽からなる九部楽を演奏し、あわせて「魚龍曼延の戯」をみせ、ともに楽しんだ。辺境におけるミニ国際フェスティバルとでもいってよい。

(5) このことがあって、翌大業六年（六一〇）正月、諸蕃首長を洛陽に集め、メインストリートの端門街に、「四方の奇技・異芸」、雑技（サーカス）や奇術や角抵（角觝、すもう）などに大管弦楽隊の演奏などを出し、昼夜を徹した一大フェスティバルを挙行した。これが以後上元節（観灯節）として定着し、今日の旧暦正月一五日の元宵節の行事につながるといわれるが、裴矩はこの一大企画のプロモーター役を果たした。西域商胡たちは洛陽中心部の豊都市（唐の南市）などの市で商いすることが認められ、丁重に扱われた。

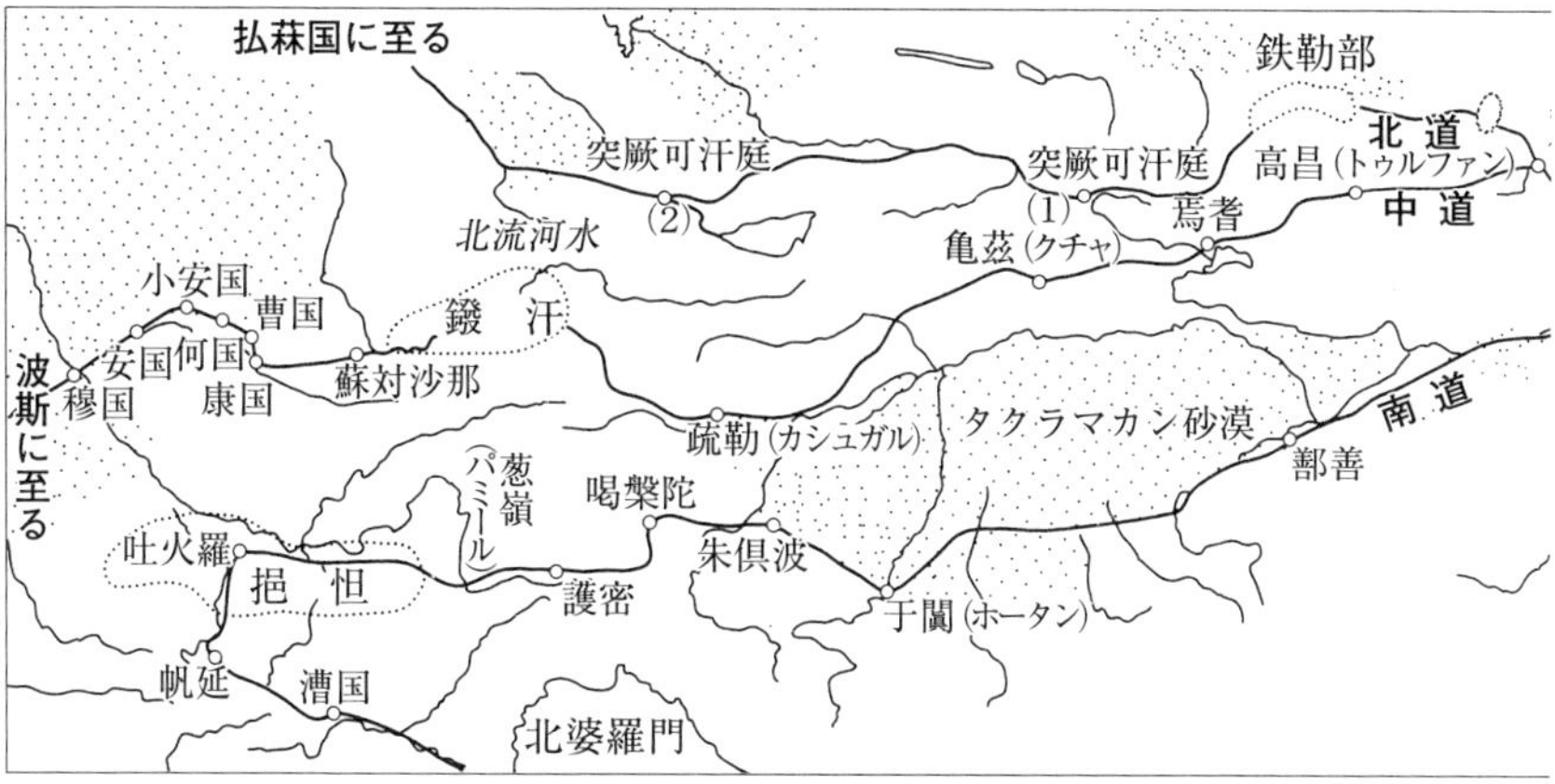

図2　西域三道地図（裴矩『西域図記』より復元）（図中の（1）（2）は移動地点）

(6) 大業六年頃であろうか（あるいは(3)でいうその前年に敦煌に出たおりか）、裴矩は武将薛世雄の軍に交流し、ゴビ砂漠を越えて伊吾に出向き、伊吾を圧し（直属下に置く）、近くに新城を築いて西域経営の拠点とした。また策をめぐらし西突厥の処羅可汗を入貢させ、西域問題に決着をつけた。

(7) もう一つ、裴矩は煬帝の意を汲み、高句麗遠征を正当づける論拠を用意した。彼はいう、高句麗の領域には、もと伯夷・叔斉が出た孤竹国があり、殷の流れをくむ箕子がここに国を開き（箕子朝鮮）、漢代には武帝が衛氏朝鮮を倒して三郡を設置し、晋代にも遼東郡が置かれた。これにわかるように、かの地は中国のものでありながら、高句麗は臣従せず「外域」としている。いったいそのまま放置し野蛮な「蛮貊の郷」としてよいだろうかと。つまり高句麗の地は本来中国領であり、その地を取り戻して中華の地に変えるために高句麗を遠征することは許される、という論理である。

以上のように、裴矩は煬帝期の対外政策の策定と実行にほぼすべて関与し、文帝期の狭い国際関係を一変させた。それを概観すると、第一に大業三年（六〇七）頃から来貢が一気に活発化し、大業六年（六一〇）までその状態がつづくことである。このような活況は急に現れるわけがない。煬帝が洛陽に拠点を定めた直後から、意識して周辺への働きかけをつづけてきた結果であったとみてよいだろう。第二にその広がりは、それまでの対北アジア（突厥）、対東北・東側（東アジア）への偏りを脱し、西の西域方面の国々にまでおよび、パミール高原を越えた先からの来訪（朝貢）も実現した。それのみか東南アジアから赤土国（129頁参照）がはじめて加わった。

洛陽の国際フェスティバル

四方から結集する状態にもってくるために、煬帝は周到な根回しをしていたとみなければならない。第一は裴矩にみられた直接的な行動、働きかけが対象国に向けられたことはいうまでもない。そして同時に、様々な人の動きを介して伝えられる隋側のメッセージや評判という、みえざるところでの働きかけも忘れてはならないだろう。

この点に関わって注目してみたいのが、裴矩に準備させた「国際フェスティバル」である。裴矩は西域諸国を隋にひきつけるために、一度は張掖で、もう一回は洛陽で大イベントを実施した。筆者はそれを国際フェスティバルと銘打ってみたが、じっさい洛陽のそれは大規模にして長期間（半月ほど）におよび、今風にいえば国際万博に近いものであったかもしれない。

なぜ煬帝は裴矩とともにこのような過去に例のない途方もないイベントをぶちあげたのか。ふつうに考えられるのが、初めて集めた高昌国以下の西域諸国の君長たちに、隋の国力のすごさを見せつけ、彼らの度肝をぬく、それによって以後隋の傘下に収まり、朝貢関係に従わせるという解釈である。ただ筆者が考えるのはそれだけでない。彼らフェスティバル参加者の口を通じて、池に石を投げ入れ波紋が幾重にも広がっていくように、隋の存在感や影響力を四周に確実におよぼすという戦略が、そこにあったのではないかと。眼前の外国人を驚かすだけならば、張掖や洛陽であれほど大袈裟な舞台装置を用意するまでもなく、応接や下賜品の厚さなどによって補うこともできた。煬帝らはその先を見据え、まだその場にいない国々にむけて隋の力のほどを見せつけたかったと考えられる。

四　小野妹子の遣隋使はなぜ六〇七年であったのか

隋の外交政策と妹子

こうして煬帝の治世の前半は、文帝時代の遅れを取り戻すかのように、国際化の動きが一気に加速し、隋をとりまく国際関係は大きく変化した。そこから垣間見えてくるのは、世界の中心に隋を位置づけ、四周を隋のもとに集め従わせる野望であり、そのために近隣には実力で制圧し、遠方には朝貢と通商とによって引きつけ従わせるという二段構えの方針がとられた。この隋の背後に隠された牙を鋭く嗅ぎつけたがゆえに、高句麗はいち早く隋のあまい誘いを絶って、隋と対峙する独自の路線をつき進むこととなった。

そして大業八年（六一二）に高句麗遠征が断行される。それとともに史料から外国使節の到来を伝える記事はみえなくなる。その一事によって、煬帝がいかにこの戦争に賭けていたかをわからせるとともに、それまで煬帝がとってきた一連の行動が、高句麗にたいする孤立化と制圧に向けられていた、との印象をつよく抱かせるのである。

以上みてきたところをふまえ、最後に残された遣隋使の問題にもどることにしよう。小野妹子の最初の使節が、なぜ六〇七年（大業三・推古一五）であったのか、あるいはその年でなければならなかったのか、である。

従来は、開皇二〇年（六〇〇）の遣隋使の結果をうけた国内体制の整備があり、それがほぼ終わったのをふまえた派遣、という日本側の事情にもとづく説明が主流をなしてきたように思われる。しかし考えてみると、それは倭の側の都合であって、相手の立場あるいは全体状況とのつながりが視野に入っていないことになる。すでに東アジアの国際社会に一歩踏み出していた倭にとって、そのような自己中心の流れ、悪く言えば思いつき的な行動が許される状況にあっただろうか。かりにそのことが許されたとしても、なぜその前年、前々年でなくて六〇七年であったのかを詰める必要があり、やはり相手側の事情や動向に目を向けざるをえないのである。

そうした観点から見直してみると、ただちに想起されるのが、前節で述べてきた隋朝煬帝側の外交戦略あるいは国際化路線との関わりとなる。煬帝の外交活動は即位直後から活発化し、六〇七年時から六一〇年時にかけてピークを迎えた。当然その波は海を越えて倭にもおよんだものとみてよい。その仲介役に百済がいたことは十分考えられる。その隋からの誘いがあり、また倭における国内体制の整備がほぼ一段落をつげる時期を迎えていたという、内と外の二つの要因が重なったところに、小野妹子の遣使があったと考えられる。

倭の使いは決して自国の一方的な都合だけで出てきたのではなかった。
とすれば、改めていうまでもなく、妹子側は新帝煬帝の即位を知ったうえでの来訪であった。また倭の国書の無礼さを怒りながら、煬帝が相手を切り捨てず、それのみか裴世清を使者として出してきたその意図も、そうした脈略の上に置いてみるとおのずからみえてくる。つまり裴世清に与えられた主たる使命は、相手国を冊封することなど以上に、隋を中心とする国際関係に加わったことへの返礼と、今後その傘下に身を置くことの確認にあった、となるのではないか。

大業四年三月の倭使の記録

なお一つ付言しておきたい点がある。『隋書』煬帝紀・大業四年（六〇八）三月壬戌（一九日）の条に、次のような記事があげられている。

百済・倭・赤土・迦羅舎（かいらしゃ）の国、並びに使を遣わし方物を貢ず。

赤土国はマレー半島南部かインドネシア方面、迦羅舎国は『旧唐書』南蛮伝にみえる「迦羅舎仏国」と同じとすると、マレー半島中北部からカンボジア・タイあたり、いずれも東南アジアの国で、百済・倭国とあわせ海路によって隋に朝貢したものである。海路の諸国がこのようにいっしょに朝見の場に出ている姿は、前節でみた六〇九年の張掖で、六一〇年の洛陽で西域諸国を一度に集めた措置と対応する可能性をもつのではないか。このように一堂に会する形態が正規のものであったとすると、この倭国は前年に派遣された小野妹子使節団となる可能性も捨てきれないかもしれない（付録416頁表2「隋代各国遣使年表」の石見清裕氏コメント参照）。

五　なぜ裴世清が倭への使者に起用されたのか

ところで、その小野妹子の帰国に随伴して倭国に派遣された裴世清のことである。使者となった大業四年（六〇八）時、彼の肩書きは「文林郎（従八品）」であった。これは秘書監に所属する文書整理係である。なお文帝時には官界の位階を示す官名（文散官）にも同名のものがあったが、これは最下位の従九品上に位置した。他方、日本側（『書紀』）にのこされた彼の肩書きは、「鴻臚寺掌客」であった。鴻臚寺は煬帝になって設けられた外交や賓客接待にあたる役所であり、掌客はその典客署という部署の吏員にあたり、正九品というランクであった。当時、九品からなる官僚体系の中で、八品や九品というのは最も低い位置になり、駆け出しに近いものたちがここに配置されたのである。

河東の裴氏と裴世清

裴世清は、文林郎という正規の肩書きの上に、外交部門の鴻臚寺掌客をおびて任務についた。ランクの低い鴻臚寺掌客といっても、皇帝の名代として国書を相手国の首長（天皇）に伝える使命をもつものであり、今風にいえば臨時特命大使とでもいうべき立場と理解される。それにしても、まだ官界の地位も低い、それゆえまだ無名に近かったであろう裴世清が、なぜこのような重い仕事に抜擢されることになったのだろうか。いいかえれば、なぜ他の人間でなくて裴世清であったのか。従来、海路をまたぐ命がけの役目であるため、下級官人の彼が起用されたといった形にまとめられ、それ以上にこの問題に深く立ち入ることはなかったように思われる。

そこでもう少し裴世清という人物にこだわってみることにしよう。彼に関するまとまった列伝などの記録はないが、『新唐書』宰相世系表によると、河東裴氏とよばれる家柄のなかの「中眷裴氏」の系列に、「世清江州刺史」と記されていた。また河東裴氏の家譜碑「裴氏相公家譜之碑」（金・大定一一年＝一一七一年）にしたがうと、唐の貞観一二年（六三八）頃に編纂された『貞観氏族志』において、彼は「駕部郎中・江州刺史」の立場で、中眷裴氏の筆頭につけられていた（堀井裕之、二〇一一）。池田温氏の研究に基づけば（池田温、一九七二）、右の駕部郎中は「主客郎中」となる可能性もあった。前者は尚書省兵部の局長クラス、後者は尚書省礼部の同じく局長級となり、ともに従五品上という上級官人であった。さらに江州刺史（江西省）は従三品となり（江州のランクは上州。『元和郡県図志』巻二八）、それから先は追えない。おそらく江州刺史を最後に、つまり貞観一二年（六三八）頃までに官界から身を引くか死去するかした、と推定できないだろうか。

これをまとめてみると、裴世清は河東の裴氏という門閥貴族系の、その本家筋にあたる中眷裴氏に出、倭国に使いした大業四年（六〇八）時には文林郎（従八品）であった。それから三〇年が経つ間に、隋末の混乱を乗り越え、唐への転身を果たし、中央の駕部郎中（または主客郎中。いずれも従五品上）から外官の江州刺史（従三品）にまで昇りつめたのである。とくに目立つ仕事もしていないが、大きくみてまずは順調なコースではなかったか。

裴矩の推挽

さて肝心の〝なぜ彼が倭への使者となったか〟であるが、結論的にいえばその答えは裴矩が握っていた。前述したように、裴矩は大業四年の当時、煬帝のブレーン集団「五貴」の一人として、隋の国際政策とその展開に関与した重鎮であり、その方面にもっとも大きな発言力をもっていた。隋を中心とする東アジア国際関係の構築とその貫徹のために、高句麗を力で制圧することは避けられないと認識し、煬帝にそのための根拠を用意したのは彼であった。そのためには倭国に使者を出し、つながりをつけておく必要がある、と彼がそこまで考えを巡らすのは必然であった。

裴矩の出身も裴世清と同じ河東の裴氏で、大きくいえば両人は同族の立場にあった。ただし『新唐書』宰相世系表や前出の「裴氏家譜碑」によると、裴矩は「西眷裴氏」の系列であり、その名は「（裴）世矩」となっていた。『隋書』において「世」字を使わなかったのは、唐朝第二代皇帝太宗の実名である「世民」を避けた結果であり、後世には世字をはずした裴矩として定着したと理解される。両人の名前が世清と世矩であったとすると、ただちに意識されるのは、兄弟間や同世代の親族間に共通する文字などをあてる排行（輩行）の関係である。それは比較的近い間柄にあって行われることである。

「西眷の裴氏」は西晋末の永嘉の乱のころ（三〇四～三一六）、裴氏の一部が河東一帯の混乱を避けて西の涼州（武威）方面に移住したことに淵源をもつ。一族は五胡時代の後半から北魏初めにおいてふたたび河東にもどり、北魏―北斉と仕え、隋の裴矩（世矩）の代につながった。年齢をみると、彼は唐の貞観元年（六二七）に八〇歳で亡くなったとされているから、煬帝の下で目覚しい活躍をしたのが五〇代後半から六〇代におよぶ時期であった。裴世清といえばその頃はまだ下級官人であり、三〇歳に達するかどうかの年齢ではなかっただろうか。そうであれば裴矩よりは三〇歳ほどは若い。片や官界に重きをなす今をときめく政治家、片や無名の一官僚という対象的な位置関係がそこにイメージされる。

いまここで、「裴氏家譜碑」や「宰相世系表」および池田温氏の研究にもとづいて、裴世清の家系を整理し、それに裴矩（裴世矩）の系譜を重ねてみると、ほぼ次の系図のごとくなる（図3参照）。

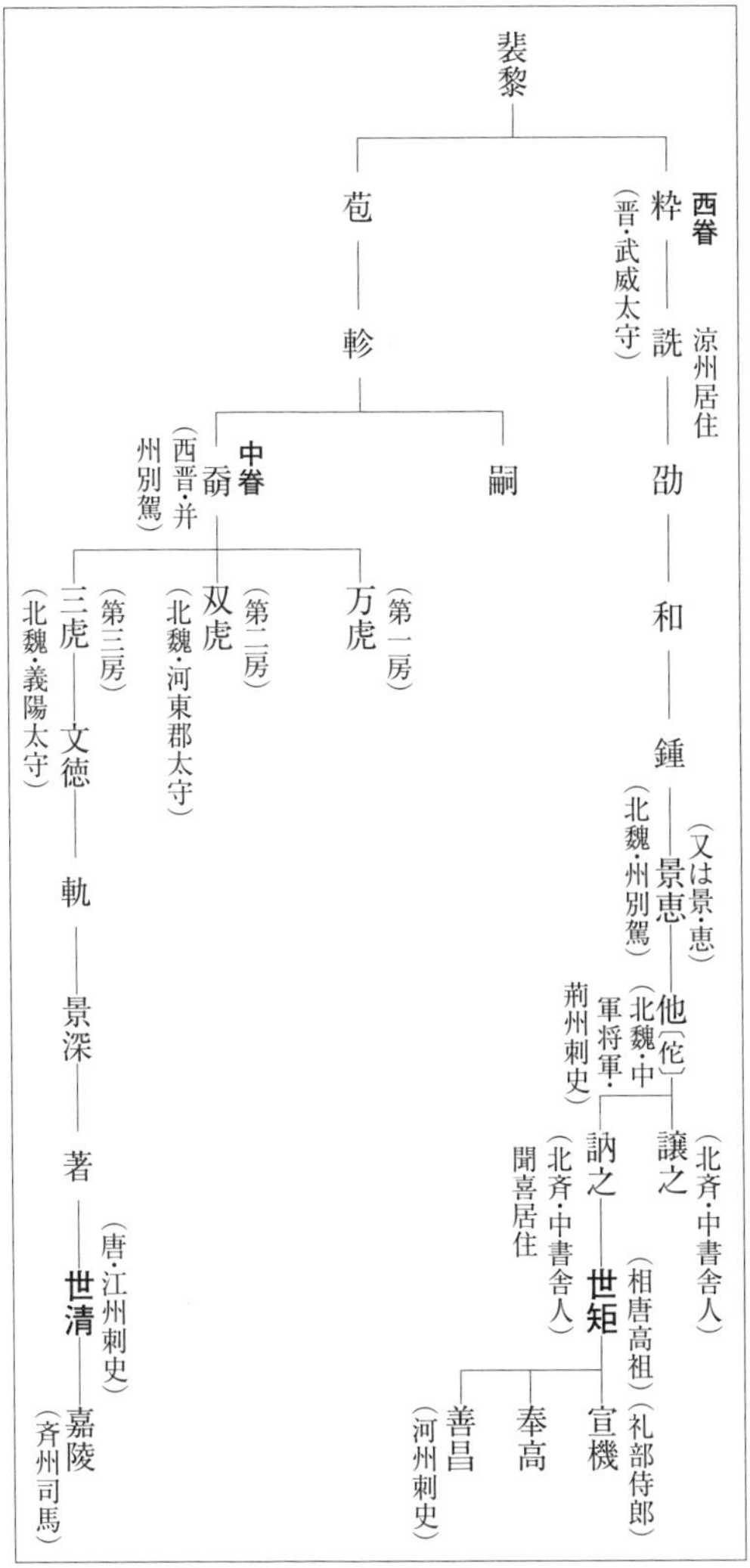

図3　裴世清・裴矩(世矩)関係系図

これによれば、両系統は裴世矩・裴世清から数えて八代前のところ、おそらく西晋頃から分立したことがわかる。分派してから長い歳月を経ているが、そこには決して対立しあう要因はなく、むしろ排行を同じくすることを確認しあう近い関係であった。両人は親子ほどの年齢差があるが、上位者の裴矩からみて裴世清は知らない相手ではなかった。

その当時、隋の国際戦略に責任を負う立場にあった裴矩は、遠路訪れた倭国使を当然重視した。それであれば、倭国使がもたらした国書の「日出ずる処の天子、書を日没する処の天子に致す」の文言に、「蛮夷の書、無礼なる者あり。復た以て聞するなかれ」と怒りをあらわにした煬帝にたいして、そのとりなし役を果たす。それればかりか、逆に踏み込んで、この機会に倭国に隋の使者を出し、連携の強化と国情の査察を画策する。それだけのことを行える人物といえば、裴矩を措いて他にはないと考えられる。

かくして、裴矩の考えるところをよく理解して行動でき、その人間性を知る信頼できる身近な存在といえば、裴世清となるだろう。あまたの官人の中で、まだ若く名も知られていない裴世清に目が向けられたのは、裴矩という人物を介在させることで説明がつく。裴世清に世に出る契機を与えたのは、同族の裴矩の推挽であった、というのがここでの一つの結論である。

六　六一四年の第三次高句麗遠征の表と裏――あわせて六一五年の国際フェスティバル

第三次高句麗遠征と煬帝の行程

六〇七年の遣隋使は、このように隋の働きかけと連動して出されたものと推定できた。ではそうすると、従来ほとんど俎上にのぼることのなかった最後の遣隋使、六一四年の犬上御田鍬の遣隋使の場合はどうなるのだろうか。これが実際に派遣されたのであれば、当然その理由が説明される必要が生まれるが、みるところこの点への言及はこれまでまったくなされていない。しかも『書紀』の記録では、この使節団は翌年の帰国にあたり、百済からの使者をともなってきたという。これはどうしたことだろうか。

犬上の訪隋の記録は隋側になく、倭国の側には明確に記載される。そうなるとこれは幻の、あるいは架空の遣隋使であったのか。反対に実行されたものとすると、なぜ六一四年でなければならなかったのか。そしてなぜ隋の記録にのこらなかったのか。こうした諸疑問に答えるために、ここでも前節と同様の立場から、相手国隋の国内事情に踏み込んでみなければならない。

考えてみるに六一四年という年（大業一〇年）は、煬帝による第三次高句麗遠征が強行された年であった。二年前の六一二年（大業八）に第一次のそれが始められて以来、隋は高句麗側の抵抗によって甚大な被害を蒙っていた。一年前（六一三年）の第二次遠征の最中には楊玄感の反乱が起こり、山東や河北・河南地区を中心に反隋・反煬帝の気運が一挙に高まっていた。にもかかわらず六一四年二月、煬帝は「百僚」に詔して「高麗（高句麗）を伐つ」ことを諮ったが、臣下は「数日敢えて言う者なし」（『隋書』煬帝紀）という有様で、だれも賛同するものはなく、朝廷には厭戦気分が満ち満ちていた。

それでも煬帝は軍を出動させたのであった。彼には東アジアの盟主として、失われた面子を取り戻さないかぎり戦いをやめるわけにはいかない。しかし本心ではもうこの遠征で勝ち目がないことは身にしみて知っている。本格的に高句麗を攻める気なぞさらさらなかった。そのことは次の煬帝の、何ともいえぬ緩慢で奇妙な行程にみてとることができる（『隋書』煬帝紀）。

二月三日（辛未）「伐高麗」の提起→同月二〇日（戊子）出陣を正式発令→三月一四日（壬子）涿郡（幽州。現在の北京）に行幸→同月二五日（癸亥）臨渝宮（山海関付近）に到着→七月一七日（癸丑）懐遠鎮に到着→同月二八日（甲子）高句麗の降伏申し出→八月四日（己巳）軍の総引き揚げ

右の行軍において、氷が解ける春終わりの三月二五日に臨渝宮（臨渝関）に着いたまではよしとしよう。問題はそれから先である。彼は遼水西岸の対高句麗の最前線にあたる懐遠鎮に出御したのが七月一七日であった（付録400頁図4「隋代地図及び隋末唐初群雄割拠図」参照）。とすると、その間の移動日数を多めにとっても、少なくとも三か月は臨渝宮から離れていない計算になる。しかも前線に着いた七月後半といえば、すでに秋風が吹きはじめ、冬将軍の到来は目前に迫っていた。にもかかわらずまだ遼水も渡っていない。この一事をとっても、彼がもともと戦う気がなかったことは明白である。

そこで問題となるのが、煬帝は東辺の臨渝宮という離宮で三か月もの間、何をしていたのか、である。考えられるのは二つある。一つは高句麗にたいし密使を送り、煬帝の栄誉ある撤退を可能にするための工作である。その結果、工作は成功したのであろう。煬帝が懐遠鎮に臨むと、まさにそれを測ったかのように高句麗の降伏を伝える使者が現れた。あわせて楊玄感の反乱のさいに高句麗側に寝返り、隋側の情報を漏らした高官の斛斯政を、手土産代わりに連行し隋に渡した。ここにおいて煬帝は面目が立ち、まもなく勝者の体をとって高句麗の使者をともない、撤退を開始したのである。

そしてもう一つの中身である。そもそも煬帝のこと、この「勝利」をあいまいな形で済ますのは自尊心が

許さない。自尊心を満たすためには、彼であれば何をしただろうか。当然想定されるのが、戦勝記念の集まりを設定して、内外に勝利を印象づけること、あわせて緩みきった国内体制を締めなおし、かつての威勢を取り戻すこととなるだろう。とすると彼は、臨渝宮において対高句麗への「勝利」の筋書きを練る一方で、その「勝利」を前提にした次の措置に着手したと考えることができる。それが、隋と関係をもった諸国を召集するための行動であり、使者を四方に放ち、また諸国と連絡をとる算段を講じるために、臨渝宮の彼は忙しかったのではないか。

六一五年の国際フェスティバル

こうして煬帝が画策した結果は、『隋書』煬帝紀にのこされた次の記事へとつながる。

〔大業〕十一年春正月甲午朔（一日）、大いに百僚に宴す。突厥・新羅・靺鞨・畢大辞・訶咄・傳（傳）越・烏那曷・波臘・吐火羅・倶慮建・忽論・靺鞨・訶多・沛汗・亀茲・疏勒・于闐・安国・曹国・何国・穆国・畢・衣密・失范（範）延・伽折・契丹等の国、並びに使を遣し朝貢す。

この記事がこれまで話題にされたことは寡聞にして知らない。内容は、第三次高句麗遠征が終息した翌年正月の元旦、煬帝は百僚（百官）による新年の祝い（朝賀）を受け、彼らと宴席をともにした。そのさい諸外国の使節が朝貢品を献上し、朝賀の席に参列した。その外国使節は二六か国にもおよんだ、というものである。

これに加えて、もう一つ見落としてはならない記事がそのあとにつづく。

〔正月〕乙卯（二二日）、大いに蛮夷を会し、魚龍曼延の楽を設け、頒賜すること各おの差あり。

ここでいう「蛮夷」とはいうまでもなく、元旦の日に登場した二六国を指すとみてよい。彼らはすでに献上した朝貢品にたいし、この日返礼の品々を「頒賜」された。使者たちは朝賀の儀に参列し、貢納品の献上、見返りの贈り物を得て一連の役目を終え、帰国の途につくわけであるが、その最後の席で彼らのために「魚龍曼延の楽」が演じられた。「魚龍曼延の楽」というと、われわれはそれより六年前の大業五年（六〇九）六月、西北の張掖の地で行われたミニ国際フェスティバルでの「魚龍曼延の戯」を想い起こすことができる（124頁参照）。六一五年のその場面も同じく国際フェスティバルといってよいだろう。

魚龍曼延とは何か。一説に、漢代に西方から伝わってきた百技（サーカス・幻術）の類であるといわれる。『隋書』音楽志の説明によると、煬帝はそれを大業二年（六〇七）に洛陽で再現させ、音楽と一体化させた。まず「舎利（猞猁）」なる生き物が広場で遊んでいて、急に隣の池に飛び込む。すると水が道にどっと溢れ出し、一緒に黿鼉（あおうみがめとサメ）・龜鼇（大すっぽん）、水人（いか・たこ?）や虫魚（むしゃこざかなの小生物）などが地面を覆いつくす。と、大鯨が現われ潮吹きならぬ水を吹きあげ、霧となって日の光を遮り暗くする。すると体長二〇メートル以上にもなろうかという黄龍に変化し、水より出てまっすぐ上にのぼっていく。そのことからこれは「黄龍変」ともよばれ、外来の客人の度胆を抜いたという。

さてそれはそれとして、朝賀に列席した二六国に目を向けてみよう。まず史上これほど多くの外国使節が正月一堂に会したことはあったろうか。まして周りが反乱状態に陥っている中でのことである。煬帝は相当無理をして諸国使節をかき集めたと思われるが、ただこのなかには隋に恭順を示し、高句麗遠征に協力した麹氏高昌国の名も、百済の名もない。何より驚かせることは、これらを仔細に検討していくと、畢大辞や訶咄や傳（傳）越や烏那曷などまったく実体がわからない国（部族？）が、二六国中の半分の一三にものぼる（137頁引用史料の、を付した国々）。『隋書』外国伝には四〇もの外国名があがりながら、二六国の半分はそこに載らず、唯一この記事のなかに名をとどめることになった。そのような実体のよくわからないものが名を連ねること自体、煬帝がいかに諸外国を集めることになりふり構わず動いたかわかるだろう。

なおここには靺鞨の名が二つあげられるが、靺鞨は隋代七種（部）に分かれたというから、ここではそのうちの二つが独自に遣使したもの理解しておきたい。『隋書』靺鞨伝には粟末部と白山部が隋に近接し、関係も深かった。この二つを独立国として扱い、すこしでも多くのものが結集した形を演出しようとした苦心がそこに読み取れる。

それにしても、なぜ所在や実体のよくわからない国（部族？）の使者がこの場に集結し、肝心の百済や高昌などが不参加になったのか。それにたいし、亀茲・疏勒・于闐の東トルキスタンの国々、安国・曹国・何国・穆国などパミール高原西側のソグド系諸国、そうした遠方のものたちがなぜ参加できたのか。煬帝の戦勝を伝える連絡がとどき、ただちに使者を出したとしても、陸路を来る彼らが果たして期限に間に合うかは疑問である。隋の権威の失墜によって出席を躊躇したものもいたはずである。また距離の問題だけでなく、途中には反乱勢力が跋扈し通行を許さない。

とすれば参加した彼らの立場をどう解したらよいか。そこで考えられるのが、彼らの多くはその時期洛陽に滞在していた（あるいは帰国できないでいた）ところの商人たちであり、それらに正規の使者たる格好をとらせ儀式に参列させたのではなかったか。そうみることで、遠路からの国々、また所在も知らないような使節がそこに名を連ねる理由も説明がつくことになる。

これまでほとんど注目されることのなかった大業一一年正月の諸国使節の記事は、一歩ふみこむと、その背後に煬帝による大きな政治的思惑が貫流していた実情を教えてくれる。煬帝はそうまでして、みずからの失敗を取り繕う必要があった。だが事態はもはや煬帝が思い描くような状態に収まらず、これ以後一気に坂道をかけおりていくことになるのである。

七　「幻の遣隋使」六一四年遣隋使の彼方――おわりに代えて

以上のところをふまえ、『書紀』に記された犬上御田鍬の遣隋使派遣問題に結論を与えなければならない。関係する記事は、次の二条である。

（推古）廿二年（六一四）……六月丁卯朔己卯（一三日）、犬上君御田鍬・矢田部造（やたべのみやつこ）を大唐に遣わす。

（推古）廿三年（六一五）秋九月、犬上君御田鍬・矢田部造、大唐より至る。百済の使、則ち犬上の君に従いて来朝す。

ここで「大唐」とあるのは、いうまでもなく隋を指している。犬上らは六一四年の六月一三日に日本を出発し、翌年の九月にどうしたことか百済の使者を連れて帰国した。前述したごとく直接対応するはずの『隋書』には、どこにもそれが確認できないのである。

ここから派生する様々な疑問点にたいする答えは、前節の考察をふまえ、ほぼ次のような形でまとめることができるだろう。すなわち大業一〇年（六一四）の第三次の高句麗遠征にあたって、煬帝は臨渝宮に滞在した三月二五日から三か月の間に、隋の傘下の諸外国に向けて、来年正月の新年朝賀のおりに朝貢するように呼びかけたが、当然その対象に倭国も入っていた。その知らせは今回も百済を介して伝えられたはずである。

そこで倭国は六月、犬上らを使節として急遽派遣し、おそらく百済の使者と途中で合流して、山東から上陸して洛陽に赴く手はずになっていた。しかし時はすでに動乱状態に突入しており、その中心が山東一帯となっている状況下では、外国使者の上陸はまったく不可能といってよい（254頁参照）。両国の使者は結局上陸を果たせないまま百済に引き返し、犬上らはしばらくその地で様子見をしていたが、もはや使命を遂行するのは無理と判断し、その間の事情を説明してもらうべく、百済の使いをともなって六一五年九月に帰国した、と解釈できる。

このように事態の推移が整理できるのであれば、まず六一五年正月の「戦勝」を祝うはずの朝賀の席に、当然いるべき百済の名がないことも得心がいくだろう。百済は倭国をともない、隋の高句麗遠征に協力した一国として、得意然として洛陽に乗り込む手はずであったが、結局それがかなわず、史籍に名をのこすことができなかった。これはいいかえれば、倭国もまたその朝賀に連なった国の一つとして、うまくいけば記録に名をとどめた可能性があったことを示している。

倭国は隋末の動乱が激しさを増しているまさにその時期に遣隋使を出した。それは一見、中国の現状も知らないまま一方的に、あるいは無謀に動いたように理解されがちであるが、じつはそのようなことはありえない。倭国は倭国で高句麗や百済などを通じて、隋の国内の動きや高句麗遠征の結末、煬帝の置かれた立場などを把握する努力をしていたはずである。あるいは先に小野妹子に随って留学させたものたちの、別ルートからの報告もあったかもしれない。東アジア国際外交は国の死命にもかかわる重大な課題であり、相手側の事情も知らずに能天気に使節を出すことは到底ありえるはずはない。

そうしたところに、百済を仲介にして朝貢をうながす煬帝の強い意思が伝えられた。そこで想像をたくましくするならば、厩戸皇子（聖徳太子）らはその働きかけの意図を慎重に吟味し、それに応えることの重みを十分計算したうえで、翌年正月の期限に間に合うように使者を出発させたとなるだろう。

かくして推古二二年（六一四）の犬上遣使は、決して幻の遣隋使となるものではなく、隋煬帝の政治的意図に倭の側のそれががっちりかみあった、正規の外交活動であったことが浮かび上がる。遣隋使はここにおいても、東アジア国際外交の一角に位置づけられる役割を負ったことが明らかとなるのである。

参考文献

池田　温、一九七一「裴世清と高表仁―隋唐と倭の交渉の一面―」（『東アジアの文化交流史』吉川弘文館、二〇〇二年に所収）
越智重明、二〇〇一『日中芸能史研究』第三編第一章「日・中の散楽」（中国書店）
氣賀澤保規、一九七八「隋末唐初の諸叛乱」（『中国民衆叛乱史』Ⅰ、平凡社、東洋文庫）

堀　敏一、一九九三『中国と古代東アジア世界』（岩波書店）
堀井裕之、二〇一一「唐政権の形成と太宗の氏族政策―唐・裴滔撰『裴氏家譜』を手掛かりに―」（二〇一一年度唐代史研究会夏期シンポジウムレジュメ、二〇一一年八月二三日）
護　正夫、一九六七『古代トルコ民族史研究』Ⅰ（山川出版社）
渡辺信一郎、二〇〇八『北朝楽制史の研究―『魏書』楽志を中心に―』（科学研究費成果報告書）

第Ⅱ部　遣隋使とその時代の諸相

1　推古朝と遣隋使

吉村　武彦

はじめに

『隋書』倭国伝によれば、第一次の遣隋使の派遣は、六〇〇年（推古八、開皇二〇）である。推古朝の遣隋使の記録は、必ずしも『日本書紀』（以下、『書紀』とも略す）『隋書』に記述されていない。しかし、六〇〇年の遣隋使は倭国から派遣された使者であり、『隋書』は倭国使として正規に扱っている。中国に一〇〇年ぶりに派遣された遣隋使は、外交使節として何か問題が生じて、『書紀』に掲載されなかった可能性もある。

次の遣隋使は、六〇七年（推古一五、大業三）に、大礼（だいらい）の小野妹子（おののいもこ）が派遣されている。後述するように、この間に冠位十二階制が施行され、冠位の制度も整備された。したがって、都の長安ではほかの外国使と同じように、外交儀礼にふさわしい服装になっていただろう。この第二次遣隋使は、『隋書』と『書紀』に記されていて、両書には矛盾がない。

これら遣隋使の派遣は、『宋書』に記載された五世紀の倭の五王以来であった。倭の五王の時代には、武

（雄略天皇）が、「使持節、都督倭・新羅・任那・加羅・秦韓・慕韓六国諸軍事、安東大将軍、倭王」と任命されたように、中国・宋（四二〇～四七九）に倭国王と将軍号の冊封を求めて、使者を派遣したのであった。その結果の称号である。そのため、倭国王は国号の「倭」を姓とし、名前から一字の好字（ワカタケルの場合は「武」）を選び、「倭武」の姓名を名のって外交関係を結んだのである。

しかしながら、七世紀にいたった隋との国際関係では、もはや中国に「倭国王」の冊封を求めなかった。六〇七年に、小野妹子が持参した国書には「日出ずる処の天子、書を日没する処の天子に致す」とあり、倭国王は隋の皇帝と同じ「天子」の称号を使用した。このように、倭国は主観的に隋との対等関係を企図していたのである。隋の煬帝が国書をみて、「蛮夷の書、無礼なる者あり、復た以て聞することなかれ」と不快感を表したのは当然である。隋帝国の国王と蛮夷の国王が同格となることなどありえなかった。

以上のように、推古朝には政治的に高ぶった対隋外交が実施されたのであるが、倭国と隋との外交交渉とその効果について、具体的様相に迫ることにしよう。そのためには、ひとまず遣隋使以前における倭国と中国との関係から説き起こしておきたい。

一　百済を介した南朝文化との交流――遣隋使以前

百済との交流と南朝文化

六世紀の前半、継体朝から欽明朝の時期の倭国の外交は、もっぱら朝鮮半島（韓半島）との外交であった。

なかでも半島南端部の小国連合である伽耶（加羅諸国）の問題をめぐって、大きく揺れ動いた。伽耶は、東方の新羅と西方の百済から、軍事的脅威を受けていた。五一二年（継体六）になり、百済の要請で「任那四県」（任那は、『書紀』における伽耶の名称）を割譲した。継体朝における主な外交は、伽耶問題とも関連する百済問題であった。

百済は、半島北方に位置する高句麗の南下策によって、南の伽耶方面に進出する一方、倭国に対して軍事的支援と領土保全を要請した。倭国は百済の要請に応じながら、百済から五経博士や易博士・暦博士・医博士などの上番を求めた。このように両国は、双方の利害が一致した外交関係を維持していた。『書紀』における倭国と百済との交流は、次の年表のようになる。

年表　百済と倭国の交流

年代	百済からの博士等の上番	百済からの要請内容
継体七年（五一三）	五経博士段楊爾	己汶の地の復旧
継体一〇年（五一六）	五経博士漢高安茂（段楊爾の交代）	己汶復旧への謝意
欽明八年（五四七）	下部東城子言（徳率汶休麻那の交代）	救軍の要請
欽明一四年（五五三）	医博士・易博士・暦博士等（交代）卜書・暦本・種々薬物等の送付	軍兵の要請
欽明一五年（五五四）	徳率東城子莫古（奈率東城子言の交代）、五経博士固徳馬丁安（王柳貴の交代）、僧道深等七人（僧曇慧等九人の交代）。易博士施徳王道良、暦博士固徳王保孫、医博士奈率王有㥄陀、採薬師施徳潘量豊・固徳丁有陀、楽人施徳三斤・季徳己麻次・季徳進奴・対徳進陀（交代）	救兵の要請

表のように、百済から倭国に上番したのは、五経博士・仏教僧と易博士・暦博士・医博士・採薬師・楽人たちである。ここで問題になるのは、列島に渡った博士らの出身地域である。彼らの姓は、継体七年条の段楊爾（五経博士）、欽明一五年条にみえる王柳貴・馬丁安（五経博士）、王道良（易博士）、王保孫（暦博士）、王有悛陀（医博士）、潘量豊・丁有陀（採薬師）ら「段・王・馬・潘・丁」である。これらの姓は、中国南朝の梁（五〇二〜五五七）の人たちの姓であり、博士らは梁の文化人であることが判明する（末松保和、一九四九）。

百済国王は、梁とのあいだに、武寧王が五二一年、聖明王が五二四年に、「百済王」に冊封されている。また、百済は五四一年（大同七）に梁に使者を派遣して方物を献上し、「涅槃等経義・毛詩博士、竝工匠・画師等」を要請した（『梁書』諸夷伝）。半島の百済は、梁と文化的交流を持ち、仏教や儒教の移入に積極的であった。その結果、梁の文化人が百済に滞在ないし移住していたのである。このように百済と梁とは、国際的交流が盛んであり、倭国は百済を経由して中国の南朝文化の一端を受け入れていた。なお、五五七年に、梁にかわって陳（五五七〜五八九）が王朝を開いている。

かつて漢江下流域の漢山城（ソウル付近）に興隆した百済は、高句麗の南進によって、錦江流域に遷都を余儀なくされた。しかし、百済北方に位置した楽浪郡・帯方郡との交流が長く、中国文化の影響が強かった。

仏教伝来と高句麗僧慧慈

こうした倭国と百済との国際交流のなかで、欽明朝には仏教が輸入された（仏教公伝）。具体的には、釈迦仏の金銅像・幡蓋・経論である（『書紀』欽明一三年条）。ところが、欽明一五年条には「僧曇慧等九人を、僧道深等七人に代ふ」とみえ、僧尼も交代で派遣されていた。すでに述べたように、百済から上番していた五経博士・医博士は、南朝梁の人たちである。百済は南朝系の仏教を受容しており、僧尼も南朝系の人物であった可能性が強い。

南朝系の仏教は「氏族仏教」、北朝系は「国家仏教」の性格が強いといわれる（田村圓澄、一九九四）。後の推古朝に仏教興隆に大きな役割を果たした厩戸皇子（聖徳太子）の師は高句麗僧慧慈であり、北朝系の仏教の影響が強かった。厩戸皇子は、「国家仏教」の色彩が濃い北朝系の仏教を学び、倭国・日本の「鎮護国家仏教」の普及の源になったのではなかろうか。

ところで、注目したいのは僧慧慈の役割である。慧慈は、推古三年（五九五）に来て、同二三年に帰国する。当時の中国大陸では五八九年に隋が中国統一後、六一二年に隋は高句麗遠征を実施する。このように高句麗は隋と対峙しており、慧慈は厩戸皇子らに高句麗の政治的立場を教授した可能性が強い。この時期、厩戸皇子は対外政策に強い影響力を行使していたと考えられる。この問題を対新羅策から考えてみる。

遣隋使が派遣された推古八年（六〇〇）、「任那の調」をめぐって新羅との対立が激化していた。『書紀』の記述では、蘇我氏の一族の境部臣を大将軍、穂積臣を副将軍として、一万余の軍衆で新羅を攻撃している。しかし、将軍の帰国後は、新羅はまた伽耶地域に進出した。そのため、推古九年一一月に新羅への攻撃を協議し、翌一〇年二月、厩戸皇子の同母弟来目皇子を撃新羅将軍に任命した。

厩戸皇子の弟を将軍に任じたことは、朝廷の強い意志を表している。ところが、来目皇子は筑紫滞在中に病気で倒れ、一一年二月に死亡した。その四月、朝廷は厩戸皇子の異母弟・当麻皇子を征新羅将軍に任じた。

この意思決定は、厩戸皇子のイニシァティブを意味するものであろう。新羅への対外強攻策や遣隋使の派遣は慧慈の滞在中であり、厩戸皇子の対隋政策に影響を及ぼしたと思われる。

二　遣隋使の派遣

はじめて遣隋使を遣わす

ここでは、あらためて遣隋使を派遣したころの東アジアの状況を述べておこう。北朝の隋は、五八九年（崇峻二）に南朝の陳を滅ぼして中国を統一。北朝と南朝との外交ルートを持っていた高句麗は、その地理的位置から北朝との関係が強かったが、領土をめぐって争いも絶えなかった。一方の百済は、高句麗との対抗もあり、南朝との交流が盛んであった。また、主として半島の東海岸に勢力圏を持っていた新羅は、中国との関係はそれほど関心がなかった。隋の統一後、百済は早くも五八九年に隋に使者を派遣したが、高句麗は五九一年であった。新羅にいたっては、五九四年である。

一方、倭国では五九〇年三月、学問尼の善信（ぜんしん）ら（五八八年に留学）が百済から帰国している。したがって、新たな中国情勢は倭国にも伝わっていたはずである。五九八年には、高句麗が靺鞨（まっかつ）の兵を率いて隋領内の遼西地方に侵入した。隋は軍を出兵させ、高句麗に謝罪させたというが、実質は敗北であった（『隋書』高句麗伝）。こうした隋と高句麗の戦争情報も、新羅使（五九八年）か百済使（五九九年）を通じて伝えられていたかもしれない。そして六〇〇年になって、倭国は最初の遣隋使を派遣した。

遣隋使の派遣は、隋の中国統一と朝鮮半島情勢が大きいが、倭国側にも目的があった。『隋書』大業三年（六〇七）条（第二次遣隋使）には「聞く、海西の菩薩天子、重ねて仏法を興すと。故に遣して朝拝せしめ、兼ねて沙門数十人、来りて仏法を学ぶ」とみえ、交流の一端が仏教の受容であった。これは欽明朝における仏教の受容を背景に、南朝系の僧と慧慈の影響ではなかろうか。列島の仏教は、中国の漢訳仏典を源にしており、その本場への憧憬が大きかったとみなければなるまい。

また帰国時に、煬帝が随伴させた隋使裴世清に対し、「我れ聞く、海西に大隋礼儀の国ありと。故に遣して朝貢せしむ。（略）冀くは大国維新の化を聞かむことを」と述べており、礼の教化を求めている。儒教による礼制の受容も、その目的の一つであった。

こうした列島をとりまく半島・大陸の文化状況をみていくと、倭国には南朝系文化の輸入が前提としてあり、中国の仏教と儒教をある程度は受容していたことがわかる。そして、百済からの献策と、厩戸皇子の強い政治的意思によって、遣隋使が遣わされたと思われる。

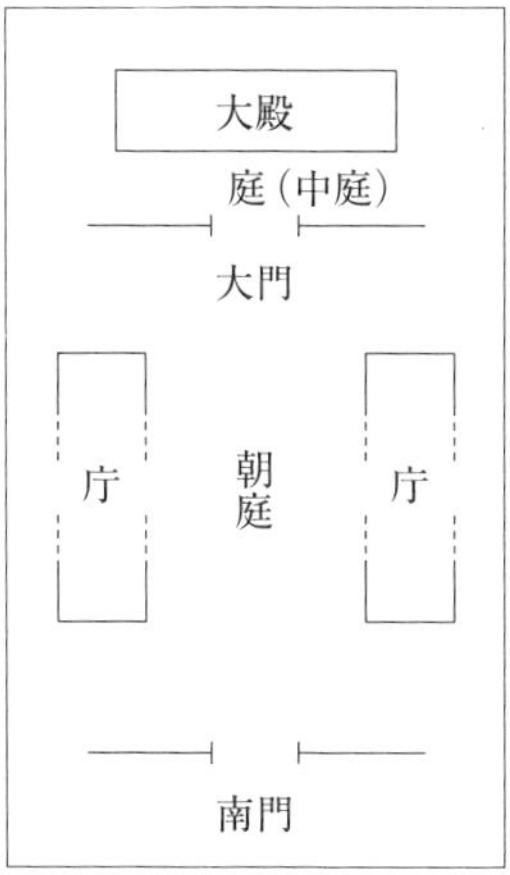

図１　小治田宮概念図

ところで、中国では、『隋書』に皇帝が「所司をしてその風俗を訪わしむ」とあるように、皇帝が蛮国・夷狄の使節と謁見する。これが中国式の外交儀礼。倭国では、卑弥呼が「王となりしより以来、見るある者少なく」といわれているように、姿を見せない。たとえば隋使の裴世清の場合、裴世清は自ら書を持って再拝し、使の旨を言上したのは小治田宮の朝庭であった

（図1参照）。その国書を、導者の阿倍鳥が受け取り、大伴囓に手渡し、大門の前の机の上に置いて奏上した。推古女帝は大殿にいたと思われるが、直接に接見して国書を受け取るようなセレモニーではなかった。推古一八年（六一〇）に新羅の使節が来た時も、小治田宮の朝庭であり、四人の大夫が取りついで、庁の前に立つ大臣蘇我馬子の面前で申上した。推古はこの時も大殿にいたと思われるが、接見することはなかった。倭国には、外交使節と謁見するような儀礼はなかったのである。

『隋書』倭国伝の開皇二〇年（六〇〇）条は、冠位十二階制など後の遣隋使が申上した内容も含まれているので、記述内容については吟味が必要である。ただし、冒頭の記事は六〇〇年当時のことと思われる。この時の使者は、倭王が天を兄、日（太陽）を弟とみなして、「天いまだ明けざる時、出でて政を聴き、跏趺して坐し、日出ずれば便ち理務を停め、云う我が弟に委ねんと」と述べた。これに対して高祖文帝は、「これおおいに義理なし」と訓示をたれ、この習慣を改めるように諭した。

朝礼などの儀式を改める

さて、第一次の遣隋使が帰国した後、倭国ではどのような施策が行なわれたのであろうか。『書紀』によれば、推古女帝は推古一一年（六〇三）一〇月に新しい王宮（小治田宮）に都を遷す。一一月には、儀仗用の大楯と靫が作られ、一二月に冠位十二階制が制定された（翌年正月に施行）。そして、一二年四月に十七条憲法がつくられている。

六〇〇年の遣隋使の服装はわからないが、南朝梁の『梁職貢図』における「倭国使」の図が参考になるかもしれない（図2参照。口絵3頁図5にカラー図）。

この図は六世紀前半、梁の世祖元帝（五五二～五五四）が、即位前の湘東王であった時期に描かれた原画を模写したものといわれる。ただし、この時期には倭国から使節は派遣されておらず、想像図の可能性がある。それはともかく、裸足の倭国使（図2左参照）の衣服は粗末であり、百済国使（図2右参照）らとは格段の差異がある。遣隋使の帰国後、冠位制が整備されることをみると、六〇〇年の遣隋使の服装は、正式な外交使節のそれとはかけ離れていた可能性が強い。

図2　『梁職貢図』「倭国使」（右は「百済国使」）

推古一二年（六〇四）九月に、「朝礼を改む」改革が行われた。その方針は、「凡そ宮門を出で入らむときは、両つの手を以て地を押し、両つの脚をもて跪きて、梱を越えて、立ちて行け」というもの。王宮の門の出入りに、跪礼・匍匐礼を求めたのである。跪礼は『魏志』倭人伝に記された伝統的な儀礼で、遷都などの一連の動きからみて、小治田宮の儀式に関係するだろう。この朝礼は天武一一年（六八二）に禁止されるが、儀礼が整備された事実が重要である。なお、『隋書』には「その王、朝会には必ず儀仗を陳設し、その国の楽を奏す」と書かれている。門の出入に関わる儀礼ではなく、儀仗に関連する記述である。すでに大楯と靫のことは述べたが、小治田宮の儀式の整備が行なわれたようだ。

さらに、倭王の政務についても、改革につながったと推定される。推古一二年につくられた十七条憲法には、「群卿百寮、早く朝りて晏く退でよ」（第八条）とある。そして、舒明八年（六三六）に群卿百寮の朝参の遅滞が問題となり、「卯の始（午前六時）に朝りて、巳の後（一〇時）に退でよ」という命令が出ている。憲法の規定が、具体化されていったのであろう。

隋に渡った官人――小野妹子

第二次の遣隋使は、『書紀』と『隋書』に記載されている。使者の小野妹子が煬帝に差し出した国書に「日出ずる処の天子、書を日没する処の天子に致す」とあったことは、すでに述べた。この語句の「日出ずる処」は方位の東、「日没する処」は西を意味するが、その語句は仏典『大智度論』（巻一〇）の表現を借用したものだという。すでに『大智度論』は倭国に輸入され、国書に援用できる程度に理解されていたとみる説もある（東野治之、二〇〇七）。国書をしたためた官人は半島系の移住民だろうが、あるいはこうした知識をすでに保有していたのであろうか。

さて、第一次の遣隋使の名前は、『書紀』にも『隋書』にも記されておらず、参加者は不明である。第二次使節は大礼小野妹子で、通事（通訳）が鞍作福利である。中国名「蘇因高」は、氏の名である小野の「小」の音（呉音・漢音とも「セウ」）から「蘇」（呉音は「ス」で漢音は「ソ」）の表記、名前の「妹子」の読みから「因高」と表記したものである。妹子の位階「大礼」は、冠位十二階のなかの第五位の位階であり、それほど高くないことが注目される。

小野氏は、『新撰姓氏録（しんせんしょうじろく）』左京皇別（さきょうこうべつ）に大春日朝臣（おおかすがのあそみ）の同祖とあり、春日・大宅（おおやけ）・粟田（あわた）氏らと同族であった。また、「大徳小野妹子、近江国滋賀郡小野村に家（う）まれり」とある。滋賀郡真野（まの）里（郷）の小野村に本拠地を構えていたと思われ、同所には小野神社が存在した（『続日本後紀』承和元年二月辛丑条）。晩年は大徳の地位で、冠位十二階の最高位であった。子どもの毛人（えみし）は大錦上で「太政官兼刑部大卿」であるが、丁丑年（天武六、六七七）に没し、後に墓誌が造られている（図3参照）。この墓誌は、江戸時代に山城国愛宕（おたぎ）郡小野里（郷）

図3　小野毛人墓誌

（裏）　（表）

（表）飛鳥浄御原宮治天下天皇　御朝任太政官兼刑部大卿位大錦上
（裏）小野毛人朝臣之墓　営造歳次丁丑年十二月上旬即葬

の古墳から発見されている。そのため山城国愛宕郡の方が本拠地という説もある。
また、孫の毛野は遣新羅使（『書紀』持統九年七月辛未条）に任じられている。そのほか一族（ないし関係者）から、小野馬養が遣新羅大使（『続日本紀』養老二年三月条）、田守が遣新羅大使（天平勝宝五年二月条）・遣渤海大使（天平宝字二年九月条）に遣されている。さらに石根が遣唐副使（宝亀七年一二月条）、滋野が遣唐判官（宝亀九年一〇月条）であったなど、多くの外交使節を出している。こうした小野氏の性格と関係して、小野毛野が筑紫大弐（文武四年一〇月癸未条）、小野老が大宰大弐（天平九年六月甲寅条）など、大宰府の要人も輩出していた。外交関係の職務に多くの業績をあげていたことがわかる。

なお、鞍作福利は推古一六年に派遣された遣隋使にしたがい、再び通事として入唐する。しかし、帰国時には「唯し通事福利のみ来ず」とみえる（一七年九月条）。何らかの事情で帰国できなかったのであろう。鞍作氏は渡来系の移住民で、その同族には、鞍作村主司馬達等（『書紀』敏達一三年是歳条）や仏師（造仏工）の鞍作止利（鳥）らがいる。司馬達等の娘・島は、出家して善信尼を名のる列島最初の尼である（同条）。仏教との関係が強く、中国語にも堪能な氏族であった。

留学生と学問僧

推古一六年（六〇八）九月、裴世清の帰国にあわせ、小野妹子を大使、吉士雄成（難波吉士雄成）を小使、そして鞍作福利を通事として、遣隋使を遣わした。吉士氏には、外交の職務につく人が多い。この時、「東の天皇、敬みて西の皇帝に白す」というように、天皇と皇帝という称号を使い分けて隋皇帝に国書が奏上された。ただし、当時「天皇」の名称はいまだ使われておらず（天皇号は天武朝になって正式に使用）、おそらく「王」や「天王」の語であったと思われる。前回の遣隋使のように、隋皇帝と同等の資格を主張する天子号などは使わなかったのである。

ここで注目したいのは、遣隋使に伴って隋へ渡った留学生と学問僧である。学生には、倭漢直福因・奈羅訳語恵明・高向漢人玄理・新漢人大圀、また学問僧としては新漢人日文（旻）・南淵漢人請安・志賀漢人慧隠・新漢人広済ら八人が随行した。倭漢・新漢人氏ら渡来系の知識人であるのが特徴である。まだ中国語を理解して学修するには、在来系の人々には難しかったのであろう。このなかで僧旻は、舒明四年（六三二）八月に第一次遣唐使とともに帰国した。しかし、高向玄理と南淵請安は、舒明一二年一〇月になって新羅経由で帰国した。玄理と請安は、三三年の長きにわたって学んでいたのである。すでに中国では、王朝が隋から唐に変わっていた。

これら学生や学問僧は、隋における留学で、どのような意識変革を起こしたのだろうか。その参考になるのが、推古三一年七月に帰国した大唐学問者の僧恵斎・恵光や医恵日・福因らの言動である。恵日らは共に奏聞して、「唐国に留る学者、皆学ひて業を成しつ。喚すべし。また其の大唐国は、法式備り定れる珍の国なり。常に達ふべし」と述べた。つまり、滞在中の留学生・学問僧の召還と、継続的な遣唐使の派遣を進言した。この進言には、彼ら人材の活用が言外に含まれているだろう。また、「法式備り定れる珍の国」との交流は、彼らの感じとった列島の文明化への道筋を提示している。

ところで、推古二二年六月に派遣された遣隋使は、犬上君御田鍬と矢田部造（名は不明）であるが、二三年九月に帰国する。この遣使のことは、中国側に史料がない。犬上氏は近江国犬上郡の地名に基づく氏族であるが、小野氏の本拠地の滋賀郡とは、琵琶湖を挟んで対岸であり、興味深い。御田鍬は、舒明二年の第一次の遣唐使を勤めた人物である。なお、中国では煬帝による高句麗遠征が失敗し、六一八年（推古二六）に唐が建国した。倭国には、高句麗使によって「隋の煬帝、三十万の衆を興して我を攻む。返りて我が為に破られぬ」（推古二六年八月条）と伝えられた。その唐は六二八年、全土を統一した。

隋使と厩戸皇子・蘇我馬子

最後に、遣隋使ではなく、隋使についても述べておこう。小野妹子の帰国とともに来日した裴世清は、「文林郎」の職にあった。煬帝の時期に設置された秘書省の役人で、従八品という低い地位である。隋にとって、倭国はそれほど重要な国ではなかったのである。「下客」（随員。「下」は低い地位をさすか）一二人が随伴し、妹子に従って、推古一六年四月、筑紫に到着する。朝廷では難波吉士雄成を筑紫に出迎えさせ、六月一五日には新築した難波の館（迎賓館）に宿泊させた。当日は、飾船を三〇艘使って、難波の江口で迎えている。八月三日には、唐客を大和の海石榴市の衢で、飾騎七五匹で出迎えている。そして一二日に、小治田宮において裴世清は信物を庭中におき、皇帝の親書を差し出した。

ここでも注意したいのは、裴世清が直接に親書を読みあげることはなく、すでに述べたように、最後は朝庭で大伴囓が奏上するという方式である。こうした外交交渉において、裴世清が面会した人物は必ずしも明らかではない。帰国後には、「王の妻は雞弥と号す」と報告しているので、国王と接見していれば、男王になる。ところが、当時は推古女帝が国王であり、矛盾する。こうしたことは、なぜ起きるのであろうか。

この問題を、舒明朝の唐使高表仁の事例から考えてみよう。『旧唐書』に「表仁、綏遠の才なく、（倭国の）王子と礼を争い朝命を宣せずして還る」とみえ、高表仁は舒明天皇と接見せずに帰国したことがわかる。その原因は王子との争いにあるというが、その次第から事前に王子と折衝していたことがわかる。なお、継体朝にも、王子が外交政策に関与した事例がみられる。継体六年（五一二）における百済の「任那四県割譲」事件で、倭国は大臣・大伴金村の意見に従って、「任那四県」を割譲することになった。その決定に与らなかった勾大兄皇子（後の安閑天皇）が、使者を滞在中の百済使のもとに遣わし、おそらく父の継体天皇の勅命に背く命令を伝えたという一件である。百済側がいなしたので、特に問題は生じなかった。しかし、このようなやりとりが『書紀』に記載されていることは、歴史的事実として認めていいだろう。

こうした舒明朝における唐使と王子とのやりとりや、継体朝の勾大兄の言動をみると、裴世清の滞在中に、王子が何らかの行為を起こしたのであろう。おそらく中国の使者は、倭国の王子と折衝しただろう。推古朝には、厩戸皇子が外交分野において積極的に関与していたと思われるからである。

隋の外交使節の裴世清が面会したのは、おそらく厩戸皇子で、推古天皇とは会っていない。しかし、中国の外交交渉の仕組みでは、裴世清は国王に会わざるをえない。そのため裴世清は、厩戸皇子を国王に見立てて、帰国報告をした可能性が強い（吉村武彦、二〇〇二）。この結果、『隋書』には倭国王は男性で、王妻がいると記述されたのであろう。

ところで、推古朝には皇子だけではなく、大臣クラスも外交に関与していた。推古一八年（六一〇）に蘇我馬子が新羅・「任那」の使人に禄を与えていたり、同三一年には、新羅・「任那」に派遣した吉士磐金と吉士倉下を呼び出して問い合わせたりしている。こうした言動を「大臣外交」ともいうが（佐藤信、一九九七）、天皇の国家意思を代行しているとみるのは正確ではない。しかも、皇子にもみられるので、むしろ「皇子・大臣外交」と呼んだ方が適切であろう。

三　推古朝の内政と仏教興隆

推古朝の政治

推古朝の政治の性格は、どのように考えるのがいいのだろうか。問題になるのは、厩戸皇子（聖徳太子）と蘇我氏の関係である。『日本書紀』に「厩戸豊聡耳皇子を立てて、皇太子とす。仍りて録摂政らしむ。万機を以て悉くに委ぬ」と記されている。そのため、一部に「聖徳太子の政治」と捉える向きもあるが、正しいのであろうか。

推古朝を考察する史料として、『上宮聖徳法王帝説』（平安時代中期に集大成）がある。この書は、名前のとおり、厩戸皇子の伝記的性格を持っている。そこには、「少治田宮御宇天皇の世に、上宮厩戸豊聡耳命、島大臣と共に天下の政を輔けて、三宝を興し隆にす。元興と四天皇との等き寺を起つ。爵十二級を制る」とみえる。伝記であるので、厩戸皇子への高めの評価を配慮しなければならないが、推古天皇のもとで厩戸皇子と蘇我馬子（島大臣）とが共同で仏教（三宝）興隆策と冠位十二階制（爵十二級）を制定したと書かれている。こうした政治の意思決定の仕組みが、当時の実態であろう。蘇我氏が崇峻天皇を暗殺した政治情勢のもと、蘇我氏の権勢は揺らぐことはなかったと思われる。

この「爵十二級」とは、「徳・仁・礼・信・義・智」の六項目それぞれに「大・小」を付した冠位十二階制である。『隋書』にも「内官に十二等あり」とみえる。官人を氏の政治的地位で評価するのではなく、個人の政治的業績を考慮するシステムであり、推古朝における官司制の一定の発展と結びついていた。ただし、蘇我氏は授与する立場で、自らは冠位授与の対象ではなかった。

官司制の実態は不明であるが、『書紀』には「馬官」（推古元年条）・「寺司」（同四年条）がみえる。『書紀』以外の史料では、「大椋」（『新撰姓氏録』左京神別）や「前事奏官」「祭官」（「中臣氏本系帳」）などの官職がみえるが、信憑性は高くない。そのほか同時代史料として、「尻官」（法隆寺釈迦三尊像台座銘、辛巳年〈推古二九、六二一〉かその前後）の名称がある。これらの官司と従来の部民制との関係などについては不明であるが、「馬官」は交通制度、「寺司」は推古朝の飛鳥寺・斑鳩寺建立と関係する寺院・僧尼の管理等と関連しているだろうか。いずれにせよ、新たな官司の設置は、ヤマト王権の新たな機構の整備を意味しているだろう。

厩戸皇子が作成したという十七条憲法には、「国司」の語など後の時代の潤色がみられるが、推古朝の史料である。憲法のおもな内容は、君（王）―臣（群卿百寮、官人）―民（百姓）という三身分間の政治的関係や、社会的・道徳的規範を説いたもの。特徴として、「国に二の君非ず。民に両の主無し」（第一二条）とあるように、王の絶対的な専制性を指摘する。したがって、第一条「和なるを以て貴しとし、忤ふること無きを宗とせよ」が強調する和の精神も、国王の専制的な支配を前提とした訓戒である。

第二条「篤く三宝を敬へ。三宝とは仏・法・僧なり」の仏教への帰依は、推古朝における仏教興隆策をよく表している。また、「諸の官に任せる者、同じく職掌を知れ」（第一三条）というように、新たな「官司」制の原理にふさわしい文言もある。作成の契機としては、すでに述べたように、六〇〇年の遣隋使が隋皇帝から倭国王の政務方法を注意され、訓導されたことと関係していよう。儒教による礼制の導入は、こうした官司制の展開とも無縁ではなかろう。

推古朝の仏教興隆

推古朝には、積極的に仏教興隆策がとられた。国内で本格的な寺院建設となった飛鳥寺（法号は法興寺、図4参照）の建立は、崇峻元年（五八八）に始まった。同五年一〇月に仏堂と回廊、推古元年（五九三）正月に塔の心柱を建て、その心礎に仏舎利を納めた。同四年一一月にその塔が完成する。塔の周りに三金堂（東金堂・中金堂・西金堂）が建てられて、回廊で囲む伽藍配置。高句麗の清岩里廃寺（現平壌市）などに類例がある。現在の飛鳥寺（安居院）は中金堂の位置にあるが、飛鳥大仏には当時の頭部の目や額など一部しか残っていない。『書紀』崇峻即位前紀によれば、蘇我氏が対物部戦争の最中に勝利を祈願し、その結果建設したという。

また、厩戸皇子が建立した斑鳩寺（法号は法隆寺）の着工は、斑鳩宮に移住した推古一三年前後である。斑鳩の地は矢田丘陵の南端部にあり、飛鳥から筋違道（太子道）とよばれる斜行道路が走っている。また、富雄川を挟む反対側に、外交でも活躍した額田部氏の本拠地の額田部丘陵がある。推古女帝（額田部皇女）は、

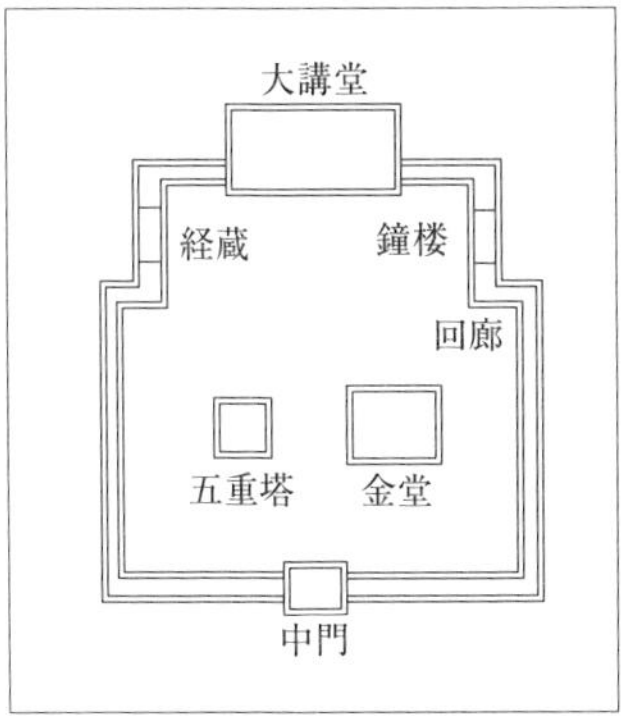

図６　現法隆寺西院伽藍配置図

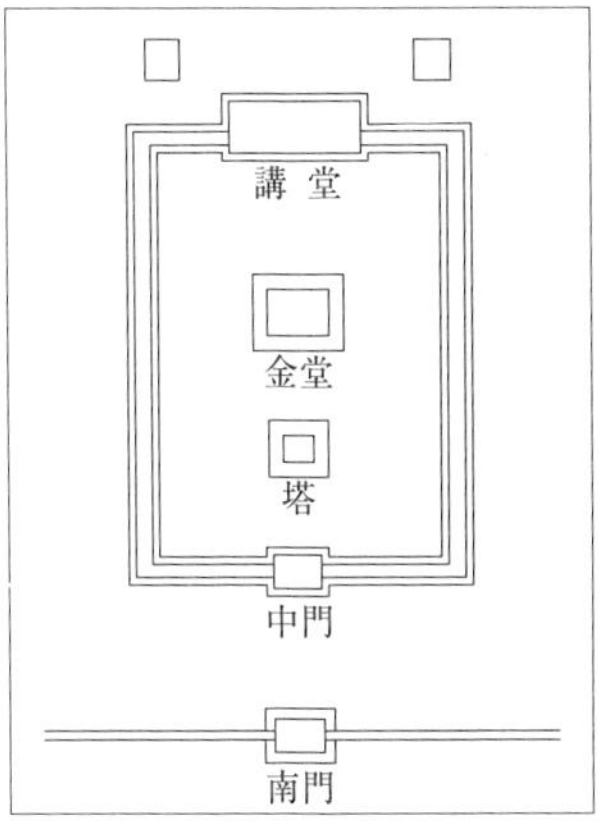

図７　四天王寺伽藍配置図

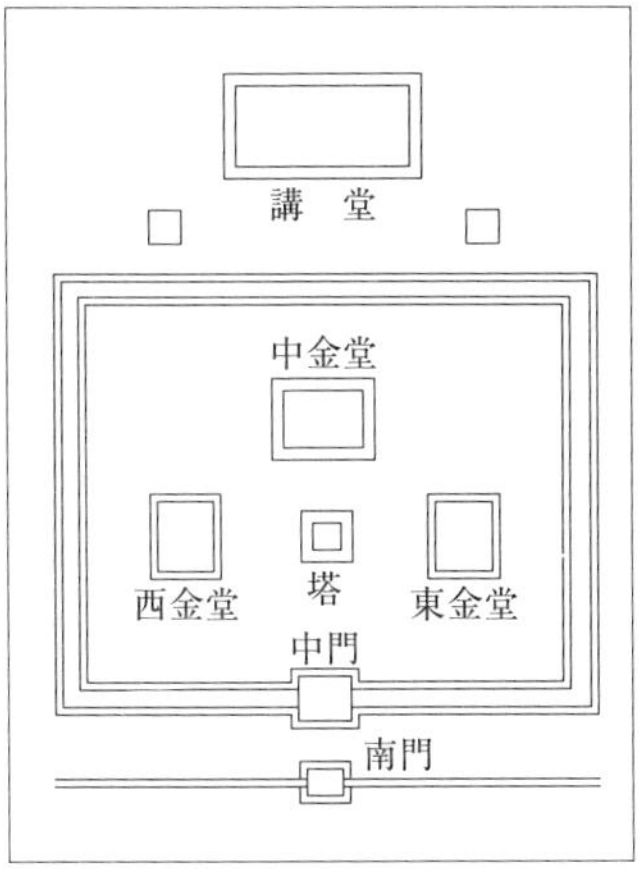

図４　飛鳥寺伽藍配置図

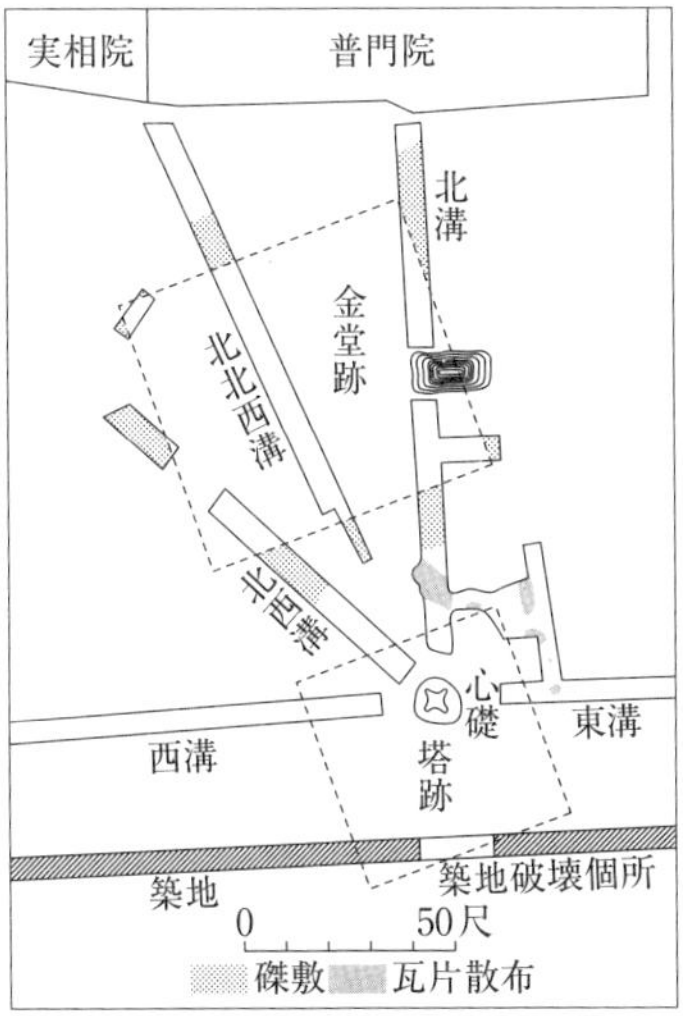

図５　斑鳩寺（若草伽藍）
伽藍配置図

この額田部氏との関係が強い。つまり、斑鳩の地は厩戸皇子と推古とに関係が強い地域であった。

斑鳩寺の遺構は、現法隆寺（西院伽藍、図6参照）ではなく、南東に位置する若草伽藍（現在は塔の心礎が残る、図5参照）である。金堂と塔が縦に並ぶ「四天王寺式」伽藍配置（図7参照）で、斑鳩宮と一体として建設された。ただし、実際は斑鳩寺の建立が四天王寺の建設より古く、本来ならば「斑鳩寺式」といわねばならない。斑鳩寺は天智九年（六七〇）四月に火災に見まわれ、現法隆寺は再建された建物となる。新しい伽藍配置は創建時の四天王寺式ではなく、法隆寺式という新タイプである。

ところで、対物部戦争で戦勝を祈願したのは、蘇我馬子だけではなかった。厩戸皇子も四天王像に祈って戦いに勝利し、四天王寺を建立した。発掘調査の結果、四天王寺の瓦は飛鳥寺や斑鳩寺より一時期新しくなり、金堂は斑鳩寺の金堂造営が一段落した後に造営されたという。また、塔は大化四年（六四八）ごろ、講堂と回廊はさらに遅れて七世紀後半に完成したといわれる。

以上のように、三寺の建立は飛鳥寺、斑鳩寺、そして四天王寺となる。これら三寺の軒丸瓦は、同じ木型の瓦笵で造られていて、その造営の順番も百済から移住した工人の工程に影響されたところが大きかった。このように、政治だけではなく、蘇我氏と厩戸皇子とは寺院建立においても密接な協力関係をもっていた。

なお、厩戸皇子は高句麗僧慧慈に師事したが、慧慈は飛鳥寺に居住していた。この面でも蘇我氏との関係が深い。厩戸皇子は法華経（ほけきょう）・勝鬘経（しょうまん）・維摩（ゆいま）経の三経義疏（さんぎょうぎそ）を撰述したといわれるが、維摩経義疏は別人の作成という。これらの経典の教義は、出家せずに在俗生活のまま仏教の理想を実現しようとするものであり、出家しなかった厩戸皇子はこれらの経典に強い関心を抱いていた。

参考文献

佐藤　信、一九九七「古代の「大臣外交」についての一考察」（村井章介・佐藤信・吉田伸之編『境界の日本史』山川出版社）
末松保和、一九四九『任那興亡史』（吉川弘文館）
田村圓澄、一九九四『飛鳥・白鳳仏教史』（吉川弘文館）
東野治之、二〇〇七『遣唐使』（岩波新書）
吉村武彦、二〇〇二『聖徳太子』（岩波新書）

2　遣隋使の国書

川本　芳昭

一　『隋書』倭国伝と『日本書紀』の記述

隋代の歴史を記した中国の歴史書『隋書』のなかに、古代日本のことを記した倭国伝がある（以下、『倭国伝』と略す）。そこに、隋の大業（たいぎょう）三年（六〇七）小野妹子（おののいもこ）が遣隋使として来朝したことを伝える記載が見えるが、『倭国伝』はそれと共に、大業三年の七年前、開皇（かいこう）二〇年（六〇〇）にも古代日本（倭国）からの使節が中国に至ったことを伝えている。

ところが、『日本書紀』推古紀（以下、『書紀』と略す）には、六〇七年の遣隋使についてはその記載が見えるが、六〇〇年の遣隋使については何ら伝えるところがないのである。この点に関しては、現在多くの研究者がこれを古代日本（倭国）からの使節であると理解する反面、一部には六〇〇年の遣隋使は、倭国からの正式の使節ではない、日本西国の豪族が派遣した私使であるなどとする理解もなされている。

ここでは、遣隋使に関わる国書（こくしょ）の問題を取り上げながら、そこに当時の東アジアの情勢を踏まえた両国間の緊迫した遣り取りのあったことを明らかにし、それを通じて六〇七年の遣隋使が六〇〇年の派遣を踏まえたものと考えられることを確認しようと思う。

二　裴世清のもたらした国書

『書紀』の記述

六〇七年七月に隋へ遣わされていた小野妹子は、翌年の八月、飛鳥の都に帰着した。そのときのことを記した『書紀』の記述によれば、小野妹子の帰国にともない、隋から倭国へやってきた隋使・裴世清は飛鳥の朝廷に召され、使いの旨を奏上させられている。そのとき倭国側の阿倍鳥臣・物部依網連抱の二名がその先導となって、裴世清を導き、隋からの信物は庭の中に置かれた。裴世清は自ら隋の煬帝の国書を持ち、二度再拝し使いの旨を言上しようと、立って国書を読み上げた。その書で煬帝は、

「皇帝は倭皇に問う。倭国からの使人の長吏・大礼の蘇因高（小野妹子の中国名）らが隋にやってきて、その思いをつぶさに述べた。朕は天の命令をつつしみ受けてこの天下に臨んでいる。皇帝の徳化を広めて、命あるものにその恩恵を及ぼそうと思っている。それらを愛で育む情は（中国から）遠い近いの隔てがあるものではない。皇は海外に介居いるけれども、民庶を撫寧じているので、国内は安楽で、風俗は融和であることを知った。（倭国王の）心ばえは至誠であるといえ、遠く朝貢を修めんとやってきた。その真心の美しさを朕はこれを嘉す。ようやく暖かとなり、こちらも常と変わりはない。故に鴻臚寺の

掌客・裴世清らを遣わして、ようやく使いのおもむきを宣べさせるとともに、別にある通り信物を送る。」

と述べる。裴世清がその国書を読み終えると、阿倍臣は進み出て、その書を受けて進み、それを大伴嚙連に渡した。書を承けた大伴嚙連はそれを大門の前に置かれた机上に置き、これを奏し、事が畢わって退いた、とされているのである。（『書紀』原文：壬子、召唐客於朝庭、令奏使旨。時阿倍鳥臣・物部依網連抱、二人為客之導者也。於是、大唐之国信物置於庭中。時使主裴世清、親持書、両度再拝、言上使旨而立之。其書曰、皇帝問倭皇。使人長吏大礼蘇因高等、至具懐。朕欽承宝命、臨仰区宇。思弘徳化、覃被含霊。愛育之情、無隔遐邇。知皇介居海表、撫寧民庶、境内安楽、風俗融和、深気至誠、遠修朝貢。丹款之美、朕有嘉焉。稍暄、比如常也。故遣鴻臚寺掌客裴世清等、稍宣往意。并送物如別。時阿倍臣出進、以受其書而進行。大伴嚙連、迎出承書、置於大門前机上而奏之。事畢而退焉。）

この『書紀』の記述によれば、このときの会見においては、

①裴世清と倭王との間に大門があり、大門の外に展開する「庭」中に裴世清と導者の二人が位置したこと。

②裴世清は導者二人より離れた倭王から最も遠いところにいたこと。

③導者の一人・阿倍臣から煬帝の国書を受け取ったのち大伴嚙連は大門に至り、国書を机上に置いたこと。

④そのあと大伴嚙連によって裴世清が「庭」中で「宣」した内容と思われる事柄が、倭王に奏上された

こと（ただし、それは内容にわたらず、「中国の使節が奏上してきております」といった程度であったのかもしれない）。

などが、わかるのである。

『倭国伝』の記述

では、『倭国伝』はこのときの事柄をどのように伝えているのであろうか。『倭国伝』によれば、裴世清は飛鳥に到着して倭王と会見するが、その際、倭王は大いに悦(よろこ)んで「私は海の西に大隋という礼儀(れいぎ)の国があると聞いた。故に使いを遣わして朝貢した。私は「夷人」（原文のママ）であり、海中の片隅にいるために礼儀というものを聞くことがなかった。そのため国内に留まって謁見できなかった。いま故に道を清め館を飾り、大使を待った。冀(ねが)わくは大国惟新(いしん)の化を聞かん。」といった。裴世清はそれに答えて、「皇帝の徳は天地にあまねく、その恵みは四海(しかい)に及ぶ。王が皇帝の化(か)を慕うが故に行人(つかい)を遣わして宣諭(のべさと)すのである。」と述べた、とあるのである。（原文：其王与清相見、大悦曰、我聞海西有大隋、礼義之国、故遣朝貢。我夷人、僻在海隅、不聞礼義。是以稽留境内、不即相見。今故清道飾館、以待大使。冀聞大国惟新之化。清答曰、皇帝徳並二儀、沢流四海。以王慕化、故遣行人来此宣諭。）

『書紀』と『倭国伝』の相違

この『倭国伝』の記載と先述の『書紀』の記載とを比較すると、同じく小野妹子の帰国後の事柄を述べたものであるにもかかわらず、両者の記載内容が大きく相違していることに気づく。最初に検討した『書紀』に載せられている煬帝の国書中に見える「倭皇」、「皇」と『倭国伝』に見える「王」の表現の相違などはその一例であるが（中国文書の慣例からすれば「倭皇」はもともと「倭王」とあったはずである）、食い違いはそればかりにとどまらないのである。いまその問題となる諸点を列挙してみよう。

①『書紀』ではまず裴世清が煬帝の国書を読み上げ、その国書が阿倍臣と大伴囓連という二人の取り次ぎを介して倭王に伝達されたとしていること。

②『書紀』では裴世清が国書を読み上げ、煬帝の国書が伝達されるが、『倭国伝』では、まず倭王の自らを夷人（夷狄）であると称する言上があり、それを受ける形で隋使裴世清の宣諭が行われていること。

③『書紀』では裴世清は庭の中で「両度再拝」し、大門のうちにある建物にいる倭王に対して使いの旨を言上しているが、『倭国伝』にはそのような言上の記述は見られないこと。

④『書紀』では、裴世清の言上のみが記載され、倭王の発言は記載されていないが、『倭国伝』では、両者の発言が記載されていること。

このほか『倭国伝』では、裴世清の来朝を倭王が「大いに悦んだ」としているが、『書紀』にはそうした記述は見当たらないなどの相違も見られる。しかし、上に挙げた①～④に見える点はその記述内容が真っ向から対立するということができる。何故ならば『倭国伝』では、裴世清は朝貢国に対する宣諭使として描かれているにもかかわらず、『書紀』の記述は、一方が殿上にひかえ、一方が前庭に立ち、こちらからの言上に取り次ぎ役を介したなど、倭王と隋からの使者・裴世清とをあたかも主従の関係にあるかのように記述されているからである。

このような記述の相違が見られるからには、いずれかの記述に誤り、ないしは改竄が含まれていると考えられる。では事実はどうであったのであろうか。

六〇七年当時、隋はほぼ四〇〇年に及ぶ魏晋南北朝時代の混乱を終息させ、中国統一を達成、また初代皇帝・楊堅の善政も手伝って、その国力は極めて盛んなものがあった。その勢力に対抗しうる勢力は当時ユーラシアにまたがる大帝国を建国していた突厥のみであったといっても言い過ぎではないであろう。しかし六〇七年の時点における隋はそのように強大な突厥さえ隋の臣と称せしめていたのである（『隋書』突厥伝）。

一方、唐の時代の歴史を記した『旧唐書』の倭国伝には、裴世清来朝からおよそ二〇年後の貞観五年（六三一）のこととして、倭国に至った唐の使節・高表仁が「礼」の問題で倭国と争い、朝命を宣べることなく帰国したと伝えている。（原文：貞観五年、遣使献方物。太宗矜其道遠、勅所司無令歳貢。又遣新州刺史高表仁持節往撫之。表仁無綏遠之才、与王子争礼、不宣朝命而還。）これに対し『倭国伝』には、裴世清が倭王と会見した後、朝命、則ち煬帝の命令はすでに伝えたので帰国したい、と述べたと伝えている（原文：其後遣人謂其王曰、朝命既達、請即戒塗。）ということは、裴世清はその時点で、使者として朝命を伝達すること、すなわち倭王に対する「宣諭」の役割は遂行されたという認識を持っていたことになる。高表仁の場合は、後には「綏遠の才（夷狄を安んじる才）が無かった」という評価を下されることになるが（前掲『旧唐書』倭国伝）、「争礼」前の時点でそうした評価が存在したわけではなく、また、高表仁自身はこの「争礼」の時点で未だ「朝命」を伝達していないと考えていたはずである。にもかかわらず彼が「争礼」を起こしたということは、高表仁には「朝命」伝達の前段において、倭国側に何らかの「非礼」にわたる対応があったとする認識があったことがうかがえる。その際、その「非礼」とは、彼が唐使として倭国に来朝していることを考えれば、単なる使節個人に対する待遇の如何といったようなことであったとは考えがたいであろう。そこには唐の体面に関わる問題が存在していたと考えざるをえない。それ故、倭国側との間で紛糾が生じ、朝命を達することなく帰国することとなったが、『旧唐書』はそれをとらえて「綏遠の才が無かった」としているわけである。とすれば、『旧唐書』に述べられていることを意を持って汲み取れば、『旧唐書』には「高表仁は唐の体面に関わる「礼」にこだわって争いを引き起こし、結果、朝命を達せず帰国することになったが、これは高表仁に夷狄を綏撫（すいぶ）する才がなかったからであり、夷狄に対する綏撫には深慮が必要である。」ということが述べられていることになろう。

裴世清は小野妹子が隋にもたらした国書に「日出没処天子、致書日没処天子。無恙（日没するところの天子、書を日没するところの天子に致す。つつがなきや。）」とあるのを見て煬帝が悦ばず、「蛮夷書有無礼者、勿復以聞（蛮夷の書に無礼なるものあれば、また以て聞することなかれ。）」と述べたのを受けて、当時の隋と高句麗との緊張関係の存在する東北アジアの状況のもと派遣されている。よってこうした点を踏まえ、先に指摘した『書紀』と『倭国伝』に見える記述上の矛盾が何故生じているかを、できうる限り追究・確定する必要があるであろう。その際、この遣隋使に関わる『書紀』の記述内容がどの程度信頼できるものであるか、ということは是非とも検討すべき重要な問題といえよう。何故なら、『書紀』には本来、「倭王」とあるべきところを「倭皇」とするような、明らかな改竄が見られるからであり、もしそうした改竄が遣隋使関係の史料の全般に及ぶものであるならば、『書紀』の史料を根拠として遣隋使の問題を論じることは厳に慎まなければならないことになるからである。次に節を改めてこうした点について考察することにする。

三『書紀』の遣隋使関係史料の信憑性

『書紀』に見える「朝貢」「二儀」

この点について私は、やや結論的に言って、『書紀』の遣隋使関係史料には改竄の跡も見受けられるが、かなりの信憑性もまた同時に存在すると考える。

169頁で訳をつけて見たように『書紀』には煬帝の国書を伝えて、

其書曰、皇帝問倭皇。使人長吏大礼蘇因高等、至具懐。朕欽承宝命、臨仰区宇。思弘徳化、覃被含霊。愛育之情、無隔遐邇。知皇介居海表、撫寧民庶、境内安楽、風俗融和、深気至誠、遠修朝貢。丹款之美、朕有嘉焉。稍暄、比如常也。故遣鴻臚寺掌客裴世清等、稍宣往意。并送物如別。

とある。ここに見える傍線を付した「倭皇」や「皇」に改竄が見られることについてはすでに指摘したところである。しかし、さらにここで注目したいことは波線を付した箇所に見える「朝貢」という表現である。「倭王」という表現が不適当であるならば、その影響は当然、この「朝貢」という用語にも及ぶことが想定される。

『書紀』は、裴世清が「再拝」し、倭王が取り次ぎを介してその奏上を受けたとする記述などを通じて、倭王の尊貴さを示し、さらにこのときの会見場の有様を伝えて、「この時、皇子諸王諸臣は、ことごとく金の髻花を頭に着し、衣服にはみな錦紫繍織、及び五色の綾羅を用いた」とあるような壮麗さを記述することに努めている。しかし、煬帝の国書に見える「朝貢」や「倭王」などの表記に見える立場は、倭王の尊貴さを示そうとする立場とは明らかに矛盾する。「朝貢」、「倭王」の表記は、隋が倭国を朝貢国とみなし、遣隋使を朝貢使とみなしていたことを示している。つまり、『書紀』が煬帝からの国書を掲げる箇所の前後の記述において、裴世清が倭王に対して「再拝」したなどと記述する立場と、煬帝の国書に見える「朝貢」や「倭王」などの立場は明らかに矛盾するのである。にもかかわらず「朝貢」という用語がそのまま残されているということは、「倭王」を「倭皇」と改竄しているなどの問題はあるが、この『書紀』に載せられている国書が煬帝からもたらされた国書の原文を相当忠実に保存していることを示しているとされよう。

ただし、「倭皇」を「倭王」と、「皇」を「王」に訂正すればそれがそのまま、煬帝の国書の原文であったといえるかといえばそうとも断定はできない。

それは『倭国伝』には、171頁以下に訳をつけて示したように「其王与清相見、大悦曰、我聞海西有大隋、礼義之国、故遣朝貢。我夷人、僻在海隅、不聞礼義。是以稽留境内、不即相見。今故清道飾館、以待大使。冀聞大国惟新之化。清答曰、<u>皇帝徳並二儀、沢流四海。以王慕化、故遣行人来此宣諭</u>（皇帝の徳は天地にあまねく、その恵みは四海に及ぶ。王が皇帝の化を慕うが故に行人を遣わして宣諭するのである。）」とあるからである。ここに見える傍線の部分は、裴世清が隋の宣諭使として派遣され、倭王との会見の中で発したとされる発言であるからには、煬帝の国書の中に述べられていた文言そのもの、あるいはそれが踏まえられている蓋然性が極めて高い。また、そこに見える「皇帝の徳は天地にあまねく、その恵みは四海に及ぶ。王が皇帝の化を慕ったが故に行人を遣わして宣諭するのである。」という文言も『書紀』所載の国書全体の主旨と符合するのである。『倭国伝』には「二儀（にぎ）」と見える。「二儀」とは天と地、あるいは陰と陽などをいい、両儀（りょうぎ）ということもある。『書紀』に載せられた国書には「朕欽承宝命、臨仰区宇」（朕（ちん）は天の命令をつつしみ受けてこの天下に臨んでいる。）とあり、「宝命（ほうめい）」すなわち天命と、「区宇（くう）」すなわち天下というように天地を連想せしめる表現は存在する。しかし、「二儀」の語は見いだせない。これは『隋書』がもともと『書紀』のようにあったものを簡略化したということも考えられる。

いまのところ『書紀』所載の国書は原文にかなり忠実であるが、「倭王」を「倭皇」などと改竄しているほかに、原文を削ったところもあった可能性もあるとすべきであろう。

『書紀』の奇妙さ

では本章の冒頭で掲げた『書紀』の「壬子、召唐客於朝庭、令奏使旨。時阿倍鳥臣・物部依網連抱、二人為客之導者也。於是、大唐之国信物置於庭中。時使主裴世清、親持書、両度再拝、言上使旨而立之。」とする記述は当時の状況を正確に伝えているのであろうか。今までの考察で指摘したように、裴世清は、国力の充実を背景に対高句麗戦をも視野においた隋の使節として倭国に来朝した宣諭使であった。そして彼が倭国との間に高表仁のときのような「争礼」を生じることなく、小野妹子とともに隋に向けて帰国していること

は、彼が一定の使命を果たし得たことを示している。とすれば、先に指摘した『書紀』と『倭国伝』の記載の相違点、すなわち、

①『書紀』ではまず裴世清が煬帝の国書を読み上げ、その国書が導者を通じて倭王に伝達されたとしていること。

②『書紀』では裴世清が国書を読み上げ、煬帝の国書が伝達されるが、『倭国伝』では、まず倭王の自らを夷狄と称する言上があり、それを受ける形で隋使裴世清の宣諭が行われていること。

③『書紀』では裴世清は「両度再拝」し、殿上にいる倭王に対して使いの旨を言上していること。

④『書紀』では、裴世清の言上のみが記述され、倭王の発言は記述されていないが、『倭国伝』では、両者の発言が記載されていること。

について考えてみたとき、『書紀』の記述は奇妙であるといわざるをえない。なぜなら皇帝の名代として派遣された宣諭使裴世清が『書紀』に見えるように、国書を持ち二度再拝して使いの旨を言上せしめられる、といったことがあったとは考えがたいからである。さらに『書紀』によればその言上に対して倭王が応答したということもなかったようである。『倭国伝』に見えるように倭王が実際に「我夷人」などと称したとまでは考えがたいが、裴世清が帝使としての体面を保って帰国したとするならば、少なくとも倭王、ないしは倭国中枢からの何らかの発言がなされたはずである。このことは、会談の際に発せられた倭王側からの発言は現在の『書紀』には収載されていないと想定させる。つまり、『書紀』の当該箇所の記述は相当の偏向を含んでいると考えられるのである。

四　小野妹子の失書

もう一つの国書

前節では、裴世清がもたらした国書について考察したが、『書紀』によるともう一つの煬帝からの国書と思われる文書が存在した。

推古一六年（六〇八）六月、裴世清一行が難波津（なにわづ）に至ったとき、彼らをともなって倭国に帰着した小野妹子が上奏してきた。そのときのことを伝えて、『書紀』に、「妹子が上奏してきて次のように述べた。臣が帰国する際、隋の皇帝は書を臣に授けた。しかし百済を過ぎるおりに百済人がこれを掠（かす）め取った。そのためそれを奉ることができない。これを受けて群臣たちはこの件について議した。『そもそも使者というものは使いの旨を失うべきではない。それにもかかわらず、この使者は何を怠って大国からの書を失ったのか。』そこで流刑とすることになった。この時、天皇は勅を下して、『妹子には失書の罪はあるが、たやすく罪すべきではない。大国からの客がこのことを聞けば良くないであろう。』そこでこれを赦して罪しなかった。」とある。（原文：爰妹子臣奏之曰、臣参還之時、唐帝以書授臣。然経過百済国之日、百済人探以掠取。是以不得上。於是、群臣議之曰、夫使人雖死之、不失旨。是使矣何怠之、失大国之書哉。則坐流刑。時天皇勅之曰、妹子雖有失書之罪、輙不可罪。其大国客等聞之、亦不良。乃赦之不坐也。）

この小野妹子の失書については古来種々の議論があるところである。すなわち、実際に小野妹子は百済から煬帝の書を奪われたとするもの、あるいはこの小野妹子の失書は聖徳太子などの倭国中枢と小野妹子との連携のもとに行われたとするものなどである。確かに当時の国際情勢から推して、百済がこの書を略取する可能性もある。

しかし、その略取が誰によって行われたかが明らかになるほどの稚拙な行動を当時の百済がとるとも思えない。大業三年の時点で、百済は高句麗討伐を隋に請い、煬帝はそれを許して高句麗の動静をうかがわせようとさえしていた（『隋書』百済伝）。とすれば皇帝が倭国に与えた書を奪ったというような情報が隋に流れることは百済にとって利益とはならなかったであろう。また、奪われた当事者としての倭国との関係にも支障を及ぼしたはずである。

『書紀』の記載に見えるように群臣の議は一旦は流罪と決した。その議を覆（くつがえ）した天皇の勅は『書紀』によれば「小野妹子に失書の罪はあるが、たやすく罪すべきではない。（いま来朝している）大国の客らがこれを聞くこともまた良くないであろう。」とするものであった。実際、小野妹子が処罪されれば、その導きによって倭国に来朝した裴世清は訝（いぶか）しく思うかもしれない。しかし、その処罪が煬帝から倭王宛の書を奪われたことによるものであることを知れば、彼は小野妹子に対する処罪を当然のことと受け入れたであろう。量刑自体が軽いとさえ考えたかもしれない。そのような大罪を「其大国客等聞之、亦不良（大国の客らがこれを聞くこともまた良くないであろう。）」とする発言のもと、不問に付すのは奇妙である。また、この裴世清らに情報が伝わることを恐れた天皇のこの発言には「其大国客等聞之、亦不良」とあって、いわゆる「もまた（亦）」を挿入して語られている。ということは小野妹子処罪の議を覆した根拠としての「其大国客等聞之、亦不良」は小野妹子免罪の第一の根拠ではないことになる。第一の根拠はその前にある記述「妹子雖有失書之罪、輙不可罪（小野妹子に失書の罪はあるが、すぐ罪すべきではない。）」のところで語られるべきはずである。しかし、ここには何ら小野妹子免罪を正当化する根拠は記載されていない。実際に具体的な何かが語られていたのならば、「其大国客等聞之、亦不良」と同様に記載されているはずである。にもかかわらずここにはそうした記述は見られないのである。

つまり、小野妹子の免罪はその根拠が明確には示されることなく、倭王の大権の行使によって実行されたものであったことがうかがわれるのである。群臣が小野妹子失書の罪を議したことを伝えて『書紀』は「群臣議之曰、『夫使人雖死之、不失旨。是使矣何怠之、失大国之書哉。』則坐流刑。」と述べる。この箇所は「群臣議之曰、『夫使人雖死之、不失旨。是使矣何怠之、失大国之書哉。則坐流刑。』」として「則坐流刑」を群臣の議の途中経過を記したものと考えることも可能である。しかし、『書紀』の「①於是、群臣議之曰、夫使人雖死之、不失旨。是使矣何怠之、失大国之書哉。A則坐流刑。②時天皇勅之曰、妹子雖有失書之罪、輙不可罪。其大国客等聞之、亦不良。B乃赦之不坐。」とする①A、②Bの記述は対応しており、途中経過を記したものとして理解することは不可能である。つまり、小野妹子失書に関する群臣の議は「流罪」と決していたのである。その議決を倭王は根拠を明示することなく、大権を行使することによって覆したわけである。

ところで、この事件の当事者である小野妹子は、裴世清の帰国を伝えた『書紀』の記載に、「隋の使節・裴世清は帰国することになった。そこでまた小野妹子を大使となし吉士雄成（きしのおなり）を小使となし、福利（ふくり）を通事（おさ）とななし、唐客の副え役として使わした。」（原文：九月〔中略〕辛巳、唐客裴世清罷帰。則復以小野妹子臣為大使、吉士雄成為小使、福利為通事、副于唐客而遣之。）とあるように、失態を演じたにもかかわらず、再び遣隋大使に任ぜられ隋に赴いている。このことをも合わせて考えてみると、この小野妹子失書はいよいよ不可解な事件といわざるをえないであろう。よって私はこの小野妹子の失書は聖徳太子などの倭国中枢と小野妹子との緊密な連携のもとに行われたものと考えるのである。

「天子」の解釈

では何故このようなことが生じたのであろうか。次にこの点について考えてみよう。『倭国伝』に、煬帝の父・高祖文帝の開皇二〇年（六〇〇）のこととして、「倭王の姓・アメ、字はタリシヒコ、オオキミと号し、使いを遣わして闕（皇城の正門）に詣る。上、所司に其の風俗を訪わしむ。使者言う、「倭王は天を以て兄と為し、日を以て弟と為す。天が未だ明かならざる時、出でて政を聴き、跏趺し坐す。日出ずれば便ち理務を停め、我が弟に委ぬと云う」と。これに対し高祖は、「此れ太だ義理なし。」と曰う。是に於いて訓えて之を改めしむ。」（原文：倭王姓阿毎、字多利思比孤、号阿輩雞弥、遣使詣闕。上令所司訪其風俗。使者言、倭王以天為兄、以日為弟。天未明時出聴政、跏趺坐。日出便停理務、云委我弟。高祖曰、此太無義理。於是訓令改之。）とあって六〇〇年の遣隋使の際、隋の煬帝の父である文帝からの問いに答えて、倭国使が「倭国の王は天を以て兄とし、日を以て弟としている」と述べたとしている。

つまり、このときの倭国使の回答によれば、倭王は天の弟（当時の大王は推古であるので天妹とすべきか）、日の兄（姉）ということになる。中国の政治思想によると、「天子」は単に「天の子」のみを意味するのではなく、地上世界を統治せよとの天帝の命を受け、天下に君臨する皇帝そのものを意味し、「日」もまた、皇帝そのものを暗喩する用語である。また、倭王が「天の弟」ということを、中国的家族制度に基づき天子である中国皇帝の側から見れば、倭王は中国皇帝の叔父、叔母の位置に属する尊属ということになり、倭王が「日の兄」ということを「日」と暗喩される中国皇帝の立場から見れば、倭王は中国皇帝の兄ということになる。

つまり、このことが六〇〇年の遣隋使の際、文帝が「此太無義理（これははなはだ理屈の通らない話だ）」と述べた原因と考えられ、そのため先に引用したように『倭国伝』に、「於是訓令改之（ここに於いて訓えてこれを改めしむ）」と見えるような対応が文帝によって採られたと考えられるのである。

「日出ずる処の天子」の解釈

このことを念頭において、この開皇二〇年から七年後の大業三年の際の遣隋使がもたらした国書に見える「日出処天子、致書日没処天子。無恙云々」を見てみると、従来の研究ではこの国書の内容が倭国側の対等外交を求めた姿勢が示されたものとする理解が大勢であるが、一面では大業三年の遣隋使において倭国側は文帝の訓令を受けて一定の譲歩、修正を行ってきていると見ることもできるのである。何故なら大業三年の国書においては、小野妹子のもたらした国書の内容が煬帝から見たとき、どれほど不遜なものであろうとも、「日出処天子」「日没処天子」という形でいずれもが「天子」であると称しているからである。そこには開皇二〇年のときに見られたような叔父・甥や兄弟という家族的秩序を持ち出し、倭王を皇帝より上位に位置づけんとする姿勢はなくなっているからである。外交という問題の性質上、大業三年に遣隋使として中国に至った小野妹子が、その七年前の遣使の際、文帝が倭国に対して何らかの「不満」を漏らし、天弟・日兄の主張を改めるよう「訓令」したことを認識していなかったということはあり得ないであろう。

それ故、小野妹子がもたらした国書に見える「日出処天子、致書日没処天子。無恙云々」の表現は、文帝の「於是訓令改之」という下命に対する倭国側の回答の意味を持っていたと考えられるのである。

よく知られているように『倭国伝』によれば、小野妹子のもたらした国書を見た煬帝は、「覧之不悦、謂鴻臚卿曰、蛮夷書有無礼者、勿復以聞（之を覧て悦ばず、鴻臚卿に謂いて曰く、蛮夷の書に無礼なるもの有れば、また以て聞すること勿かれ）」と述べたとされるが、この状況は、開皇二〇年の遣隋使との問答をへて、それに対してその不合理さを指摘した文帝の場合と似通っている。文帝の場合はその不合理さを改めるよう「訓令」している。文帝がその「訓令」を文書の形で倭国使に手交したのか否かは定かではない。先に述べたように裴世清がもたらした国書が宣諭を目指したものであったことはうかがわれるが、そこには「訓令」を示した文言は見あたらない。

『倭国伝』によれば、文帝は倭国使の回答に対して「此太無義理」と述べている。煬帝は「覧之不悦、謂鴻臚卿曰、蛮夷書有無礼者、勿復以聞」とあってあからさまに不快の念を表明している。文帝と煬帝の場合を比較した場合、その不快の表明は煬帝の方が強くなされているといえよう。ではこの煬帝の「不快の念」はどのように倭国へと伝達されたのであろうか。小野妹子のときの場合、ことが煬帝から倭国へ送られた返書であるからには、そもそもその伝達が遣隋使に対してのみにとどめられる、あるいは倭国中枢への伝達を要しない性格のものであったとは到底考え難い。文帝のときの場合は、具体的な事柄は不明であるが「訓令」という形で伝達が実行されたことがうかがえる。ただし、文帝のときの場合、裴世清のような隋からの官人派遣は行われていない。行われなかったと断言することはできないが、もし行われていたのであれば、必ずや日本あるいは中国のいずれかの書にそのことが記載されたはずである。大業三年の場合は、隋使裴世清の派遣がなされた。しかしそのもたらした国書に「訓令」をうかがわせる文言は見いだせないのである。

とすれば、小野妹子が帰国の際、煬帝から授けられた書とはその訓令書であったと考えざるをえないのではあるまいか。もしこの小野妹子にもたらされた煬帝の書の中に訓令のことが何ら記されていなかったとすれば、そもそも何故煬帝が裴世清と小野妹子との各々に国書を付託したのかという理由が極めて不可解なものとなる。唯一、国書の紛失を恐れ、同一の文書を本国の使節と交渉国から派遣された使節との両名のものに預けるということが想定されるが、中国の外交においてこのようなことが行われた事例を私は寡聞にして知らない。よってこうした想定が実際にあったとは考えがたい。つまり、裴世清と小野妹子のもたらした文書の内容は異なっていたと考えられる。異なっていたとすれば小野妹子の授けられた書は「訓令」の内容を含んでいたと考えられるのである。

『書紀』によればその小野妹子の書が百済によって奪われたという。このことについては先に述べたように種々の説があるが、いまはその詳細には立ち入らない。百済によって奪われたという説も成り立ちうるであろうし、小野妹子や倭国の中枢がその書を破棄したということも考えられるであろう。ただし、煬帝が小野妹子に授けた書にいかなる内容のことがかかれていたのかということについて、小野妹子が関知していないということはあり得ないであろう。また、小野妹子がその書の内容を知っていたならば、小野妹子は使節の使命として当然そのことを何らかの形で倭国中枢に伝達したはずであるから、倭国中枢もまたそのことを知ることになったであろう。そうでなければ、小野妹子失書についての群臣の決定をへた議を覆し、小野妹子を赦免しその後、遣隋大使として再度派遣するという処置が採られるということはまず考え難いこととされるであろう。聖徳太子や推古天皇などの倭国中枢は小野妹子が失ったとされる煬帝からの書の内容が隋からの「訓令」にわたるものであったことを必ずや認識していたと考えられるのである。

五　東天皇と西の皇帝

中国史家として著名な堀敏一氏は、かつて『書紀』に、裴世清帰国の際のことを記して、「九月（中略）辛巳、唐客裴世清罷帰。則復以小野妹子為大使。吉士雄成小使。福利為通事。副于唐客、而遣之。爰天皇聘唐帝。其辞曰、東天皇敬白西皇帝。使人鴻臚寺掌客裴世清等至、久憶方解。季秋薄冷、尊如何。想清悆。此即如常。今遣大礼蘇因高、大礼乎那利等往。謹白不具。」とある記載に見える国書について種々考察を加えられ、ここに「謹白」の表現が見えることなどからこの国書で倭王は隋の皇帝を先輩か兄に見立てているとされ、さらに「天皇」という用語はまず外交文書で使われはじめ、従来の大王あるいはオオキミと併用されながら国内で通用するようになったのではないか、そして、やがて律令の中で天皇号として定着するようになった、とする見解を述べられている（堀敏一、一九九八）。

私は氏のこの見解に賛同する者であるが、これまでの考察とこの見解とを接合させれば、当初、「天弟、日兄」の立場をとった倭国は、文帝の「訓令」を受け、「日出処天子」という表現を和らげた隋の天子と対等の称号をなのった。しかしその後再び今度は煬帝から「訓令」を受け、それを受ける形で「謹白」などの表現を用い、隋の皇帝を先輩か兄に見立てこの問題を処理しようとした、その過程で天皇の用語がもちいられたということになる。

その際、倭国が一定の譲歩を示しつつも、一貫して強い自己主張を貫いていることは注目するに値する。こうした自己主張は倭の五王のときに始まると考えられる治天下大王の用法などにも見られ、遣隋使段階の天子や天皇号の採用は、そうした倭の五王以来の倭国王権の展開の行き着いたところに生じたものであるといえる。私はかつて古代日本におけるこうした天下・中華意識が中国の政治思想の受容とともに形成されたものであること、そしてそうした動きは日本において創始されたわけではなく、中国の魏晋南北朝期の華北における非漢民族国家や朝鮮における高句麗などにもすでに生じていたものであることなどを指摘したことがあるが（川本芳昭、二〇〇二）、本章で考察した倭国と隋との間の交渉の実態を踏まえるとき、倭国は真に邪馬台国や倭の五王の時代などに中国の「朝貢国」となったという意識をもったのであろうかという疑念を懐く。

確かに、漢委奴国王印を受けた奴国を持ち出すまでもなく、古代日本における倭国の王は、卑弥呼の親魏倭王の称号と金印、倭の五王が南朝から受けた官職や王号、あるいは倭の五王最後の王・倭王武が南朝宋の最後の皇帝・順帝に対して奉った国書の中で、自ら中国皇帝の「臣」と表記しているなど、倭の五王の段階まで中国王朝の冊封国であるとの立場を採っている。しかし、この遣隋使段階における倭国の自己主張の強さをみるとき、古代日本の政権中枢にいた人々にとって、中国に「朝貢する」と言うことはそのときそのときの時代状況に対応した方策といった面をもっていたのではないかという感を懐くのである。

こうした考え方は、古代日本は、中国の冊封体制に入ることによって中国の思想や文物を取り入れつつ、魏晋南北朝期における中国の混乱に乗じて政治的独立を推し進め、最終的に天皇制に基づく律令制国家を完成した、にもかかわらず日本側は遣唐使が実質的には朝貢使であることを認めていたとする従来の研究の立場と矛盾するものではないが、微妙に齟齬するところもある。こうした点についての一層の解明は今後の課題としたいと思う。

参考文献

大津　透、一九九九『古代の天皇制』（岩波書店）
川本芳昭、二〇〇二「漢唐間における「新」中華意識の形成―古代日本・朝鮮と中国との関連をめぐって―」（『九州大学東洋史論集』三〇）
熊谷公男、二〇〇一『大王から天皇へ』（『日本の歴史』03　講談社）
――――、二〇〇五『中華の崩壊と拡大―魏晋南北朝』（『中国の歴史』五、講談社）
西嶋定生、一九八七「遣隋使と国書問題」（『学士会会報』七七六）
直木孝次郎、一九六五『日本の歴史』二（中央公論社）
堀　敏一、一九九三『中国と古代東アジア世界』（岩波書店）

――――、一九九八『東アジアのなかの古代日本』（研文出版）
増村　宏、一九八八『遣唐使の研究』（同朋舎出版）
李　成市、一九九八『古代東アジアの民族と国家』（岩波書店）

3　遣隋使と飛鳥の諸宮

林部　均

はじめに

『隋書』によると隋の文帝の開皇二〇年（六〇〇）、倭国は遣隋使を派遣した。五世紀の倭の五王による遣使以来、約一〇〇年ぶりに中国に派遣する外交使節であった。しかし、このときの遣隋使は、なぜか中国側の史書である『隋書』に記録があるのみで、日本側の『日本書紀』（以下『書紀』とする）などには一切、記事がみられない。『隋書』に記された内容をみるかぎり、記録するにはしのび難い内容であったのであろう。そして、推古一五年（六〇七＝煬帝の大業三年）に小野妹子を代表とする遣隋使が再び派遣される。この間に、倭国では、推古一一年（六〇三）に冠位十二階、その翌年（六〇四）に十七条の憲法が制定されるなど、東アジアの国際秩序や政治システムに対応すべく様々な政治改革がおこなわれる。開皇二〇年（六〇〇）の遣隋使が、中国でいかに強い衝撃を受けたのかがわかる。そして、これが律令国家として結実する新しい国づくりへのスタートとなった。

そこで、ここでは、遣隋使・遣唐使が中国で何をみたのかということに視点をおき、そして、それを持ち帰り、どのようなかたちで実現したのか、もしくは、できなかったのかということについて、とくに飛鳥時代の王宮・王都（宮都）をとりあげて検討を加えてみたい。

また、推古一六年、隋の使者として裴世清（はいせいせい）が推古の王宮である小墾田宮（おはりだのみや）を訪れ、外交儀礼（賓礼（ひんれい））がおこなわれる。このことは『書紀』に詳しく記されている。このことにかかわって、飛鳥宮において儀礼空間がどのように復元できるのかを、近年の発掘調査の成果から具体的に検討を加えてみたい。

一　豊浦宮と小墾田宮——推古朝の王宮

豊浦宮と小墾田宮

推古は崇峻五年（五九二）一二月、豊浦宮（とゆらのみや）で即位した。豊浦宮は奈良県高市（たかいち）郡明日香村豊浦にあったといわれる（図1参照）。推古以前の六世紀のヤマト王権の大王の王宮は、磯城（しき）・磐余（いわれ）地域（奈良県桜井市南部一帯）に存在したので、飛鳥・藤原地域に最初に営まれた王宮となる。豊浦宮と推定される遺構は、向原（こうげん）寺の庫裏（くり）建て替えにともなう発掘調査で豊浦寺の講堂基壇の下層から、北で西に約三〇度振れた総柱の掘立柱建物の一部と石敷、バラス敷が検出されている（図2参照）。

『元興寺伽藍縁起幷流記資財帳（がんごうじがらんえんぎならびにるきしざいちょう）』や『日本三代実録』元慶六年（八八二）八月二三日条に引かれた太政官符によると、推古の旧宮（豊浦宮）を豊浦寺としたとある。また、建物の周囲を玉石やバラスで敷くという手

図１　飛鳥の諸宮

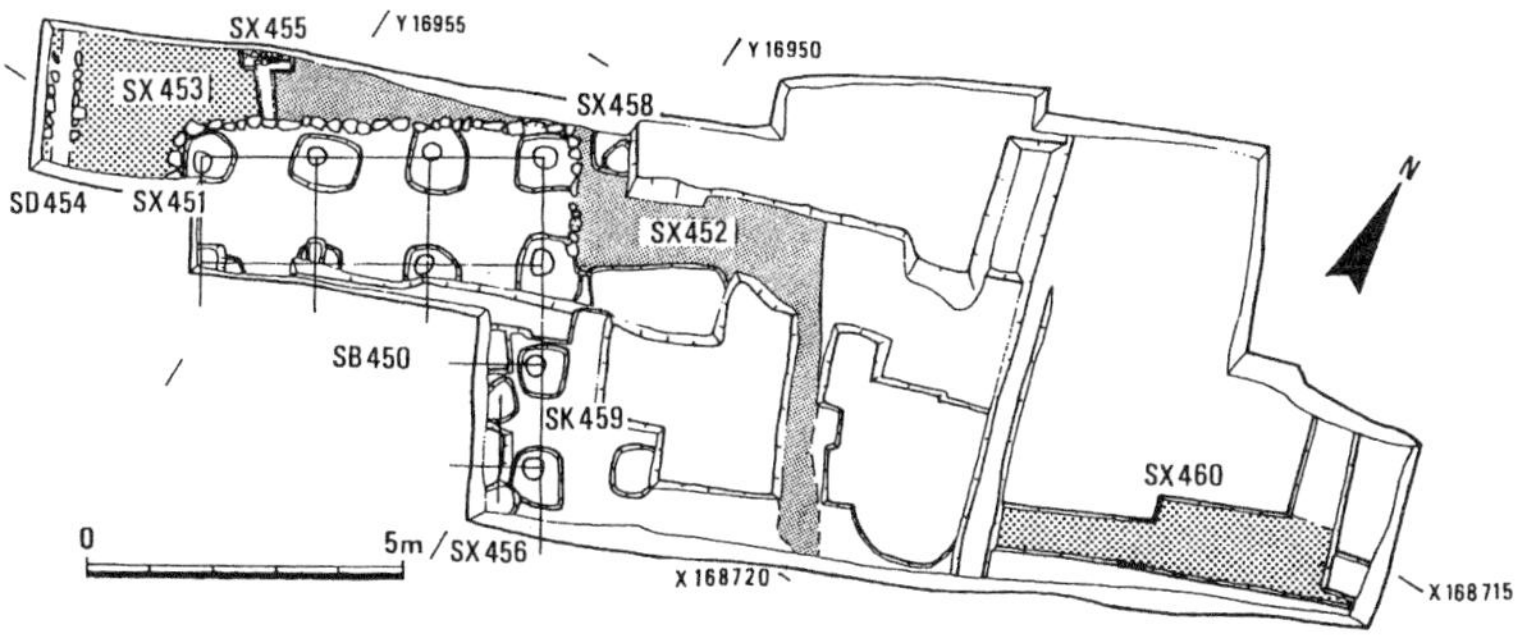

図2　豊浦寺下層遺構

法は、飛鳥の宮殿遺構の特徴と共通しており、出土した土器の年代にもとくに矛盾はないので、豊浦宮の一部である可能性は高い。しかし、検出された遺構は、ごく限られており、その建物配置などを復元することは困難である。

いずれにしても、豊浦宮は西から甘樫丘（あまかしのおか）、東からは飛鳥川が迫った狭隘の地に位置しており、それほど大きな王宮であったとは考えられない（図3参照）。また、検出された建物も、そのような地形条件に制約されて北で西に大きく振れている。おそらく、推古が即位前から住んでいた王宮をそのまま利用したものであろう。開皇二〇年（六〇〇）の遣隋使は、推古が直接、外交にかかわっていたとするならば、この王宮の時代に派遣されたことになる。

推古はその一一年（六〇三）、豊浦宮から小墾田宮に遷る。推古が造営した最初の本格的な王宮である。小墾田宮にかかわる遺構は、今のところ明確なかたちでは確認されていない。かつては、飛鳥川西岸の明日香村豊浦の北方に位置する古宮（ふるみや）土壇一帯（古宮遺跡）が、その有力な候補地であった。また、発掘調査でも、飛鳥時代前半の建物や石組溝、苑池（えんち）の遺構がみつかっていた（図3参照）。

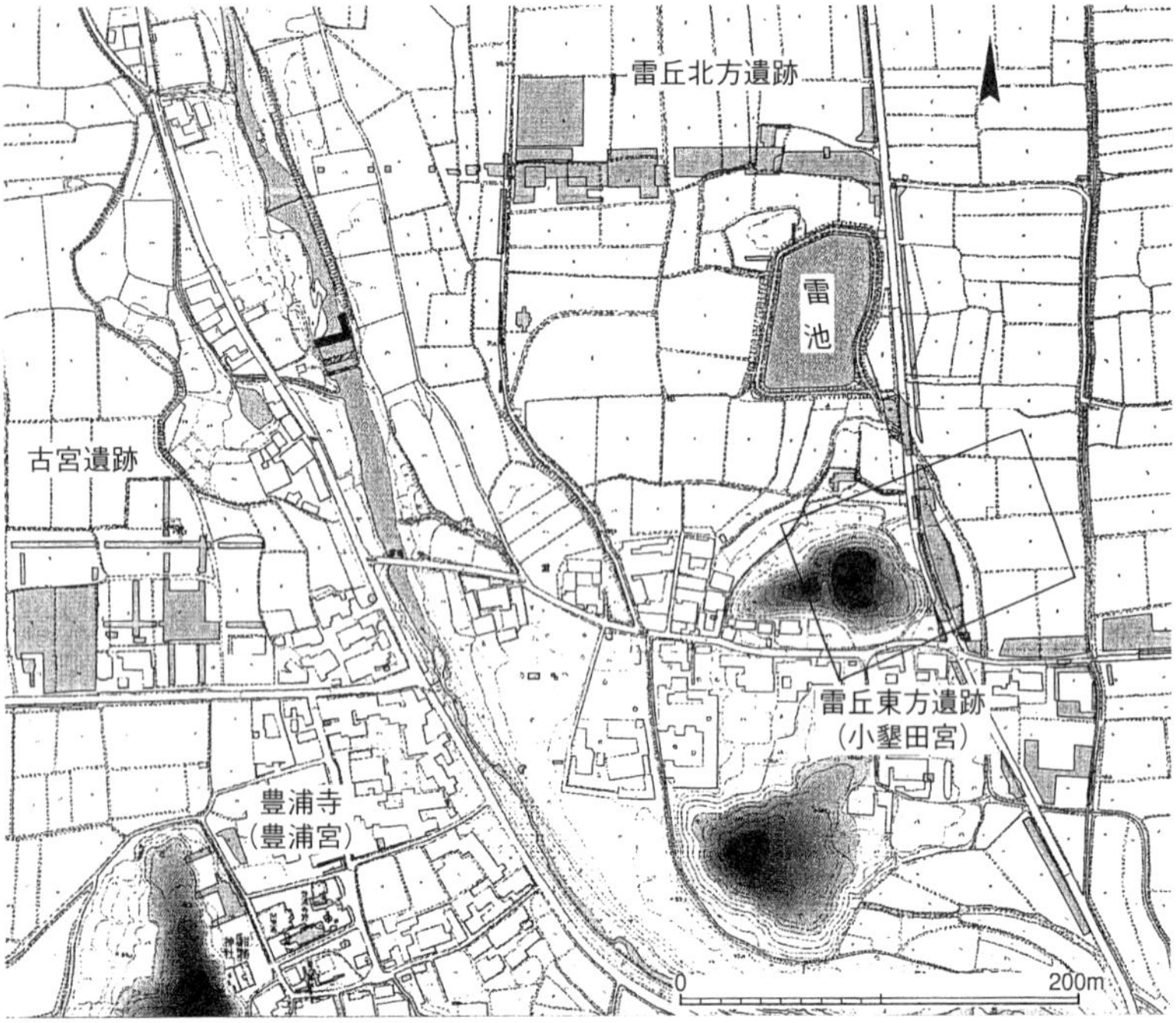

図3　豊浦宮と小墾田宮

しかし、一九八七年、飛鳥川の東岸の雷丘（いかずちのおか）東方遺跡において、平安時代の井戸からではあるが、「小治田宮」と書かれた墨書土器がまとまって出土するに至って、飛鳥川東岸の明日香村雷の一帯がにわかにその有力な候補地となった（図3・図4参照）。たとえ平安時代のものであれ「小治田宮」と書かれた墨書土器が出土した以上、その出土した井戸は、小治田宮にかかわるものとみるのが自然であり、少なくとも、奈良・平安時代の小治田宮は、雷丘東方遺跡の一帯にあったとみなくてはならなくなった。そこで、飛鳥時代の小墾田宮についても、建物など明確な遺構は確認されていないが、ほぼ同じ場所にあったとみるのが適切である。

小墾田宮について、考古学の立場から現

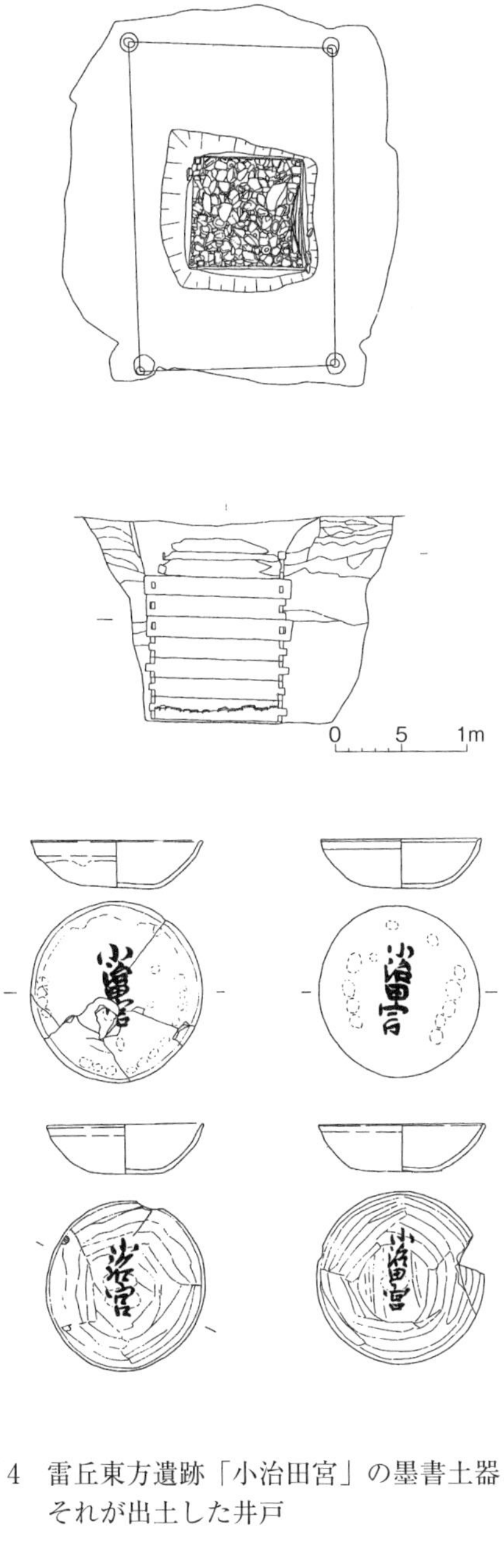

図４　雷丘東方遺跡「小治田宮」の墨書土器と
それが出土した井戸

段階において確実にいえることは、その位置がほぼ明らかとなりつつあること、および、その場所で断片的ではあるが、飛鳥時代前半に遡り得る遺構がみつかりつつあるということである。

小墾田宮の構造

ところで、小墾田宮は、『書紀』にその構造にかかわって、手がかりとなる記事がある。推古が小墾田宮に遷るのは、推古一一年（六〇三）、そして、その翌年、『書紀』には、「朝礼を改む」という記事がみられ、宮門の出入りにあたっての礼儀作法が改定されているので、小墾田宮は、これまでの王宮の構造とは異なった、斬新かつ画期的な王宮であった可能性がある。ここでは、その構造について、『書紀』をもとに復元してみよう。

『書紀』推古一六年（六〇八）八月壬子条は、隋から使者を小墾田宮に迎えての儀式のようすを記したもので、隋の使者裴世清は導者の阿倍鳥臣・物部依網連抱に導かれて王宮の「庭中」に入り、隋の皇帝からの親書をもって使いの旨を言上した。そして、その親書を阿倍鳥臣が受け取り、さらに大伴囓連に渡し「大門」の前の「机」にそれを置いて奏上したというもので、王宮には「庭中」があり、そこで外交儀礼がおこなわれたことがわかる。そして、「庭中」の奥には「大門」があった。「大門」の前の「机」に親書を置いて奏上しているので、「大門」の奥にさらに大王の空間があったと考えるのが自然であろう。

『書紀』推古一八年（六一〇）一〇月丁酉条は、新羅と任那からの使者を迎えての儀式のようすを記したもので、新羅の使者は秦造河勝と土部連菟、任那の使者は間人連塩蓋と阿閉臣大籠に導かれて王宮の

「南門」より入って「庭中」に立つ。大伴咋連、蘇我豊浦蝦夷臣、坂本糠手臣、阿倍鳥子臣が「位」より起って「庭」に伏す。使者は使いの旨を奏上し、四人の大夫はそれを大臣に取り次ぐ。大臣は「位」より起って「庁」の前でそれを聞くというもので、この記事から「南門」を入ったところに「庭中」があったことがわかる。ここでも「庭中」で外交儀礼がおこなわれている。そして、「庭中」には大臣の座する「庁」があった。

推古没後、欽明の孫で押坂彦人王子の子である田村王子（後の舒明）と厩戸王子の子の山背大兄王子が王位継承をめぐって争うことになるが、この事件にかかわって、『書紀』舒明即位前紀に小墾田宮の構造を知る手がかりとなる記事がある。それは山背大兄王子が推古から聞いた遺詔を述べたくだりである。

山背大兄王子は、推古が病であることを聞いて小墾田宮に駆けつけ、「門下」で待った。そうすると中臣連弥気が「禁省」から出てきて「王の命令によって喚す」という。そこで、さらに進んで「閤門」に向かう。そして、栗隈采女黒女が「庭中」に迎えて、「大殿」に引き入れる。その中には病臥する推古とその側に侍る栗下女王ら采女八人をはじめとして数十人の人たちがいたという。この記事から、小墾田宮には山背大兄王子が侍した「門下」と推古に召喚されて向かった「閤門」があったことがわかる。そして、その奥の「大殿」に推古は病臥していたのである。すなわち、小墾田宮には「大殿」を囲んだ空間があり、その周囲にさらに王宮全体を区画する施設があったことがわかる。また「閤門」は大王の居所に最も近い門であり、推古一六年八月壬子条にみられる「大門」と同じ門を指すとみるのが自然である。

このように『書紀』には、小墾田宮を復元するための手がかりとなる記述がみられる。これらをあらた

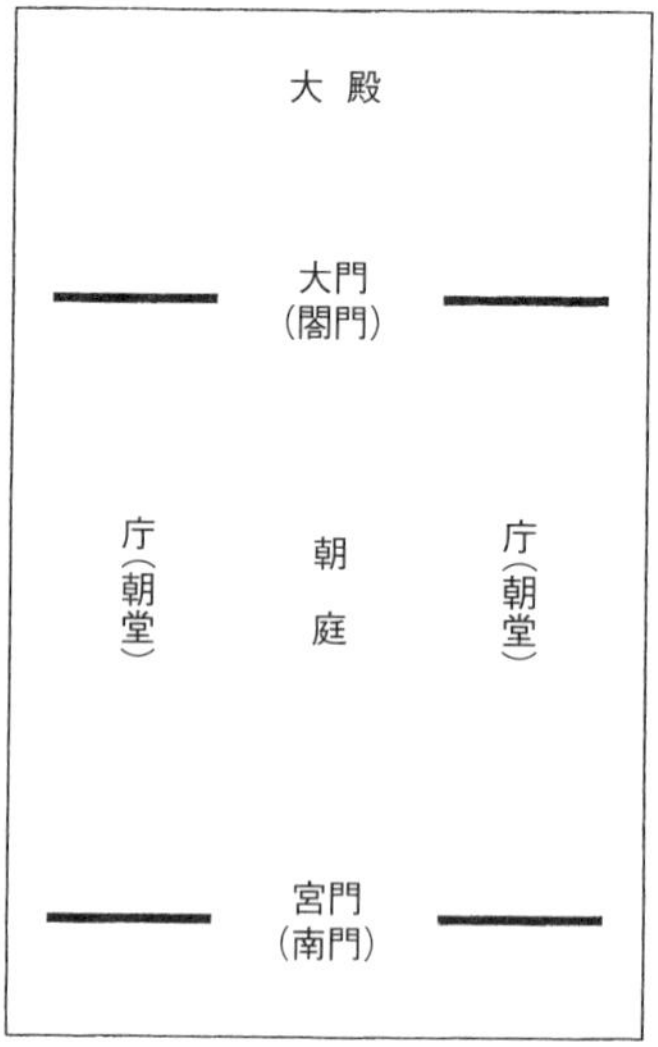

図5　小墾田宮の復元

めて整理すると、王宮は推古が病臥する「大殿」がある空間を中心として二重の区画施設によって囲まれていた。そして、その外側に開く門が「宮門」「南門」「門」で、内側の空間に開く門が「大門」「閤門」であった。そして、「南門」を入ったところには外交儀礼をおこなう「庭中」があった。また「庭中」には大臣が侍する「庁」があった。そして「庭中」の奥には「大門」があった。「大門」「閤門」の中には「大殿」があり、そこが推古の生活空間であった。

これが『書紀』から復元される小墾田宮である。大王の居する空間と、その南に儀式などをする空間があったことがわかる。こういった小墾田宮の構造を『書紀』をもとに最初に復元したのが岸俊男である（岸俊男、一九八八・一九九三）。それを図示したのが図5である。内裏と朝堂が対置される構造は、藤原宮や平城宮でもみられ、その後の王宮の中枢形態の原形として評価された。そして、『書紀』をもとにするかぎり、この形態に復元することがもっとも自然であろう。

すなわち、この記事による復元が、正しいとすると、小墾田宮では、遣隋使が持ち帰った「天子、南面す」という中国思想を取り入れ、中心となる建物を王宮の中軸線上に配置し、左右対称の建物配置を重視するという中国の王宮にならった王宮がはじめて造営されたことになる。そのため、「朝礼」という、いわば宮殿での礼儀作法が改められた。これが、従来の王宮にはみられない小墾田宮の画期的な要素のひとつであったということになる。そして、遣隋使の持ち帰った情報は、確実に王宮の形態をはじめとした儀礼全体にも大きな影響を与えていたということになる。

小墾田宮復元の問題点

しかし、問題はそう簡単ではない。『書紀』による小墾田宮にかかわって、いくつかの問題点を述べよう（林部均、二〇〇八）。

まず、推古一八年一〇月丁酉条にみられる「庭中」にあった「庁」（マツリゴトドノ）であるが、「庭中」では外交儀礼がおこなわれており、朝庭に相当する。そうすると「庁」は朝堂となる。図5では、朝庭を挟んで左右対称に「庁」が配置されていたかのような復元がなされているが、『書紀』を素直に読むかぎり、どこにも、そのようなことは書かれていない。また、一棟であったのか、二棟、もしくは、それ以上あったのかも、まったくわからない。

さらに、もう一点、これまでの研究では、小墾田宮は、『書紀』によるかぎり内裏と朝堂を南北に対置する構造の可能性がいわれてきたが、この構造が、小墾田宮以降の飛鳥時代中ごろから後半の王宮に継承されないという問題がある。おそらく、朝堂そのものがなくなることはないと思われるが、図5にみるような、同じかたちや配置をとる朝堂が継承されない事実は重くみなくてはならない。少なくとも、後に述べる飛鳥宮Ⅱ期遺構（飛鳥板蓋宮）、飛鳥宮Ⅲ－A期遺構（後飛鳥岡本宮）・Ⅲ－B期遺構（飛鳥浄御原宮）、近江大津宮

前期難波宮
朝堂
内裏
飛鳥宮Ⅲ－A期遺構
（後飛鳥岡本宮）
近江大津宮
（錦織遺跡）
内裏
飛鳥宮Ⅲ－B期遺構
（飛鳥浄御原宮）
エビノコ郭
藤原宮
朝堂
大極殿
内裏

図6　古代宮都の変遷

には継承されていない（図6参照）。仮に遣隋使が持ち帰った情報で、王宮の構造が大きく変化し、新たな王宮が出現していたとしても、それが、後の時代に継承されないということである。これは、遣隋使を評価していくうえでも、重要な問題であろう。

これまで、小墾田宮と推定されている雷丘北方遺跡一帯では、直接、小墾田宮にかかわる遺構は検出されていないが、飛鳥時代前半に遡る遺構は、断片的ながら確認されている。それらが小墾田宮にかかわる可能性は否定できない。いまだ、その全体像は明らかではないが、それらの遺構は、その造営方位の軸線が、南北の正方位にのらないという特徴をもつ。すなわち、北で西に約二〇度前後振れた造営方位をとる。この点において、『書紀』をもとにした小墾田宮の復元と齟齬をきたす。小墾田宮において「天子、南面す」という思想がどの程度、実現されていたのか、はなはだ疑問とせざるをえない。

北で西に約二〇度振れる造営方位は、飛鳥・藤原地域の地形と深くかかわる（図7参照）。すなわち、飛鳥・藤原地域は、大まかにみて南東に高く、北西に低い地形である。こういった地形条件の中で、もっとも地形改変を少なくして最大限の土地利用をおこなおうとするならば、等高線に平行、もしくは直交する方向で建物などを造営することが望ましい。そこで、雷丘東方遺跡の一帯で検出される飛鳥時代前半の遺構の造営方位は、それに一致し、まさにこういった地形条件に制約されていたことになる。仮にこれらが小墾田宮にかかわる遺構群であるとすると、小墾田宮は地形条件に制約されて造営されたことになり、正方位をとらないことになる。まだ、この段階においては、中国の「天子、南面す」の思想とのかかわりは少なかったとみなさざるをえない。

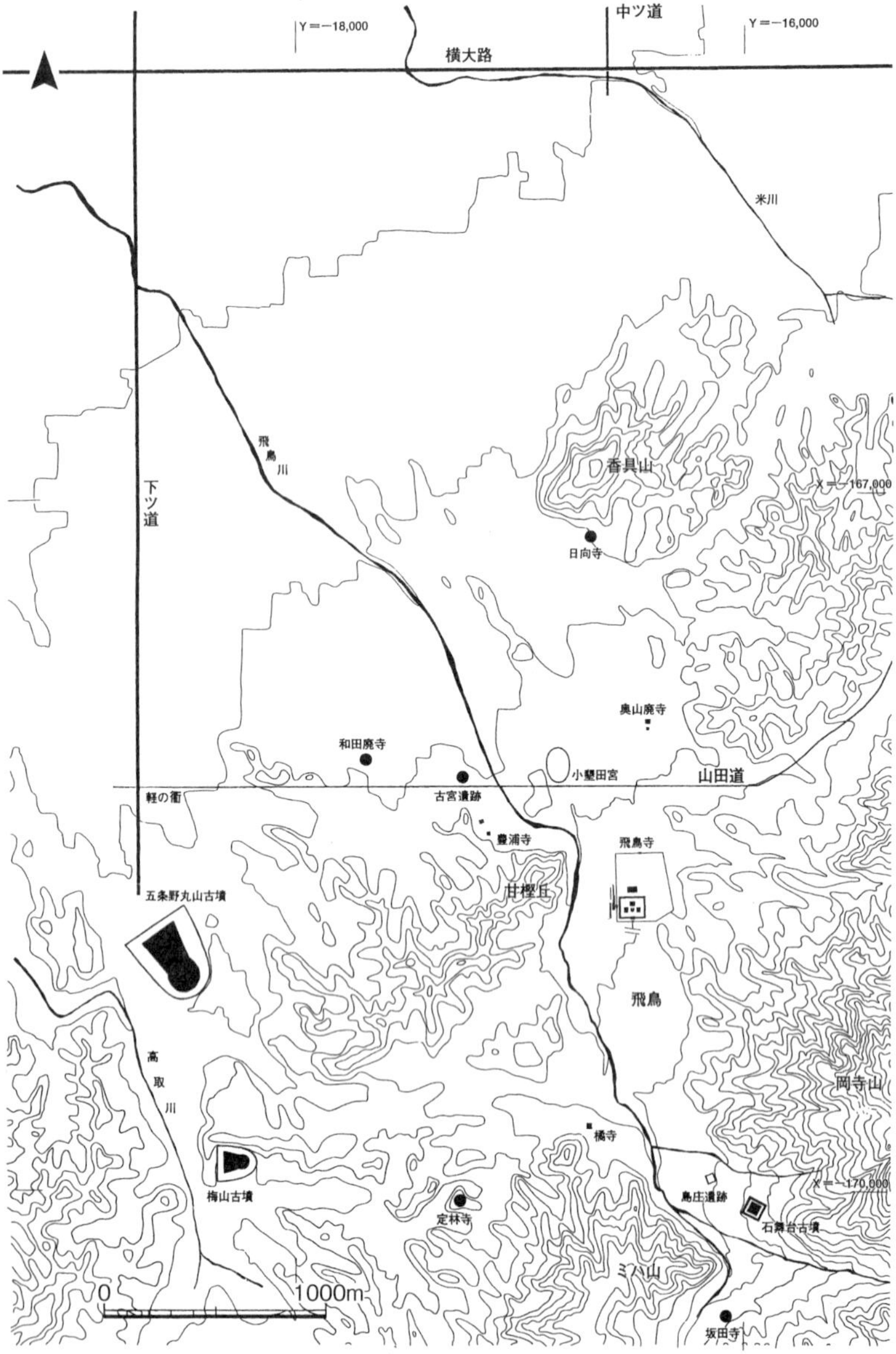

図７　推古朝の飛鳥・藤原地域

いずれにしても、『書紀』から復元される小墾田宮は岸俊男による復元が妥当であるが、近年の発掘調査の成果は、それが単純に成立するものではないことを示している。

小墾田宮の形態に、どの程度、中国の王宮の影響がみられるかは、遣隋使の評価とも深くかかわることはいうまでもない。『書紀』にみえる記述を信頼するかぎりにおいては、小墾田宮は画期的な構造をした王宮であったことはまちがいない。また、推古一二年（六〇四）の「朝礼を改む」の記事からも従来の王宮とは異なった形態であったことは誤りない。しかし、近年の考古学の発掘調査の成果を重視するかぎりにおいては、『書紀』をもとにした従来の復元には少なからず問題があるといえよう。

この問題について、積極的に検討を加えていくためには、六世紀の磯城・磐余地域の王宮を発掘調査で明らかにすることが、まず必要であろう。残念ながら、六世紀まで遡る王宮の確認例はないが、その中での小墾田宮のもつ画期性の検討が必要であろう。また、同時代の有力豪族の居宅との比較検討も有効な手段となる。その画期性、隔絶性が確認されれば、小墾田宮に与えた遣隋使の影響は大きかったということがいえる。さらに、発掘調査が進み、小墾田宮そのものが確認されれば、『書紀』の記述との整合性も含めて、画期的な王宮であったことが検証できるであろう。

そして、開皇二〇年（六〇〇）の遣隋使の派遣の後、推古一一年（六〇三）から翌年にかけて相次いで出された冠位十二階、十七条の憲法の制定は、東アジア社会の国際秩序に対応すべくなされた政治改革とみてよいので、小墾田宮の造営もその一環とみなさなくてはならない。そういった意味で、遣隋使の影響はあったとみなくてはならないが、そこに直接的な影響をどの程度みるかは、今後の大きな課題といえる。

Y＝−16600.0
Y＝−16500.0
Y＝−16400.0
X＝−169300.0
X＝−169400.0
X＝−169500.0
X＝−169600.0
X＝−169700.0
0
100m

図８　飛鳥宮の発掘調査

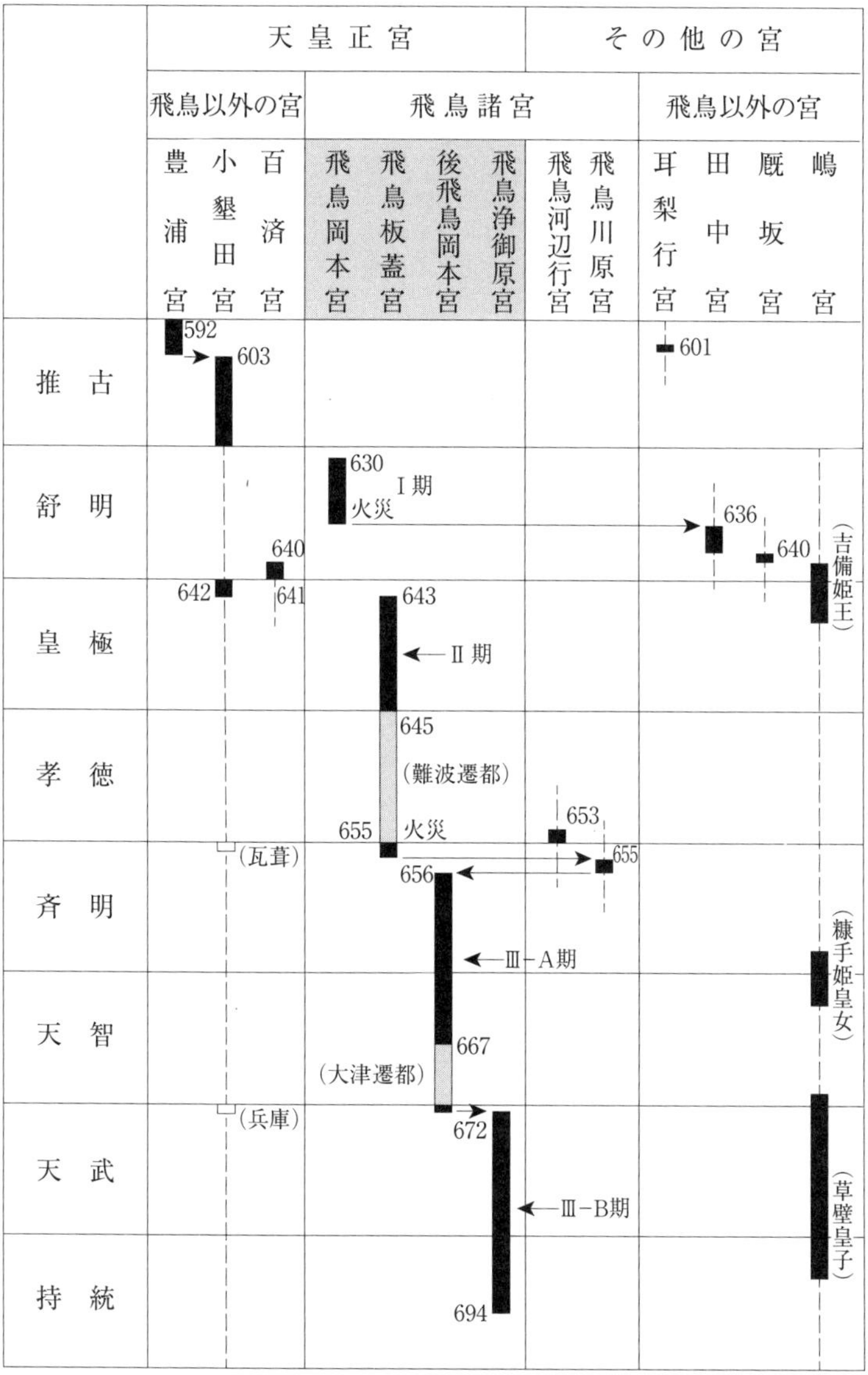

図9　飛鳥時代の王宮のうつりかわり

二　飛鳥宮の整備と中国の王宮

飛鳥宮と中国王宮

小墾田宮の実像について、ここまで述べてきた。それでは、わが国の王宮で、中国の王宮の影響（王宮造営の思想的影響）をみることができると確実にいえるようになるのは、いつからであろうか。近年、発掘調査が進んだ飛鳥宮の成果にもとづき、整理を加えたい。

飛鳥宮は奈良県高市郡明日香村岡に位置する宮殿遺跡である（図1・図8参照）。一九五九年からはじまった発掘調査で三時期の宮殿遺構が検出されている。古い順にⅠ期遺構・Ⅱ期遺構・Ⅲ期遺構と呼んでいる。近年の出土した土器や木簡の検討などにより、Ⅰ期遺構が舒明の飛鳥岡本宮（六三〇年～）、Ⅱ期遺構が皇極の飛鳥板蓋宮（六四三年～）、Ⅲ期遺構が斉明・天智の後飛鳥岡本宮（六五六年～）、天武・持統の飛鳥浄御原宮（六七二年～）であることが確定しつつある（図9参照）（小澤毅、二〇〇三・林部均、二〇〇一a）。

Ⅰ期遺構（飛鳥岡本宮）は、最も下層でみつかる遺構であり、北で西に約二〇度振れる建物群である（図10参照）。舒明の飛鳥岡本宮（六三〇年～）は、地形条件に強く制約された王宮であった。舒明の飛鳥岡本宮がこういった状況であるので、それに先行する推古の小墾田宮は、先に述べたとおり地形条件に強く制約された王宮とみるのが自然である。おそらく、建物の造営方位を正方位に向けていない可能性が強い。

飛鳥で最初に正方位を指向して造営された王宮は、飛鳥宮のⅡ期遺構である（図10参照）。すなわち、皇極

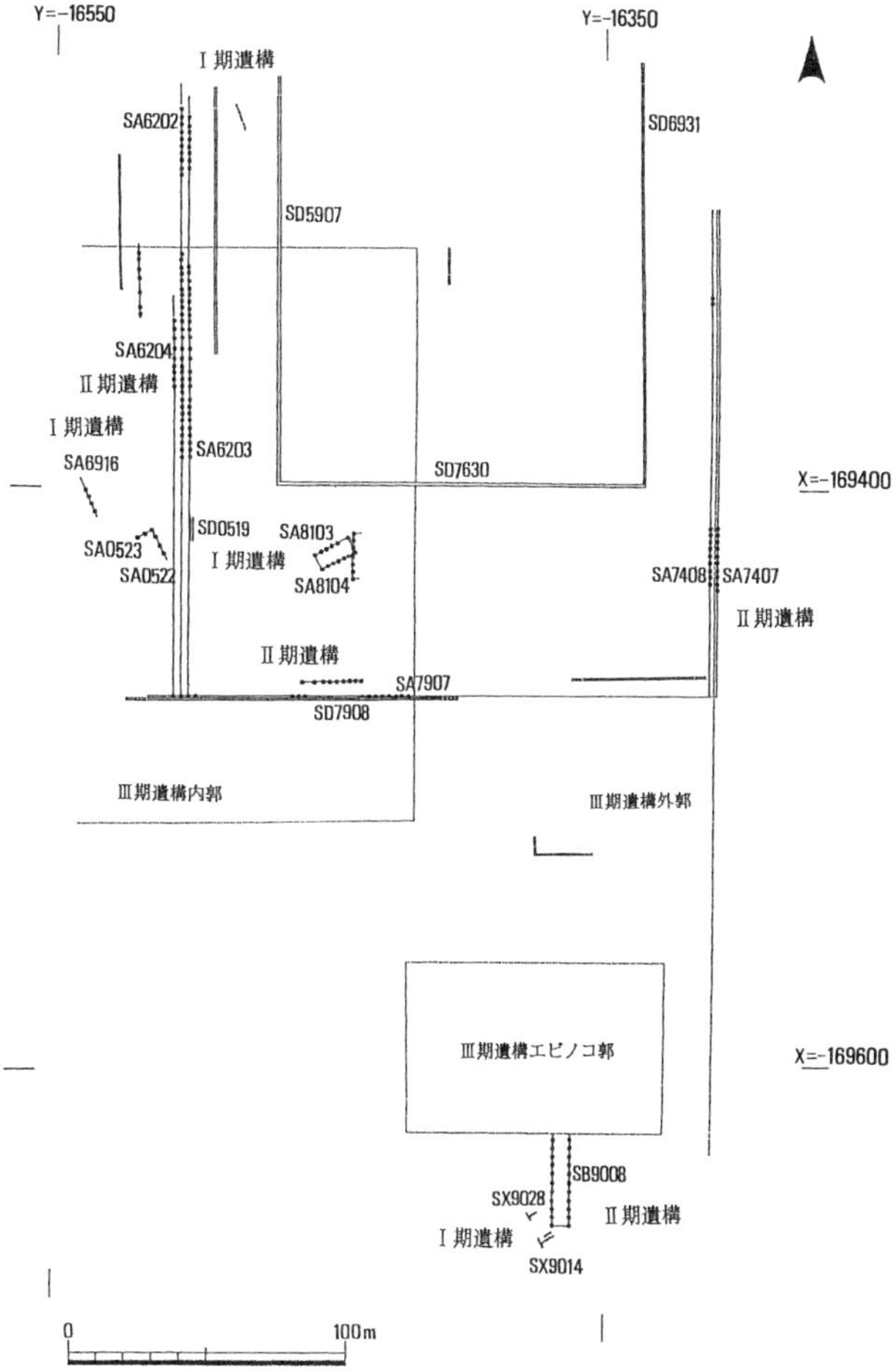

図 10　飛鳥Ⅰ期遺構・Ⅱ期遺構

の飛鳥板蓋宮（六四三年〜）である。南東から北西に傾斜した地形に大規模な土地造成をして造営された。いまだ、その構造はそれほど明らかとはなっていないが、正方位を重視した王宮がつくられた意味は大きい。私は飛鳥を支配拠点として王権が整備しようとした端緒として評価したい。そして、この段階になって、南北の軸線を重視する中国の王宮の影響が現れることになったとみたい（林部均、二〇〇三・二〇〇七a）。

そして、飛鳥宮のⅡ期遺構以降、王宮は正方位で造営されることになる。皇極四年（六四五）六月、乙巳の変の後、一二月に難波に遷都するが、難波でつくられた本格的な王宮である難波長柄豊碕宮（六五一年〜）は、大阪市中央区で発掘調査が進んでいる前期難波宮がそれに当たるが、もちろん正方位で造営され、王宮の中枢は左右対称に建物が配置されている（図6参照）。

さらに、飛鳥宮のⅢ－A期遺構、すなわち斉明・天智の後飛鳥岡本宮（六五六年〜）も正方位で造営された。また、王宮の中枢部の建物配置は左右対称であることが判明している。もちろん、近江大津宮（六六七年〜）、飛鳥宮Ⅲ－B期遺構、すなわち飛鳥浄御原宮（六七二年〜）、藤原宮（六九四年〜）も正方位である。

王宮の変化ということでは、舒明の百済宮（六三〇年〜）の様相が判然としないが、飛鳥宮のⅡ期遺構、飛鳥板蓋宮に画期を求めるのが妥当であろう（林部均、二〇〇三・二〇〇七a・二〇〇八）。そして、ここに私は中国の王宮の影響をみたい。遣隋使・遣唐使の派遣などにより、中国の王宮の構造をしりつつも、その受容のためには、まず制度の整備が進められ、それを反映させたかたちでの王宮の整備は、一時期遅れたと考えたい。

三　飛鳥宮の儀礼空間

飛鳥宮の復元

つぎに飛鳥宮で儀礼空間がどのように復元されるのかを考えてみよう（林部均、二〇〇七b）。

飛鳥宮にはⅠ期遺構・Ⅱ期遺構・Ⅲ期遺構がある。そのうちで最も新しいⅢ期遺構が、上層で検出される関係で、その構造が明らかとなっている。なお、Ⅰ期遺構・Ⅱ期遺構については、その建物配置の詳細まで復元するところまで調査が進んでおらず、儀礼空間の復元は困難である。今後の課題といえる。

Ⅲ期遺構は内郭、エビノコ郭、外郭とから構成される。内郭だけの段階がⅢ期の前半（Ⅲ-A期）で、斉明・天智の後飛鳥岡本宮（六五六年〜）、内郭はそのままで、その東南にエビノコ郭が付加された段階がⅢ期の後半（Ⅲ-B期）で、天武・持統の飛鳥浄御原宮（六七二年〜）である（図11・図12参照）。

Ⅲ期遺構の前半（Ⅲ-A期）は内郭だけの段階である（図11参照）。内郭はその南半にある東西塀SA七九〇四により南区画と北区画とに区分できる。南区画には拳大のレキが敷き詰められ、北区画には人頭大の玉石が敷き詰められる。それぞれの空間の何らかの性格の違いを反映しているのであろう（今尾文昭、二〇〇八）。

内郭はその南面中央に南門SB八〇一〇がある。内郭全体の正門である。そして、南区画には東西七間、南北四間の前殿SB七九一〇、北区画には、ともに東西八間、南北四間のSB〇三〇一・〇五〇一が配置さ

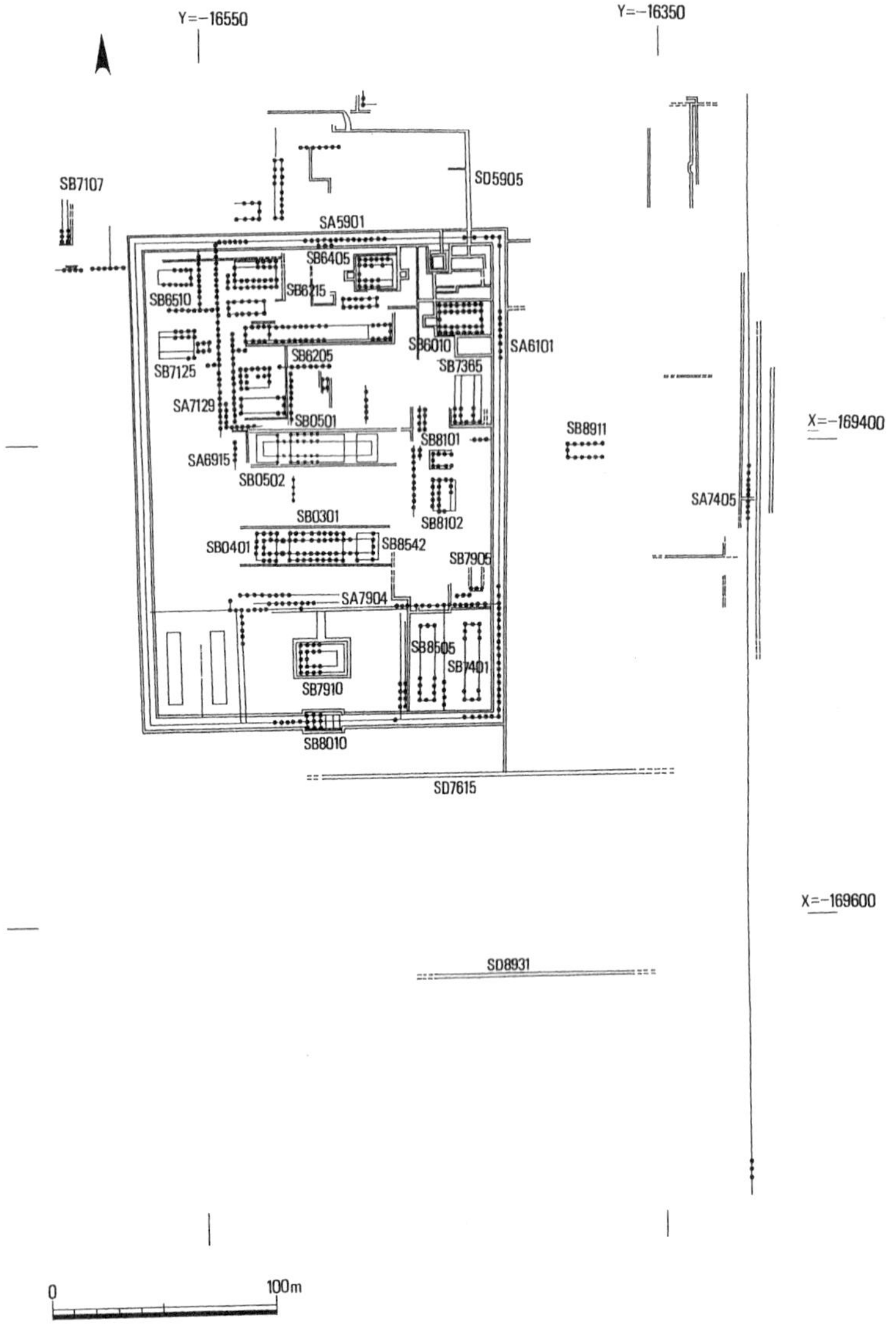

図 11　飛鳥宮Ⅲ－A 期遺構（後飛鳥岡本宮 656 年～）

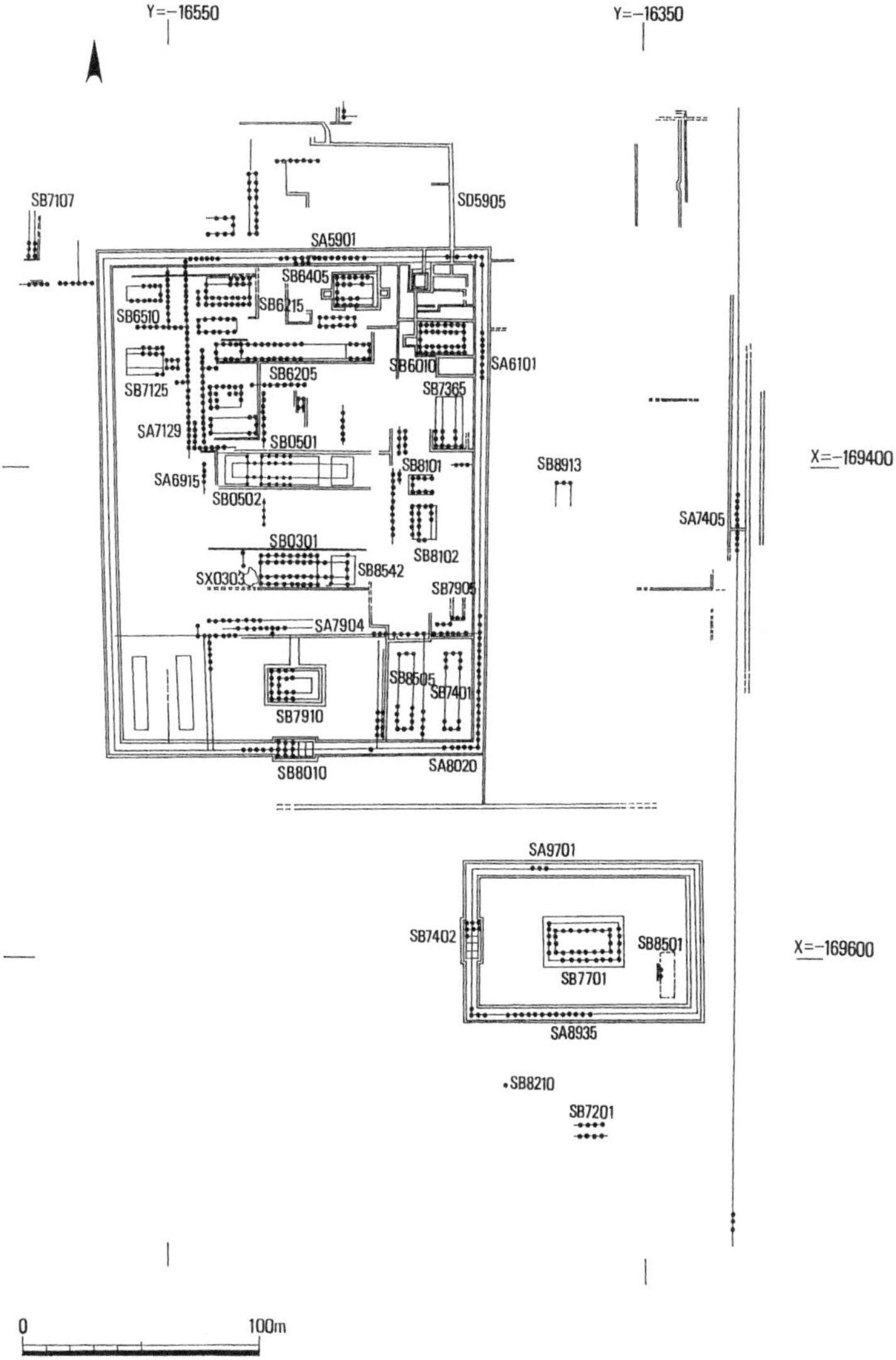

図 12　飛鳥宮Ⅲ－B 期遺構（飛鳥浄御原宮 672 年～）

れる。ＳＢ七九一〇は内郭南区画の正殿であるとともに内郭全体の正殿であった。ＳＢ〇三〇一・〇五〇一は、内郭北区画の正殿であった。

ところで、通常、正門をはいったすぐの空間には、そこに住まう人物が外部と接触する建物が配置されることが多い。さらに奥まった空間には、居住のためのスペースが確保されることが多い。すなわち、前者が公的な空間であり、後者がより私的な性格を帯びた空間とみることができる（林部均、二〇〇七ｂ）。

そうすると、内郭の南門をはいったすぐの南区画は公的な性格を帯びた空間で、北区画は、さらに奥まったところに位置することになるので私的な性格を帯びた空間とみることができる。そこで、内郭の南区画に配置された正殿ＳＢ七九一〇は、大王が北区画の居住空間から出御してきて重要な儀式をおこなう殿舎であり、南区画は、そういった大王が公的な儀式をおこなう空間であった。いっぽう、北区画は大王の居住空間となる。

Ⅲ期の前半（Ⅲ－Ａ期）は内郭南区画が、大王が重要な公的な儀式をおこなう空間であった。そして、内郭南門ＳＢ八〇一〇の前面（南）の広場（庭）は、『書紀』などにその記述はないが、ここも、大王が重要な儀式をおこなう空間であった。

大極殿の成立

Ⅲ期遺構の後半（Ⅲ－Ｂ期）はⅢ－Ａ期以来の内郭はそのままで、その東南にエビノコ郭が造営された（図12参照）。エビノコ郭には正殿ＳＢ七七〇一が配置された。東西九間、南北五間の巨大な建物である。エビノコ郭の正殿である。飛鳥宮で最大の建物である。しかし、エビノコ郭には南に門はなく、西に内郭南門と同じ規模をした西門ＳＢ七四〇一がある。エビノコ郭の正門とみてよい。すなわち、エビノコ郭は正殿が南面するにもかかわらず、空間全体としては、西を向くという変則的な形態をしていた。エビノコ郭には、拳大のレキが敷き詰められる。内郭の南区画と同様の舗装方法であるので、共通した性格をもった空間と考えたい。そして、私はエビノコ郭の正殿を『書紀』天武一〇年（六八一）にみられる「大極殿（だいごくでん）」であったと考える（小澤毅、二〇〇三・林部均、二〇〇一c・二〇〇七b）。飛鳥宮Ⅲ期遺構の後半（Ⅲ－Ｂ期）には、エビノコ郭の正殿が公的な重要な儀式をおこなう空間＝「大極殿」として新たに造営され、内郭の南区画の前殿ＳＢ七九一〇と併存することになった。その結果、飛鳥宮のⅢ期遺構後半（Ⅲ－Ｂ期）には、重要な公的な儀式をおこなう空間として、エビノコ郭と内郭南区画という二つの空間、そして、『書紀』の記述から内郭の南、エビノコ郭の西の「庭」と呼ばれた空間が復元できる。

これが近年、発掘調査で明らかとなった飛鳥時代後半の王宮の儀礼空間であった。これらの空間を使って、大王、あるいは天皇は、重要な公的な儀式をおこなった。ただ、飛鳥宮Ⅲ期遺構の時代、すなわち斉明から天智の後飛鳥岡本宮（六五六～六六六年）、天武から持統の飛鳥浄御原宮（六七二～六九四年）の時期には、中国や朝鮮半島の国々といった外国の使節が王宮の中枢に入った形跡はない。難波、もしくは筑紫で饗応している。また、蝦夷や隼人、覩貨邏人（とからじん）などの饗宴記事がみられるが、すべて飛鳥川の川辺、あるいは、飛鳥寺の西の槻の樹の広場が利用されており、直接、王宮中枢は使われていない。大宝令以降、大極殿・朝堂で天皇が出御しておこなわれたこのような外交儀礼は、王宮中枢ではおこなわれなかった。

王宮の構造がこのようなものであったため、外国使節を入れなかったのか、外国使節を入れて外交儀礼をおこなうことを想定していなかったため、このような王宮のかたちになったのかは、明らかではない。いずれにしても、飛鳥宮のⅢ期遺構には、少なくとも『書紀』から復元された小墾田宮でみられた外交儀礼をおこなうための同じかたちの朝堂空間（朝庭）は存在しなかった（朝堂そのものがなかったという意味ではない）。小墾田宮にみられた外交儀礼のための空間は、飛鳥時代後半の王宮には継承されなかったか、もしくは、かたちを変えて存在したとみざるをえない。

ところで、飛鳥宮Ⅱ期遺構（飛鳥板蓋宮）以降、飛鳥宮と難波宮は併存していた。難波宮は斉明による飛鳥への還都後も王宮として存在していた。そして、天武一二年（六八三）一二月、複都の詔が出され、飛鳥浄御原宮とともに難波宮も正宮となる。天武はこの二つの王宮をもとに新しい国家の支配システムを考えていた可能性がある。飛鳥宮は天皇が常に住まいする王宮であり、難波宮は西国支配と外交に重きをおいた、たぶんに象徴的な王宮であった。仮にこの二つの王宮に、このような役割分担があったとしたならば、飛鳥宮の構造についても、理解は容易となる。飛鳥宮では最初から外交ということがそれほど意識されていなかったため、先に述べた構造となったとも考えられる。

そして、再び、儀礼空間としての朝堂が出現するのは、持統八年（六九四）に遷宮した藤原宮である（図6参照）。しかし、藤原宮の大極殿の初見は文武二年（六九八）、朝堂の初見は大宝元年（七〇一）である。藤原宮において、大極殿・朝堂の成立が遅れることは、近年の発掘調査でも確認されている（出土木簡から大宝三年以降に朝堂院の回廊がつくられている）。それまでは、飛鳥宮の儀礼空間であった飛鳥寺の西の槻の樹の広場が使われていた。そして、大極殿に天皇が出御し、外国使節と接見する外交儀礼（賓礼）は、藤原宮の大極殿・朝堂が完成した大宝令以降におこなわれるようになった（田島公、一九八六・二〇〇五）。遣隋使の派遣から約一〇〇年、藤原宮の大極殿・朝堂において、制度を整え王宮の整備をおこない、中国式の外交儀礼が受容された。それまでは、断片的な受容、もしくは一時的な受容はあったかもしれないが、体系的かつ継続的な受容は、藤原宮の大極殿・朝堂の造営を待たなくてはならなかった。

四　遣隋使・遣唐使と王宮・王都――まとめにかえて

飛鳥の諸宮・前期難波宮と中国の王宮・王都

遣隋使・遣唐使が中国の王宮・王都で何をみたのか。そして、それをいかに実現させたのかを飛鳥の諸宮の近年の調査成果をもとに若干の整理をした。考古学からは、発掘調査でみつかった建築遺構といったことしか直接的に検討する素材はなく、また、その建築遺構、とくに建物配置も完全に明らかとなっているものは少なく、遣隋使・遣唐使の影響を日本の王宮・王都にどの程度みるかという問題には、資料的な多くの制約がともなった。

そういった資料的な制約はあるものの、豊浦宮・小墾田宮にはじまる飛鳥時代の王宮に、どの程度、中国の王宮・王都の影響がみてとれるのかを大まかに私が考えていることを述べて、まとめとしたい。

豊浦宮・小墾田宮については、すでに述べたのでここでは、繰り返さない。ただ、『書紀』から復元される小墾田宮と発掘調査から明らかとなりつつある小墾田宮の齟齬をどのように考えていくのかが、これからの課題である。

そして、中国の王宮の影響がみられるようになるのは、飛鳥宮Ⅱ期遺構、すなわち飛鳥板蓋宮とみるのが適切であろう。詳細な構造は不明であるが、造営方位を正方位に向け、南北軸の方向が意識されている。

つぎに孝徳の難波長柄豊碕宮は前期難波宮とみてよい。一般的には、前期難波宮は中国式の王宮、大陸式の王宮といわれる（中尾芳治、一九九五）。しかし、果たしてそうであろうか。

前期難波宮は内裏と朝堂から構成される（図6参照）。内裏は内裏前殿と後殿とから構成され、前者が大王にかかわる公的空間、後者が大王にかかわる私的空間といわれているが、その中にそれほど中国的要素はない。朝堂は朝庭を囲んで東西に各七堂の合計一四堂が配置される。朝堂は中国の王宮にもみられるが、これだけの数の朝堂が朝庭を囲んで配置されることはない。朝堂という名称はともかくとして、ここにも中国的な要素は少ない。むしろ、日本的な特徴があらわれているとみるべきであろう。さらに、その建築様式も、掘立柱（ほったてばしら）建物で、屋根には檜皮（ひわだ）もしくは板が葺かれた。ここにも中国建築の影響はみられない。前期難波宮は、たしかに難波にあって外交にかかわる役割を担ったかもしれないが、また、飛鳥宮などとは、その形態や規模が大きく違っていたかもしれないが、その王宮のかたちは、正方位で造営されていることや左右対称に王宮中枢が整備されていることをのぞいて、これまで強く主張されてきたほど中国的な要素はみられないと考える。

飛鳥宮のⅢ期遺構の後飛鳥岡本宮、飛鳥浄御原宮についても、すでに触れた。この王宮も正方位をとること、建物配置が左右対称であることを除くと、伝統的な王宮であった。近江大津宮（六六七年〜）も基本的に飛鳥宮と同じであった（林部均、二〇〇一c）。

藤原宮・京と中国の王宮・王都

藤原宮では北から内裏・大極殿・朝堂が配置された（図6参照）。内裏・大極殿は飛鳥宮から継承したものであり、朝堂は前期難波宮から継承したもので、それらを統合して、新たな王宮が創出された（林部均、二〇〇一d）。藤原宮は中国的な王宮の典型として考えられることが多いが、その建物配置だけから検討すると、内裏・大極殿、朝堂ともに和風の王宮からの継承であり、王宮中枢には、それほど中国的な要素はみられない。また、近年の調査では、朝堂はその第一堂をのぞいて床をもつ構造の建物であったことが明らかとなっている。これも和風の要素であろう。ただ、藤原宮から大極殿と朝堂だけは、礎石建ちの瓦葺きの建築となる。敢えていえば、この部分のみが中国的といえるかもしれない。外交儀式に必要な部分のみ荘厳、かつ中国風にするという、当時の王権の苦心のあとがみてとれる。

また、藤原宮では王宮中枢の周囲に官衙が統合されたといわれる。しかし、その配置は、中国の隋唐長安城にみられるごとく、宮城と皇城とが明確に分かれるものではなく、また、左右対称に配置されるものでもなかった。藤原宮では、王宮中枢の大極殿・朝堂は左右対称に配置されたが、その周囲の官衙は左右対称が意識されることなく、区画塀でいくつかの単位には分かれるものの、雑然と配置された。この点は隋唐長安城と大きく異なる。このことは、藤原宮そのものが単純な中国王宮の模倣ではないことを意味している。

さらに藤原宮では、はじめて条坊制が導入される。条坊制そのものは、中国の坊里制の影響のもと造営されたものとみてよいが、その構造がまったく異なる。中国では坊の周囲に坊牆がめぐり、坊の入り口には坊門が設けられていた。隋唐長安城の坊は、その周囲に坊牆がめぐる閉鎖的な空間であったが、藤原京の周囲には、そういった遮蔽施設はなく、開放的な空間であった。同じ方形の街区を導入しているとはいえ、その内実は、かなり違っていた（林部均、二〇〇五a・二〇〇八）。

このように、飛鳥時代の王宮・王都には、その建築遺構（ハード）を仔細に検討するかぎりは、中国的な要素は意外と少ない。この場合、何をもって中国的な要素とみるかという問題は残るが(1)、少なくとも、内裏は、もともと大王の居住空間（大王宮）から発展してきたものであり、朝堂もその名称はともかく、配置や空間構成は中国には例をみないものであった。飛鳥時代の王宮・王都には中国の直接的な影響は少なかったのであろうか。ただ、これは、考古学という側面からの検討（考古学では建築遺構などのハードしか残らないという資料的な制約がある）であり、制度や儀式などといったソフトの側面からの検討も無視できない。そういった分野との共同作業が今後の課題であろう。

平城宮・京と中国の王宮・王都

いっぽう、平城京では、王宮が王都の北辺中央に位置し、大極殿に唐大明宮の含元殿の影響がみられ、朱雀大路が巨大であり、王都の南東隅に五徳池（「越田池」）があるなど、明らかに模倣ともいえるほど隋唐長安城の直接的な影響がみてとれる（関野貞、一九〇七・井上和人、二〇〇五）。飛鳥時代の王宮・王都とは明らかに異なる様相である。一般的に飛鳥時代の遣隋使・遣唐使は政治的な意味合いが強かったといわれる。そして、奈良時代以降の遣唐使は、法典や文化・文物の移入の側面が強かったといわれる。もちろん、個々の遣隋使・遣唐使がもつ性格や歴史的な背景などを厳密に検討しなくてはならないとは考えるが、一般的にいわれている遣隋使・遣唐使の性格の変化ということが、王宮・王都への影響というかたちで現れているのであろうか。また、平安京にも、隋唐長安城の影響がストレートに現れているように思う。中国の王宮・王都の影響ということでは、飛鳥時代とそれ以降とでは、かなり違った様相をもつのではなかろうか。いっぽう、近年、奈良県大和郡山市の下三橋遺跡の発掘調査で、平城京の京域に再検討を迫る大きな成果が得られ、あらためて遣唐使とのかかわりが議論されている（山川均・佐藤亜聖、二〇〇六）。

それでは、どのようにして、遣唐使は、中国都城の情報を入手し持ち帰ったのか。儀式や制度、文献や文物といったソフトを持ち帰ることは比較的容易であるが、建物の構造や建物配置など、ハードにかかわる情報はどのようにして持ち帰ったのであろうか。これは、遣隋使・遣唐使が中国で何をみたかということとも大きくかかわるが、どのような方法で情報を集め、持ち帰ったのであろうか。そのメカニズムの解明が求められる。また、遣隋使・遣唐使は中国でどの程度、行動の自由が認められていたのであろうか。その中で、どれだけの情報を集められたのであろうか。実際、遣唐使の中国での行動にはかなりの規制があったといわれている。もちろん、文物などの持ち出しにも様々な制限があった（石見清裕、一九九八）。その中で、どのようにして情報をもちかえったのであろうか。

ところで、近年、井上和人氏は、平城京の造営にあたって、長安城の図面が唐王朝から下賜されたという意見を述べておられる（井上和人、二〇〇五）。当時の国際情勢を考えたとき、唐王朝は国防上の最高機密事項ともいえる王宮・王都の図面を遣唐使に与えるというようなことが、ほんとうにあったのであろうか。常識的には考えがたいことであろう。当時の唐王朝の北方には、巨大な勢力を持つ遊牧民が存在した。また、高句麗の後裔として渤海が建国していた。そのような情勢の中で長安城の図面を下賜するということは、絶対にありえないことと考える。また、遣唐使の行動がかなり厳しく規制されていたという中で遣唐使の見聞を多大に評価するのはいかがなものかと考える。

また、このような中国の情報を求めたのは日本だけではない。新羅や渤海などの東アジアの国々も、同じように中国の制度や文物、そして王宮・王都にかかわる情報を集めたに違いない。そういった東アジアの国々の遣隋使・遣唐使との比較検討も必要であろう。このような分析の中で、日本の遣隋使・遣唐使の意義や、王宮・王都のもつ特質が明らかになるであろう。

註

（1）ここでは、建物配置や空間構成、そして建物そのものの直接的な影響（模倣）を考えている。日本の王宮・王都に中国のそれの強い影響をみる意見（単純な模倣論）が強いのに対して、再検討を促す意味で、それほど単純ではないということで、このような記述をした。ただ、ここまで述べてきたとおり、飛鳥時代の王宮・王都にも中国の王宮・王都の造営にかかわる思想が反映されていることは、私も否定しない。

（2）奈良県生駒郡斑鳩町の竜田御坊山古墳という七世紀中ごろの古墳から三彩円面硯が出土している。おそらく中国からもたらされたものと推定されるが、その年代からも、遣隋使がもたらして可能性が高い。また、こういった制度や文物を遣隋使・遣唐使がどのようにもちかえったのかは、古瀬奈津子氏の研究（古瀬、二〇〇三）参照。

参考文献

井上和人、二〇〇五「東アジア古代都城の造営意義―形制の分析を通じて―」（『東南アジア考古学研究会報告』三、東アジアの都市と都城）
今尾文昭、二〇〇八「伝承飛鳥板蓋宮内郭における北と南」（『律令期陵墓の成立と都城』青木書店）
石見清裕、一九九八『唐の北方問題と国際秩序』（汲古書院）
小澤　毅、二〇〇三「伝承板蓋宮跡の発掘と飛鳥の諸宮」（『日本古代宮都構造の研究』青木書店）
岸　俊男、一九八八「朝堂の初歩的考察」（『日本古代宮都の研究』岩波書店）
――――、一九九三『日本の古代宮都』（岩波書店）
関野　貞、一九〇七『平城京及大内裏考』（東京帝国大学紀要工科　三）
田島　公、一九八六「外交と儀礼」（『まつりごとの展開』日本の古代七、中央公論社）
――――、二〇〇五「大陸・半島との往来」（『人と物の移動』列島の古代史四、岩波書店）
中尾芳治、一九九五『難波宮の研究』（吉川弘文館）
林部　均、二〇〇一ａ「『小墾田宮』の復元」（『古代宮都形成過程の研究』青木書店）
――――、二〇〇一ｂ「伝承飛鳥板蓋宮跡の年代と宮名」（『古代宮都形成過程の研究』青木書店）
――――、二〇〇一ｃ「飛鳥浄御原宮の成立」（『古代宮都形成過程の研究』青木書店）
――――、二〇〇一ｄ「藤原宮の成立」（『古代宮都形成過程の研究』青木書店）
――――、二〇〇三「飛鳥の諸宮と藤原京の成立」（『古代王権の空間支配』青木書店）
――――、二〇〇五ａ「飛鳥・藤原京の実像―「日本的」都城の成立―」（『東アジアの都市史と環境史―新しい世界へ―』中央大学）

――――、二〇〇五b「古代宮都と天命思想―飛鳥浄御原宮における大極殿の成立をめぐって―」（吉村武彦編『律令制国家と古代社会』塙書房）
――――、二〇〇七a「飛鳥の諸宮と藤原京―都城の成立―」（吉村武彦・山路直充編『都城　古代日本のシンボリズム』青木書店）
――――、二〇〇七b「飛鳥宮―大極殿の成立―」（『都城制研究集会　第一回　宮中枢の形成と展開―大極殿の成立をめぐって―』奈良女子大学）
――――、二〇〇七c「藤原京の条坊制―その実像と意義―」（『都城制研究』一　奈良女子大学二一世紀COEプログラム報告書一六）
――――、二〇〇八『飛鳥の宮と藤原京―よみがえる古代王宮―』（吉川弘文館）
古瀬奈津子、二〇〇三『遣唐使の見た中国』（吉川弘文館）
山川均・佐藤亜聖、二〇〇六「下三橋遺跡の発掘調査について」（『条里制・古代都市研究』二二）

4　遣隋使の「致書」国書と仏教

河内　春人

一　問題の所在

「致書」という文書形式

大業三年、其の王多利思比孤、遣使して朝貢す。使者曰く、「聞くならく、海西菩薩天子重ねて仏法を興すと。故に遣して朝拝し、兼ねて沙門数十人来りて仏法を学ばん。」其の国書に曰く、「日出づる処の天子、書を日没する処の天子に致す、恙無きや云云。」帝これを覧じて悦ばず、鴻臚卿に謂ひて曰く、「蛮夷の書、無礼なる者有らば、復た以て聞するなかれ」と。

右の『隋書』倭国伝によると、六〇七年の遣隋使は外交文書として君主の親書である国書を持参した。原文ではその書き出しに「致書」とある。これが文書形式としては対等関係を示すものであることはこれまでに重ねて論じられてきたことは周知のことである。特に中村裕一氏は、この文言が同時代の中国において個人の間で交わされる文書形式であり、かつ対等な国家間においても流用されたものであることを明らかにした（中村裕一、一九九一）。

五世紀後半に中国への遣使が途絶えてから六〇〇年に最初の遣隋使が派遣されるまで、外交の空隙は一二〇年以上に及ぶ。この間、中国との外交における作法はおそらく忘却の彼方に追いやられたであろう。最初の遣隋使が外交文書を持って行かなかったこともそれを傍証するものである。ところがそれからわずか七年の間しか経過していないにもかかわらず、六〇七年の遣隋使は正しい書式をふまえた文書を作成したことになる。文字を書くこと自体が一般的とはいいがたい当時の列島の文化背景を考慮すると、このことは驚くべきことである。

倭国が致書文書を用いたことに関連して、これまで注目されてきたのが『隋書』突厥伝の記事である。

> 沙鉢略遣使して書を致して曰く、「辰年九月十日、天より生れたる大突厥天下賢聖天子伊利倶盧設莫何始波羅可汗、書を大隋皇帝に致す。（中略）」高祖、書を報じて曰く、「大隋天子、書を大突厥伊利倶盧設莫何沙鉢略可汗に貽る。（後略）」

突厥の沙鉢略可汗が「辰年」＝五八四年に隋に対して送った国書に「致書」と記されており、その返信の隋の国書にも「貽書」とある。「貽書」は「致書」と同義と考えられており（金子修一、一九九二）、当時の国際関係において「致書」は確かに用いられているのである。

しかし、ここには若干の違和感が生じる。果たして倭国は隋と突厥のこうした事例を知り得たであろうか。右の突厥の事例のように、中国王朝を凌駕する軍事力を有する北方異民族との関係は例外として、中国を世界の中心、すなわち中華と位置づける華夷思想において、中国が周辺諸国と対等であることを認めるとは考えがたい。突厥が国書で「致書」と記すのに対して、隋が「貽書」と表記を変えているのも対等であることを認めようとしない意識の表れかもしれない。さらにいうなれば、当事者間の関係では中国が対等であることを認めざるを得ないとしても、それをあえて第三国に知らせるようなことをするだろうか。つまり遣隋使が隋に滞在中に、突厥と隋の外交において「致書」が用いられたことを知る機会は本当にあったのか、ということである。

隋代の国際関係

もっとも、別の機会からそれを知る可能性が全くないわけではない。そこで注目されるのが高句麗である。鬼頭清明氏は、隋の大陸統一が諸国に与えたインパクトをふまえて、隋に対して突厥・高句麗・吐谷渾等で形成された「封鎖連環」が存在したとする（鬼頭清明、一九七二）。隋の統一に対して北方が連携して対抗しようとした政治的動向を見出だそうとしたのである。一方、この見解に対しては、そうした実体はないとする堀敏一氏の批判がある（堀敏一、一九七九）。こうした見解の相違があるものの、突厥と高句麗の間に実際に交渉があったこと自体は『隋書』裴矩伝から確認できる。

> 帝に従い塞北を巡り、啓民の帳に幸す。時に高麗、遣使して先に突厥に通ず。啓民、敢えて隠さず、これを引きて帝に見ゆ。

大業三年（六〇七）に煬帝は楡林に行幸して啓民可汗と会見したが、そこに突厥への高句麗使も訪れていたという。この史料では「敢えて隠さず」とあり、突厥が高句麗の来訪を隋に隠そうとはしていない点に注目すべきである。反隋的な行動をとるならば、それは通常秘密裏に動くものであり、高句麗との関係は隠蔽されるはずである。逆に隋にそれをアピールするなら、隋に対抗できるという確信があってのことであろう。ところが突厥の啓民可汗は煬帝に臣従を誓っており、「封鎖連環」が存在したならばそのような行為はとらないと考えられる。鬼頭氏が想定したのは隋初であり時期的なズレがあるので一概にはいえないが、反隋連合的な動きが周辺国間で同盟として結合していたとするのは堀氏のいう通り慎重を期すべきである。

話を戻すと、突厥と高句麗に交渉があったこと自体は確実である。突厥と隋の外交における対等性は隋にとっては認めがたいものであったとしても、突厥にとっては誇示すべきこととして高句麗に伝えられ、さらに倭国へと伝わるという可能性がないとはいえない。ただし、遣隋使が派遣された時期は隋が突厥に対して優位に立った時期であり、そうした状況をふまえると突厥でさえ隋に屈服している状況においては、かえって「致書」は使用しにくくなるのではないだろうか。

また、最近では河上麻由子氏が仏教との関わりで国書を論じている（河上麻由子、二〇〇八）。従来の議論とは異なり、梁代における南海や西域の諸国の外交文書において仏教的色彩が強いことに注目した上で、それを史的前提として遣隋使における仏教の役割を高く評価している。新たな観点を打ち出した研究であるが、「致書」については南斉の時に扶南（ふなん）国の外交文書に用いられた可能性があるとするにとどまり、隔靴掻痒の感を免れない。

結局のところ外交における「致書」文書を倭国がどのように継受したのかということについては判然としない面がいまだ残る。中村氏が指摘したように「致書」は制勅形式には含まれないものであることを前提として、これをもう一度再検討する必要があると認められるのである。

二　対隋国書と仏教

「致書」の仏教性

前出の遣隋使の国書は書き出しのみ記して本文が省略されているために全体像が捉えにくいが、それでも重要な情報をはらんでいる。研究史の蓄積を持つ遣隋使研究において特に重要な指摘として注目されるのが東野治之氏の研究である（東野治之、一九九二）。それまで太陽の昇るところ・沈むところを意味するものと漠然と解釈されてきた「日出処」「日没処」の文言について、東野氏はこれが仏典の『大智度論』（巻一〇）を典拠とするものであることを明快に指摘された。該当部の読み下しは次の通りである。

> 経の中に説くが如くんば、日出づる処は是れ東方、日没する処は是れ西方、日行く処は是れ南方、日行かざる処は是れ北方。日、三分の合有り、若しくは前合、若しくは今合、若しくは後合。方に随い日分し、初合は是れ東方、南方・西方もまたかくの如し。日行かざる処は是れ分無し。彼間・此間は彼此是れ方の相なり。若し方無くんば彼此無く、彼此は是れ方の相にして方にあらず。

これによって「日出処」＝東方、「日没処」＝西方、であり、従来有力な学説であった「日出処」は「日没処」に優越するという解釈（栗原朋信、一九六五・西郷信綱、一九八九・網野善彦、一九九〇）は成立しがたいことがここに明確になった。

このように「日出処」国書は『大智度論』を典拠とする箇所がある。すなわち、国書作成において仏典が参照されたということになる。それでは、果たしてそれは「日出処」「日没処」の箇所のみとしてよいのだろうか。そこで「致書」に目を向けると、これも仏教の枠組みで理解が可能なのである。それを示唆する史料を二つ挙げておく。

ひとつは『三国遺事』（巻四）の引く義湘の伝記である。その伝では「西京崇福寺僧法蔵、書を海東新羅華厳法師侍者（義湘）に致す」という書き出しを持つ手紙を引用する。その内容は、差出の長安崇福寺の法蔵が『華厳経探玄記』を著したが、その際に義湘の微言・妙旨（奥深い、すぐれたことば）を記録したこと、そして『探玄記』を勝詮に託して送ることを知らせる書状である。法蔵と義湘はいずれも智儼の弟子であり、両者の関係は兄弟弟子ということになる。書状の年代は義湘の帰国が六七一年であり、書状に二人が別れてから二十余年が過ぎたことが記されていることから六九〇年代のものと見て問題ない。

もうひとつは『全唐文』（巻九〇七）に引く「摩訶菩提寺慧天法師に答える書」という書題の玄奘の書状である（原典は『大慈恩寺三蔵法師伝』巻七所載）。その書き出しに「大唐国苾蒭玄奘、謹みて書を摩訶菩提寺三蔵慧天法師足下に致す」とある。玄奘（史料では避諱により元奘）が慧天（プラジュニャーディーヴァ）に送った書状である。慧天は摩訶菩提寺の上座で上座部に通じており、玄奘の論敵ともいうべき相手であった。玄奘は唐への帰国後に訳経事業にあたっており、その内容は、帰国時に渡河の際に失った経典の欠を補うために慧天が所持する経典で該当するものがあれば送ることを依頼するものである。書状の年代は六五四年。

これらの事例から、仏教者が用いる書状冒頭の形式として「致書」があったことがわかる。そこで問題となるのが差出と宛先の関係である。前者では法蔵と義湘は両者とも智儼の弟子であり、兄弟弟子ということになる。それは統属関係というよりは対等に近い関係であるといえる。一方、後者は玄奘も慧天もそれぞれ一寺を率いる立場である。両者の関係は直接的なものではなく、なおかつそこに上下関係は見出せない。このように仏教において差出と宛先が上下関係にない、対等あるいはそれに近い関係において「致書」形式が用いられている。

文書様式としての「致書」

ところで、外交・仏教以外の「致書」形式の文書として注目すべき事例をひとつ挙げておく。『駱賓王集』（巻七）に掲載されている「慱昌の父老に与うる書」という、駱賓王が慱昌県の父老に送った書状である。「月日。駱賓王、書を慱昌の父老等に致す。承るに並びに恙無きや、幸甚幸甚」と書き出している。駱賓王は七世紀後半の人で六八四年の李敬業の乱に同調し、その鎮圧以後は消息を絶つ。この書状も乱以前ということになる。

駱賓王の書状で注目したいのが、日時の位置と書き出しに続く文言である。中国の「致書」文書においては、日付が冒頭にくることは、中村裕一氏がすでに指摘している（中村裕一、一九九一）。一方日本古代においては、文書における日時を示す文言の位置が律令制の成立とともに冒頭から末尾に移ることを岸俊男氏が論じている（岸俊男、一九八〇）。これらをふまえると、遣隋使の国書の日時の位置は『隋書』では略されているものの、冒頭にあった蓋然性が高い。

また、駱賓王書状と遣隋使国書はいずれも書出に続いて「無恙」とある。すなわち、〈日付＋書出（致書）＋無恙〉という、文書冒頭の文書構造が全く一致していることになる。これを単なる偶然と捉えるべきではない。七世紀代に文書の書出において定型的な形式が確立しており、それが遣隋使の国書と駱賓王の書状においてそれぞれ参照されたと考える。当時の文書の文例集を書儀というが（丸山裕美子、一九九六・廣瀬憲雄、二〇〇六）、「致書＋無恙」という書式も書儀に定まっていた可能性を想定できる。

これまで突厥の国書との対比から、「致書」は主として外交における概念として見なされてきた。もちろん遣隋使の国書も外交文書であるからそうした理解は当然であるが、その一方で仏教的な立場からの「致書」文言の使用という観点も必要である。[1] ここまで見た用例はいずれも七世紀代のものであり、年代的に遣隋使国書に先行するものは見当たらない。とはいえ、同時代的な用法として十分に理解可能であろう。

なおかつ、それは書状の形式として書儀に収載されていたと考える。六〇〇年に百数十年ぶりに対中国外交を復活させた際には遣隋使は外交文書を持って行かなかった。それは六世紀の朝鮮諸国との外交において必ずしも国書が用いられなかったことによるものであろう。[2] ところが六〇七年には書式に則った国書を書いている。そうした急激な転換は書儀があったからこそ可能になったのではないだろうか。

国書における「天子」

ところで、遣隋使国書における「天子」についてもふれておかなければならない。隋の皇帝と倭国の君主をいずれも「天子」と称している。この国書が煬帝の不興を受けたことは周知のことである。その原因については、「日出処」が「日没処」に優越するためと見る説があったことは先述したが、その一方で夷狄である倭国が皇帝と同じ「天子」を称したからと捉える説（増村宏、一九六八）もある。東野氏が『大智度論』からの引用であることを指摘されて以降は概ね後者の見解が支持されている。筆者もこれに賛同するものであるが、付け加えるならば、『大智度論』には前掲の文章に続けて、

> 問うに曰く、「我、一国の中の方の相を説く。汝、四国を以て難と為す。是の故を以て東方は無初に非ずや。」答えて曰く、「若しくは一国の中、日と東方と合す。是れ有辺と為す。有辺の故、常無し。常無きが故、是れ遍ならず。是の故を以て、方は但に名有りて実無し。」

とするのが注目される。ここでは「東方」（日出処）とはただ方角を示す名称であって実体があるわけではないと述べている。こうした問答において方角の違いによる価値判断が介入される余地はない。やはり国書で問題となったのは「天子」ということになる。

そこで次に問題となるのが倭の君主が「天子」号を採用した理由である。遣隋使が「天子」の語を用いたのは国書だけではない。『隋書』倭国伝にある在隋中の使者の発言にも見える。

> 使者曰く、「聞くならく、海西菩薩天子、重ねて仏法を興すと。故に遣して朝拝せしめ、兼ねて沙門数十人、来りて仏法を学ばん」と。

国書では隋の皇帝のことを「菩薩天子」と称しており、この「菩薩天子」は当時の皇帝である煬帝ではなく先代の文帝のことを指すことがこれまでの研究によって明らかにされている（塚本善隆、一九三八・山崎宏、一九六七・礪波護、二〇〇五・河上麻由子、二〇〇八）。

山崎氏は「菩薩国王」と「菩薩天子」の関係について言及しており、河上氏も『合部金光明経』を挙げて「天子」の仏教性を指摘している。このように仏教的君主を「天子」と称することを念頭に置く必要がある。ただし『合部金光明経』については、その成立年代が費長房等によって開皇一七年（五九七）に成立したものである点に留意しなければならない。年代的に開皇の遣隋使（六〇〇）の直前であり、直接的な引用が可能かという点については慎重であるべきだろう。

ところで筆者は以前別稿において、遣隋使国書の「天子」について天と倭国の君主の関係を示す称号であると述べた（河内春人、二〇〇二）。開皇の遣隋使が「倭王、天を以て兄と為し、日を以て弟と為す」と述べていることからしても、倭国における天の思想が君主の正統性と密接に関わるものであり、君主の称号のあり方に大きく影響していることは間違いない。

それでは仏教的「天子」と天の思想における「天子」はいかに結びつくのか。ここで再び注目したいのが『大智度論』である。

　須弥山は四域の中に在り、日は須弥を繞り四天下を照らす。

日が須弥山の周囲を廻り、東西南北の四つの天下を照らすという。これ以前にすでに倭国には「天下」思想が形成されており、君主は「治天下」を称することによってその地位を主張した（吉村武彦、一九九三・熊谷公男、二〇〇一）。こうした倭の「天下」思想が『大智度論』の四天下説と結びついて遣隋使国書において「天子」が採用されたのではないだろうか。天下においてその頂点は天子であるが、中国思想においてひとつの天下に二人の天子は認められない。「天に二日無し」という経書の一節は、中華思想において繰り返し強調されるところである。ところが天下自体が複数化してしまえばそれぞれの天下に天子がいるというレトリックが成立する。これによって治天下王を称する当時の倭国の君主が自らを「天子」と称し得たのである。つまり遣隋使国書における隋と倭国の認識の衝突は、中華思想的天下観と仏教的天下観の齟齬という一面があったといえる(3)。

なお遣隋使より後のこととなるが、『日本書紀』によると推古二〇年（六一二）には須弥山石が作られている。

> 是歳、百済国より化来せる者有り。其の面身皆斑白なり。若しくは白癩有る者か。其の人に異なるを悪みて、海中の嶋に棄てんと欲す。然るに其の人曰く、「若し臣の斑皮を悪めば、白斑の牛馬を国中に畜うべからず。また臣、小なる才有り。能く山岳の形を構く。其れ臣を留めて用いれば、則ち国の為に利有らん。何ぞ空しく海の嶋に棄つるや。」是に、其の辞を聴きて棄てず。仍りて須弥山の形及び呉橋を南庭に構けと令す。時の人、其の人を号して路子工と曰う。亦の名は芝耆摩呂。

いささか説話的ではあるが、この記事から推古朝における須弥山観念の広まりを見て取ることができる。その一要因として『大智度論』を位置づけることができるだろう。

遣隋使国書は「日出処天子致書日没処天子、無恙云々」という書き出しを持っていた。このうち「日出処」「日没処」は『大智度論』に拠っている。「致書」は仏教における書状のやり取りの際に多用される用語であり、おそらくそれは書儀において定型化していた。「天子」も中国的な君主号というにとどまらず、仏教的な君主号として用いられた一面がある。天子が隋と倭国に二人いることを認容する、中華思想とは相容れない認識を倭国が持ち得たのは、仏典における複数の天下（四天下説）が根拠となったものと考える。すなわち、この書き出しは従来考えられてきた以上に、全面的に仏教的色彩に彩られている。文字文化が根付いたとはいいがたい当時の倭国社会において、文章を書くという行為は仏教を通じて外交でも通用するレベルに到達することができた。国書が仏教の影響を被っていることは単に宗教的な面のみで理解すべきではないのである。

三　東アジアにおける『大智度論』

中国における『大智度論』

前節において遣隋使国書の文章ならびにその思想的背景において『大智度論』が大きなバックボーンとなっていることを述べた。七世紀の倭国における『大智度論』の広まりについては東野氏がその概略についてふれている。ここではフィールドを広げて東アジアレベルにおいて『大智度論』がどのように流通していたのか考えてみたい。

竜樹（ナーガールジュナ）が著したと称される『大智度論』を中国で訳出したのは鳩摩羅什である。その後、『大智度論』が積極的に取り上げられるようになるのは南朝・陳代（五五七～五八九）である。『佛祖統記』によると、智者大師智顗は太建元年（五六九）に『大智度論』を講じた。智顗は至徳三年（五八五）にも太極殿において『大智度論』を解題しており、その尽力によって陳朝において『大智度論』が盛んになっていった様子を窺うことができる。

さて隋代になると、文帝が菩薩戒を受けたように仏教を興しており、さながら宗教国家の体をなしていた（藤善真澄、二〇〇四）。こうした中において隋には数多くの国が朝貢しており、集まった人々の中には僧侶もいた。特に外交使節に随って来朝した僧は公的な接遇を受け、時には留学僧への教授があったことが山崎宏氏によって指摘されている（山崎宏、一九六七）。以下、山崎氏の所論を紹介したい。

隋において浄業・静蔵・霊潤・神迥等が外国留学僧教育のための任に当たっており、特に「東蕃」「三韓」への教授が強調されている。氏は「日本の留学僧なども後には三韓僧と共に教授を受けたものではなかったか」と述べる。『大智度論』に即していえば神迥がこれに通じており、『続高僧伝』には「為に大論（大智度論）を敷き、三韓の諸方士に訓開す」とあって朝鮮諸国の学僧への『大智度論』の教授があったことが見える。また、大業二年（六〇六）に鴻臚寺四方館に入った無礙もそれ以前に大興善寺において『大智度論』を講じている。

右のように見ると、陳で『大智度論』が重視される傾向を示すようになり、南北を統一した隋はそうした仏教界の趨勢を引き継いでいるといえる。無礙の鴻臚寺召請は六〇六年、神迥の教授は六一四年以降であり、六〇七年の遣隋使とともに渡海し六二三年に帰国した留学僧の中には彼等から『大智度論』を学んだ可能性は十分にあり得るといえるだろう。

朝鮮における仏教受容と『大智度論』

さて、東アジアの仏教の動向は中国のみで語れるものではない。そもそも倭国における仏教伝来が百済からとされており、朝鮮半島についても見落とすわけにはいかない。

朝鮮半島における仏教伝来の過程はそれぞれ異なる。高句麗では、三七二年に前秦の苻堅が順道を派遣して仏像・経文が伝来した。ついで、三七四年に阿道が来朝して肖門寺を造ったとされる。阿道は魏から来たという所伝が古いが年代が合わず、他にも晋から来たともされる。また、江南との関係を重視する説もある（鎌田茂雄、一九八七）。こうしたことから、高句麗には華北と江南の両ルートで仏教が伝わるという複合的状況であったことは認めてよいだろう。百済は、やや遅れて三八四年に東晋から摩羅難陀を迎えたのが始まりである。高句麗や百済が中国王朝からの派遣を受けているのに対して、新羅では五世紀前半に墨胡子の到来、ついで阿道（高句麗の阿道とは別人か、あるいは所伝に混乱が見られる）が来たとされるが、これらの伝承では国家を媒介としない仏教の伝来が強調される。そして法興王代に仏教受容をめぐる異次頓の殉死を経て、五二七年に仏教が正式に採用されるのである。その後の新羅では、法興王が法空という法名を得るなど上からの仏教推進がなされるようになる。

右のように朝鮮三国の仏教受容の趨勢を見ると、これが各国の対中国外交の状況と対応している様が看取できる。高句麗や百済は四世紀末～五世紀初頭にかけて府官制が整備され、文書外交が始まる（河内春人、二〇〇六）。新羅は六世紀半ばに半島西岸を領有するようになって中国への独自の外交が可能になり国力を飛躍的に伸張させる。こうした状況に鑑みると朝鮮半島への仏教の展開は対中国外交とリンクするところが大きい。

かかる朝鮮古代の仏教においても『大智度論』の流通が確認できる。『海東高僧伝』義淵条を挙げておく。

淵を遣して帆に乗り部鄴に向かわしめ、啓発未聞。其の略に曰く、「釈迦文仏、涅槃に入りてこのかた今に至るまで幾年ぞ。又天竺に在りて幾年を経歴せるや。方に漢地に到るに、初め何の帝に到り、年号は是れ何。又斉陳の仏法は誰ぞ先づ爾に従い、今に至るまで幾年・帝を経るや。請うらくは具注せんことを乞う。其れ十地・智度・地持・金剛般若等の諸論本は誰の述作せる著論か。縁起・霊瑞の所由は伝記あるや不や。謹んで録して諮審す。請うらくは釈疑を垂れんことを」と。

高句麗が北斉の法上に対して仏教の東流について問い合わせるために義淵を派遣した記事である。これによると『十地経論』『菩薩地持経』『金剛般若経論』と並んで『大智度論』の書誌についても問い合わせており、これらの経典が北斉代（五五〇～五七七）に高句麗に流通していた様子を窺うことが可能となる。

百済においては『大智度論』の流通を確認することはできない。しかし、前述のように南朝陳で読まれていたことは確実であり、『隋書』経籍志に仏教に傾倒していた梁の武帝が経典五四〇〇巻を集めたとされていることからすると、南朝における『大智度論』の流伝は梁代まで遡らせて考えることも可能だろう。そして、百済は南朝と積極的な交流があったことからすれば、百済にももたらされたものと考えて大過ないものと思われる。

このように『大智度論』は六世紀の東アジアにおいて広汎に受容されていたことが判明する。それでは倭国にはどのような経路を辿ってきたのであろうか。隋の鴻臚寺には『大智度論』の教授体制があったが、六〇七年に遣隋使を派遣する以前に倭国に『大智度論』がもたらされたことはいうまでもない。それ以前となると、陳代には倭国との直接的な交流はない。残るは六〇〇年の開皇遣隋使でもたらされた可能性ということになるが、六〇七年の遣隋使が仏教的色彩がきわめて濃いのに対して六〇〇年のそれは逆に仏教の影響がほとんど見えない。このように見ていくと隋からの直接的継受は考えにくいといわざるを得ない。すなわち、倭国における『大智度論』の受容は朝鮮半島から、特に高句麗や百済との関係で捉えるべきであろう。

四　国書の作成者

起草者と仏教

二節において国書が全面的に仏教の影響を被っている可能性を推定した。そうであるとすれば、次にそれを書いた人物が問題となる。本節ではこの点について考察を加えることとする。

さて、国書の作成については、文面に仏教性が強いということから僧侶が想定できよう。そもそも推古朝の当時は、政治においても文字がようやく浸透しはじめる時期である。ただし、まだその使用が一般化しているとはいいがたい。かかる時期において文字を書くことができる人間は限られており、僧侶はそうした中で文字を扱うことができる数少ない階層であった。『大智度論』に通暁した人物が「日出処」国書を書いているとすれば、その文章を作成した主体かブレーンに僧侶がいたと考えるのが妥当であろう。『大智度論』が朝鮮半島から伝わってきたと考えられること、当時の倭国の仏教のレベルを過大評価できないこと（曾根正人、二〇〇七）などを併せ考えると、半島から来朝した僧侶が関与した蓋然性が高い。

朝鮮半島から渡来した僧侶が政治的に重用されることは推古朝において珍しいことではない。たとえば六〇二年に百済から来て暦本・天文地理書・遁甲方術書をもたらした観勒は六二四年に僧正になっている。飛鳥池遺跡北地区から「観勒□」と記した七世紀後半の木簡が出土しており、後代においても重要人物と考えられていたことが窺える。

それでは遣隋使国書の起草者を特定することは可能だろうか。現存する史料に名を残さなかった僧侶の可能性も念頭に置いた上で、あえてこの問題について探ってみる。その条件は、『大智度論』を知悉した上で国書作成に関わり得る地位にあった僧侶ということになる。すると、こうした条件に該当しそうな人物を一人挙げることができる。『日本書紀』に厩戸王の仏教の師と記される慧慈である。『大智度論』に関する知識については、史料的に見る限り百済僧よりも高句麗僧の方が確実性が高い。そして、遣隋使を派遣する政権中枢部とのつながりを七世紀初頭の段階で考えられる僧侶ということになる。井上光貞氏は高句麗から来朝した慧慈を含めて朝鮮系学僧集団が『三経義疏』成立に大きな役割を果たしたとされたが（井上光貞、一九七二）、彼らは学問的のみならず政治的にも厩戸王のブレーンであったと推測し得る。

国書起草者として慧慈に注目するものとしては李成市氏の研究がある（李成市、一九九〇）。李氏は五七〇年代からの新羅の軍事・外交的攻勢を受けて高句麗が倭国に対する外交を転換させ、その一環として慧慈を派遣したとする。そして、「日出処」「日没処」は「高句麗人の地理観をごく自然に表現している」ものと捉えて国書が慧慈の筆になること、その内容は隋を牽制しようとする高句麗の戦略的な意図が反映されていると評価する。

右の所説のうち、高句麗が慧慈を派遣した事情について重層的な国際関係から説く指摘は従うべきである。問題は国書に関する評価である。二節で述べたように『大智度論』に基づく限り「日出処」等の意味は相対的な位置関係であって、高句麗を中心とする地理観のような実体的空間ではない。また、倭国の国書に高句麗の意図を含みこむことを果たして政権中枢部が認め得るかという点でやや割り切れないところが残る。そもそも慧慈が国書作成に関与し得るかどうかは派遣の段階では知り得ないことである。

僧侶と外交

この点について本稿の関心から整理すると、僧侶が国書を執筆することはあるのか、また異国の人間を政権中枢に登用することはあり得るのか、ということになる。このうち、前者については類例を挙げることができる。新羅における円光の外交文書起草である。『三国史記』真平王三〇年条によると次のようにある。

王、高句麗の屡ば封場を侵すを患い、隋兵を請い以て高句麗を征せんと欲し、円光に命じて乞師の表を修む。光曰く、「自存を求めて他を滅するは、沙門の行いに非ざるなり。貧道、大王の土地に在り、大王の水草を食む。敢えて命を惟うに是れ従わざるや。」乃ち述べて以聞す。

円光は五八九年に陳に行き隋の統一を目の当たりにして、六〇〇年に新羅に帰国している。右の記事は六〇八年に新羅の真平王が隋に高句麗を攻撃するよう要請する乞師の表を円光に命じ、円光は僧侶の行うべきことではないとしながらも、新羅王の土地で生きていることを理由にその命を受けている。遣隋使とまさに同時代、新羅において僧侶による外交文書の執筆がなされていることが確認できる。なお、『海東高僧伝』もほぼ同文を載せているが、その後に

> 師、性は虚閑にして、情に汎愛多し。言は常に笑みを含み、慍みは結びて形さず。牋表・啓書を為すに、並びに胸襟より出づ。国を挙げて傾し奉り、委ねるに治方を以てす。機に乗じて化を敷き、範を後代に垂れる。

と続く。ここに「牋表・啓書を為す」とあることからすると、円光はその後も引き続き起草していた様子が看取できる。そうだとすると、新羅では文書外交のシステムに僧侶が恒常的に組み込まれたとも考えられる。それは仏教が政治に従属しているということを意味する。円光の発言では、滅他を否定する仏教理念と国の存続という政治において後者が優先されている。円光は自らが新羅王に従う存在であることを認めてしまっている。

　これに対して中国ではすでに五世紀初頭に、慧遠が『沙門不敬王者論』を著して、世俗と仏法の対立と、仏法は王法に従属しないということを論じるまでに思想的深化を遂げている。もちろん、これのみで解決する問題ではなく、中国ではその後も仏教に対して尊崇と排仏の間を揺れ動くことになるが、新羅仏教はそうしたレベルに至っていなかったのであり、倭国の仏教も同様と考えてよいだろう。朝鮮諸国や倭国において僧侶はその知識や技術を政治に提供するように要求された時、それを拒否することはできなかったのである。[5]

　それでは異国の人間を登用することについてはどうだろうか。一例として百済に仕えた日羅を挙げることができる。日羅は火葦北国造刑部靫部阿利斯登の子とされており、その出身にかかわらず達率という

高位に昇っている。しかもその後、倭国の招請に応じて献策している。ここには、その出身や属する国という意識があまり見られない。

もうひとつ外国僧を政治顧問とする伝承が『三国史記』百済本紀の蓋鹵（こうろ）王条に見える。百済の蓋鹵王は、高句麗の長寿王が陰謀をもって派遣した僧の道琳（どうりん）を登用し、その進言によって国力が疲弊したという話である。この説話的な記事では、道琳は碁が上手いことで王に登用されたとするが、異国人であっても王の判断で政治に参加できたことになる。なお、この話はその後、高句麗が百済を攻めて蓋鹵王が捕らえられて殺されるという結末を迎えるが、その時の高句麗の将軍はもと百済の犯罪人であったとする。出身国は他国に仕える際に制約となっていないのである。出自に囚われない君臣関係の構築という意識がこの記事に通底している。

もとより説話的様相が濃厚であり、事実がこの通りであったかどうかは定かではない。ただ、異国の僧侶が政治的に登用されることは不自然でないとされたのはなぜかといえば、仏法に属する僧侶は俗界の秩序に囚われないという越境性を示しているものと評価したい。

日羅にせよ道琳にせよ、半ば説話化した記事であるため、その扱いには慎重でなければならない。それをふまえた上であえて述べるなら、彼らは王との人格的関係によって政治参加を果たすというきわめて流動的な存在であった。翻って慧慈について考えると、『日本書紀』では厩戸王との師弟を超えた強い人格的関係で記されている。これをそのまま受け取るべきではないが、倭国に来朝した慧慈は仏教に理解を示す厩戸のブレーンとなったことは認めてよい。そこに人格的関係が発生し、結果的に厩戸の政治活動に関与したものであろう。このように考えると、慧慈がことさらに高句麗の不利になるような献策をしたとは考えないが、高句麗の外交政策の意向を強く受けてそれを倭国の対隋外交に反映させたかどうかという点についてはいささか留保せざるを得ない。

『大智度論』の影響を強く受けた「日出処」国書は、『大智度論』が広く流通していた高句麗の僧侶である慧慈、もしくはそのモデルになるような王権と人格的関係を結んだ渡来系僧侶の起草になるものである。それは、僧侶の政治参画が王との人格的関係に基づくという当該期の僧侶のあり方に規定されるものであったといえる。

五 むすび

小稿で論じたことをまとめておく。まず「日出処」国書の仏教性について確認した。国書の文面のうち「日出処」「日没処」や「天子」については以前から指摘されていたが、それのみならず「致書」の文言も仏教の用例をふまえて考える必要があり、また「無恙」も「致書」と連動する文書形式として捉えられることを述べた。そして、この国書の思想的バックボーンとして『大智度論』があり、それは語句の出典利用のみならず、倭国の世界観の理論的根拠として応用されたものと見なした。

『大智度論』は鳩摩羅什によって漢訳されたものであるが、中国では六世紀に陳や陳を併合した隋において盛行したこと、さらには高句麗にも及んでいた史料的痕跡を看取できる。おそらくは百済にも伝わっていたであろう。

国書が『大智度論』をふまえて書かれたとすると、それを起草した人物は朝鮮から来朝した僧侶におおむね限定できるのであり、もっともこれに近しい僧侶は慧慈である。外国僧の政治参加の問題については東アジアレベルで見渡すと、外交文書の起草を含めて複数の事例を見て取ることができる。

さて、右のように遣隋使における仏教の及ぼした影響を考えると、それは単に宗教という枠組みには収まらない。経典が国書の文言における典拠となるといったような政治の技術的レベルから、天下や須弥山といった支配観念における理論に至るまで政治のもとに利用され、なおかつその一翼を担っている。

ここで筆者が想起するのがクーンのパラダイムに関する所論である（トーマス・クーン、一九七一）。クーンによるパラダイムとは「世界を観る観方」であり、すなわち世界観である。それは社会的関係を含めて世界がどのように成り立っているのかということを表す全体的認識であり、単なる空間的把握ではない。クーンは、こうしたパラダイムを支える知識体系を「通常科学」と名づけている。筆者はこれを science としての科学に止めるのではなく、思考の基軸となる社会的・政治的規範に及ぼして捉えるべきであると考えている。

すなわち、当該期の倭国においてはパラダイムとして「天下」的世界観があり（河内春人、二〇〇四）、その通常科学として仏教がその基盤となったのである。「天下」的世界観の存在は六世紀前半には確実であるものの、その時の通常科学は礼や中華思想の直輸入といった面が強い。これに対して六世紀末から七世紀初頭には「天下」の通常科学は仏教へと変化したのであり、同じ「天下」を称しながらもそこにはパラダイムシフトが生じたのである。遣隋使の国書はそれが前面に出た貴重な史料であり、倭国における仏教伝来はその画期となる事象として評価できる。

ただし、気をつけなければならないのは、仏教のみが政治における規範として機能していたわけではないということである。儒教（礼）が仏教に匹敵する政治的規範であったことは、鈴木靖民氏が近年の研究成果をふまえて包括的に論じている（鈴木靖民、二〇〇九）。また、推古朝以降、道教の影響も見て取ることは容易である。さらにいうなれば、より一層の検討の必要はあるが、憲法十七条等に法家の思想が見えることにも留意しなければならない。七世紀初頭の遣隋使の時代は、六世紀より一層の文明化を目指して様々な思想が混淆しており、仏教はその中で基軸であったと考えるものである。

註

（1）「貽書」についても仏教と関わる可能性がある。『海東高僧伝』の亡名条には「晋支遁法師、書を貽りて云く」とあり、支遁から亡名に書状を送ることを「貽書」とする。この記事は文書の書出しが「貽書」としていたかどうかは確定できず、『海東高僧伝』自体の史料批判も必要なので参考とするに止めるが、仏教者における書状のやり取りを「貽書」と表していることは注目に値しよう。

（2）新羅・百済との間に文書が用いられなかったことについては栗原朋信一九六七・河内春人二〇〇〇参照。高句麗については烏羽の表の説話（『日本書紀』敏達元年五月丙辰条）にあるように外交文書のやり取りがあった可能性がある。

（3）保科富士男一九九七は『日本書紀』推古一六年九月辛巳条に掲載する「敬白」文書が仏教的書式であることから、仏教的世界観に基づき儒教的礼秩序を相対化したことを指摘している。

（4）いわゆる「聖徳太子」の存命時の呼称については諸説あるが、ここでは小倉豊文一九七二の提唱に従い、「厩戸王」で統一する。

（5）　こうした知識人としての僧侶の政治的利用は、律令国家成立期においても僧を還俗させて出仕させるなど七世紀を通じて続いている。関晃一九五五参照。

追記

本稿脱稿後、遣隋使の研究はさらに進展しているが、全てを反映させることはできなかった。

参考文献

トーマス・クーン、一九七一『科学革命の構造』（みすず書房）
網野善彦、一九九〇「「日本」という国号」（『日本論の視座』小学館）
井上光貞、一九七二「三経義疏成立の研究」（『日本古代思想史の研究』岩波書店、一九八二年に所収）
小倉豊文、一九七二『聖徳太子と聖徳太子信仰　増訂版』（綜芸社）
金子修一、一九九二「隋唐交代と東アジア」（『隋唐の国際秩序と東アジア』名著刊行会、二〇〇一年に所収）
鎌田茂雄、一九八七『朝鮮仏教史』（東京大学出版会）
河上麻由子、二〇〇八「遣隋使と仏教」（『古代アジア世界の対外交渉と仏教』山川出版社、二〇一一年に所収）
岸　俊男、一九八〇「木簡と大宝令」（『日本古代文物の研究』塙書房、一九八八年に所収）
鬼頭清明、一九七二「推古朝をめぐる国際的環境」（『日本古代国家の形成と東アジア』校倉書房、一九七六年に所収）
熊谷公男、二〇〇一『日本の歴史03　大王から天皇へ』（講談社）
栗原朋信、一九六五「日本から隋へ贈った国書」（『上代日本対外関係の研究』吉川弘文館、一九七八年に所収）
――、一九六七「上代の日本へ対する三韓の外交形式」（『上代日本対外関係の研究』吉川弘文館、一九七八年に所収）
河内春人、二〇〇〇「新羅使迎接の歴史的展開」（『ヒストリア』一七〇）
――、二〇〇一「日本古代における「天下」」（『歴史学研究』七四五）

――――、二〇〇四「「天下」論」（『歴史学研究』七九四）
――――、二〇〇六「東アジアにおける文書外交の成立」（『歴史評論』六八〇）
西郷信綱、一九八九「ヒムカシと「日本」と」（『朝日百科日本の歴史』一、朝日新聞社）
鈴木靖民、二〇〇九「遣隋使と礼制・仏教」（『東アジアの国際秩序と古代日本』吉川弘文館、二〇一一年に所収）
関　晃、一九五五「遣新羅使の文化史的意義」（『関晃著作集』三、吉川弘文館、一九九六年に所収）
曾根正人、二〇〇七『聖徳太子と飛鳥仏教』（吉川弘文館）
塚本善隆、一九三八「国分寺と隋唐の仏教政策ならびに官寺」（『塚本善隆著作集』六、大東出版社、一九七四年に所収）
東野治之、一九九一「日出処・日本・ワークワーク」（『遣唐使と正倉院』岩波書店、一九九二年に所収）
礪波　護、二〇〇五「天寿国と重興仏法の菩薩天子と」（『大谷学報』八三―二）
中村裕一、一九九一『唐代制勅研究』（汲古書院）
廣瀬憲雄、二〇〇六「書儀と外交文書」（『東アジアの国際秩序と古代日本』吉川弘文館、二〇一一年に所収）
藤善真澄、二〇〇四『隋唐時代の仏教と社会』（白帝社）
保科富士男、一九九七「「東天皇」国書考」（『白山史学』三三）
堀　敏一、一九七九「隋代東アジアの国際関係」（『東アジアのなかの古代日本』研文出版、一九九八年に所収）
増村　宏、一九六八「「日出処天子」と「日没処天子」」（『遣唐使の研究』同朋舎出版、一九八八年に所収）
丸山裕美子、一九九六「書儀の受容について」（『正倉院文書研究』四、吉川弘文館）
山崎　宏、一九六七「隋朝の留学僧施設と日本の留学僧」（『隋唐仏教史の研究』法蔵館）
吉村武彦、一九九三「倭国と大和王権」（『岩波講座日本通史』二、岩波書店）
李　成市、一九九〇「高句麗と日隋外交」（『古代東アジアの民族と国家』岩波書店、一九九八年に所収）

第Ⅲ部　倭人と隋人がみた風景

1　倭人がみた隋の風景

氣賀澤保規

一　上陸から洛陽、そして大興城（長安）へ

興味をそそる異国の風土

　遣隋使時代の当時、倭から隋への海路は朝鮮半島の西岸、百済を横にみて北上して、遼東半島の先から渤海湾口を横切り、山東半島の登州あたり（隋代には登州はない。莱州＝蓬莱郡黄県附近か）で上陸するいわゆる「北路」が使われていた（図1参照）。上陸後、彼らは都を目指すことになるが、開皇二〇年（六〇〇）の遣使の場合、遠く内陸部の関中盆地（陝西省）に造営された新都、大興城がその目的地となる。唐代の長安、今日の西安の場所である。一方、小野妹子らは煬帝が新たに築いた都、洛陽城（隋唐洛陽城）に荷を降ろす。関中に向かう途中の洛陽盆地（河南省）の一角にそれは地を占める。今日の洛陽の場所である。

　上陸から都までの交通手段といえば徒歩か騎馬か牛車であり、水運を使う機会はない。かりに登州附近で上陸したとすると、道程の距離は唐の地理書『元和郡県図志』（巻一一・登州の条）にしたがうと、長安（大興

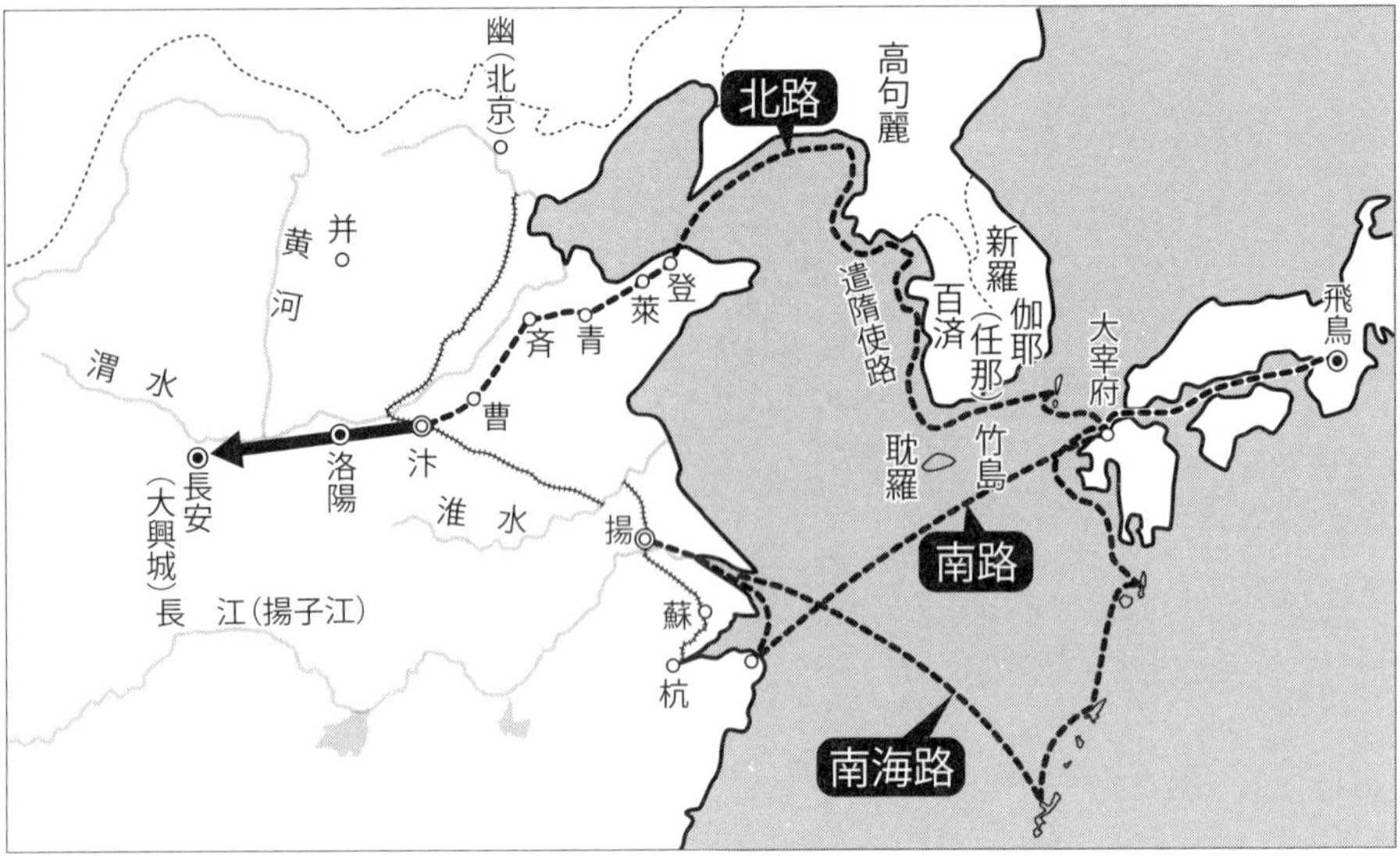

図１　遣隋使の経路図（南路・南海路は遣唐使コース。口絵２頁図３にカラー図）

城）までが三〇〇〇里、洛陽までが二一四〇里であった。唐代の一里は約五六〇メートル。「唐令・公式令」の規定によると、当時、陸路を徒歩で移動する公的基準が一日五〇里とされ（驢馬の利用も同じ）、馬（騎乗）であれば一日七〇里、車（牛車）で三〇里となる。かりに徒歩にすると長安まで六〇日、洛陽まで四三日がかかった計算になる。馬（駅馬）が利用できたとすると、長安に四三日、洛陽に三〇日余となる。その道すがら、使節たちは隋の国内の様子、人々の暮らしぶり、高くそびえる仏塔とその寺院、仏教や道教を信仰する姿等など、それら一切をもの珍しく眺め、心に留めながら都へと進んでいくことになる。

開皇二〇年の使節の上陸時期はわからないが、大業三年（六〇七）の小野妹子一行であればちょうど秋の真っ盛りの頃であろう。農民たちが一家で野良に出て収穫に勤しむ風景の中を進むことになる。彼らが通過する華北の地は、天水に頼った畑作が中心であり、米

（稲）はあまり作られない。今日であればトウモロコシ（玉蜀黍、玉米）の穫り入れが秋の風物詩となるのであるが、当時の人々の主穀は粟や黍であり、大豆や小豆の豆類なども収穫されていた。その頃から生産が普及しはじめていた小麦は、この豆畑が終わったあとに種が蒔かれ、夏の前に刈り取られることになる。

上陸後、彼らがまず目の当たりにしたのは、水と緑に包まれた自国の風土とはまったく異なる黄土の風景であり、どこまでも続く広々とした地形であった。そのような中を西に進む彼らのコースは、山東の中心地であった青州（北海郡）——斉州（斉郡）を経て、洛陽盆地へと進んでいくが、その途中で汴州（煬帝期には滎陽郡浚儀県）の地点を通過する（州名は文帝時の呼称、郡名は煬帝時の呼称。以下同じ）。ここは隋になると、河川や陸上の交通の要衝として人を集め、交易が盛んになされていた。

図２　運河を行く船（『清明上河図』より）

一帯には「姦侠（やくざ）」や「游食（遊び人）」が多く、「工商」民が勝手に店を並べ、川岸につないだ船には「船客」がたむろする、一種の治外法権的な雰囲気が漂っていた（『隋書』令狐熙伝）。煬帝の時代になるとここまで黄河の水を引き入れ、江南方面とをつなぐ大運河、永済渠が通されて北の起点となり、いっそうの賑わいを見せることになった。北宋の都となる開封（汴京）の始まりは隋に求められるのである。開皇二〇年の遣隋使段階ではまだ運河はなかったが、小野妹子らはできたばかりの運河を渡り、物資を満載させた船舶の往来や、舟

図3　近代の潼関東門

を引く人々の威勢のよい掛け声、また活気に満ちた町の様子を目の当たりにしたはずである。これもまた倭国にはない風景であった。

ちなみに隋末の動乱時、群盗・反乱者がもっとも多く拠点を置いたのが、東よりの長白山（山東省）から運河沿いの沼沢地帯であり、後に名が知られる梁山泊もそこに含まれる。彼らの目当ては、幹線や運河を通過する商人たちから物資を略奪し、また通行料をピンはねすることであり、そのために官憲と武器をとって渡り合うことも辞さなかった。遣隋使が通過するコースはまさにそうした勢力が最も跋扈した場所であり、かりに護衛がついたとしても多勢に無勢、安心して旅などできる状態にはなかったことを確認しておきたい。

洛陽から関中への道すがら

遣隋使の行程に話をもどそう。彼らは汴州―鄭州を経て、洛陽盆地に入っていくが、それにあたって「三国志」などでも知られた虎牢関（汜水関）を通過する。関所では、彼ら外国使者にどのような応接がなされただろうか。

洛陽盆地は北に墳墓の地として知られた邙山丘陵（北山）があり、四周を山で囲まれた真中を洛水と伊水という流量豊かな二本の川が貫流し、黄河に注ぐ。しかも黄河などの河川とちがって黄濁しておらず、稲作も早くから始まっている。地政学的にいってもここは東西南北に通じた「中原」の中心に位置し、多くの王朝の拠点となってきた。なかでも洛陽といっても、開皇二〇年の使者が訪れたのは、漢（後漢）・魏（北魏）以来つづいてきた漢魏洛陽城であり、これにたいして小野妹子らはそこから一〇キロ余り先の場所に造られた新都洛陽城であり、ここが彼らの最終目的地となる（265頁図9、口絵2頁図4参照）。しかし前者の方はここで歩を止めるわけにはいかない。さらに自らを励まし、四、五〇〇キロの旅をつづけなければならない。盆地の西の関門である函谷関（かんこくかん）を出るあたりから、山中の谷間を縫うように開かれた緩い坂道となる。これが古来、関中と洛陽を結ぶ主要幹線である。谷の両側には、黄土の断崖を掘って造った洞窟（窰洞（ヤオトン））とそこで暮らす農民の姿が目につく。

その緩やかな上り道を一〇日ほどかけて進み終えると、行く手に大きな関所があった。関中盆地からいえば東の固めとなる潼関（どうかん）である（図3参照）。右手には黄河の激流が北から来て、そこで直角に東に向きを変えて流れ、左側には峨峨たる稜線を描く崋山（かざん）の山並みが迫ってくる。ここを通過すると、あとはなだらかに下り、盆地の中央部へと入っていく。関中（あるいは関内）の名はこの潼関の内側ということからきている。最終目的地の大興城はもう指呼の間にあった。

二　山東を行く遣隋使——仏教にふれる旅

ここで、隋代に新たに造営された大興城や洛陽城に進む歩みをしばし止め、そこに至るまでの道すがら、彼らの心を捉えたであろう山東の仏教の問題に目を向けておきたい。

発見された青州の石仏

山東半島の登州あたりで船を下りた遣隋使一行は、まず青州（北海郡）に出て、斉州（斉郡）を経て西に向かう幹道をとることになる。両地とも歴代この地方の政治や文化の中心たる地位を占めてきたが、そのうちの青州の地からは一九九六年一〇月、とんでもない文物が発見された。唐代、各地に置かれた龍興寺（りゅうこうじ）の一つである跡地から、二〇〇点（一説には四〇〇点）を越える膨大な数の石仏が出土したことである。

なかには三メートルを越える三尊立像もあったが、多くは単体の菩薩立像などであり、等身大かそれよりやや小ぶりの石仏はいずれも彫りは力強く、線の一本一本までピンと神経が行き届いていた。姿形には気品と威厳と慈愛があふれ、見るものの心を捉えて離さない（口絵4頁図6〜図9参照）。ただし地中からみつかったそれらは、いずれも手足がもぎれたり、身体が切断されるなどして、一つとして完整品はなかった。また一部には破断されたところを補修してつないだ痕も確認されている(1)。

ではこれほどの石仏はいつ制作され、どのような理由で土中に埋められることになったのか。わかっているところを集約すると、制作は北魏の末期に始まり、後につづく東魏—北斉時代にもっとも積極的に行われ、一部隋になっての作品も含んでいた。つまりそれらは六世紀後半を中心とする作品群であった。そして埋められたのは一説には一二世紀初頭の北宋の末期、道教に傾いた徽宗治下での仏教弾圧によるものと推定されるが、それらは乱雑に土中に投棄したのではなく、一定の鄭重さをもって埋納されていた。石仏群は制作されて以来、隋唐時代を通じてずっと地表にあり、人々の心を捉えつづけたと考えてよいのではないか。この仏教美術作品の水準の高さは、六世紀当時の青州地域の経済力や信仰心の篤さを映し出してあまりあるが、その中核には当地に根を張った山東系貴族がいた。

ところが、これら素晴らしい石仏群はどれも破壊の憂き目にあっていた。それが北宋の埋納時にすべてなされたとも思われない。石仏制作の時代からいって当然考えられるのが、北周武帝による廃仏である。周知のごとく北斉は仏教が大変盛んであり、都の鄴（河北・河南の省境）は多くの僧尼と寺院を抱えたが、青州では信仰心が石仏に向けられた。その北斉が五七六年から五七七年にかけて、西から攻め入った武帝率いる北周軍に蹂躙され、その下に併合されることになった。武帝はこれに先立って北周の自国領内で廃仏を断行しており（五七四年）、北斉を平定した結果、ここでも徹底した弾圧が進められ、その波が青州石仏群におよんだのが前述の傷ついた姿となるだろう。

しかしその後間もなくして隋の時代となり、仏教が復興されることになった。おそらく地表に剝き出しに倒され放置されていただろう石仏は、再び補修を施され、彩色も施され、隋代の作品もいっしょに人々の目にふれる場所に置かれる。そこには弥勒菩薩像の名で知られる半跏思惟像も含まれていた（図4参照）。

かくして遣隋使の一行が現地を通過した。龍興寺の歴史は五世紀の前半にはじまり、北斉では南陽寺とよ

図4　青州龍興寺址出土の半跏思惟菩薩像（北斉・6世紀後半）

ばれ、隋には長楽寺あるいは道蔵寺と名を変えた当地の名刹であった。この当時、外国の使節が宿泊できる旅舎が整えられていたかわからないが、日本僧円仁（七九四～八六四）が寺に宿を求めながら華北を旅した九世紀前期の事例なども参考にすると、彼らは青州ではこの大寺に宿泊するか、一時足を止めた可能性が十分想定できる。そして寺内の一角に配置された石仏群に引き寄せられ、それらが発する神々しい美しさに圧倒され、粛然とした気分の中で、仏教を信仰する意味を受けとめた、と想像をたくましくする。仏教美術の点でいえば、このような場で受けた感動が自国に伝えられ、飛鳥仏やその後の仏像の制作に影響を与えることは当然ありえることである。

大規模な仏教の石経と石碑

さて彼らは次に斉州に着く。ここは今日の山東省の省都、済南の地である。この辺りに来ると、青州一帯にみられた迫力ある石仏の姿は後方にさがり、代わって目に入ってくるのが文字、石に刻んだ仏教系の文字＝石経や石碑の存在である。その代表的なものというと、少し南にさがったところに聳える泰山の南斜面に刻られた「金剛般若経」であろう（図5参照）。通称経石峪という場所にあり、面積が一二〇〇平方メートル

図5　泰山経石峪の「金剛般若経」石経の風景

にもなる広大な一枚岩に、一辺が四、五〇センチの大字が推定三〇〇〇字ほども刻まれるという大事業で、おそらく北斉時代に始まり隋代にもつづけられた可能性をもつ。このような大規模な仏教石経事業が、じつはこの一帯の各所に北斉時代から展開されていた。

それに加えて、ほぼ場所を重ねるようにして、近年新たに存在がわかってきた一群の石刻がある。独特の字体で「大空王仏」とか「阿弥陀仏」とか「文殊般若」などの仏名を、断崖や大岩の壁面に刻したものである（図6参照）。わかってきたところによると、この仏名（刻経）運動を担ったのが、済南に近い洪頂（こうちょう）山（山東省）に拠点を置いた僧安道壹（あんどういつ）なる僧侶とその弟子門徒のグループで、時代は北朝末から隋初にかけてであったという。なぜこのような大字の仏名や経典を石面に刻入する動きが広まったのか。一つの答えとして仏教の末世（まっせ）＝「末法（まっぽう）」時代の到来という危機感が背景にあったことは認めてよい。すべてを焼き尽くす劫火（ごうか）にも耐える石に刻むことで、後世に仏教の種をのこし、いつか復活を期したいとい

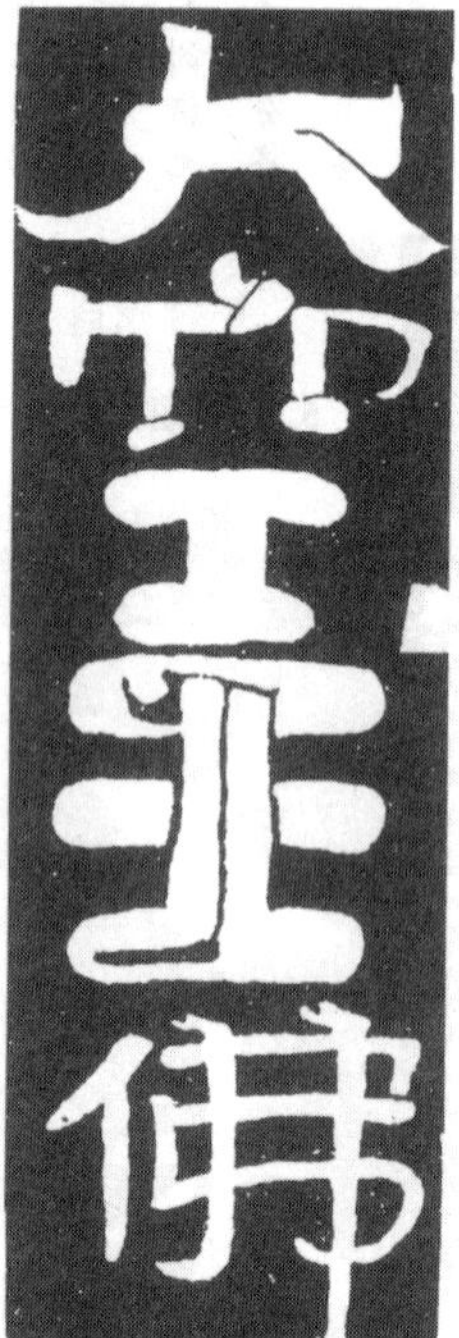

図6　山東「大空王佛」仏名石刻

う切実な思いが、そこに見てとれる。

末法思想は北斉時代に広まった。その挙句、北周武帝の廃仏に遭遇した。そのため仏教が回復された隋代になっても、心ある仏教者は末法の時代にどう向き合うかを大きな課題とした。その代表格が、三階教を創始した信行の師にあたる霊裕であった。彼は隋初、住持する霊泉寺の境内に大住聖窟という岩窟を開き（口絵8頁図24参照）、その壁面に仏教経典を刻んで末法の到来に警鐘をならし、それが以後の華北各地に展開される仏教石経事業の起点となった。そこは旧北斉の都鄴から西に進んだ山中にあり、ここ斉州からもそれほど遠くはない。

遣隋使一行がどこまで仏教の教えや文字（漢字）に通じていたかはわからない。ただ彼らは山東の旅を通じて、各所にのこる石仏やその破壊の跡、文字によって表現された仏教碑や石経などには、必ずふれたであろう。それらに思いを寄せる人々の姿も目にしたはずである。彼らはそこから仏教の果たす役割の大きさを実感すれば、その背後に漂う末法観に由来する緊張感も感じ取っただろう。飛鳥の仏教文化にそうした彼らの新鮮な驚きや感懐が投影されておかしくはないと考える。

三　新都大興城と新都洛陽城

大興城へ――六〇〇年の遣使

遣隋使一行が目指した隋都は、すでに述べたように、開皇二〇年（六〇〇）の遣使であれば大興城であり、六〇七年の小野妹子以降であれば洛陽城であった。初代文帝と第二代煬帝とで政治の中心を変えたからであるが、ただしそこに共通点があった。ともにまったく一から造られた都城であったことである。そうした点を意識しながら、すこし新都の様子に分け入ってみよう。

前漢の成立以来、時の政権の首都となってきた長安は、龍首原（りゅうしゅげん）とよばれる低層丘陵から北側に定置されてきた。これにたいし隋の文帝は、新朝が成立した直後の開皇二年（五八二）六月、新都を創建する詔を発し、龍首原の南側に広がる平地原野をその場所に定めた。旧都からは東南側に位置する。ただちに宰相（さいしょう）（左僕射）の高熲（こうけい）の下で、宇文愷（うぶんがい）を中心にプランが策定されて工事に入り、その年の暮れには「大興城」と命名され、翌年三月に文帝は早くもそこに移り住み、旧都を捨てた。

新都の規模はあとを継いだ唐の長安城から類推すると、外周で東西約九七〇〇メートル、南北約八六〇〇メートルという方形をとる、過去に例をみない広大な都城が実現したことになる。しかも中央北側に宮城と皇城を配し、その南側に人々の居住・生活区を置き、南北を貫く中心軸によって左右（東西）が対称となるという新基軸がこらされていた。もちろん半年余りですべてが完成するはずはない。隋末に近い大業九年

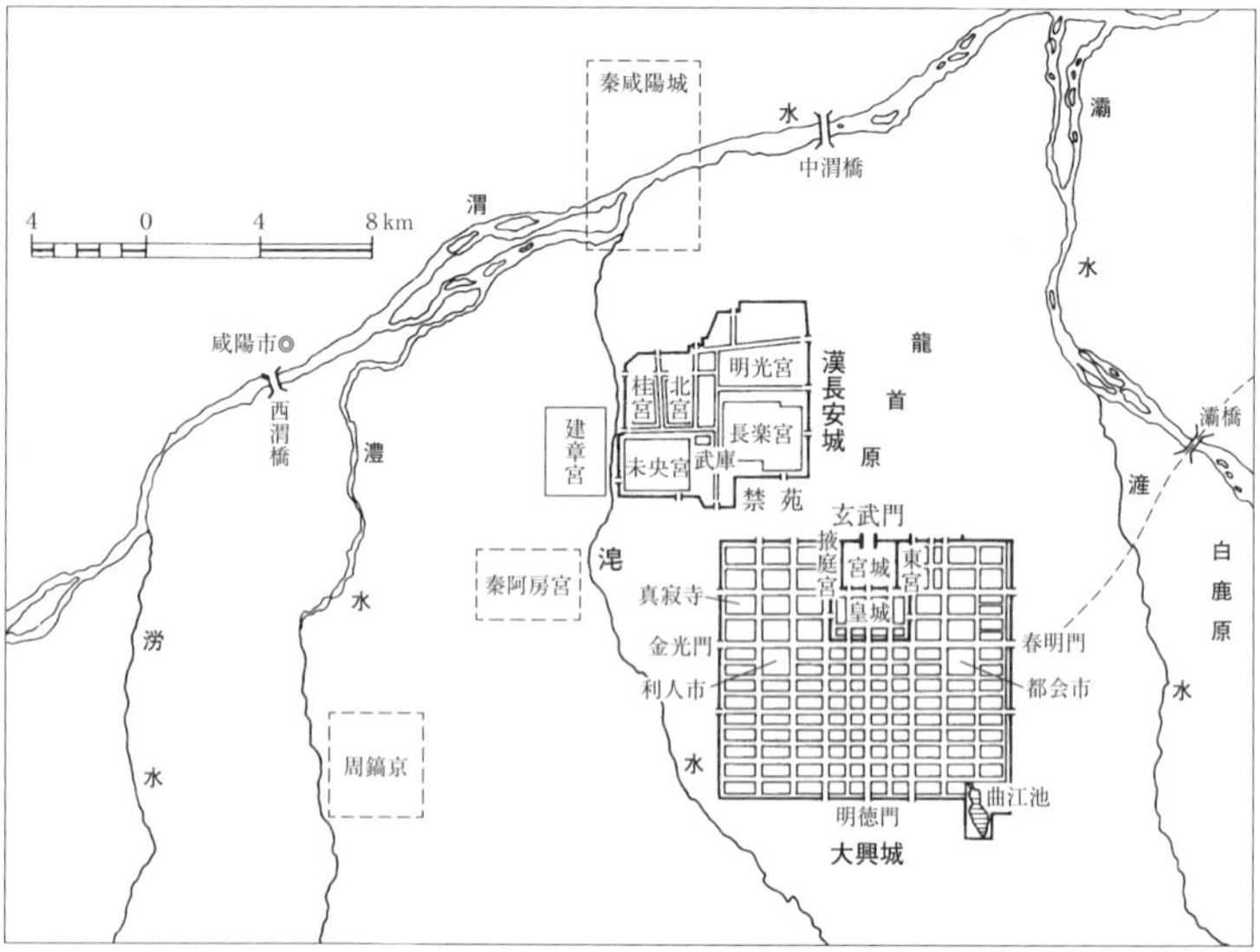

図7　隋大興城と関中旧都所在地図

（六一三）三月のことであるが、「丁男（成年男子）十万を発し大興を城く」（『冊府元亀』巻一三・都邑）とあり、大興城の外郭（羅城）城壁が大々的に修築された。隋代には大興城がなお完成に至っていなかったことはここからも裏づけられる。それほどまでにこの新都は大きかった。

さて、その大興城に開皇二〇年、倭の使節が到着した。彼らを迎え入れる城門の名は、東城壁側に開かれた三門の真中、春明門であろう（図7参照）。それをくぐりぬけると、眼前に整然と碁盤目状に区画された広い街路がまっすぐに伸びる、幅は一〇〇メートルはあろう。その両側には高い土塀が連なり、内側には豪壮な建物の甍が望まれる。この土塀で囲まれた区画を隋では里と呼び、唐では坊と名づけた。その間を人々が忙しく動き、荷車が物資を満載して行き交う。あちこちで工事の槌音と掛け声がなり響く。大興城はまだ建築途上であり、すべてが完成するのは長安城と名を改

図８　隋代門衛兵士図（隋壁画墓）

めた唐代になってからのことである。

そのように活気に満ちた街の空気に圧倒され、風変わりな外国使節を一目見ようと群がる住民の好奇の目を肌に感じながら、一行はまっすぐ西に進むと、大門（唐の朱雀門）の前に到着する。ここから城門を入り、左右に軒を連ねる中央官庁（官衙）のなかを北に進む。この区画が唐代に皇城とよばれる。そしてその正面に現れるのが宮城の南門（正門）、承天門であり、外国使節である彼らはさらに奥の、唐では太極宮とよばれる中心区域に進む。各門には武装し正装した衛兵が詰めて、四六時中警護にあたっている（図８参照）。

一行はその太極宮の中央にある大興殿（唐名：太極殿）で皇帝および高官たちと会い、また歓迎儀式にも列席することになる。文帝から倭の国情を問われ、「わが王は天を兄とし、お日様を弟とし……」と語って、文帝から「そんな道理にあわないことがあるものか」と譴責されたのは、このような場所ではなかったか。

宮殿の外観の壮観さに内部の見事な造作、皇帝の尊厳さと臣下たちの挙措、粛然と進む儀典の様子、冠や官服によって画然と表された位階の関係、周りを囲む儀仗兵のきびきびした動き、彼らはそうした一つひとつを驚きをもって記憶に留めたはずである。その場で持参した土産（方物）を献上し、また宮廷料理を振舞われたかもしれない。一行が入国以来受けつづけたカルチャーショックは、ここにおいて頂点を迎えることとなる。

洛陽城へ——六〇七年の遣使

次に、場所を大興城の後に成立した新都洛陽城に移そう。煬帝は仁寿四年（六〇四）七月に即位し、弟漢王諒（りょう）の反乱を平定すると、一一月に洛陽に移った。そして翌大業元年（六〇五）三月、楊素（ようそ）を総責任者に任じて東京城（とうけい）（洛陽）の造営を命じ、翌年二年（六〇六）正月に完成させた。ここでも宇文愷がプランナーとなった。このために毎月二〇〇万人の丁男が動員される大工事であった。この場所は旧洛陽城（漢魏洛陽城）から西に一五キロほどのところで、大興城を造営した場合と同様に、ここでも旧城域とは重ならないように設定されている。新都は中央を東西に流れる洛水によって南と北に分かれ、皇城と宮城からなる中枢は西北部に集められた。外郭全体をみてみると、変形した方形をとり、外周の合計が二万七〇〇〇メートル余、大興城と比べると一回り小さくした都城であったことがわかる（図9、口絵2頁図4参照）。

新都は、旧洛陽（漢魏洛陽）から移住させた住民、それに各地の大商人らを移させ、その数は数万戸にの

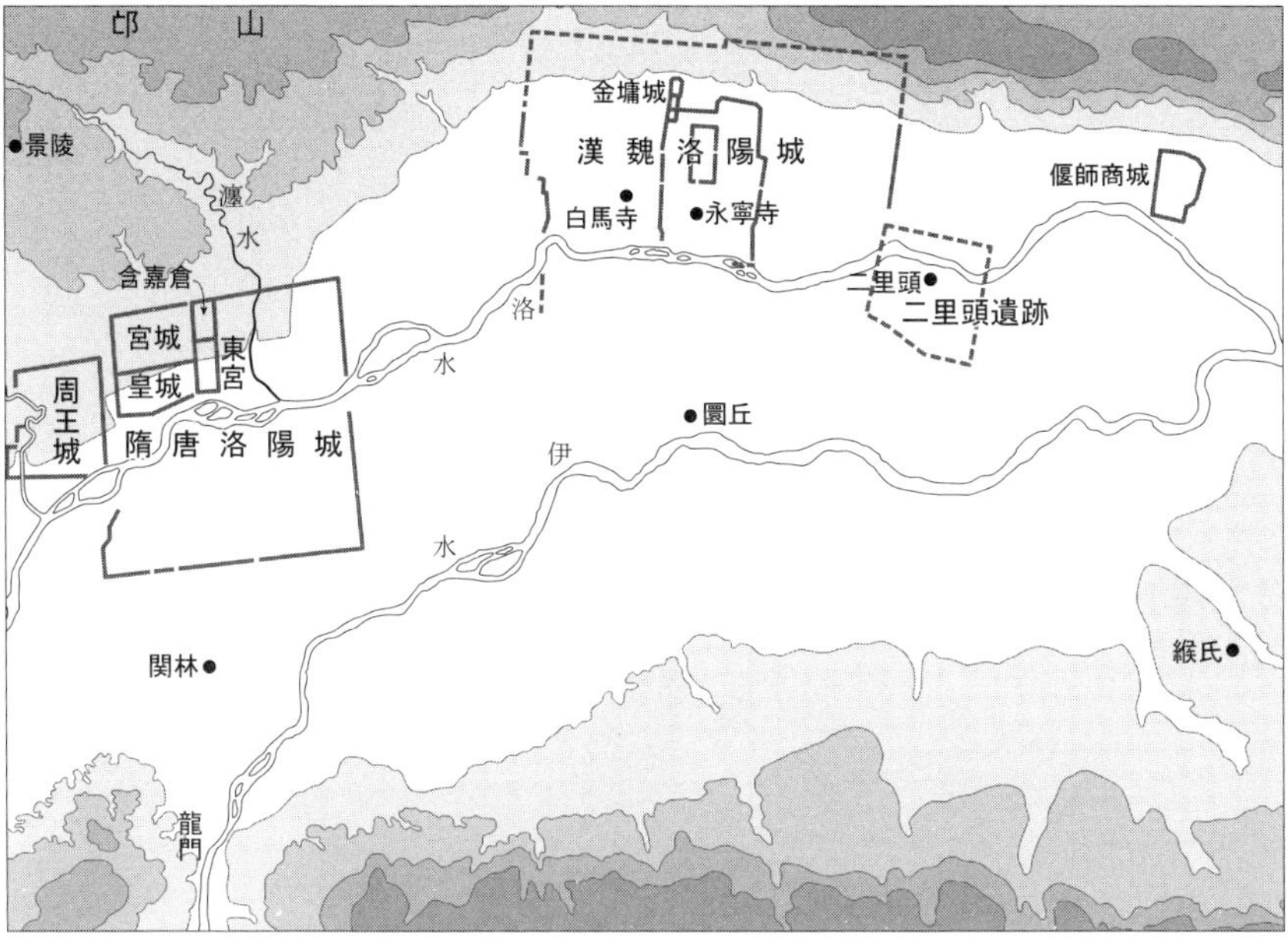

図９　隋唐洛陽城と洛陽盆地旧都所在地図

ぼった。かくして後漢以来の歴史を有する漢魏洛陽城は見捨てられ、あとは廃墟化し土にもどる道をたどることになる。かつて北魏の都がここに置かれた時期、一万戸を越える諸外国人が集う国際商業都市が出現した。内城には一〇〇メートルはあるという木造九層の巨大な永寧寺（えいねいじ）塔が立てられ、仏教都市を演出した。しかし五三四年に北魏が滅びるとき、永寧寺塔は焼け落ち（燃え尽きるのに三か月近くかかったという）、諸外国人は姿を消した。

　煬帝がこの洛陽に新都を築こうとしたとき、彼の脳裏をよぎったのは北魏洛陽の往時の姿ではなかったか。彼は在位中、幾度も国際フェスティバルを催し、西域商人を呼び込むことに努めた。また東方や東南諸国の使者が訪れることも積極的に歓迎した。このようななかで洛陽は東アジアの政治の中心であるとともに、国際的な商業・交易の中心になることも最初から期待されていた。

図10　嵩嶽寺塔（北魏塔、一説に隋塔）

遺隋使小野妹子一行が訪れたのは、まさにそうして動き始めた新しい洛陽であった。まだ西域系の商人が大挙訪れる状況にはなっていなかったが、国内の商業活動や大運河を使った物流の様子を、彼らは驚きをもってながめただろう。加えて、城内には新たな寺院も建ち始め、東の郊外には最初に仏教が伝えられたという白馬寺がある。南に足を運べば、北魏後期から着手されてきた古陽洞や賓陽洞や薬方洞などをもつ龍門石窟が、また東に行くと北斉にはじまる鞏県石窟がある。東南の嵩山山中には嵩嶽寺塔の美しい塔があった（図10参照）。彼らはここが仏教の中心地であることも知ったはずである（口絵2頁図4参照）。実際にみたこうした洛陽の風景も、帰国後、隋の国情とあわせて報告されたことだろう。

四　遺隋使がみた隋の政治風景――開皇二〇年の政界

皇太子楊勇の廃位と高熲の失脚

大興城から洛陽城（東京）への移転は、文帝から煬帝への代替わりを象徴するが、その過程で大きな政治的事件が起こった。開皇二〇年の皇太子廃嫡と路線転換をめぐる出来事である。ちょうどそれが進行している時期に、倭の使節が大興城を訪れた。彼らは何を見、何を感じたか、そうした観点から、その時期の政治的状況を押さえておきたい。

開皇二〇年のころ、隋は長年の内政重視の政策によって国力が充実し、絶頂期を迎えようとしていた。国の倉庫には穀物がうず高く積みあげられ、人々の生活は落ち着きをとりもどしていた。右で述べた大興城の活気もその時代状況を映し出している。だがそうした社会の様相の一方で、政治は緊張し、路線が大きく転換されようとしていた。その中心にあったのは、当時皇太子であった楊勇とそれを支える宰相高熲であり、これにたいし、兄の皇太子の追い落としをはかる晋王楊広（ようこう）と後ろ盾となる楊素のグループが力をつけてきた。次男楊広の側には母の独孤（どくこ）皇后がまわり、その強い働きかけも一つの理由となって、文帝は最後に皇太子側を排除する方向にカーブをきった。

そして最終局面を迎えたのが、同年一〇月の皇太子の廃位、つづく一一月の晋王の皇太子任命であった。この交代劇は直接的には、遡ること二年前の開皇一八年（五九八）、隋として最初の高句麗遠征に淵源する。この高句麗遠征の前年ころ、高句麗が「靺鞨（まっかつ）の衆万余騎を率いて遼西を寇（あだ）」（『隋書』巻八一・高麗伝）し、それを口実に、文帝の五男、漢王諒（りょう）を総大将に、水陸三〇万の兵力を付けて行動を起こしたのがそれであるが、結果は隋側の大敗北に終わった。そこで敗北の責任を押し付けられたのが、宰相として遠征の実質的な責任者を命ぜられた高熲であった。彼は当初からこの遠征には反対を表明していたからである。

高熲は周隋革命以来、一貫して文帝（楊堅）に仕え、隋の基盤を築いてきた人物であった。彼はまた皇太子勇とは姻戚の関係（息子の嫁が勇の娘）で、つねに皇太子を支える立場にあった。その政治路線は対外戦争を極力抑え、民生の安定に意を注ぎ、国力の充実をはかることであり、開皇一八年の高句麗遠征を反対したのもそうした理由からであった。これにたいし、高熲らの反対意見を押し切って、文帝は高句麗に兵を出すことに踏み切ったが、このことは取りも直さず、文帝の政治姿勢が内政重視から東アジア拡張路線へと切り替わったこと、その後煬帝によって強行される三度の高句麗遠征の先駆けとなることを表すものである。

仁寿舎利塔事業

このようにして、政治は「文帝―楊勇―高熲」路線から「文帝―楊広―楊素」路線へと転換され、その最終局面が開皇二〇年における皇太子の廃嫡、その前後における高熲の失脚と楊素の宰相就任となるのである。開皇二〇年はまさに政界の緊張感が頂点に達した時期にあたっていたが、それと並行して仏教色が政治の前面に押し出されてきたことは忘れてはならない。皇太子の交代劇が決着した直後の一二月、「仏法」をあがめること、仏像などの尊像破壊を厳禁することが命じられた。この措置は道教にも同様に向けられてはいたが、それは建前で、実態は仏教保護に力点があった。

その挙句、翌年の仁寿元年（六〇二）六月の還暦を迎えた当日、文帝はつぎのような方針を断行した。すなわち天下の支配に臨んで以来、儒教を学ぶ学校を建て、人材の育成に努めてきたが、結局国用に耐える人材は育成できなかった、ついては「国子学」だけ「学生七十人」をのこし、他はすべてなくす、という実質学校の停止策が打ち出された（『隋書』巻二・高祖紀・仁寿元年六月乙丑の条）。その上で同じ日、「舎利（しゃり）を諸州に頒（わか）つ」という命令が下され、以後三度にわたる舎利（舎利塔）事業が始まった。これが仁寿舎利塔事業である⑵（図11・図12参照）。

この舎利塔事業とは全土の主要寺院に中央から仏舎利を頒布し、舎利塔（木塔）を建てさせ、同じ日の同じ時刻に一斉に祀り、舎利塔内（地下）に埋納するというものである。そのことを通じて仏教勢力を取り込み、仏教に通暁した人材を確保し、統治の場に用いる意図がその政策から伺われる。仏教は儒教に代わる国家の柱に押し上げられるという、歴史上例をみない壮大な試みがそこに進行していた（271頁表参照）。

三階教の弾圧と高熲

仏教が文帝の下で大きく盛り上がろうとしていたちょうどその開皇二〇年、一つの仏教宗派が禁圧によって活動をやめた。信行（五四〇～五九四）が興した三階教である。信行は東魏—北斉時代に生き、時の都の鄴で修行し、北周武帝の仏教弾圧を体験した。彼はそのなかで末法の到来に危機感を抱き、民衆に依拠した新仏教、三階教を説くに至った。それは、すべての人は仏性を備える（普仏）から、あまねく崇拝されるべきである（普敬普行）とし、それを実践するために布施行を重視し、喜捨を集めた無尽蔵院を経営した。

彼はそのようにして新たに組織した教団の力をもって、隋初の開皇九年に都（大興城）に進出する。それを受け入れたのが時の宰相高熲であり、信行のため私邸を喜捨して真寂寺（唐の化度寺）を建て、三階院を置かせた。以後三階教はそこを拠点とし、高熲をバックにもって華北に影響力を広げていく。高熲はもともと熱心な仏教信者で知られるが、しかし彼は政治家でもある。信行が民衆の心をとらえ、新興の仏教教団を率いて台頭してきたことに注目し、それを政治につなげる意図も当然あったであろう。両者は互いに利用し補

図11　仁寿舎利塔想定図

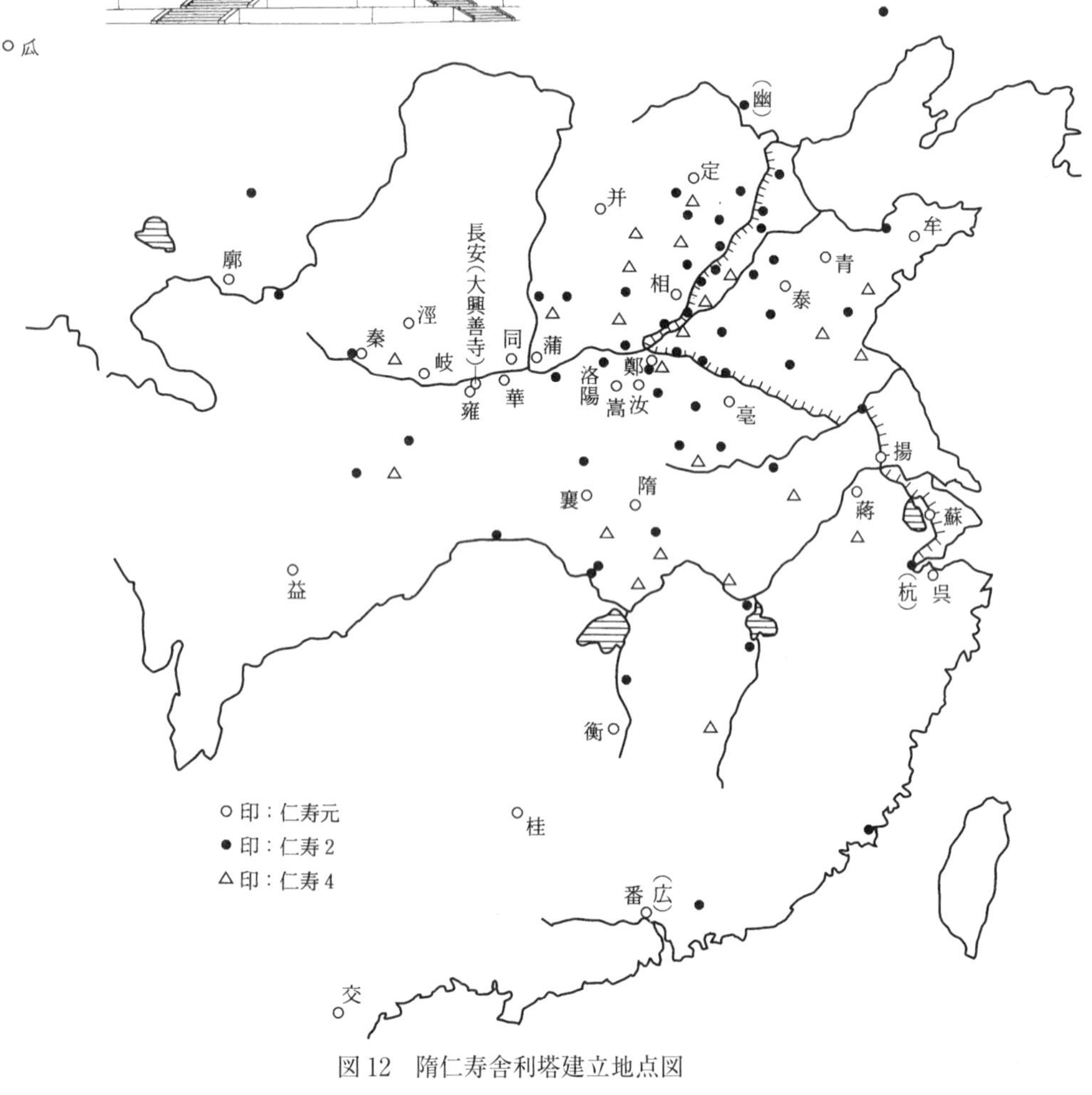

図12　隋仁寿舎利塔建立地点図

完しあう関係を築いたものと想定される。

三階教は信行を中心に固く結ばれた信仰集団であり、信行亡き後も変わらなかった。しかも無尽蔵院には多くの財産が蓄えられている。その異質さゆえにこの教団はしばしば弾圧を受け、八世紀初頭の弾圧で姿を消すが、開皇二〇年の場合はそれだけでなく、時の権勢者にあまりにも近づきすぎた結果でもあった。高熲の力を削ぐために三階教も潰さなければならないという流れのなかに、開皇二〇年に起きた権力闘争の熾烈さと根の深さが垣間見られるだろう。遣隋使はまたそうした空気も感じとる立場にあった。

表　開皇二〇年前後の政治略年表

年代	出来事
開皇一七年（五九七）末頃？	高句麗が靺鞨の衆一万余を率い遼西侵攻。
開皇一八年（五九八）	二～九月、水陸三〇万で高句麗遠征し大敗（漢王諒と高熲による）。
開皇一九年（五九九）	八月、高熲の宰相失脚。
開皇二〇年（六〇〇）	一〇月、皇太子楊勇の廃位。一一月、晋王楊広が皇太子就任。
	一二月、文帝による仏教への傾斜の鮮明化。三階教の弾圧。
	この年、倭の遣隋使が訪れる。
仁寿元年（六〇一）	正月、楊素が宰相に就任。
	六月、全国学校の大幅削減・停止、同日、舎利の頒布を命令（三〇所）。
	一〇月、舎利塔建立と舎利供養。

五　梁職貢図にみる倭人像——遣隋使像の理解のために

ところで、隋に派遣された倭人たちはどのような姿をとって、隋の人々の前に現れたのだろうか。これは一度は取り上げられてよい課題であるが、『隋書』倭国伝は倭国における倭人の風俗に言及しても（第Ⅲ部2参照）、使者そのものの様態までは答えてくれない。もちろん『三国志』魏志倭人伝以来の中国正史にも記述はない。そこで目を向けてみる必要があるのが、図像としての倭国使ということになる。

章懐太子墓

図像にみる倭国（日本）の使者というと、参考のためによく引用されるのが、唐代の第三代高宗とその妻則天武后を葬った乾陵の陪葬墓、章懐太子墓（墓主は李賢、七一一年）の墓道東壁に描かれた「客使図（礼賓図）」である（図13参照）。そこには客使が三名描かれ、当初その中央の一人が日本使（遣唐使）ではないかとの見解が示されたが、結局はその見方は定着しなかった。日本の当時の服装とかけ離れていたからである。これとは別に、それを新羅の使者とする説も主張されたが、二本の鳥の羽がついた帽子は高句麗壁画にみえる高句麗の蘇骨冠に相当し、新羅にはない。そこから中央の人物を高句麗の流れを引く渤海の使者とみなし、先頭（左側）を東ローマ系、三人目（右側）を契・契丹系という見方が示されている。

「梁職貢図」の由来と諸本

章懐太子墓壁画の客使図が参考にはならないとすると、次に注目してみたいのは「梁職貢図」、そこに「倭国使」の名を付してのこされた図像がある。

そもそも「梁職貢図」は、南朝梁の蕭繹（後の元帝、五〇八～五五四）が、揚子江中流の荊州（江陵、湖北省）の刺史（長官）であったとき、父武帝（在位五〇二～五四九）の盛時を慕って集まる外国使節の姿を自ら筆をとって描き、序を付してのこした画巻である。彼は武帝の第七子で、梁が侯景の乱（五四八～五五二年）のために滅亡に瀕したとき、荊州によって即位し、王朝の命脈をつないだ人物であるが、絵画においては当代きっての名手であった。彼は荊州に来た外国使を描いただけでなく、都の建康を訪れた使者についても人をやって調べさせるほどに力を入れた。「梁職貢図」は五三九年（大同五年）頃までに完成したといわれる。

図13　唐客使図（礼賓図）（章懐太子墓壁画）

画巻は原本がいつごろまであったかはわからないが、今日私たちは確認できたところで、三つの模本をもっている。一つは、唐初にこの図をみた画家閻立本が描いたもので、「唐閻立本王会図」の名で台湾の故宮博物院に収蔵される（図14参照）。閻立本は唐代を代表する画家であり、人物画を得意とした。台湾の故宮博物院にはまたこれとは別に、五代十国時代の南唐で模写された「南唐顧徳謙模梁元帝蕃客入朝図」が保存されている。前者は絹本に彩色を施した作品であるのにたいし、後者は白描画、人物を線描しただけのもので、後代の修復が多く入り、原図の様相を変えている。

これにたいしもう一本、職貢図の名を冠する重要な作品があった。北宋の熙寧一〇年（一〇七七）に模写された絹本着色画で、「梁職貢図」とよばれる（図15参照）。縦二五センチで横が一九八センチの画巻形をし、各人物の高さはおよそ二〇センチである。その人物像の描かれ方は六朝後期の画風の特徴を伝え、原画に近いものをもつと評されている。また「唐閻立本王会図」とは同一の模本（あるいは原画）を用いた可能性もある、と指摘されている。

それに加えてこの「梁職貢図」には、他にはない重要な箇所があった。それぞれの使者像の後に、題記（詞書、職貢志）が記されていたことである。この題記は、蕭繹が描いた段階ですでに付されていたが、絵画の面を重視した閻立本や顧徳謙は、その文字部分を省いたのにたいし、北宋「梁職貢図」では図像といっしょに題記も転写されたと推定される。したがって、これは絵画史料であるとともに、貴重な文字史料でもあった。

この北宋「梁職貢図」画巻には、はじめ三五国の外国使者の図が描かれていたというが、その後時代を経て清朝の内府に納まったころには二五国となっていた。清末以降行方がわからなくなっていたが、一九六〇年に南京博物院に所蔵されていることが明らかにされたとき、さらに半分が散逸し、一二国の使節図（題記では一三国）だけがのこされていた。現在この職貢図は北京の国家博物館（旧歴史博物館）に保存される。

そして幸運なことに、「梁職貢図」の一二の国使のなかに「倭国使」図があった。図は上に掲げ（図15参

図14 倭国使（「唐閻立本王会図」）

図15 倭国使（「梁職貢図」南京博物院旧蔵）

照）、さらにカラー版として冒頭の口絵に示しておいたが（口絵3頁図5参照）、その姿は頭部に頭巾をつけ、首に布を巻き、手に手甲、脚に脚絆をつけ、足は裸足で履物を履かない。そして上半身と下半身にそれぞれ一枚の布を巻きつけ縛っている。口ひげも顎ひげも生やし、額のあたりには刺青とおぼしきものもみて取れる。

新発見の「梁職貢図」模本から復元された題記

そしてこの「倭国使」図には、もう一つ貴重な情報がのこされていた。前にもふれた題記（文字）としての情報である。ただし残念ながら、題記の後半は失われていた。それに当画巻の文字は全体に擦れて見えにくい。そのため題記そのものを読み取る試みはあまり深められていなかった。ところが近頃、「梁職貢図」の別の模本にあたる「清張庚諸番職貢図巻」という存在が確認された（『愛日吟廬書画続録』巻五、『続修四庫全書』子部芸術類）。これは清の張庚（一六八五～一七六〇）なる人物が、知り合いから借り出して模写してのこした作品という。ただし本体たる図像部分の所在はわからず、各使者に付された題記一八国分がそこに別途まとめられていた。それを現存の北宋模本「梁職貢図」の題記と比べると、文章はおおむね重なることが確認できた。（補註）

この結果、張庚本の題記によって、現存する北宋模写「梁職貢図」題記の不明箇所を補い、判読不能部分を復元し、また一三国以外の不明国を追加する手掛かりが与えられた。いま問題の「倭国使」の題記では、幸い張庚本には全文の形で残されており、「梁職貢図」題記の欠落部分を補うことが可能となった。そこで参考までに「倭国使」の題記を復元し、あわせて読み下しと一部の解釈を加えてみた。釈文（録文）の〔　〕内の記事が新発見の張庚本から補ったところである。

倭國使

倭國在帶方東南大海中、依山島居。自帶方循海水、乍南乍東、對其北岸。歴三十餘國、可万餘里。倭王所止、大抵在會稽東。氣暖地温。出眞珠・青玉、無牛馬虎豹羊鵲。〔男子皆黥〕面文身。以木綿帖首。衣横幅無縫、但結〔束相連。好沈水捕魚蛤。婦人只被髪、衣〕如單被。穿其〔中貫頭衣之。男女徒跣、好以丹塗身。種稻禾・麻苧・蚕桑、出袖布・縑錦。兵用矛盾・木弓、箭用骨爲鏃。其食以手、器用籩豆。死有棺無槨。齊建元中、奉表貢獻。〕

倭国使

倭国は帯方の東南、大海中に在り、山島に依りて居る。帯方より海水に循い、乍ち南し乍ち東し、其の北岸に対（到カ）る。三十余国を歴ること、万余里なるべし。倭王の[止]まる所、大抵会稽（会稽郡＝浙江省紹興市）の東に在り。気は暖かく地は温し。真珠・青玉を出だし、牛・馬・虎・豹・羊・鵲無し。〔男子は皆〕面に〔黥し〕身に文す。木綿（パンヤの種子からとった綿で織った布か）を以て首に帖る。衣は横幅（横はば広の布）にして縫うこと無く、但だ結〔束（布を縛る）〕して相連ぬ。好んで水に沈み魚・蛤（魚類・貝類）を捕う。婦人は只だ被髪（髪を伸ばす）し、衣は〕単被の如し。其の〔中を〕穿ち〔頭を貫し之を衣る。男女は徒跣（履物を履かず裸足）し、好んで丹（赤い絵の具＝朱）を以て身に塗る。稲禾（いね）・麻苧（あさ）・蚕桑（くわ）を種え、袖布（袖は絹か。麻布）・縑錦（絹布）を出だす。兵（武器）は矛・盾・木弓を用い、箭は骨を用て鏃と為す。其の食は手を以てし、器は籩豆（たかつき）を用いる。死して棺有るも槨（棺や埋葬品を納める外側の柩）無し。斉の建元中、表（国書）を奉じ貢献（朝貢）す。〕

補註

「梁職貢図」をめぐる研究は多数にのぼるため、ここでは一部の参考文献をあげておく。

・金維諾「〝職貢図〟的時代与作者——読画札記」（『文物』一九六〇年七期）

・榎一雄「梁職貢図について」（『東方学』二六、一九六三年）・同「職貢図の起源」（『東方学会創立四十周年記念東方学論集』一九八七年）。いずれも『榎一雄著作集』七、汲古書院、一九九四年に所収。

・深津行徳「台湾故宮博物院『梁職貢図』模本について」（『調査研究報告』四四、学習院大学東洋文化研究所、一九九九年）
・趙燦鵬「南朝梁元帝『職貢図』題記佚文的新発現」（『文史』二〇一一年一期）

復元された史料の意義

復元題記によると、最後に「齊建元中、奉表貢獻」、すなわち南朝斉の建元年間に倭使が「表を奉じ貢献（朝貢）す」とあった。ここから新たな二つの事実（可能性）が浮上する。まず第一に、この記事は『南斉書』倭国伝の「南斉が成立した初年の建元元年（四七九）に倭王武（雄略天皇）に鎮東大将軍を授与した」という記事とつながることである。これまで、倭の五王と南朝の関わりは宋の時代（四二〇～四七九）で終わる、と理解されてきたが、これによると、次の南朝斉（四七九～五〇二）の成立直後にも使者を出していた。「職貢図」がいう「斉建元中」とは、斉の建元元年（四七九）であった。そして、この「倭国使」の図はそのおりの使者の姿をもとに、やや下った梁代に蕭繹（しょうえき）によって描かれたものとなる。これが第二の可能性である。四七九年であれば、蕭繹が生きた時代とはあまり隔たることはない。

「梁職貢図」の倭人像は、『魏志』倭人伝が記す倭人の姿を髣髴（ほうふつ）させるものがあった。したがって、中国世界でいう倭人像はほぼ「梁職貢図」のような描かれ方に固まっていたことが考えられる。と同時に、実際に南朝に倭人がこのような姿で現れたかは疑問符がつくが、一方で斉の建元元年のときの使者の姿にも関わる可能性がうかがわれた。もちろん梁の天監（てんかん）七年（五〇八）に生まれた蕭繹にしてみれば、その倭国使を実見するはずはない。これらの条件を集約すると、あるいは公式の場で彼らにこのような格好をとらせた（求めた）、また倭使の側もそのことを意識して対応した、ということもあったかもしれない。いずれにせよ、こうしたところから当時、倭人（倭使）とはこのような格好をしたもの、というイメージが中国国内ではほぼ固まっていたといえるのではないか。

「梁職貢図」の原本は五三九年頃に完成したといわれる。そしてその「倭国使」図は、はしなくも当時の人々の観念に植え付けられた姿を表出させたものであった。そこには、倭国の文明的な遅れあるいは未開性があますところなく表現される。倭国とは遠い海の彼方から、文明の恩恵を求めて集まった未開の小国、というのが当時の中国王朝の偽らざる認識であったことだろう。

倭人の姿はそれをもって中国の視野から消えた。そして次に姿を現したのが、それから六〇年後の隋開皇二〇年（六〇〇）のわが遣隋使であった。隋人はそれをみていかなる印象を抱いたであろうか。「倭国使」図に投影された観念化された倭人観は、彼らの登場によってどう改められることになるだろうか。それは今後考えるべき新しい課題である。

おわりに

以上、隋を訪れた開皇二〇年（六〇〇）の倭の使節や大業三年（六〇七）の小野妹子の立場にたって、彼らの視野に入ってくるであろう隋の世界を描写してみた。もちろんそのことを直接語った史料があるわけではない。彼らがたどった道を筆者が一緒に歩いてみて、そのなかで目にしたり心に思うにちがいない事象や印象をまとめてみたが、当然主観的、一方的という誇りを招くかもしれない。しかしここではたんなる空想を語ったのではなく、十分ありえることを想定してのことであった。

日本（倭）の本格的な外交のために派遣された彼らは、緊張と興味のあいだで先進の文明にふれ、社会の諸相に目を凝らす。彼らは帰国後、そのような事柄も含めて復命するはずであり、その報告が直接的にも間接的にも国家の方針に影響を与えることは見えている。私たちはややもすると、直接目にできるところ、形に表れたところだけに頼って、相互の影響や受容の関係を論ずることになる。例えば、仏像を彫る技法や表情・姿態の外形面、寺院の構造、また経典教義の理解などによる厳密な分析の形をとって。ただそうした場合、前提にあるはずの仏教を受け入れてきた土壌やその長い積み重ねの過程など、見えざる部分が時として忘れがちになることは心しなければならない。

そうした見えざる部分に光をあてるとき、その一角にいた遣隋使の存在がにわかに光彩を帯びてくる。日本（倭）が国際舞台に本格的に乗り出したときの、異文化に最初にふれる立場に彼らはいたからである。そのような意味から、遣隋使に寄り添ってみてみることは決して無駄ではないと考えた次第である。

註

（1）これらの石仏群は、一九九六年一〇月七日に山東省青州市の唐代龍興寺址の地中穴蔵から発見され、現在青州市博物館に保存展示される。これらの代表的なものは整理の終わった一九九九年夏に、北京の中国歴史博物館で特別展示されたあと、二〇〇〇年一〇月、朝日新聞社・東京国立博物館などの主催による「中国国宝展」において初めて日本で一部が公開され、驚きをもって迎えられた。山東省青州市博物館「青州龍興寺仏教造像窖蔵清理簡報」（『文物』一九九八年二期）、『中国国宝展』展示図録（朝日新聞社、二〇〇〇年）参照。なおこの発見を契機に、同時期の石仏は周辺の諸城市や臨朐県など広く存在することがわかってきた。

（2）　ちなみに隋文帝の仁寿舎利塔の事業は、奈良朝で進められた国分寺・国分尼寺の配置につながる位置を占めるものと理解される。山崎宏「仁寿年間に於ける送舎利建塔事業」（『支那中世仏教の展開』清水書店、一九四二年、所載）、小杉一雄「六朝時代仏塔に於ける舎利安置」（『中国美術史の研究』新樹社、一九八〇年）、氣賀澤保規「隋仁寿元年（六〇一）の学校削減と舎利供養」（『駿台史学』一一一、二〇〇一年）参照。

参考文献

妹尾達彦、二〇〇一『長安の都市計画』（講談社）
氣賀澤保規、二〇〇五『絢爛たる世界帝国　隋唐時代』（講談社）
氣賀澤保規編著、二〇一〇『洛陽学国際シンポジウム報告論文集』（汲古書院）
氣賀澤保規他、一九九六『特集花の都・長安』（『月間しにか』九月号、大修館書店）
塩沢裕仁、二〇一〇『千年帝都洛陽　その遺跡と人文・自然環境』（雄山閣）
香港芸術館工作小組（編）、二〇〇一『山東青州龍興寺出土仏教造像展』（香港芸術館）
頼　非、二〇〇七『山東北朝仏教摩崖刻経調査与研究』（科学出版社）

2　隋人がみた倭の風景

鐘江　宏之

はじめに

『隋書』倭国伝（以下、単に『隋書』と略して記す）には、遣隋使との交渉によって隋人が得た倭の情報や、倭に派遣された隋使が見聞した情報に基づくと考えられる記述によって、当時の倭の姿が多彩に描かれている。もちろん、遣隋使による誇張や、隋人による誤認なども含まれる可能性はあるが、そのことを前提としても、七世紀初頭の倭の姿が豊かに述べられている部分を多く含みこんでいる。ここでは、『隋書』やその他の史料に依拠しながら、隋使が見聞したであろう当時の倭の姿を、できるだけ具体的にまとめてみることにしたい。

一　倭人の衣食住と人口

服装

『隋書』では、男性の服装について「裙襦を衣る、その袖は微小なり」と記している。中国でいう「裙襦」とは、肌着のことであり、身に直接まとう衣装をさす。おそらく、隋人の目にした倭人は、一重の肌着を身につけていたのであろう。また履き物については「履は屨形の如し、その上に漆り、これを脚に繋く」と記す。『玉篇』に「麻で作った履を「屨」という」という説明があることからすると、麻などの植物繊維で編んだ粗末な一重底のものに漆を塗って固めたような靴ということになろうか。さらに『隋書』は「人庶は跣足多く」としており、大多数の庶民は「跣足」つまり裸足であったらしい。中国南北朝期の梁代（五〇二〜五五七）に描かれたとされる『職貢図』には、倭国使の姿が描かれており、上下に分かれた肌着のような着衣を身につけていて裸足である（口絵3頁図5参照）。倭の男性の日常的な姿は、この絵に描かれたものに近いかもしれない。『隋書』は、女性の服装についても「裙襦を衣・裳は皆襈あり」と記している。一重の肌着と裳を着ており、すべて縁取りがあったというのであるから、縁取りをわざわざつけていたことが目にとまったのであろう。

髪型

男性の髪型について、『隋書』は、冠が制定されるまでは、ただ髪を両耳の上に垂らすだけであったとしており、埴輪の人物像などに見られる「みずら髪」のことを言っているとみられる。六〇三年に制定された冠位十二階の制では、色のついた錦で冠が作られた。『日本書紀』推古一六年（六〇八）八月壬子条によれば、

図1　7世紀初期の土器

隋使の裴世清（はいせいせい）が来日して隋からの国書が倭王に送られた儀礼の場では、小墾田宮（おはりだのみや）の朝廷に整列した皇子・諸王・諸臣たちが、服の色と同じ冠を身につけ、さらに金の髻花（うず）を冠に着けたという。『隋書』はこれを「金銀もて花を鏤（ちりば）めるを以て飾りとなす」と記録している。一方、女性の髪型については、『隋書』では、髪を後ろに束ねただけだという。「竹を撱（やわらか）にして梳（くし）を為（つく）る」とも記されており、髪を整えるのに竹製の櫛が使われていた。

食事

食事に関して、食器としての箸は八世紀のうちに都の庶民の中に普及していったと考えられている。すなわち、七世紀末から八世紀初頭の都である藤原宮・藤原京の発掘調査では、宮内でわずかに箸が出土するものの、京域ではほとんど出土せず、藤原宮の次の宮である平城宮の発掘調査において、箸が豊富に出土するようになる。しかし、平城京ではわずかしか出土しない。さらに八世紀末の長岡京（京都府）になれば、箸が京域で豊富に出土している。こうした発掘調査での所見からすると、奈良時代の宮の中で、ようやく箸が一般的に使われ始めたようであり、都の周辺でも、七世紀初頭の場合には、まだ、さじも使っていなかった可能性が高い。まして地方においては、ほとんどの食事は手づかみだったのだろう。『隋書』でも、「俗、盤（ばん）

俎なく、藉くに槲の葉を以てし、食するに手を用いてこれを餔う」と記されており、中国で調理に使うような盤（大皿）や俎（まな板）のようなものもなかったとされている（図1参照）。

食事の中身に関しては、食材や調味料などについて奈良時代の内容はかなり解明されてきているが、七世紀初期の段階がどのようであったのかはわからないことが多い。奈良時代の都における食生活の上では、菜類など、生ものをよく食べていた可能性が高いことが、当時の排泄物中における寄生虫卵の研究などからわかっている。一〇〇年ほどの間に好みがそう変わってはいなかったとすれば、奈良時代と同様であったかもしれない。

住　居

遣隋使の往来した時代の住居は、おおむね竪穴式住居であった。多くの場合は一〇〜二〇平方メートルほどの正方形の竪穴を、深さ数十センチほど掘り、その中に柱を四本ほど配置して、草や萱で上屋としたものである。竪穴の壁際に竈が作られていて、竈からの煙出しは上屋の外側まで煙道が続いており、屋内に煙は出ないようにされている。また、西日本から普及しつつあるものとして、掘立柱と壁で囲まれた平地式の住居（床を掘り込まない方式のもの）も使われるようになり始めたようである。住居内には板を敷いて床にした場合もあっただろう。

豪族の居館には、庶民の住居に比べてはるかに大きな建物もあった。五世紀前半の葛城氏の居館とみられる奈良県御所市の極楽寺ヒビキ遺跡では、方形の床面を持つ大型の掘立柱建物が壕や塀で囲まれた立地で見つかった。床面積は二二五平方メートルにもなり、規模や構造からみると、何らかの政治的な建物とみることができそうである。大豪族になれば、こうした大型の建物を擁する居館を構えて、氏族の集まりなどに利用していたものと思われる。

こうした建物の内部の敷物を指すのであろうか、『隋書』は「草を編みて薦(しとね)を為(つく)り、雑皮にて表(おもて)を為り、縁(ふちと)るに文皮を以てす」と記している。植物を編んだ敷物である「薦」については、『万葉集』にも住居内に薦を敷いたことが詠まれており（巻一一―二五二〇・二五三八など）、一般的にはよく使われていたとみてよいだろう。身分の高い者の住居では模様のある皮で縁取られた皮の敷物もあったのかもしれない。

人口

ところで、倭の人口について、『隋書』は戸数が一〇万ほどであると記している。これまでの研究では、八世紀末の時点で五四〇～五九〇万人ほどの人口が考えられており、八世紀前半についても四〇〇～五〇〇万人ほどと推計されていて、八世紀中に約一〇〇万人の人口増加のあったことが見込まれている。遣隋使の時代である七世紀前半は、四〇〇～五〇〇万人の時代よりさらに一〇〇年ほど遡ることになる。八世紀の人口推算の過程では、八世紀前半の五〇戸あたり人口が一〇二五人ないし一〇六八人との数値が算出されており、一戸あたりになおすと二〇・五人ないし二一・三六人ということになる。遣隋使の時代には倭では全国的な戸籍がまだ造られておらず、八世紀と同じ規模の戸であったと考える根拠はないが、いま仮に一戸あたり二一人という八世紀前半の数値を使って計算するならば、一〇万という戸数からは全人口を二一〇万人と見積もることができる。もとより、どのような形態で人口が掌握されていたかも不明ではあるが、八世紀段階の人口と比べてみて、七世紀初頭に国家が掌握していた人口としては、あながちかけ離れた数値ではないかもしれない。この段階から八世紀前半までの人口増加量には、未掌握から既掌握となった人口数がかなり含まれるとみてよいであろう。『隋書』の記す戸数の一〇万という数値は、まったく根拠のないものというわけではなさそうである。

二　倭の風景と人々のなりわい

外交使節の行程

『隋書』には、六〇八年に裴清世が隋からの使者として倭に向かった際のルートが、次のように示されている（図2参照）。

百済を度り、行きて竹島に至り、南のかた𨈭羅（耽羅）国を望み、都斯麻国を経、迥かに大海の中にあり。また東して一支国に至り、また竹斯国に至り、また東して秦王国に至る。その人華夏に同じ、以て夷洲となすも、疑うらくは、明らかにする能わざるなり。また十余国を経て、海岸に達す。竹斯国より以東は、皆な倭に附庸す。

隋使が百済を経由したことが明記されており、倭と隋との交渉における百済の介在を推測させる。対馬に渡るとすれば、耽羅国（現在の済州島）を望むといった記述からすると、朝鮮半島南岸のいずれかの場所から

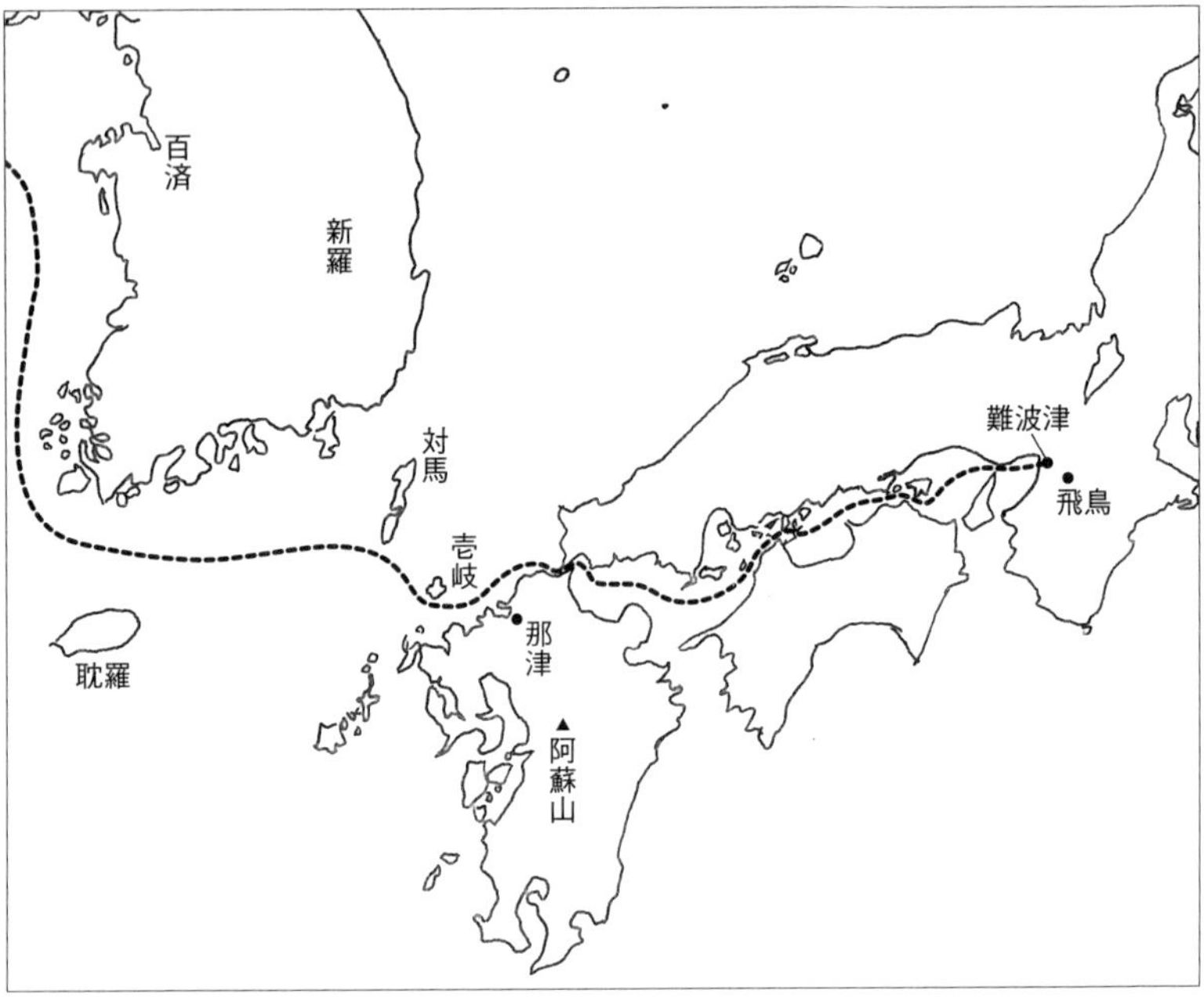

図2　遣隋使の経路

渡海したのであろう。半島南部のいずれかの島を「竹島」として記録したのではないだろうか。そして、対馬・壱岐を経由して、九州に到着したようである。当時、九州北部にあった「筑紫」は筑前・筑後には分かれておらず、また九州全体を「筑紫」と呼ぶこともあった。「竹斯国」の呼称はどちらかの意味であろう。壱岐を経由したルートであるから、おそらく、博多湾にあった那津に入ったものと考えられる。

なお、「秦王国」についての記述は、「夷洲」として扱われているので、蝦夷などの情報を聞きながら、いくつかの話題が誤認されたのではないかと考えられるが、ここではこれ以上の言及は控えることとしたい。また、『隋書』には阿蘇山についての記述もあるが、これも九州北岸からは望めないことから、伝聞としての情報が記録されたとみられる。

隋使は筑紫より東が倭に属す地域と認識しているようであるが、倭としては壱岐・対馬も倭の範疇であった。おそらく瀬戸内海を船で通って大阪湾に向かったことが、「十余国を経て」とされているのだろう。淀川河口に開けた天然の入江である難波潟と大阪湾の間に掘られた難波堀江が、難波津である。難波津は大和盆地を本拠とする大和王権にとっての外港であり、難波堀江の付近には客館（迎賓館）が設けられて、百済をはじめとした、すでに交流のあった国々のための館がいくつか建っていた。

この後の行程については、『日本書紀』に詳しい。難波の高麗館（高句麗のための客館であろう）の近くに前もって客館が造られ、隋使は、造られたばかりの客館に六月一五日に到着しており、一月半ばかり滞在したようである。八月三日には大和の飛鳥に入ったらしい。飛鳥の地へ入る直前に、迎接儀礼が海石榴市（現在の奈良県桜井市）の巷で行われた。

以上のようなルートを経由する中で、隋使一行は九州北部や瀬戸内海沿岸、さらには大阪湾から大和盆地に至る地域の景観を目にしたと考えられる。

農　業

中国中原からやってきた隋人にとっての日本列島の印象は、『隋書』には「気候は温暖にして、草木は冬も青く、土地は膏腴にして、水多く陸少なし」と描かれている。冬も植物が青々として、土地は肥沃だと述べているが、四月から九月にかけて日本列島にいた隋使一行にとっては、最も寒くなる冬場は目にしていないであろうから、この記述にはおそらく伝聞が含まれていると考えられる。『三国志』に「倭の地は温暖、冬夏生菜を食す」のように描かれて以来の倭の情報が、『隋書』にそのまま引き写されたことも考えられる。瀬戸内海の海路をとったためでもあるだろうが、『隋書』には農業についての記述は見られない。しかし、稲作などの田地の光景はどこかで目にしていたはずであり、それが中国と比べて特筆するような印象を持つものではなかったのであろう。低地での稲作も普及しており、養蚕も一部で行われていた。人びとの利用していた繊維が麻中心であったことからすれば、麻も栽培されていたとみられる。こうした農業の上で、各地の豪族が池や用水路・排水路などの水利施設の建設や管理に大きく関わっていた。『出雲国風土記』秋鹿郡の記事に知られる恵曇浜の排水路の開削や、『常陸国風土記』行方郡の記事に知られる椎井付近での灌漑池の建設などは、地方豪族が中心となって配下の人びとを動員して行われた。あるいは隋人も、こうした豪族の主導によって営まれている各地の農業の姿を目にすることがあったかもしれない。

漁業

このように農業に関する記述があまり見られないのに対して、漁業に関する記述のほうが『隋書』には残されている。「男女多く臂に黥し、面に点し身に文し、水に没して魚を捕う」という記述があり、その通りならば、腕や顔や体に入れ墨を施している者が多いということになる。しかし、『三国志』魏志東夷伝の倭人の条にも倭人の入れ墨に関する記述があり、そこでは「蛟龍の害を避く」と入れ墨の目的を記している。海での漁撈に携わる者にとって、水難を避けるためとして入れ墨をする習慣が三世紀からあったと考えられ、あるいは『隋書』はこうした従前の史書からの知識をもとに机上で記述した可能性もある。「水に没して魚を捕う」ことは素潜り漁を指しており、海士・海女を目にしたのかもしれない。『肥前国風土記』からは、九州北岸の地域に海士の分布していたことが知られる。瀬戸内海沿岸に関しては不明だが、途中の海路において、海士・海女が潜る姿を見た可能性はあるだろう。

また、「小環を以て鸕鷀の項に挂け、水に入れて魚を捕えしめ、日に百余頭を得たり」という記述も見られ、これは鵜飼いを指すとみられる。実はこの記述は、日本での漁法としての鵜飼いの初見にあたる。『新撰姓氏録』では、和泉国に鵜甘部首氏が分布していたことが知られ、和泉国で鵜甘部が鵜飼いを行っていたとみられる。また、『倭名類聚抄』では美濃国方県郡に鵜養郷が知られ、この地域でも鵜飼いが行われていたとみられ、現代でも続いている長良川の鵜飼いにつながる。また美濃国では大宝二年（七〇二）の戸籍の中にも鵜養部の氏姓を持つ者が知られている。こうした地域は、隋使のルートからは離れており、隋人がこうした鵜飼いを直接に目にする機会があったかどうかはわからないが、あるいは滞在した夏場の時期に話題となったのかもしれない。

三　社会規範と信仰・習俗

氏姓

倭の社会においては、氏族集団が社会構成の単位として重要であった。各氏族は大王から氏の名（蘇我・物部・中臣など）を与えられており、その氏の位置づけとして姓（臣・連・造・直など）を与えられている。大王はこうした氏と姓を与える側にあり、大王自身には氏姓はなかった。このことは中国とは著しく異なる点であろう。隋の王朝では皇帝は楊氏であったし、次の王朝となった唐では李氏となる。各王朝で皇帝となった氏族は異なっているのであるから、どの氏族が支配者として君臨しているのかと尋ねるのは、中国人からの関心としてふさわしく、『隋書』に「倭王あり。姓は阿毎、字は多利思比狐、阿輩雞弥（＝オホキミ）と号す」と記されているのもそのためだろう。しかし、倭の社会では、大王は他氏族に氏族名と姓を与えて呼ぶ側であり、自身には氏族名はなかった。隋人にとっては、このことは理解しがたかったであろう。おそらく、隋人に尋ねられた遣隋使は、王の名を「アメタリシヒコ」と答えただけであり、隋人がそれを姓と名に無理に分解して理解しようとしたのだろう。両国の社会における氏姓のあり方の相違からみて、隋人を納得させる説明は困難だったに違いない。

刑罰

『隋書』は刑罰に関して、「人を殺し、強盗し及び姦するは皆死す。盗む者は贓を計りて物を酬いしめ、財なき者は、身を没して奴となす」と記している。いずれも中国における律の用語をあてはめた、倭の刑罰についての解釈であろう。殺人・強盗・姦通が死罪にあたるとするのは、強盗や姦通の場合に、中国法よりも重い処罰となるケースも出てくる。その一方で、窃盗に関して贓（盗んだ財物の価）による計算での弁償を記しているのは、中国と同様な量刑が行われていることに親近感が持たれているのではないだろうか。また、贓物を納めることができずに奴婢に身を落とすといった、身分と刑罰との関係を示していることも興味深い。

こうした刑罰についての記述の直後に「獄訟を訊究するごとに、承引せざる者は、木を以て膝を圧し、あるいは強弓を張り、弦を以てその項を鋸す」と見えるのは、拷問の方法である。木材を膝の裏側に挟むのか、あるいは正座させた下に敷くのか、木を使って下半身に圧力を加えて拷問したり、弓の弦の部分で首を鋸引きのように痛めつけるなど、かなり凄惨な拷問のようすが窺われる。

さらに「あるいは小石を沸湯の中に置き、競うところの者をしてこれを探らしめ、いう理の曲なる者は即ち手爛る」と見えるのは、『日本書紀』の応神九年四月条や継体二四年九月条の記事などに知られる盟神探湯を指すのであろう。また、湯の中での試練だけでなく、「蛇を甕の中に置き、これを取らしめ、いう曲なる者は即ち手を螫さる」という試練もあったようである。隋人から見れば、原始的な神判の風俗として映ったであろう。しかし、実際には「人頗る恬静にして、争訟罕なく、盗賊少なし」と記されており、中国社会との比較では、おとなしく、争いや盗みや暴力的行為が少ない印象が持たれていた。「性は質直にして、雅風あり」とも描かれており、一般的に素直な印象だったのであろう。

婚姻

婚姻に関して、「婚嫁は同姓を取らず、男女相悦ぶ者は即ち婚をなす」と見え、同姓内での婚姻はなかったと記している。「婦、夫の家に入るや、必ず先ず火を跨ぎ、乃ち夫と相見ゆ」と記していることは興味深い。その家の者となるために、その家の火をまたがねばならないということは、その家の火との関わり、ないしその家の竈といった火を使う場との関わりが、成婚後の嫁としての営みに非常に大事な意味を持っていたことを示しているだろう。

占い

また別な箇所では、「卜筮を知り、尤も巫覡を信ず」と記されている。卜や筮といった占い、あるいは隋人によってそのような占いのように見えた行為が、行われていた。そうした占いやまじないの行為の中で、隋人からとくに特徴的だとみられたのは、巫覡が信用されていることであった。巫覡は、男性・女性を問わず、託宣や呪術ないし占いなどを行った者を指すと考えられる。奈良時代以降でも、巫覡の例はいくつか知られており、『日本霊異記』中巻二四では、平城京内とみられる率川神社に「相八卦読み」がいたことを伝えている。人びとの集まる場で、隋人が「巫覡」と称したような存在が活躍しており、占いや祈禱などを行うことによって、人びとの頼るところとなっていたのであろう。遣隋使の時代に近い時期の遺物としては、大阪市の桑津遺跡から出土した七世紀前半の呪符木簡が知られている（図3参照）。隋人の通った難波や大和の周辺で、実際にこうした呪符木簡を使うようなまじないが行われていたようである。

埋葬

人びとが亡くなった際の埋葬については、「死者は斂むるに棺槨を以て」すとある。火葬が普及するのは七世紀後半になってからで、遣隋使の時代には土葬がふつうであり、木や石の棺を使っていた。『隋書』には「親賓は屍に就いて歌舞」すと見える。埋葬までの間、こうした歌舞が行われて故人の霊を鎮めたのだろう。「貴人は三年外に殯し、庶人は日を卜して瘞む」とあり、身分の高い者は長期にわたる殯がおこなわれた。殯は遺体を葬るまでの間、安置しておくことであり、七世紀末に天武天皇が亡くなった際には、殯宮が設けられて二年二か月にわたってそこで儀礼が行われたことが知られている。身分の高い者ほど長期にわたる殯の儀礼が行われたのであろう。敏達天皇や斉明天皇の場合には、五年を超えるほど、長期の殯が行われた。

また、『隋書』には葬列についても興味深い記述がある。「葬するに及んで、屍を船上に置き、陸地よりこれを牽き、あるいは小輿を以てす」とあり、船に載せた遺体が牽いて運ばれたり、輿に載せた遺体が担がれて運ばれたりしたようである。「妻子兄弟は白布を以て服を製す」とあり、親族は白い麻布で作った喪服を

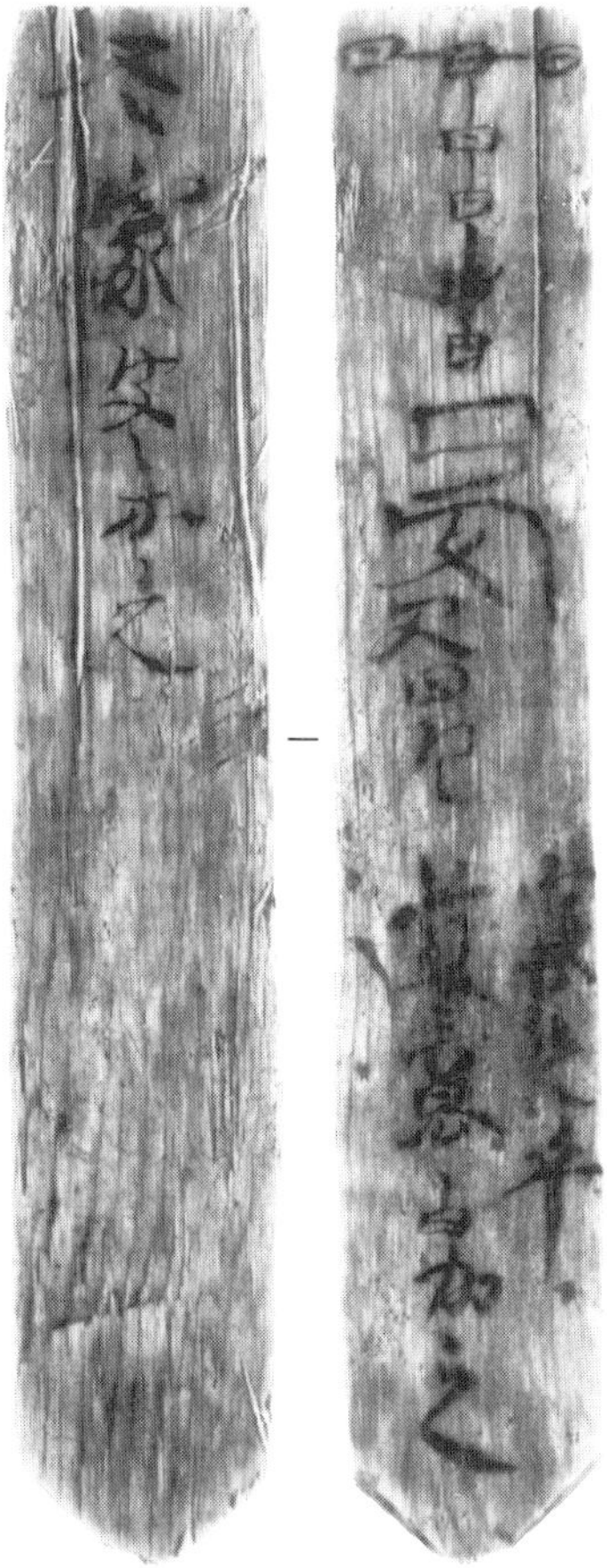

図3　7世紀初期の呪符木簡
（大阪市桑津遺跡出土）

身につけた。

四　文化・遊戯のようす

文字の利用

隋に比べて、倭の社会では官僚制が未成熟であった。国家の行政機構において紙で文書を作成し、それを用いた行政処理を行っていくことを当たり前のようにこなしていた隋の社会に対して、倭で文書を使った行政が始まるのはさらに数十年後の七世紀末ごろからのこととみてよいだろう。倭の社会では律令制の導入による文書利用を契機として、文字が飛躍的に社会の中に広がり始める。いまだその段階を迎えていない状況下では、文字の利用者は限られていただろう。『隋書』は「文字なく、ただ木を刻み縄を結ぶのみ」と記すが、政府の下で外交文書を作成したりはしているので、一部には文字が使われていることは間違いない。『隋書』は続けて「仏法を敬い、百済において仏経（ぶっきょう）を求め得、始めて文字あり」と記している。仏典の輸入はたしかに文字の輸入でもあるが、五世紀末ごろのものとみられる埼玉県の稲荷山（いなりやま）古墳出土鉄剣や熊本県の江田船山（えたふなやま）古墳出土大刀の銘文に見られるように、百済からのいわゆる仏教公伝よりも前から、倭の国内で文章を記すことが行われていた痕跡はある。

遣隋使と同じ時代の六世紀末から七世紀初頭にかけての時期に確実に記された文字として、実物が伝わっている事例は非常に少ない。希少な中から一例としてあげた図4は、推古三〇年（六二二）ごろに作られたと考えられる法隆寺金堂釈迦三尊像の台座に記された墨書で、ふだんは見えない場所に落書として書かれたものと考えられている。これを記した者の意図するところは判然とはしないが、「可陵の面に相見ゆるも、未だ心を識らず陵可」とでも読むのであろうか（東野治之氏の解釈による）。伎楽に使われる何種類もの面のうちの、迦陵頻伽の面に関して記された落書のようである。

政府の下で文字を扱った業務に従事していたのは、倭よりも文字文明の進んだ朝鮮半島からやってきた、渡来系の人びとであった。『日本書紀』によれば、百済系の渡来者の子孫であった王辰爾の甥である胆津は、欽明三〇年（五六九）に白猪田部の丁籍を調査して籍を定めた功績によって白猪史の氏姓を与えられ、敏達三年（五七四）にはその田部の名籍を授けられたという。この記事の内容を当該年の史実とするかどうかという点については詳細な検討を要するためここでは省くが、六世紀においては、文字を使って記録を残す技術を、渡来系の一部の人びとが中心となって担っていたことは、ほぼ間違いない。文字を使いこなすことは、六世紀末の段階でもまだ一般化したものとは言い難かった。

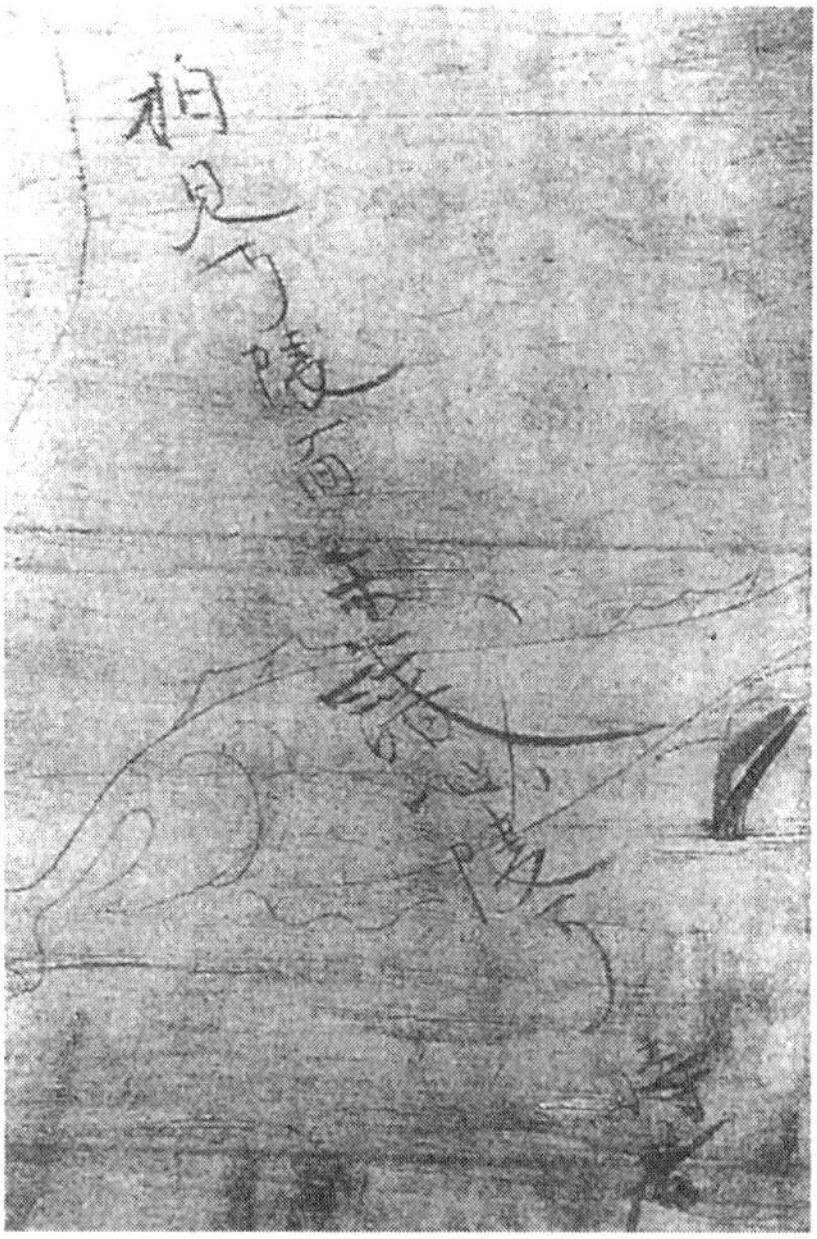

図4　法隆寺金堂釈迦三尊像台座の墨書
「相見可陵面未識心陵可」「時者」

当時、朝鮮半島の百済・新羅・高句麗の

三国との交流は活発であり、各国のことばが外交の上で使われる場面は多かったであろう。文筆を担ったのが渡来系の人びとであったことを考え合わせるならば、文書の授受や外交交渉に関わる人びとの中には、渡来系の人びとが多く含まれており、彼らは朝鮮半島三国の言語を世代を超えて伝えていたのだろう。政治の中心であった飛鳥の地には、多くの渡来系の人びとがおり、時おり倭の言語でない会話が飛び交う場面もあったかもしれない。もちろん、倭の内部でもことばがいくつかの「方言」とも呼ぶべき分化をしていた。九世紀初頭に記されたとみられる『東大寺諷誦文稿（とうだいじふじゅもんこう）』では、「東国方言」や「飛騨方言」のように、各地でのことばの違いを「方言」と呼んでいる。この段階より一二〇〇年近く前ではあるが、おそらく地方によってことばの特色はあったであろう。

音楽

『隋書』は、音楽に関して「楽（がく）に五絃の琴・笛あり」と見える。各地の古墳に置かれた埴輪の中にも、琴を弾く姿のものが知られており（図5参照）、古墳文化の時代の楽器として、琴はよく使われていたようである。五弦の琴であることは、奈良時代以降に普及する六弦の琴とは異なり、この時代の様相を反映した記述ということができるだろう。『隋書』音楽志によれば、中国では、神農（しんのう）が五弦の琴を作ったが、周の文王が二弦加えた七弦の琴を作ったとする伝承がある。類似する楽器としては、二七弦の瑟（しつ）、一二弦の筑（ちく）、一三弦の箏（そう）という楽器名が同じく『隋書』音楽志に見えている。五弦の琴は、隋人の感覚では、中国での古い時代のものと同じと映っただろう。ちなみに、笛も『隋書』音楽志に見えており、一二の孔があいたものを指すようである。

また『隋書』には、「その王、朝会には必ず儀仗を陳設し、その国楽を奏す」とも記されている。六〇八年に裴清世が難波に迎えられた際にも、「倭王、小徳阿輩台を遣わし、数百人を従え、儀仗を設け、鼓角を鳴らして来り迎えしむ」というように、大規模な奏楽があったようである。琴や笛はこうした奏楽の場面でも目にすることができただろう。

年中行事

年中行事に関して、『隋書』には「正月一日に至るごとに、必ず射戯し飲酒す」とあり、正月の年中行事として、射礼があった。『通典』によれば唐代の射礼の儀式は三月三日か九月九日であり、『隋書』礼儀志でも三月三日を大射の日としている。『隋書』新羅伝では「正月旦ごとに相賀し、王宴会を設け、群官に班賚

図5　琴を弾く人物の埴輪
（埼玉県深谷市舟山古墳出土）

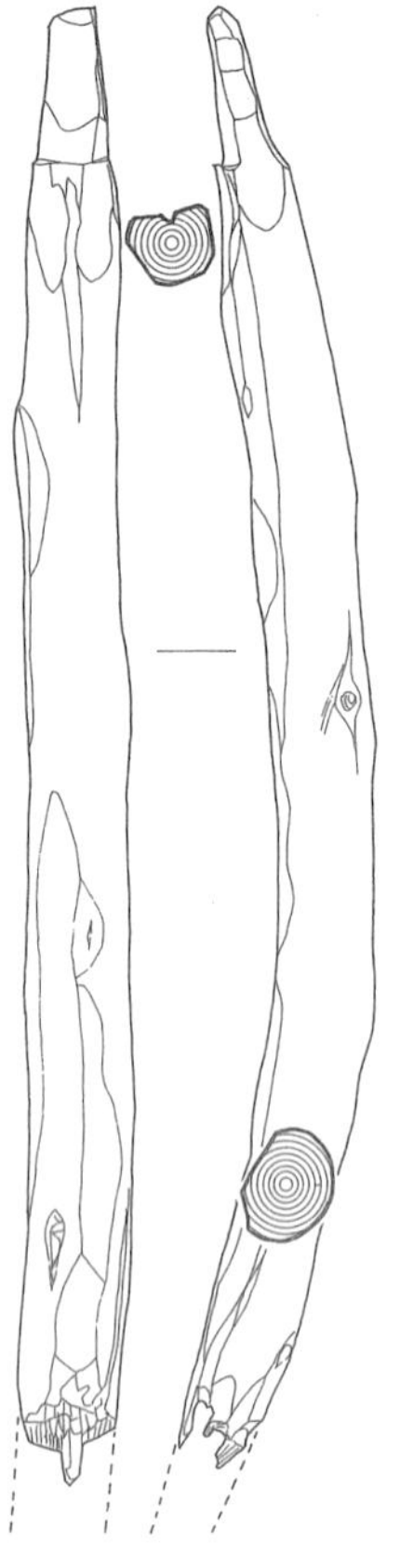

図6　7世紀の弓
（滋賀県久野部遺跡出土）

す」と見える。元旦に宴席が設けられる点は倭に共通しているが、新羅の射礼は八月一五日の行事であった。日本での射礼は、七世紀後半からは正月中旬に行うことが常態化し、後におおむね正月一七日に固定されていって、律令制下の射礼が確立する。ただし、隋使は正月には倭に滞在してはいなかったため、射礼や宴席に関する記述は伝聞であろうと思われる。

図6は、滋賀県久野部遺跡で出土した七世紀前葉のものとされる弓で、片方の端は欠けているが、残っている部分だけで四六・七センチの長さがある。断面の直径が三センチほどの丸木弓であり、当時こうしたものが使われていた。

遊　戯

人びとの行っていた遊戯については、『隋書』は「棊博・握槊・樗蒲の戯を好む」と記している。棊博は囲碁、握槊は双六の類、樗蒲は博打を指す。いずれも、八世紀になると盛んに好まれたことが諸史料から窺われるが、七世紀初頭においてすでに人びとの好むところとなっていたことを物語る史料は、『隋書』のみである。『懐風藻』によれば、大宝の遣唐使に随行して七〇二年に唐に留学した僧の弁正が、後の玄宗皇帝となった若き日の李隆基と、囲碁を通して唐で顔見知りとなったことが知られる。見知らぬ外国の人と交流のきっかけとなる手段でもあり、倭の人びとが囲碁に興じている姿には、隋人は親近感を持ったことであろう。握槊は諸書には「胡戯」であるとされる。すなわち中国の西方より入った遊戯であり、これが七世紀初頭にはすでに日本に伝わっていた。賭け双六の流行は、八世紀にはたびたび禁令が出されるほど流行しており（図7参照）、これがために財力を傾けた者もいたようである。樗蒲もサイコロを使った賭け事であり、双六同様にたびたび禁令が出されることになる。隋人の目は、大陸と同様の遊戯に興じる人びととして、倭人

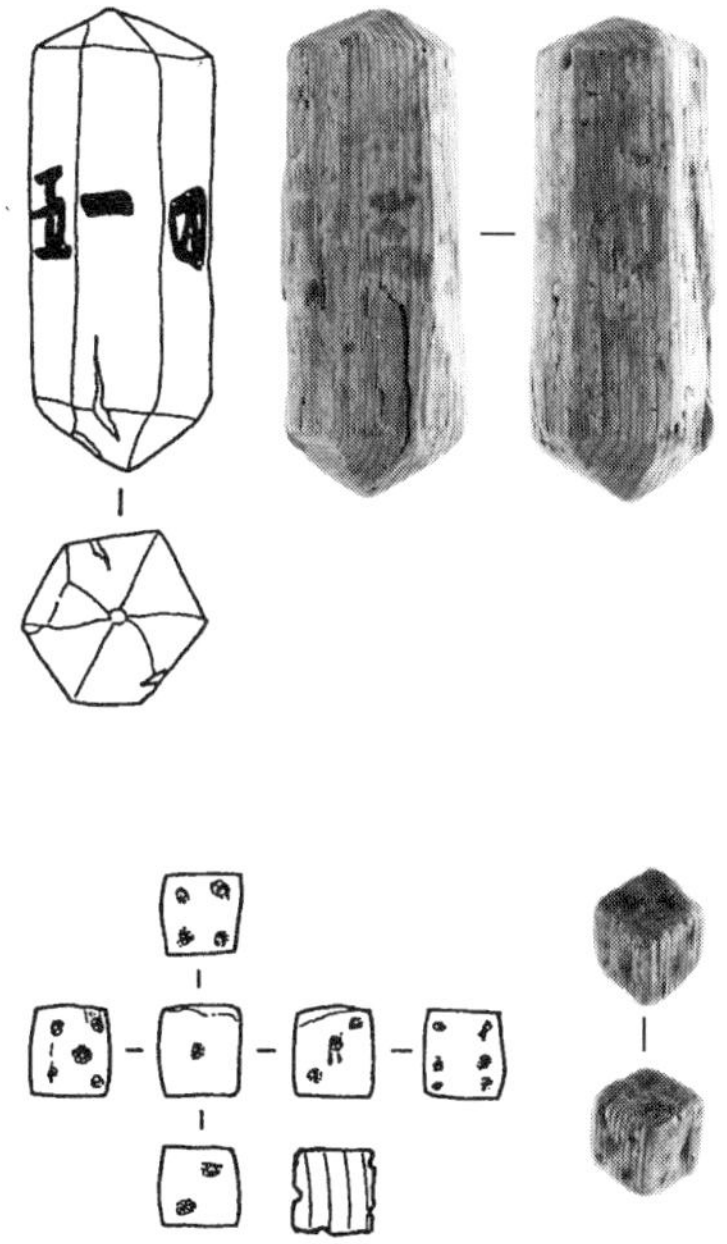

図7　奈良時代のサイコロ
（平城京二条大路出土）

を見ていたのであろう。これらの遊戯は、遣隋使の時代にはまだ禁止の対象とはなっていないようであるが、一〇〇年後には社会問題として取り上げられるまでになっていく。

おわりに

以上、『隋書』倭国伝に見える倭についてのさまざまな記述を中心にしながら、七世紀初頭の倭の様相について述べてきた。隋人の目からのこれらの記録は、同時代の倭の状況を考える上で、日本に残された史料からではわからない部分を語っている点も見られ、たいへん貴重である。もちろん、隋人の目から見た解釈で描かれているであろうから、そのことを踏まえた上で考察していく必要があるが、隋人が関心を持ったとみられる部分も窺われて、興味深い。

賭け事のような八世紀の社会に見られる様相がすでに七世紀初頭に見られていたり、八世紀には見られなくなっていく神判のような習慣が大きく取り扱われていたりと、当時の中国から見て、中国的な部分と中国的でない部分が入り交じった姿である印象だったのではないだろうか。倭を初めて訪れた隋人は、ある部分では隋と同様であると感じ、またある部分では隋とはかなり異なった習俗を持つ国であることをあらためて認識したことが、強く感じられる『隋書』の内容である。

2　隋人がみた倭の風景（鐘江）

参考文献

石野博信、一九九〇『日本原始・古代住居の研究』（吉川弘文館）
榎本淳一、二〇一一「『隋書』倭国伝について」（大山誠一編『日本書紀の謎と聖徳太子』平凡社）
大塚初重他編、一九九八『考古学による日本歴史12　芸術・学芸とあそび』（雄山閣出版）
大日方克己、一九九三『古代国家と年中行事』（吉川弘文館）
鐘江宏之、二〇〇八『律令国家と万葉びと』（小学館）
鎌田元一、二〇〇一『律令公民制の研究』（塙書房）
佐原　真、一九九六『食の考古学』（東京大学出版会）
東野治之、一九九四『書の古代史』（岩波書店）
和田　萃、一九九五『日本古代の儀礼と祭祀・信仰』中（塙書房）

3　遣隋使のもたらした文物

池田　温

前　言

遣隋使は、わがくにと大陸の中国王朝の正式な外交関係を開いた使節として著聞するが、それに続く遣唐使にくらべると期間が短かかったため関係資料はきわめて限られている。専門家鈴木靖民氏執筆の〈けんずいし〉項目（『国史大辞典』五、吉川弘文館、一九八五年、一七六～七頁）に要点は尽くされているので、左に引用しておく。

推古天皇八年（六〇〇）から同二十二年にかけて、前後六回にわたって日本から隋に派遣された公式の使節。使の派遣回数とその年次についてはほかに三回説・四回説・五回説があるが、『隋書』倭国伝・同煬帝紀と『日本書紀』推古紀の記述すべてを生かすと、㈠六〇〇年（推古天皇八）、㈡六〇七年（同十五）、㈢六〇八年（同十六）、㈣六〇八年、㈤六一〇年（同十八）、㈥六一四年（同二十二）の六回とみるのが妥当である。推古天皇八年（隋開皇二十）の使は聖徳太子の非公式な使とする説、西辺豪族派遣の私使とする見解などがあるが、百済の仲介で中国の礼制を摂取することを主な目的とした公式の使であり、推古十一年の冠位十二階の制定はその成果であろう。同十五年の使には小野妹子らが派遣され、仏法の習得を目的として沙門数十人も同行したが、隋に提出した国書に「日出ずる処の天子、書を日没する処の天子に致す、恙無きや」（『隋書』、原漢文）と王（天皇）独自の権威を誇示したために、「蛮夷の書、無礼なる者有らば、復たもって聞する勿れ」（同）と煬帝（楊広――筆者註）の不興をかったという。翌十六年、妹子は隋の答礼使裴世清とともに帰国、同年再度使節として渡隋。この時、高向玄理・僧旻（日文）・南淵請安らが、留学生・学問僧として同行した。かれらは長年滞在して隋唐の制度・文物についての新知識の導入に努め、帰国後、日本の文化の発達や政治改革などに貢献した。遣隋使は推古天皇二十二年の犬上御田鍬らの派遣を最後とするが、この事業は遣唐使に継承されていく。

使者は貢納物を持参するのが一般であり、皇帝はそれに対し貢納物以上の報賜を与え貢納を歓迎した。但だ『隋書』『日本書紀』の記事はいずれも簡略で、それにふれていない。従って遣隋使のもたらした文物について論ずるには推測にたよらざるを得ない。そこでまず手がかりになるのは隋代に作成された品物で現存するのは何かである。遣使の目的に礼制の摂取と仏法の習得が特筆されているから、それに関する物がまず注意される。礼制は抽象的で用具が使用されても永く保存されることは稀である。それにくらべ仏教は仏像と仏経を特に尊重するから、その遺存を調べることから始めよう。

遣隋使が仏像を将来したことは疑いないが、今日伝存するものは知られていないようである。国宝や重要文化財に指定されている仏像に隋代の紀年銘をもつものはあるが、いずれも近代に中国や欧米からもたらされた。筆者は造型芸術には門外漢であるので、専門家松原三郎氏（一九一八〜九九）『中国仏教彫刻史研究』（一九六一年〔初版〕）を参照すると、東京国立博物館に石造菩薩立像（開皇五年銘）、東京藝術大学に石造四面像（開皇一四年銘）、永青文庫に石造菩薩立像（開皇二〇年銘）、新潟市立歴史博物館に石造三尊仏坐像（開皇二年銘）・浜松市美術館に石造四面像（開皇四年銘）・石像仏坐像（開皇一五年銘）・石造二菩薩並立像（仁寿元年銘）、大阪市美術館に石造三尊仏立像（開皇六年銘）・石造五尊仏坐像（大業二年銘）が収蔵されていたと知られる。三十数年の短命王朝隋の紀年仏像が日本に少くとも九点現存する。その後新出資料を追加され（一九六六年〔増補版〕）、さらに決定版として『中国仏教雕刻史論　本文編・図像編』全四冊（吉川弘文館、一九九五年）を内外学界に提供された。そこでは石窟造像を除外した隋代の石像・金銅像と考えられる計六〇点を列挙される（495〜598　三〇八〜一二九〇）。この一事によっても、当代の造像盛況は想像を超える。

しかしそれらには古代に将来され今日まで伝存した痕跡は全然ない。中国美術の魅力にひかれた近代における中国伝統美術研究の開拓者、スウェーデンのオスワルド＝シレン教授の中国彫刻に関する図録[1]を手がかりに、国内は勿論、欧米・中国収蔵機関を歴訪したと松原氏は前掲書序に明記されている。

一　古代伝来の隋経

『望月仏教大辞典』の「写経」の項に

隋代に至り文帝（楊堅）は勅して四十六蔵十三万二千八百八十六巻を写し、同時に又故経三千八百五十三部を修治せしめ、煬帝亦故経六百十二蔵二万九千百七十二部を治し、又宝台経蔵願文を撰せり。
又『法苑珠林』第十八に依るに、鄜州宝室寺沙門法蔵は、大業五年（六〇九）洛交県韋川城の寺に於て一切経八百巻を写し、尋いで好手紙筆なきを以て、更に京城旧月愛寺に於て其の余を書写せしことを記せり

（第三巻二一三六頁下段、一九三三年）

とその盛況を伝えている。

今日現存する隋経の記録として代表的なものは、東大寺の『正倉院御物聖語蔵一切経目録』である。

『昭和法宝総目録』一三

第一類（名経）

写経之部

隋　経

1賢劫経十巻
巻第一 大業六年二月ノ奥書アリ褾有印文云東大寺印　第二 褾有印文云東大寺印　第五 同前　第六 同前　第七 同前　第八 同前　第九 同前
第十一 同前　第十二 同前第一紙欠損アリ　第十三 同前但褾破損縫印半欠

2大智度論二巻
巻第九 褾後補　第三十八 褾際ニ東大寺印ヲ捺ス但褾後補印半欠ク軸一方新補

3十地経論三巻
巻第一 褾脱シ古消息切ヲ用フ書入云貞治三甲辰五月二十日如今修復之半今新褾ヲ作リ旧物ノ上ニ加フ第一紙破損補筆アリ　第八 甲表紙裏ニ馬道巻中所所書入アリ

第八乙巻首後補（長一尺七分）褾後補黄紙拾六張内壱枚九寸五分許白補紙二張内一枚三寸許

4十地論三巻

巻第一 首欠褾後補第一紙一寸五分許新補　第七 褾後補尊勝院トアリ又巻首ニ紙十三張トアリ

第九 褾後補同裏云応永五年戊寅潤四月一日宗新談義始行雖経披見依無暇双子折畢院主僧正経弁（春秋六十一）第一紙第二紙破損補繕多シ

5大荘厳経一巻

巻第一 首欠褾脱ス今褾補之　本巻巻末外題ニ大荘厳経巻一トアルヲ以テ今之ニ従ヒテ外題ヲ改ム第一紙破損新補アリ

6大荘厳論一巻

巻第四 褾騎縫及第一紙縫背有印文云普光寺褾脱シ印半欠ク今褾之ヲ補フ

7摂大乗論釈論一巻

巻第二 褾後補巻末ニ東大寺沙門□（花押）但十五巻之内トアリ

8那先比丘経一巻

巻上（九四六頁上・中段）

以下唐経　三一件　天平経　一三件　願経　一二七件　天平勝宝経　四件

天平神護経　一件　景雲経　一七三件　延暦経　一件　天長経　一件　長承経　一件

中臣経　六件　名写　六一件　宋版　一二件　名版　七件

以上巻上（九四六～九六五頁）

第二類（雑経）

写経之部　二九〇件　　版経之部　三三件

第三類（雑書）

甲種雑書部　三件　　乙種雑書部　一三件

以上巻下（九六五〜九八〇頁）

以上『聖語蔵一切経目録』を通覧して明らかな点は、八件の隋経を筆頭に著録しこれを重視尊重している状況である。八件を隋経と認定した根拠および手続きは未詳だが、最初に列した『賢劫経』一〇巻の巻第一に「大業六年二月ノ奥書アリ」と明記されるのによったとみなし得よう。他の七件には隋の紀年等はたえてなく、恐らく用紙装釘、筆蹟、東大寺印等を総観して隋経と認めたのであろう。

なお右の1にあげた『賢劫経』の巻一の奥書は左の如くである。

賢劫経巻第一

大業六年二月八日、扶風郡雍県三泉郷民張法僧、及息稜伽・恒伽・毗伽・文備・文貴等、奉為至尊・皇后殿下・諸王及法界蒼生、敬造一切経於京郡〔都〕長安県羅漢道場内写。沙門僧粲〔海〕校。

大業は隋朝第二代皇帝（諡 煬帝）の元号で、六年は西暦六一〇年に相当する。日本では推古一八年にあたり、二月八日は涅槃会（二月一五日）の一週間前にあたる。一具の『賢劫経』で現存する巻二・五〜九・一一〜一三の計九巻には奥書は無い。

右掲のほか隋経として知られるのが、清河長公主と夫河陽公李長雅一家の願経である。筆者の目下知る所では、『仏本行集経』巻第一一・巻第三三・巻第三四と『阿毘曇甘露味論』の四点がそれである。次にその奥書を移録し参考に供する。

○仏本行集経巻第一一

1経主清河長公主楊　　女无見醜児
2夫上開府・河陽公李長雅　息義弘義恭
3謹尋至極真如、充満法界、既絶万像、
4復遺百非而変。用即隠顕不窮、群有
5乃藉之成立。仰惟无上　慈尊、悟斯
6称正覚、哀愍庶類、迷此墜邪塗。故盛
7興言説、方便導引。大乗小乗之教、為
8苦海舟航、半字満字之談、作暗室灯
9燭。沙門曇観、敬造一切　尊経一部。
10運此善根、奉資　文皇帝　献皇后。凡
11禅艘遊法界、尽有欲証无生。今上長
12居一大、清晏八表。清河公主、永延福
13寿、長扇母儀。張上宮賛揚陰教、助
14輝女範。七世父母、万品含識、並乗法
15駕、倶会仏道。

○仏本行集経巻第三三

1経主清河長公主楊
2夫李長雅眷属等
3謹尋至極真如、充満法界、〔既〕絶万
4像、復遺百非而変。用即隠顕不
5窮、群有乃藉之成立。仰惟无上
6慈尊、悟斯称正覚。哀愍庶類、迷
7此墜邪塗。故盛興言説、方便導引。
8大乗小乗之教、為苦海舟航、半字〔満字〕
9之談、作暗室灯燭。沙門曇観、敬
10造一切　尊経一部。運此善根、奉
11資　文皇帝・献皇后。汎禅艘遊
12法海、尽有欲証无生。今上長
13居一大、清晏八表。清河公主永
14延福寿、長扇母儀。張上宮賛
15揚陰教、助輝女範。七世父母、万〔品〕

16含識、並乗法駕、倶会仏道。

○仏本行集経巻第三四

1経主清河長公主楊　女无見醜児
2夫上開府河陽公李長雅　息義恭　息義弘眷属等
3謹尋至極真如、充満法界。既絶万像、
4復遣百非而変。用即隠顕不窮、群有
5乃藉之成立。仰惟无上　慈尊、悟斯
6称正覚、哀愍庶類、迷此墜邪塗。故盛
7興言説、方便導引。大乗小乗之教、為
8苦海舟航。半字満字之談、作暗室灯
9燭。沙門曇観、敬造一切　尊経一部。
10運此善根、奉資　文皇帝・献皇后。汎
11禅艘遊法海、尽有慾証无生。今上長
12居一大、清晏八表。清河公主、永延福
13寿、長扇母儀。張上宮賛揚陰教、助
14輝女範。七世父母、万品含識、並乗法
15駕、倶会仏道。

○阿毘曇甘露味論

1経主清河長公主楊
2夫上開府河陽公李〔長〕雅
3謹尋至極真如、充満法界、既絶万像、
4復遣百非而変。用即〔隠〕顕不窮、群有
5乃藉之成立。仰〔惟〕无上　慈尊、悟斯
6称正覚。哀愍庶類、迷此墜邪塗。故盛
7興言説、方便導引。大乗小乗之教、為
8苦海舟船。半字満字之談、作暗室灯
9燭。沙門曇観、敬造一切　尊経一部。
10運此善根、奉資　文皇帝献皇后。汎
11禅艘遊法海、尽有欲証无生。今上長
12居一大、清晏八表。清河公主永延福
13寿、長扇母儀。張上宮賛揚陰教、助
14輝女範。七世父母、万品含識、並乗法
15駕、倶会仏道。(2)

経主の清河長公主は隋朝初代高祖楊堅の娘襄国公主に該当する。『隋書』巻五四李衍伝に

李衍、字抜豆、遼東襄平人也。父弼、周（北周）太師。衍少専武芸、慷慨有志略。（中略）及王謙作乱、高祖以衍為行軍総管、従梁睿撃平之。進位上大将軍、賜縑二千匹。開皇元年、又以行軍総管討叛蛮、平之。進位柱国、賜帛二千匹。（中略）後数年、朝廷将有事江南、詔衍於襄州道営戦船。及大挙伐陳、授行軍総管、従秦王俊出襄陽道、以功賜帛三千匹、米六百石。拝安州総管、頗有恵政。歳余、以疾還京師、卒於家、時年五十七。子仲威嗣。

衍弟子長雅、尚高祖女襄国公主、襲父綸爵、為河陽郡公。開皇初、拝将軍、散騎常侍、歴内史侍郎、河州刺史、検校秦州総管。衍従孫密、別有伝。

の如くみえ、李衍の甥長雅が高祖の娘襄国公主に尚し、河陽郡公となったことが明らかで、隋前期の高門貴族で隋室と血縁で結ばれていたのである。前掲写経跋文には僧曇観が一切尊経を敬造したとあるが、この僧については道宣の『続高僧伝』巻二六感通下に「隋京師大興善寺釈曇観伝二十六」として伝えられている。

釈曇観、莒州人、七歳出家、慕欣法字。及進具後、尋討義門。偏宗成実、祛析（宮本作折）玄滞。後以慧解乱神本也。乃返駕澄源、摂慮巌堅。十六特勝、弥所留心、神呪広被、銷殄邪障。高問（宋元明宮本作聞）周遠、及于天闕。開皇之始下勅徴召。延入京室住大興善。供事隆厚、日問起居。屢上（宋元明本作止）紫庭、坐以華褥。帝親供侍（宋元明宮本作待）、欽徳受法。観寛厚（宋元明宮本作懐）敦裕、言無浮侈、深得法忍。苦楽虚心、故使名利日増、而素気常在。所獲信施、並入僧中。房宇索然、衣鉢而已。時俗流湎之夫、雅尚之也。仁寿中歳、奉勅送舎利於本州定林寺。初停公館、即放大光、掘基八尺、獲銅浮図一枚、平頂円基、両戸相対、制同神造、

雕鏤駭人。乃用盛舍利安瓶置內。恰得相。容州民禽巨海者、患瘂六年、聞舍利至、自書請瑞、見本一粒、分為三分。色如黄金、乍沈乍挙。又（宋元明本作及）見三仏、従空而降、即能陳述、詞句如流。観還京都、不委終事。

（『大正蔵経』五〇冊六七二頁下段）

右の伝に詳記されるように、曇観は隋の帝室と特に親密な関係を有する僧で、襄国公主夫妻とも親しかったのである。一切尊経を敬造すると特筆されているから、この写経は少くとも数百巻、多ければ千巻、二千巻造られたのであろう。まさに隋代の写経の盛況を如実に示す典型例といえよう。

今日伝存する雍県三泉郷（ようけんさんせんきょう）の民張法僧と五名の子息が写させた『賢劫経』も、隋の京都の羅漢道場で「敬造一切経」と明記されている。

千数百年をへだててこれら隋経が遺存したのも、当代仏教信仰の熱誠のたまものであり、単に偶存したのとは異なる。但だ具体的に遣隋使や入隋僧との関連を示す手がかりは目下見出せない。隋に替った唐朝は始祖老子を特別崇重し、その教説を核とする道教を仏教の上に位置づけたことは周知のとおり。従って隋滅亡後には厖大な隋代写経はうちすてられぬまでも、目立たぬかげの存在となったとみられる。

二 『日本国見在書目録』所掲隋代典籍

古代日本に大陸から伝来した書籍を知るには、藤原佐世（すけつき）奉勅撰『日本国見在書目録』がまず参照に値する。本書については幸い太田晶二郎執筆になる解題が『群書解題』に収載されているので、左にその全文を掲出し読者の利用に供したい。

日本国見在書目録　にほんこくげんざいしょもくろく（続雑部三四　続巻第八八四）　続第三十輯下

平安時代、日本に渡来していた漢籍の目録。一巻。

〔書名〕 内部即ちその本自体にあつては、唯一の古写本の首題に日本国見在書目録、尾題に本朝見在書目録とある。外部即ち他の文献に於ける記載では、本朝見在書目録が弘決外典鈔・明文鈔（続類従巻第八八六）に窺われ、日本見在書目録と河海抄に記されている。見在書目録という呼称が弘決外典鈔・経光卿改元定記（続類従巻第二八八）・国名風土記・河海鈔に、現在書目録が革暦勘文所収中原師緒勘文に現れる。大日本史其他、近代、見在書目の称が優勢であるのは、簡便であるのと語形が漢学者的感覚に合つた為であろう。又、続類従の目録や扉に於ける命名は、日本現在書目録である。原名の如何を別問題にするならば、此の称はなだらかで分りがいゝ。（見在ト書イテモ、見音現、通作ㇾ現ノ音義。）なお、上記古写本の表紙に外典書籍目録と題されているのは、室生寺という其の写本の所蔵者記入と相伴つた別筆で、二次的に、仏寺の立場で書き加えたに過ぎぬものであろう。如上の外、撰者の名によつて佐世録（太子伝古今目録抄・聖徳太子平氏伝雑勘文）・藤原佐世注文（運歩色葉集）と呼んだのも、本書を指すと思われる。見在書目録の類は略称で、日本国・日本・本朝いずれかが冠さつたのが本式であることは言うに及ばぬであろうが、書中に「右、〔隋書〕経籍志所ㇾ載数也。而、本朝見在書、纔六十巻也。」（後魏書百巻ノ注）の如き例が存するから、本朝見在書目録というを以て第一位に充てるのが合理的ではなかろうか。そうして、本朝見在書、それこそ此の目録が対象とした所のものであるが、（題号ハ本朝　見在書目録デハナイ、本朝見在書　目録デアル。）その意味も右の文例によつて明瞭である。（他ニ、「右、隋書経籍志所レ載数也。〔○中略〕今、本朝見在、百卌二巻。」《東観漢記百卌三巻ノ注》ナドモ。）則ち、『本国ノ中国（その直接のところは、主として隋書経籍志の記載）ニ対比サレル意味ニ於テ、本邦日本ニ将来サレテ実際ニ存在シテイル漢籍』ということであろう。本書は、少くとも意図としては、それ以上限定した或る場所や状態に於ける蔵儲を示そうとするような狭いものではないはずである。この題意・趣旨を正確しなくては、本書の意義・価値は損減すること甚しい。

〔作者〕本書に「正五位下行陸奥守兼上野権介藤原朝臣佐世奉勅撰」と著されている。佐世（つき）（訓ハ諱訓抄ニヨル）は、式家の儒。菅原是善の門に学び、対策して及第し、大学頭・式部少輔等に歴任した。昌泰元年（八九八）卒。他に古今集註孝経を撰した。

〔成立〕撰号の佐世の頭銜に陸奥守とあつて、その任命は寛平三年（八九一）正月であるから、それより後の撰であるとした考えは、機械的・皮相的である。佐世の陸奥守は勅勘貶謫であった。（佐世ハ藤原基経ノ家司ヤ侍読ヲ勤メタガ、カノ阿衡ノ紛議ハ、佐世ガ基経ニ入レ智慧シタコトカラ起ツタ。宇多天皇ハイタク佐世ヲ憎ミタモウタガ、基経ノ蔭ニ隠レテイル間ハ佐世モ無事デアツタ。シカルニ寛平三年正月十三日基経ガ薨ズルト、同月三十日ノ除目デ佐世ハ陸奥ニ逐イヤラレテシマツタ。）そういう身に、少くとも新たに撰修の御下命が有ろうとは考え難いから、寛平三年正月の寧ろ以前に、勅命と撰修の実とが有つたものと見るべきであろう。本書編製の動機は貞観十七年（八七五）に冷然院が焼けて典籍が多く滅んだことにあると、そう明記した序か記録でも有るような調子で述べ立てる人が多いが、実は安井息軒の跋の中の想像の言に発したものに過ぎない。書中に冷然院録の引照が見えて、何らかの関聯は有るとしても、此の程度の関係づけならば、寧ろ、延喜十四年（九一四）勅して仏教諸宗の章疏を目録させられた事との間に（和田英松博士ガ着眼サレタ）、共通の時運のようなものを想定する方が、よほど意義が有る。飛鳥・奈良時代このかた隋唐文化をせつせと輸入し来つて、さて今や一体どの位の成績・結果になつていることだろうと顧る、こういう精神の所産と見做すことはできぬであろうか。事実そうであるかどうかは姑く措くとしても、少くとも今本書を使う用の上からは、之を、言わば隋唐文化輸入の決算報告の一部に充てるにちようど適切な時期に於て作製されたことを感謝しないではいられない。（唐朝ノ滅亡・遣唐使廃絶等、此ノ近クノコトデアル。）

〔内容〕分類目録で、各書について書名・巻数を掲げ、撰者（其他）を注する。（勿論、注記欠如ノ場合モ有ル。）分類は「四十家」で、一易家から十一正史家・廿四儒家等を歴て卌惣集家まで。これは隋書経籍志の経史子集四部の細目を取つたものと考えられる。（隋志ノ地理ガ本書デハ土地トアル点ダケ一致ヲ欠クガ、梁ノ七録デハ土地ト称シタノデアツテ、隋志モ古本ハ土地ニ作ツタカト考エル。）本書には幾部幾巻の図書が著録されたか。（コレハ校訂ノ如何ニ随ツテ多少動揺スル。）余が嘗て数えた所では、（再検ヲ要スルガ、）経部、今本で三九六部三二六〇＋α巻（各家ノ所録巻数合計ガ原書ニ注記サレテアル、ソレニ基ケバ、三一四三巻。）史部、二三五部三九八七＋α巻（四〇〇六巻）子部、七〇八部五五〇七＋α巻（六四一七巻）。集部、二三九部四二四三＋α巻（四二三八巻）。大計、一五七八部一六九九七＋α巻（一七八〇四巻）。多数の中には若干の和書が紛れ込んでいることも指摘されている（大律・新律・律附釈・新令・海外記・弁色立成・弘帝範・新撰宿曜経・新修鷹経・摂養要決）。本書の効用は、著録を綜合的に観察することによつても、個別的に各書の記載を利用することによつても、日本漢籍史・日本漢学史の研究に最も重要な足場の一つであることは固より、汎く日本の文芸史・思想史・学術史其他の上で漢籍の影響を云々するに際し、どの書が渡来していたかという根本問題を決定する力有るものである。又、支那学の方からも、本書は、殊に隋志と旧・新唐書の経籍・芸文志との中間に位置するので、大変尊重されている。此の立場では、本書中、隋志にも存する図書の記載は、多く隋志のまる写しで、余り益をなさぬが、隋志外の図書の著録が珠玉である。

〔本文〕古写本一つを祖本として帰一する。その古写本は鎌倉初期を下らぬと鑑せられ（一冊、四十六葉、粘葉、白界、一面六行）、前記の室生寺の墨書・「大和室生寺」の朱印によつて由緒が分かるが、今は宮内庁書陵部に蔵せられる。（江戸時代末期ニ学者ニ知ラレ、狩谷棭斎・森枳園等ノ蔵弃ヲ経テ、高木寿頴ガ帝室博物館ニ献納シタ。）此の唯一の本が、「私略之」という注記が九家に存して、省略本であるのは惜むべきである。此の古鈔を展転書写した本は、江戸時代以来、必ずしも少なくない。刊行の最初は、続類従の数種の見本版の中に加えられたのがそれである。奥に「縮二臨大和国室生寺所伝之本一入彫、」云々と言い、「嘉永辛亥」（四年）「安井衡」（息軒）の書現在書目後を附してある。行款は底本通りでないけれども、字体その他に摹刻の方針を取つたのは、正類従と変わつた発展である。ついで古逸叢書に、漢籍でない本書が収められたのは、前記の如く中国の目録学の上にも貴重な貢献をなす故である。しかし、続類従・古逸、二種の板本いずれも、欠陥有るを免れなかつたが、古典保存会によつて原古写本が影印された。活版では、続類従の外、「日本国見在書目録解説稿」附録のものがある。後者の再印には索引が添えられた。

〔**参考文献**〕明文抄（続類従巻八八六、雑部）・日本国現在書目証注稿（「日本古典全集」所収）＝狩谷掖斎・「見在書目録を写して奥に書つけたる」（比古婆衣巻之六）＝伴信友や「日本国見在書目録」（難波江）＝岡本保孝は、本書の伝来や佐世の伝を調べた。成立に関して数歩を進め、和書の混入を指摘したのは、和田英松博士「日本見在書目録に就いて」（史学雑誌四一ノ九・国史説苑）であり、狩野直喜博士「日本国現在書目録に就いて」（芸文一ノ一・支那学文藪）は、綜合的観察に秀で、本書によつて日支学風の同異などを考えるべきことを提唱した。小長谷恵吉氏「日本国見在書目録解説稿」は、諸家の説を集成してある。太田晶二郎は和田博士の影響を受け、見解の一部を「日本漢籍史札記」（季刊図書館学七）・「日本の暦に於ける「蜜」標記の上限」（日本歴史七二）に記した。著録各書の考証は、狩谷棭斎の「日本現在書目證注稿」（日本古典全集所収。全集ガ冠シタ山田孝雄博士「日本国見在書目録」八、証注ノミデナク原書ノ優秀ナル解題デアル。）が有るが、隋志・旧唐志・新唐志を対照した程度のものである。〔太田晶二郎〕

（『群書解題』第八、続群書類従完成会、一九六一年、九七～一〇〇頁。現行流布本の第三版〔十巻本〕では、二六七～二六九頁に記載されている。『太田晶二郎著作集』第四冊、吉川弘文館、一九九二、六三～六七頁に再録。訂正個所多し。）

その後、矢島玄亮（東北大学図書館司書）『日本国見在書目録―集証と研究―』（汲古書院、一九八四年）が出版され、書名索引・著編者名索引を附し、研究を添えているので、現在ひろく利用されている。又古典保存会影印本も山田孝雄解説（一九二五年）とともに『宮内庁書陵部所蔵室生寺本日本国見在書目録』（名著刊行会、一九九六年）に影印されている。

以下原本の分類にしたがい、各家の巻数と隋代の書とみとめられるものをぬきだして列挙してゆく。

日本国見在書目録

合卌家

正五位下行陸奥守兼上野権介藤原朝臣佐世　奉　勅撰

一易家　二尚書〻〔家、以下同ジ〕　三詩〻　四礼〻　五楽〻　六春秋〻　七孝経〻　八論語〻　九異説〻　十小学〻

十一正史　十二苫〔古〕史〻　十三雑史〻　十四覇史〻　十五起居注〻　十六旧事〻　十七職官〻　十八儀注〻

十九刑法〻　廿雑伝〻　廿一土地〻　廿二譜系〻　廿三薄〔簿〕録〻　廿四儒〻　廿五道家　廿六法〻　廿七名〻

廿八墨〻　廿九縦横〻　卅雑〻　卅一農〻　卅二小説　卅三兵〻　卅四天文〻　卅五暦数〻　卅六五行〻

卅七医方〻　卅八楚辞〻　卅九別集〻　卌物集〻

已上四十家

一易家百七十七〔巻〕如本

二尚書家百十三巻如本

○〻〻〔尚書〕述義廿巻隋国子助教劉炫撰

三詩家百六十六巻

○〻〻〔毛詩〕述議〔義〕卅巻劉炫撰

四礼家千百九巻如本
○江都集礼百廿六巻
五楽家二百七巻如本
六春秋家三百七十四巻如本
○〃〃述議卅巻劉炫撰〔春秋〕
七孝経家卌五巻如本
○〃〃述議五巻劉炫撰〔孝経〕〔義〕
〃〃去惑一巻同撰〔孝経〕
八論語家二百六十九巻如本
○〃〃〃決三巻〔釈〕智騫撰〔爾雅音〕尺
九異説家八十五巻如本
十小学家目録五百九十八巻如本
○急就章音義一巻釈智騫撰
○四声指帰一巻劉善経撰
○切韻五巻陸法言撰
十一正史家千三百七十一巻如本
○〃〃音義十二巻隋国子博士蕭〔該〕詠撰〔漢書〕
〃〃音十二巻隋廃太子〔勇〕男令包愷等撰〔漢書〕
○范漢音三巻蕭〔該〕詠撰〔漢〕

○後魏書百巻隋著作郎魏〔深〕彦撰
十二古史家二百四十巻如本
十三雑史家目録六百十九巻私略之
○帝王略論〔虞〕唐世南撰
○大業略紀三巻趙毅撰
十四覇史家百二十二巻如本
十五起居注家三十九巻如本
十六旧事家二十巻如本
十七職官家七十巻如本
○百司挙要一巻隋李吉甫撰
十八儀注家目録百五十四巻私略之
○九族書儀一巻隋李徳林撰
十九刑法家目録五百八十巻私略之
○隋大業令卅巻　（重出）大業令三十巻
廿　雑伝家目録四百卅七巻私略之
廿一土地家目録三百十八巻如本
廿二譜系家十六巻如本

○劉昉等定四海姓望譜一〔巻〕

廿三簿録家 二十二巻 如本

廿四儒家 百三十四巻 如本

廿五道家 四百五十八巻 如本

廿六法家 三十八巻 如本

廿七名家 如本

廿八墨家 如本

廿九縦横家 如本

卅　雑家 私略之　二千六百十七巻

○玉燭宝典十二〔巻〕 隋著作郎杜台卿撰

○顔氏家訓七〔巻〕〈顔之推撰〉

卅一農家 如本

卅二小説家

卅三兵家 私略之　目録二百四十二巻

○金海卅七〔巻〕 隋蕭吉撰

卅四天文家 四百六十一巻 私略之

卅五暦数家 百六十七巻 如本　暦術　九章　漏尅　海嶋　筭

卌六 五行家九百十九巻私略之　呪禁　符印　五行　六王　雷公　太一　易　遁甲　式相　仙術

○五行大義一〔巻〕〈隋蕭吉撰〉

卌七 医方家千三百九巻私略之　医針　仙方　合薬

○黄帝素問十六〔巻〕全元起注

○内経明堂楊上善撰

○内経〔太〕大素卅〔巻〕楊上〔巻〕撰

○病源論五十〔巻〕巣元方撰

卌八 楚辞家卅二巻如本

○〻〻〔楚辞〕音義〔釈〕尺智騫撰

卌九 別集家千五百六十八巻如本

○柳顧言〻〔集〕十〔巻〕

○揚広〻〔集〕抄一〔巻〕

○祖君彦〻〔集〕一〔巻〕

〔祖君彦集〕〻〻〻〻私記一〔巻〕

○煬帝集廿八〔巻〕

○蕭琮〻〔集〕二〔巻〕（隋書経籍志は梁蕭琮集に作る）

卌 惣集家千五百六十八巻如本

○霸朝集三〔巻〕李徳林撰

○啓顔録十〔巻〕〈候白撰〉

本朝見在書目録　　其後渡来数巻

室生寺本は撰者名を省略した著録が多く、右の選録にも書名から推測記入した例（〈 〉を附す）が少なくない。合計卅四件の隋代成立書が右に掲出された。隋朝（五八一～六一八）は僅か三八年しか続かなかった短命王朝であったから、隋代著作者の多くは唐代まで在世した。室生寺本巻末には奥題の次葉に、本文より細字で下記七行と本文同大字二行のかきいれがある。

大宋〔太宗〕平王宛〔世充〕収其啚〔図〕籍、沿河西上、経砥柱、漂没而存者、惣八万余巻。白〔自〕是図籍在秘書・弘文館・集賢・司経・崇文・太帝〔常〕、皆蔵書之所。然集賢所写、皆御本也。定以甲乙丙丁分為四部、有経史子集四庫。両京各一本、共一十二万五千九百六十巻。開元十九年車駕発京時、集賢四庫書、惣八万九十巻矣。

経庫一万三千七百五十二巻矣、史庫二万六千八百廿巻。

子庫二万一千五百四十八巻、集庫一万七千九百六十巻。

七緯　易緯　書緯　詩緯　礼緯

楽緯　孝経緯　春秋緯

右の筆蹟は奥題の下の六字と殆ど同一とみられ、唐初から盛唐までの宮廷蔵書の一端と七種の緯（たていと）（経書に対する緯（よこいと）書）をメモしたもので、見在書目録本文とはかかわらない。目録の九異説家は「八十五巻 如本」と明記されるので、原文がすでに「書緯」を脱していたのであろう。書名上端に○を附した隋代書は計卅四点に達する。内訳は経九・史九・子八・集八点。

三　「隋書経籍志」所掲隋代典籍

初唐の太宗貞観一五年（六四一）から勅命により前代梁・陳・北斉・北周・隋五朝の史志の編纂が推進され、高宗の顕慶元年（六五六）に至り完成、長孫無忌が表して上った。『五代志』三〇巻その末四巻が経籍志である。五代・宋以降木版本が普及し、史部では代表となる正史が特に重視され、『五代志』は正史『隋書』にくみいれられ今日に至る。隋書経籍志（隋志）は漢書芸文志に次ぐ中国第二番目の宮廷蔵書目録として貴重な存在である。その内容は貞観末〜永徽年間に唐都の弘文館・秘書省等に収蔵されていた書籍を実査編製されたものとみられる。従って隋代の書に限定されず上代以来秦漢六朝をへて唐初まで伝来した書籍をすべて含んでいる。本稿は隋代撰述書を対象とするから、隋志著録書中から隋代の書を選び出す作業を以下に行う。隋志については幸い近年日本の興膳宏・川合康三両氏によって類稀な労作『隋書経籍志詳攷』（汲古書院、一九九五年）が公刊されているので、同書から鈔録する。巻頭に興膳氏の解説四六頁と凡例三頁があるので是非一読されたい。四部分類順に各項の集計記事（亡書は除く）を録し『詳攷』のかぞえた実数を併記する。

隋志には撰者を記さぬ書が多いが、その多くは『詳攷』でも「撰者未詳」としており、隋代の書と推定し得る特例のほかは一切取り上げない。書名の上の数字は『詳攷』の附したもの。（　）は『詳攷』の記事か

ら省略録出。(3)

一　経

経

36　周易幷注音　七巻　秘書学士陸徳明撰（陸徳明は「旧唐書」189上儒学伝参照）

66　周易講疏　十三巻　国子祭酒何妥撰（何妥は『隋書』75儒林伝参照）

右六十九部、五百五十一巻。（実数は七十部、五百四十七巻）

書

13　今文尚書音　一巻　秘書学士顧彪撰（顧彪は『隋書』75・『北史』82儒林伝参照）

15　大伝音　二巻　顧彪撰（前出）

27　尚書述義　二十巻　国子助教劉炫撰（劉炫は『隋書』75・『北史』82儒林伝参照）

28　尚書疏　二十巻　顧彪撰（前出）

30　尚書義　三巻　劉先生撰（劉先生は劉焯・劉炫のいずれか？『経義考』78参照）

32　尚書文外義　一巻　顧彪撰（前出）

右三十二部、二百四十七巻。（実数も同じ）

詩

8　毛詩幷注音　八巻　秘書学士魯世達撰（魯世達は『隋書』75・『北史』82儒林伝参照）

10 毛詩譜 二巻 太叔求〔裘〕及劉炫注（前出）
23 毛詩集小序 一巻 劉炫注（前出）
37 毛詩述義 四十巻 国子助教劉炫撰（前出）
38 毛詩章句義疏 四十巻 魯世達撰（前出）
右三十九部、四百四十二巻。（実数は四十部、四百五十三巻）

礼

67 喪礼五服 七巻 大将軍袁憲撰（袁憲は『陳書』24参照）
91 礼記文外大義 二巻 秘書学士褚暉撰（褚暉は『隋書』75・『北史』82儒林伝参照）
右一百三十六部、一千六百二十二巻。（実数は一百三十七部、一千六百四十七巻）

楽

3 楽論 一巻 衞尉少卿蕭吉撰（蕭吉は『隋書』78・『北史』89芸術伝参照）
9 楽要 一巻 何妥撰（前出）
12 楽府声調 六巻 岐州刺史沛国公鄭訳撰（鄭訳は『隋書』38本伝参照）
13 楽府声調 三巻 鄭訳撰
24 楽譜集 二十巻 蕭吉撰（前出）
右四十二部、一百四十二巻。（実数は四十四部、一百五十七巻）

春秋

50　春秋左伝杜預序集解　一巻　　　　　劉炫注（前出）
52　王元規続沈文阿春秋伝義略　十巻（王元規は沈文阿の門弟、『陳書』33・『南史』71儒林伝参照）
56　春秋左氏伝述義　四十巻　　東京太学博士劉炫撰（前出）
右九十七部、九百八十三巻。（実数は一百四部、一千七十七巻）

孝　経

17　古文孝経述義　五巻　劉炫撰（前出）
18　孝経講疏　六巻　徐孝克撰（徐孝克は徐陵の弟、隋国子博士『陳書』26・『南史』62参照）
右十八部、合六十三巻。（実数は二十部、五十二巻）

論　語

23　論語述義　十巻　　　劉炫撰（前出）
25　論語講疏文句義　五巻　徐孝克撰（前出）
26　論語義疏　二巻　　　張沖撰（張沖は隋の漢王侍読、『隋書』75・『北史』82儒林伝参照）
34　爾雅音　八巻　　　秘書学士江漼撰（江漼は江総の子、『陳書』27江総伝参照）
37　広雅音　四巻　　　秘書学士曹憲撰（曹憲は『旧唐書』198儒学伝上参照）
43　五経正名　十二巻　劉炫注（前出）
51　五経大義　五巻　　何妥撰（前出）
74　江都集礼　一百二十六巻（晋王広〔煬帝〕の命で諸儒等撰、『隋書』76文学潘徽伝参照）

右七十三部、七百八十一巻。（実数は七十四部、七百八十二巻）

讖緯

隋代書無

右十三部、合九十二巻（実数も同）

小学

36 俗語難字　一巻　秘書少監王劭撰（王劭は『隋書』69・『北史』34参照）

60 四声指帰　一巻　劉善経撰（劉善経は『隋書』76文学本伝・『北史』83文苑伝参照）

64 韻英　三巻　釈静洪撰（釈静洪は隋僧、『続高僧伝』18参照）

66 訓俗文字略　一巻　後斉黄門郎顔之推撰（顔之推は『北斉書』45・『北史』83文苑伝参照）

97 古今字図雑録　一巻　秘書学士曹憲撰（前出）

右一百八部、四百四十七巻。（実数は一百十一部、五百三十六巻）

凡六芸経緯六百二十七部、五千三百七十一巻。（実数は六百四十四部、五千四百五十六巻）

二　史

正史

12 漢書音義　十二巻　国子博士蕭該撰（蕭該は『隋書』75儒林本伝参照）

13 漢書音　十二巻　廃太子勇命包愷等撰（包愷は『隋書』75儒林伝参照）

36　范漢音　三巻　蕭該撰（前出）
62　梁書帝紀　七巻　姚察撰（姚察は『陳書』27本伝参照）
65　後魏書　一百巻　著作郎魏彦深撰（魏彦深は名澹、『隋書』58本伝参照）
67　周史　十八巻　未成　吏部尚書牛弘撰（牛弘は隋の重臣、『隋書』49本伝参照）
右六十七部、三千八十三巻。（実数は六十七部、三千一百四十八巻）

古　史

30　梁後略　十巻　姚最撰（姚最は姚察の弟）
33　斉紀　三十巻　紀後斉事。崔子発撰（崔子発は隋の国子博士、『北史』32参照）
34　斉志　十巻　後斉事。王劭撰（前出）
右三十四部、六百六十六巻。（実数は三十四部、六百七十三巻）

雑　史

53　帝王世紀音　四巻　虞綽撰（虞綽は隋秘書学士、『隋書』76文学伝参照）
右七十二部、九百一十七巻。（実数は七十一部、九百八十四巻）

覇　史

隋代書無
右二十七部、三百三十五巻。（実数同）

起居注

41　隋開皇起居注　六十巻　（起居郎撰）
右四十四部、一千一百八十九巻。（実数は四十二部、一千二百三十三巻）

旧　事

23　梁旧事　三十巻　内史侍郎蕭大圜撰（蕭大圜は梁簡文帝の子、『周書』42本伝参照）
24　東宮典記　七十巻　左庶子宇文愷撰（宇文愷は『隋書』68本伝・『隋書』58陸爽伝参照）
25　開業平陳記　二十巻　裴矩撰（裴矩は『旧唐書』63裴矩伝参照）
右二十五部、四百四巻。（実数は二十五部、四百五巻）

職　官

16　吏部用人格　一巻　（『通史』芸文略第三に「隋吏部用人格一巻」みゆ）
右二十七部、三百三十六巻。（実数も同）

儀　注

28　隋朝儀礼　一百巻　牛弘撰（前出）
40　諸衞左右廂旗図様　十五巻　（『通志』芸文略第三に「隋諸衞左右廂旗図様」みゆ）
右五十九部、二千二十九巻。（実数は五十九部、二千一百二十二巻）

刑　法

11　隋律　十二巻　（高熲等撰）（高熲は隋の権臣、『隋書』41本伝参照）
12　隋大業律　十一巻　（煬帝勅修）

20　隋開皇令　三十巻、目一巻。（高熲等撰）
21　隋大業令　三十巻（煬帝勅修）
右三十五部、七百一十二巻。（実数は三十五部、七百四十二巻）

雑　伝

112　何氏家伝　三巻（旧・新両唐志は何妥撰、何妥前出）
117　知己伝　一巻　盧思道撰（盧思道は隋散騎侍郎、『隋書』57本伝参照）
195　符瑞記　十巻　許善心撰（許善心は隋通議大夫、『隋書』58文苑伝参照）
199　旌異記　十五巻　侯君素撰（侯君素の名は白、隋儒林郎、『北史』83文学李文博附伝・『法苑珠林』119伝記篇参照）
203　舎利感応記　三巻　王劭撰（前出）
206　集霊記　二十巻　顔之推撰（顔之推は隋東宮学士、『北斉書』45・『北史』83文苑伝参照）
207　冤魂志　三巻　顔之推撰（前出）
右二百一十七部、一千二百八十六巻。（実数は二百七部、一千二百七十七巻）

地　理

99　水飾図　二十巻（杜宝撰か、杜宝は学士、『大業拾遺記』撰者）
122　北伐記　七巻　諸葛熲撰（諸葛熲は隋朝散大夫、『隋書』76文学本伝参照）
123　巡撫揚州記　七巻　諸葛熲撰（前出）

125 幷州入朝道里記　一巻　蔡允恭撰（蔡允恭は『旧唐書』190上文苑伝参照）
130 大隋翻経婆羅門法師外国伝　五巻（撰者未詳）
131 隋区宇図志　一百二十九巻（虞世基・許善心等撰、『隋書』77崔賾伝・『歴代名画記』3等参照）
132 隋西域図　三巻　裴矩撰（裴矩は『隋書』67本伝参照）
133 隋諸州図経集　一百巻　郎蔚之撰（郎蔚之は名茂、『隋書』66本伝参照）
134 隋諸郡土俗物産　一百五十一巻（撰者未詳）
137 方物志　二十巻　許善心撰（前出）
138 幷州総管内諸州図　一巻（撰者未詳）
右一百三十九部、一千四百三十二巻。（実数は一百三十八部、一千四百二十八巻）

譜　系

26 京兆韋氏譜　二巻（韋鼎撰か、『南史』58本伝参照）
右四十一部、三百六十巻。（実数も同）

簿　録

16 開皇四年四部目録　四巻（牛弘撰か、「両唐志」参照）
17 開皇八年四部書目録　四巻（撰者未詳）
18 香厨四部目録　四巻（撰者未詳、或いは王劭撰「開皇二十年書目」四巻に該当か）
19 隋大業正御書目録　九巻（撰者未詳）

21　雑儀注目録　四巻　（撰者未詳、『通志』芸文略第二に「隋儀注目録四巻」みゆ）
右三十部、二百一十四巻。（実数は二十九部、二百一十巻）
凡史之所記、八百一十七部、一万三千二百六十四巻。（実数は八百一十二部、一万三千二百二十巻）

三　子

儒　家

隋代書無
右六十二部、五百三十巻。（実数は四十四部、三百八十五巻）

道　家

37　荘子文句義　二十八巻、本三十巻、今闕。（「両唐志」等作陸徳明撰）
右七十八部、合五百二十五巻。（実数は五十六部、合四百二十巻）

法　家

隋代書無
右六部、合七十二巻。（実数は六部、七十三巻）

名　家

隋代書無
右四部、合七巻。（実数も同）

墨家

隋代書無

右三部、合一十七巻。（実数は三部、一十八巻）

従横家

隋代書無

右二部、合六巻。（実数も同）

雑家

48 玉燭宝典 十二巻 著作郎杜台卿撰（現存、杜台卿は『隋書』58本伝参照）

53 正訓 二十巻 （辛徳源撰か、『隋書』58本伝参照）

60 道言 六巻 叱羅美撰（叱羅美＝張美、『隋書』46張煚伝参照）

63 諸書要略 一巻 魏彦深撰（前出）

92 長洲玉鏡 二百三十八巻 （虞綽等撰、『隋書』76文学虞綽伝参照）

93 書鈔 一百七十四巻 （現存、虞世南撰、隋秘書郎在任中撰、『旧唐書』72・『新唐書』102本伝参照）

98 歴代三宝記 三巻 費長房撰（隋翻経学士、『続高僧伝』2達摩笈多伝参照）

105 宝台四法蔵目録 一百巻 大業中撰（撰者未詳）

106 玄門宝海 一百二十巻 大業中撰（諸葛潁撰、前出）

右九十七部、合二千七百二十巻。（実数一百六部、三千五百九十九巻）

農　家

5　春秋済世六常擬議　五巻　楊瑾撰（『通志』芸文略〔第六作「隋楊瑾」〕）

右五部、一十九巻。（実数も同）

小説家

9　笑苑　四巻（隋魏澹撰か、『隋書』58魏澹伝参照）

10　解頤　二巻　楊松玢撰（『直斎書録解題』7伝記類録「談藪」二巻、北斉秘書正字北平陽玠松撰。

　隋開皇中所述也。）

19　古今芸術　二十巻（撰者未詳）

23　魯史欹器図　一巻　儀同劉徽注（『通志』芸文略〔第四作「隋儀同劉徽注」〕）

25　水飾　一巻（史部地理99「水飾図」二十巻参照）

右二十五部、合一百五十五巻。（実数は二十五部、一百三十九巻）

兵　家

46　金韜　十巻（隋劉祐撰、開皇初年大都督、封索盧県公、『隋書』78芸術伝・『北史』89参照）

49　兵書　七巻（「両唐志」作「隋高祖撰三十巻」、『通志』芸文略〔第六作「隋高祖兵書三十巻」〕）

56　雑兵図　二巻（『通志』芸文略〔第六作「隋朝雑兵図一巻」〕）

61　陰策　二十二巻　大都督劉祐撰（前出）

65　戦略　二十六巻　金城公趙煚撰（趙煚は、隋冀州刺史金城公、『隋書』46・『北史』75参照）

66　金海　三十巻　蕭吉撰（『隋書』78・『北史』89芸術伝参照）
124　二儀十博経　一巻（「両唐志」作隋煬帝撰「二儀簿経」）
127　象経　一巻　何妥注（前出）
右一百三十三部、五百一十二巻。（実数一百二十八部、五百三十巻）

天文

96　垂象志　一百四十八巻（隋庾秀才撰、〔516～603〕北周太史令、隋均州刺史、『隋書』78・『北史』89芸術本伝参照）
98　霊台秘苑　一百一十五巻　太子令庾季才撰（「四庫全書」本十五巻、庾季才前出）
右九十七部、合六百七十五巻。（実数九十八部、六百七十七巻）

暦数

30　開皇甲子元暦　一巻（「両唐志」作「隋開皇暦」一巻、劉孝孫撰、又録「李徳林撰隋開皇暦一巻」）
31　暦術　一巻　華州刺史張賓撰（張賓は道士、『隋書』78・『北史』89芸術伝参照）
34　七曜暦術　一巻（「両唐志」作劉孝孫「七曜雑日」二巻）
48　開皇七曜年暦　一巻（撰者未詳）
49　仁寿二年七曜暦　一巻（撰者未詳）
50　七曜暦経　四巻　張賓撰（前出）
64　七曜暦疏　五巻　太史令張冑玄撰（張冑玄は太史令、『隋書』78・『北史』89芸術伝参照）
81　晷漏経　一巻（鄜州司馬袁充撰か。『隋書』19天文志参照）

右一百部、二百六十三巻。（実数一百八部、二百六十五巻）

五　行

16　風角　七巻　章仇太翼撰（章仇太翼は隋煬帝賜姓盧氏、『隋書』78・『北史』89芸術伝参照）
19　風角要候　一巻　章仇太翼撰（前出）
23　風角鳥情　二巻　儀同臨孝恭撰（臨孝恭は『隋書』78・『北史』89芸術伝参照、「両唐志」・『通志』は孝恭に作る）
53　太一飛鳥立成　一巻　（蕭吉撰か。『隋書』78・『北史』89芸術伝参照）
80　遁甲立成法　一巻　臨孝恭撰（前出）
86　陽遁甲用局法　一巻　臨孝恭撰（前出）
129　地形志　八十七巻　庾季才撰（前出）
329　地形志　八十巻　庾季才撰（重出）
334　相経要録　二巻　蕭吉撰

右二百七十二部、合一千二十二巻。（実数は三百三十八部、一千三百八十九巻）

医　方

17　甄氏本草　三巻　（甄氏は甄権・甄立言兄弟のいずれか。『旧唐書』191・『新唐書』204方伎伝参照）
26　寒食散対療　一〔十〕巻　釈道洪撰（釈道洪は尹氏、唐貞観中律蔵寺上座。『続高僧伝』15参照）
67　論病源候論　五巻、目一巻　呉景賢撰（『隋書』64麦鉄杖伝見「医者呉景賢」。別有隋太医博士巣元方等撰

「巣氏諸病源候論」五十巻、現存）

78 本草音義 三巻 姚最撰（前出、『周書』47・『北史』90芸術伝参照）

79 本草音義 七巻 甄立言撰（甄立言は唐武徳中太常丞、『旧唐書』191方伎伝参照。『通志』芸文略第七作「本草音義」七巻甄権撰）

126 備急単要方 三巻 許澄撰（許澄は隋尚薬典御、『隋書』78・『北史』90芸術伝参照。『通志』芸文略第七作「許證備急草要方」三巻）

135 釈道洪方 一巻 （前出）

153 経心録方 八巻 宋侠撰（宋侠は『旧唐書』191方伎伝参照）

200 准南王食経幷目 一百六十五巻 大業中撰（「両唐志」作諸葛穎撰）

244 帝王養生要方 二巻 蕭吉撰（前出、『隋書』78・『北史』89芸術伝参照）

253 四海類聚方 二千六百巻 （撰者未詳、『通志』芸文略第七作「隋朝四海類聚方二千六百巻」）

254 四海類聚単要方 三百巻 （撰者未詳、「両唐志」及『通志』芸文略第七共作「隋煬帝敕撰」、但唐以後只存一十六巻）

右二百五十六部、合四千五百一十巻。（実数は二百五十四部、四千三百七十巻）

凡諸子、合八百五十三部、六千四百三十七巻。（実数は一千一百七十七部、一万一千八百九十七巻）

四　集

楚辞

9　楚辞音　一巻　釈道騫撰（道騫については「経籍志」の「楚辞」解説に「隋時有釈道騫、善読之、能為楚声、音韻清切、至今伝楚辞者、皆騫公之音。」とみゆ[4]）

右十部、二十九巻。（実数は十部、三十巻）

別集

410　陳後主集　三十九巻（陳後主は陳叔宝〔553～604〕『陳書』6後主本紀・『南史』10陳本紀参照）

411　陳後主沈后集　十巻（陳後主沈后〔?～628?〕、名は婺華、『陳書』7・『南史』12后妃伝下参照）

420　陳沙門釈霊裕集　四巻（釈霊裕〔518～605〕は、俗姓趙、定州曲陽の人、『続高僧伝』9参照。「両唐志」二巻）

436　煬帝集　五十五巻（煬帝は楊広〔569～618〕、楊堅の子、『隋書』3・4、『北史』12本紀参照。「両唐志」三十巻）

438　武陽太守盧思道集　三十巻（盧思道〔535～586〕、范陽の人。北斉・北周に仕え、隋散騎侍郎。『隋書』57・『北史』30参照。「両唐志」二十巻）

439　金州刺史李元操集　十巻（李元操は李孝貞〔575前後在世〕の字。趙郡柏人の人。『隋書』57本伝参照。

「両唐志」二十二巻）

440　蜀王府記室辛徳源集　三十巻　（辛徳源、隴西狄道の人、北斉・北周に仕え、のち隋に仕える。『隋書』58・『北史』50参照）

441　太尉楊素集　十巻　（楊素〔?～606〕は隋の権臣、弘農華陰の人、『隋書』48・『北史』41参照）

442　懐州刺史李徳林集　十巻　（李徳林〔531～591〕は博陵安平の人、『隋書』42・『北史』72本伝参照）

443　吏部尚書牛弘集　十二巻　（牛弘〔545～610〕は安定鶉觚の人、隋右光禄大夫、『隋書』49・『北史』72参照）

444　司隷大夫薛道衡集　三十巻　（薛道衡〔540～609〕は河東汾陰の人、『隋書』57・『北史』36参照）

445　国子祭酒何妥集　十巻　（何妥は西城の人、隋の国子祭酒、『隋書』75・『北史』82儒林伝参照）

446　秘書監柳䛒集　五巻　（柳䛒〔542～610〕はもと河東の人、永嘉の乱に襄陽にうつる。『隋書』58本伝・『北史』83文苑伝参照）

447　開府江総集　三十巻　（江総〔519～594〕は済陽考城の人、陳・隋に仕える。『陳書』27本伝・『南史』36参照）

448　江総後集　二巻　（『直斉書録解題』巻十九「江総集一巻、（中略）中興書目七巻、今惟存詩近百首云」）

449　記室参軍蕭慤集　九巻　（蕭慤〔561前後在世〕は蘭陵の人、『北斉書』45文苑伝参照）

450　著作郎魏彦深集　三巻　（魏彦深は名澹、鉅鹿下曲陽の人、魏収の族弟、隋太子学士、六十五歳卒、前出正史『後魏書』一百巻。『隋書』58・『北史』56参照）

451　著作郎諸葛潁集　十四巻　（諸葛潁は丹陽建康の人、梁・斉・隋に仕え七十七歳没。前出地理『北伐記』七巻・『隋書』76・『北史』83参照）

452　劉子政母祖氏集　九巻　（劉子政・祖氏ともに伝未詳）

453　著作郎王冑集　十巻　（王冑〔558～613〕は琅邪臨沂の人、『隋書』76文学伝・『北史』83文苑伝参照）

右四百三十七部、四千三百八十一巻。（実数は四百五十三部、四千五百六十二巻）

総集

22　文選音　三巻　蕭該撰　（蕭該は南蘭陵の人、梁の鄱陽王恢の孫。前出『漢書音義』十二巻、「両唐志」十巻、『隋書』75・『北史』82参照）

24　文章始　一巻　姚察撰　（姚察〔522～605〕は呉興武康の人、陳吏部尚書、隋秘書丞、『陳書』27・『南史』69参照）

43　大隋封禅書　一巻　（撰者未詳）

44　上封禅書　二巻　（撰者未詳）

78　楽府新歌　十巻　秦王記室崔子発撰　（崔子発は前出、斉紀三十巻、斉秘書郎、隋国子博士、『北史』32・81参照）

79　楽府新歌　二巻　秦王司馬殷僧首撰　（殷僧首は陳郡長平の人、殷不害の子、『陳書』32・『南史』74参照）

92　七悟　一巻　顔之推撰　（顔之推〔531～590?〕は琅邪臨沂の人、北斉黄門侍郎、北周御

史、隋東宮学士、前出「訓俗文字略一巻」、『北斉書』45・『北史』83文苑伝参照、現存『顔氏家訓』の撰者）

125 覇朝集　三巻　李徳林撰（李徳林は前出別集「李徳林集十巻」、『隋書』42・『北史』72本伝参照、『通志』芸文略第八作「覇朝雑集五巻・李徳林集」）

126 皇朝詔集　九巻　（撰者未詳）

127 皇朝陳事詔　十三巻　（撰者未詳）

135 梁魏周斉陳皇朝聘使雑啓　九巻　（撰者未詳）

右一百七部、二千二百一十三巻。（実数は一百四十七部、二千六十二巻）

凡集五百五十四部、六千六百二十二巻。（実数は六百部、六千六百二十四巻）

道経・仏経

道経

経戒三百一部、九百八巻。餌服四十六部、一百六十七巻。房中十三部、三十八巻。符籙十七部、一百三巻。

右三百七十七部、一千二百一十六巻。（実数も同じ）

仏経

大乗経六百一十七部、二千七十六巻。五百五十八部、一千六百九十七巻、経。五十九部、三百七十九巻、疏。小乗経四百八十七部、八百五十二巻。雑経三百八十部、七百一十六巻。雑経目残缺甚、見数如此。雑疑経一百七十二部、三百三十六巻。大乗律五十二部、九十一巻。小乗律八十部、四百七十二巻。七十七部、四百九十巻、律。二部、二十三巻、講疏。雑律二十七部、四十六巻。大乗論三十五部、一百四十一巻。三十部、九十四巻、論。十五部、四十七巻、疏。小乗論四十一部、五百六十七巻。二十一部、四百九十一巻、論。十部、七十六巻、講疏。雑論五十一部、四百三十七巻。三十二部、二百九十九巻、論。九部、一百三十八巻、講疏。記二十部、四百六十四巻。

右一千九百五十部、六千一百九十八巻。（合計実数は一千九百六十二部、六千一百九十八巻）

右道仏経二千三百二十九部、七千四百一十四巻。

大凡経伝存亡及道仏、六千五百二十部、五万六千八百八十一巻。

以上『隋書』経籍志の経史子集四部の分類項ごとに隋代成立の書を列挙してきたが、その集計は

経部	三八件
史部	四五件
子部	五五件
集部	三二件
合計	一七〇件

と算えられる。

道経・仏経については経名が具体的に列挙されず、但だ史的叙述中に道経では重要な経名「五千文（老子）」「黄帝四篇」「老子二篇」「登真隠訣」「雲中音誦科誡二十巻」「老子」「荘子」「霊宝（経）」「昇玄（経）」

等にふれるにとどまる。仏経についても「十二部（経）」「四十二章経」「十住経」「泥洹経二巻」「小品経」「放光般若経」「維摩」「法華」「成実論」「僧祇律」「泥洹二十巻」「泥洹三十巻」「金光明（経）」「十誦律」「長阿含経」「四分律」「増一阿含経」「阿毗曇論」「中阿含経」「華厳経」「僧祇律」等にふれ、梁の武帝が華林園に釈氏経典五四〇〇巻を集め沙門宝唱が経目録を撰したことを伝え、北魏末永平中に菩提留支が「地持（経）」「十地論」を訳出した点に言及する。隋になると写経は空前の盛況を呈し、民間の仏経は（儒教）六経の数十百倍と特筆している。

結言

『日本国見在書目録』著録の隋代書籍三四件は、「隋書経籍志」の隋代四部書一七〇件に比すれば、五分の一にすぎない。しかもその主要部分は入唐僧や遣唐使節により将来されたと推定され、遣隋使がもたらしたと確認し得るものはゼロである。但だ三四点のうちに遣隋使将来品が部分的に含まれる蓋然性は存する。これに反し仏典については隋経の将来の多くが遣隋使に関わったと解す余地は少なくない。すでに飛鳥時代（七世紀初）に上宮撰「三経義疏」が現れた一事によっても、漢訳大蔵経の全体でなくとも若干部分が遣隋使により将来された可能性は存したとみられよう。その断巻が将来発見されることを期待して擱筆する。

なお倭から隋にもたらした文物については、国書の他文献に記載が見当たらない。三国魏へ繊維製品や生口（奴隷）を貢し、大唐へ銀・繊維製品・出火水精等、海石榴油・甘葛汁・金漆（延喜大蔵省式）を貢しているのと類似したものと推測して大過ないであろう。

註

（1）〈Chinese Sculpture from the fifth to fourteenth century.〉4 vols, 1925,〈A History of early Chinese Sculpture.〉2 vols, 1933,〈A History of Later Chinese sculpture.〉2 vols, 1938. 石田幹之助「シレーン osvald Scrèn 1879～」の項、『アジア歴史事典』5、平凡社、一九六〇年、八頁参照。

（2）隋経四点の録文は、池田温『中国古代写本識語集録』大蔵出版、一九九〇年、一五三～五頁参照。そこで、「大約六世紀末期」とした点は「大約七世紀初期」に改訂したい。

（3）本書には既に正誤表（12項）ができているが、偶然留意した他の数項を左に記す。

解説	1頁3行目	天齊（×）→天聖（○）
	33頁5行目	天正（×）→天聖（○）
本文	293頁下8行目	詩細歴新（×）淵→詩細歴神（○）淵
	427頁下10行目	交流（×）異物志→交州（○）異物志
	483頁上16行目	20（×）→29（○）
索引	65頁中6項目	689→689・709

（4）『隋書経籍志詳攷』七三四頁（22）に、道騫について、『続修四庫全書提要』（民国六一年〔一九七二〕三月初版）及び周祖謨「騫公楚辞音之協韻説与楚音」（『問学集』上冊所収）は、『続高僧伝』三〇に見える智騫のこととする。以下『続高僧伝』「慧日沙門智騫伝」（『大正大蔵経』五〇巻七〇四頁中～下段）引用。（中略）朱熹「楚辞集注序」に、「又有僧道騫者、能為楚声之読、今亦漫（一作浸）不復存、無以考其説之得失」という如く、南宋のころすでに失われていたらしい。然るに近代に至り、敦煌文書中に『楚辞音』残巻八四行（Pelliot 2494）の存することがわかった。（中略）王重民『敦煌古籍叙録』五、Catalogue des manuscrits chinois de Touen-houang I（Paris,1970）参照」と解

説。

実は道騫を智騫のことと推定したのは神田喜一郎「緇流の二大小学家―智騫と玄應―」（支那学七―一、一九三三年、神田『東洋学説林』所収〔弘文堂、一九四八年〕、『神田喜一郎全集Ⅰ』所収〔同朋舎出版、一九八六年〕）が最初で、ついで王重民「巴黎敦煌残巻敍録」第一輯（一九三五～三七年）後為『敦煌古籍敍録』巻五、集部〈楚辞音〉（商務印書館、一九五八年、中華書局、一九七九年）。聞一多『敦煌旧鈔楚辞音残巻跋 附校勘記』（『図書』季刊三巻一・二期合刊、一九三六年、大公報図書副刊、一九三六年、『聞一多全集2古典新義』所収〔上海開明書店、一九四八年、生活・読書・新知三聯書店、一九八二年〕）。周祖謨「騫公楚辞音之協韻説与楚音」（『輔仁学誌』九巻二期、一九四〇年、後収『問学集』上冊、一九六六年）。王大隆「庚辰叢編本楚辞音跋」一九四〇年、（王氏『敦煌古籍敍録』引）。饒宗頤『楚辞書録』「隋僧道騫《楚辞音》残巻校箋」一九五六年、後収『饒宗頤二十世紀学術文集』一六（巻十一文学、二〇〇三年）等研究が多い。法名については「隋志」のもとづいた初唐の本に道騫とあり、『続高僧伝』以下に智騫、ペリオ本第10行に「騫案」とみえるので、饒説は道騫を採用した。騫・騫両字は『漢語大詞典』一二、一九九三年、八七〇～八七二、一一四二～一一四三頁参照。騫は qian・jian 両音あり、前者は①馬腹舐陥②虧損③仰首④高⑤驚惧等諸義のほか騫（起飛）に通ずる⑥。後者は劣馬の意。熟語は騫が二三例あるに比し、騫は五例にとどまる。以上により、当面唯一の現存断巻の騫をとり、騫もこれに通ずるとみればよく、隋僧智首の門人故（ゆえ）智騫が正式法名、但だ『楚辞音』撰述の際は道騫と署したが、後の写本で智騫も使われたと解すれば、いずれか譌とするに及ばない。

参考文献

石原道博、一九七五『訳註中国正史日本伝』（国書刊行会）
※訳註は「北史倭伝」三九～四四頁、「隋書倭国伝」四五～五一頁、「解説」三一四～一五頁を参照した。
田中健夫・石井正敏、一九八七「古代日中関係編年史料稿―推古天皇八年（六〇〇）から天平十一年（七三九）まで―」（『遣唐使研究と史料』東海大学出版会、九七～二八四頁）

終章　遺隋使の新たな地平へ——おわりに寄せて

中国史の研究に踏み出した当初、最初のテーマを隋代史に求めた私にとって、倭が送り出した遣隋使の問題は、いつかは論じてみたい課題であった。そして二〇〇〇年五月、東北中国学会大会（弘前大学）で公開講演の依頼を受けたとき、他の分野の方にも関心をもってもらえるようにと、「遣隋使のみた隋の風景」というやや変わった題目で、隋開皇二〇年（六〇〇）の遣隋使の可能性を取り上げてみた。じつはこの年について、前々から一人考えていたことがあった。『隋書』倭国伝によれば開皇二〇年に最初の遣隋使があったとある。とすれば、それから数えて一四〇〇年という節目がまさにこの二〇〇〇年にあたるではないか、是非それをとらえて記念シンポジウムなどを企画し、広く遣隋使の果たした歴史的意味を検証できないか、という腹案であった。私は当日、そのことも初めて話題にしてみたのであるが、結局計画はそれ以上進展しないまま終わった。私自身の力量不足や周囲の状況から、まだそれができるまでに機が十分熟していなかったからである。

それから七年が経った二〇〇七年一〇月六日、満を持してというにはおこがましいが、私は是非この年に実施する必要があるという思いをこめて、遣隋使一四〇〇年記念学術シンポジウム「東アジア史上の遣隋使」を明治大学において開催した。ここで「遣隋使一四〇〇年」と銘打ったのは、『日本書紀』の推古一五年（六〇七）条の、「秋七月戊申朔庚戌（三日）、大礼小野臣妹子遣於大唐、以鞍作福利為通事」とある小野妹子の遣隋使を指すことはいうまでもない。六〇七年の旧暦七月三日は新暦でいうと八月四日、その日に妹子らが倭の都（あるいは難波津）あたりを出立したとすると、二か月後の一〇月上旬にはすでに中国の山東に上陸し、場合によっては時の都にあたる洛陽（東都）に到着する頃かもしれない。一〇月六日という日を選んだ裏にはそんな遊び心もはたらいていた。

当日のシンポジウムは次のような内容で開催された（所属は開催当時のもの）。

開会の挨拶　吉村武彦（明治大学）

1　『隋書』倭国伝と開皇二〇年（六〇〇）遣隋使　氣賀澤保規（明治大学）

2　東アジア国際情勢と遣隋使　金子修一（國學院大学）

3　遣隋使における国書の問題　川本芳昭（九州大学）

4　遣隋使をめぐる仏教と聖徳太子　河内春人（明治大学）

5　遣隋使と飛鳥の諸宮　林部　均（橿原考古学研究所）

6　隋使の賓礼問題と遣隋使による中国目録学の将来　田島　公（東京大学）

7　『隋書』経籍志と遣隋使　池田　温（東京大学・創価大学名誉教授）

8　総合討論　コメンテーター　石見清裕（早稲田大学）

閉会の挨拶　神鷹徳治（明治大学）

シンポジウム全体の司会・進行　高瀬奈津子（札幌大学）

この報告者の顔ぶれと報告題目からわかるように、シンポジウムは倭が派遣した「遣隋使」を共通項に設定しながら、それを「倭国」の面から捉えることは意識的に抑え、広く東アジアあるいは隋という場から取り上げることに力点を置いた。そもそも倭が使者を出すことになった背景には、その国内事情もあるだろうが、同時に朝鮮半島や中国（隋）や中国東北方面の動向などの外部の要因も深く関わっているはずである。だがこれまでの研究では、必ずしもその点への目配りが十分なされていないように感じられた。そこでこの機会に広く遣隋使を考える材料を提示してみたいと決め、右の形になった。また全体テーマを「東アジア史上の遣隋使」としたのも、そうした理由からであった。

それにしても、忙しい立場にある一線の研究者が「遣隋使」という問題のためによくこれだけ結集いただけたものだ、と驚き心より感謝している。そのお蔭をもって、遣隋使をめぐる主要な問題はほぼ取り上げることができ、シンポジウム当日は大教室の席が早くより埋まる盛況ぶりであった。私はそれぞれの方の熱のこもる報告や熱心な質疑討論に聞き入りながら、当時の遣隋使の行跡に思いを馳せ、それが果たした歴史的使命の大きさを確認することになった。

この遣隋使の企画にたいし、早くから関心を示したのは八木書店出版部の恋塚嘉氏であり、シンポジウムを集約した新遣隋使研究とでもいうべき一書を刊行したいとの提案をいただいた。当初は果たしてそのようなことが実現できるかやや心配していたが、氏の熱心な誘い、それに当日会場で受けた反響の大きさに押され、シンポジウムに関わった方々の同意を得て、八木書店から刊行することを決断した。

その後、私は出版社側と本の構成や形式などを詰めていくなかで、これを一つのシンポジウム報告集だけに終わらせたくない、という思いを強くした。この機会を使って今後の遣隋使や遣唐使の研究、あるいは東アジア研究に広く貢献できる中身にもっていきたい、という願望である。そこで、新たに執筆者に加わっていただくべく、まず当日は挨拶だけであった日本古代史の吉村武彦氏にお願いし、さらに朝鮮百済史の田中俊明氏（滋賀県立大学）には朝鮮史の面から遣隋使を取り上げ、日本古代史の鐘江宏之氏（学習院大学）にも隋の使者裴世清の目からみた倭の国情をのぞいていただくことにした。各分野を代表するこれら三氏が加わったことで、遣隋使像はいっそう膨らみを増し、多様な姿を浮き彫りにできる期待が高まった。

本書は遣隋使の時代をより広く深く理解いただくために、また今後の研究の指針となるようにと、年表や地図をできるだけ充実させることに努めた。巻末には博捜した原文に読み下しを付した関係史料集や人物略伝なども用意した。東アジア交流史の石見清裕氏からは「各国遣隋使表」を提供いただいた。また高瀬奈津子氏と江川式部氏（明治大学）にも資料の集約や図版の作成などで協力を願うこととなった。なお利用した史料の読み方や用語表現では執筆者間で微妙に異なるところがあるが、あえてそれらを統一することをしなかった。それぞれの解釈や論の展開などに関わるところがあるからである。本書は一本の方針にもとづきつつ、各論者の意向を尊重してできていることをご承知いただきたい。

本書でもう一つ意識したのは、できるだけ図（写真）を出すことである。中国世界（隋）における遣隋使が本書の重要なテーマであるから、それをイメージしてもらうために同時代の関係する文物や遺跡の図を用意した。図像にみる隋代人の世界である。遣隋使像の理解にすこしでもつながれば幸いである。

なおその使者の姿に関連して、それより一世紀ほど前の倭の武王（雄略天皇）の使者と推測される「梁職（りょうしょく）

貢図（こうず）」の倭使図を、新たに見つかった文字資料もあわせて、一歩踏みこんで取り上げてみた。この図が倭使の実際の姿をどこまで表しているかは疑問であるが、当時の中国人の観念に定着した一つの姿といってよいだろう。そこに隋代、倭から遣隋使を名乗る使者の一行が出現した。隋人はかれらを「梁職貢図」に凝縮されたイメージと重ね、いったいどのような感想を抱いたであろうか。倭使図はそのような新たな興味を掻き立てずにはおかない。

そして最後になるが、本書で遣隋使をめぐる基本的問題として提起した回数問題、つまり倭の使者は全部で何回隋を訪れたのかについて、私としての見解を述べておかなければならない。私はこれまで遣隋使が派遣されるには、倭の国内事情だけでは説明できない、相手国の隋の動向や東アジアの情勢などを総合し、その可能性を導き出す必要があると述べてきた。その観点からいって、開皇二〇年（六〇〇）の遣使はまずまちがいない。倭国におけるその後の一連の国内改革の動き、倭と新羅との緊張関係、隋文帝がはじめた新たな東アジア政策と対高句麗動向などがそのことを裏づける。加えて『隋書』倭国伝に明確に年号が記載されている。

第二回は日本側と隋側の記載が一致する隋の大業三年（六〇七）の、小野妹子の遣使となるだろう。何よりも煬帝が進める国際展開の結果、隋側から来訪を促すサインが出されていたのだと考えられる。倭の側もそれまで集中的に進めた国内諸改革が一段落をつげ、遣使をはばむ要因はなかった。それがあって翌大業四年（六〇八）の、隋から裴世清が皇帝煬帝の名代として海を渡ることにつながった。ついでこの倭で役目を終えた裴世清を送り届けるべく、再度隋に渡った小野妹子の大業四年（六〇八）後半の使節が、第三回にカウントできるだろう。

その上で、もう一回分の可能性があった。それが隋末の大業一一年（六一五）正月に催された対高句麗「戦勝」記念の席に参列すべく、六一四年に国を出た犬上御田鍬（いぬかみのみたすき）の使節となる。これは倭からみれば派遣、隋からみれば未到着で来貢なし、と位置づけられる。

以上のところから導き出される筆者の見解は、倭からみた遣隋使の派遣回数は四回、隋からみたそれは三回ということになる。詳述はしないが、他の大業四年（六〇八）三月の遣使は、その前年から滞在した小野妹子一行とのつながりに、また大業六年（六一〇）正月の遣使は、その前年のやはり妹子の使節団との関係に、それぞれ組みこんで考えている。六〇〇年から六一五年までの短い期間であったことを考慮すれば、四回という回数は倭の国力からいってほぼ限界といってよいだろう。第Ⅰ部1の「はじめに――遣隋使は何回あったか」（31頁参照）で論じたところに引きつければ、四回説の石原道博説に一部修正を加えた形となるだろうか。ともあれ私にのこされた最後の回答はほぼ以上のごとくである。この限られた回数のうちに、倭は国づくりの刺激と材料を手に入れ、国家のあり方を考え、自前で国際舞台に乗り出し、それに加えて将来をにらんだ人材を隋に送り込んだのであった。

本書は当初シンポジウムから二年ほどのうちに刊行することを計画していたが、様々な事情から今日に至ってしまった。その責任の多くは編者である私が負っている。他の執筆者諸氏、また本書の刊行をお待ちいただいた読者の方々には、大変ご迷惑をおかけしてしまった。ここに謹んでお詫び申し上げます。

二〇一一年一一月一一日　東日本大震災から八か月の日に

氣賀澤保規

付録

遣隋使史料集

１『隋書』巻八一・東夷・倭国伝

倭国在百済・新羅東南。水陸三千里、於大海之中依山島而居。魏時、訳通中国三十余国、皆自称王。夷人不知里数、但計以日。其国境東西五月行、南北三月行、各至於海。其地勢東高西下。都於邪靡〔摩〕堆。則魏志所謂邪馬臺者也。古云、去楽浪郡境及帯方郡並一万二千里、在会稽之東、与儋耳相近。

漢光武時、遣使入朝、自称大夫。安帝時、又遣使朝貢、謂之倭奴国。桓・霊之間、其国大乱、逓相攻伐、歴年無主。有女子名卑弥呼。能以鬼道惑衆。於是国人共立為

倭（わ）国は百済（くだら・ひゃくせい）・新羅（しらぎ・しんら）の東南に在り。水陸三千里、大海の中において山島に依って居る。魏（ぎ）の時、訳を中国に通ずるもの三十余国あり、皆自ら王と称す。夷人里数を知らず、ただ計るに日を以てす。その国境は東西五月行、南北は三月行にして、各おの海に至る。その地勢は東高くして西下る。邪靡〔摩〕堆（やまたい（やまと））に都す。則ち『魏志（ぎし）』のいわゆる邪馬臺なる者なり。古いう、「楽浪（らくろう）郡境及び帯方（たいほう）郡を去ること並びに一万二千里にして、会稽（かいけい）の東に在り、儋耳（たんじ）と相近し」と。

漢の光武の時、使（つかい）を遣わして入朝し、自ら大夫（たいふ）と称す。安帝の時、また使を遣わして朝貢す、これを倭（わ）の奴（な）国と謂う。桓（かん）・霊（れい）の間、その国大いに乱れ、逓（たが）いに相攻伐

王。有男弟、佐卑弥理国。其王有侍婢千人、罕有見其面者。唯有男子二人、給王飲食、通伝言語。其王有宮室・楼観・城柵、皆持兵守衛、為法甚厳。

自魏至于斉・梁、代与中国相通。

開皇二十年、倭王。姓阿毎、字多利思比孤、号阿輩雞弥。遣使詣闕。上令所司訪其風俗。使者言倭王以天為兄、以日為弟。天未明時出聴政、跏趺坐、日出便停理〔治〕務、云委我弟。高祖曰、此太無義理。於是訓令改之。

し、歴年主なし。女子あり、卑弥呼と名づく。能く鬼道を以て衆を惑わす。ここにおいて国人共に立てて王となす。男弟あり、卑弥を佐けて国を理む。その王、侍婢千人あり、その面を見る者あること罕し。ただ男子二人あり、王に飲食を給し、言語を通伝す。その王に宮室・楼観・城柵あり、皆兵を持して守衛す、法をなすこと甚だ厳なり。

魏より斉・梁に至るまで、代よ中国と相い通ず。

開皇二十年、倭王あり。姓は阿毎、字は多利思比孤、阿輩雞弥と号す。使を遣わして闕に詣る。上、所司をしてその風俗を訪わしむ。使者いう、「倭王は天を以て兄となし、日を以て弟となす。天未だ明けざる時、出でて政を聴き、跏趺して坐し、日出ずれば便ち理〔治〕務を停め、いう我が弟に委ねん」と。高祖いわく、「これ大いに義理なし」と。ここにおいて訓えてこれを改めしむ。

王妻号雞弥。後宮有女六七百人。名太子為利〔和〕歌弥多弗利。

無城郭。

内官有十二等。一曰大徳、次小徳、次大仁、次小仁、次大義、次小義、次大礼、次小礼、次大智、次小智、次大信、次小信、員無定数。有軍尼一百二十人、猶中国牧宰。八十戸置一伊尼翼〔冀〕、如今里長也。十伊尼翼〔冀〕属一軍尼。

其服飾、男子衣裙襦、其袖微小。履如屨形、漆其上、繫之於脚。人庶多跣足、不得用金銀為飾。故時衣横幅、結束相連而無縫。頭亦無冠、但垂髪於両耳上。至隋、其王始制冠。以錦綵為之、以金銀鏤花為飾。婦人束髪於後、亦衣裙襦、裳皆有襈。攕竹為梳。編草為薦、雑皮為表、縁以文皮。

王の妻は雞弥と号す。後宮に女六、七百人あり。太子を名づけて利〔和〕歌弥多弗利となす。城郭なし。

内官に十二等あり。一を大徳といい、次は小徳、次は大仁、次は小仁、次は大義、次は小義、次は大礼、次は小礼、次は大智、次は小智、次は大信、次は小信、員に定数なし。軍尼一百二十人あり、猶お中国の牧宰のごとし。八十戸に一伊尼翼を置く、今の里長の如きなり。十伊尼翼は一軍尼に属す。

その服飾、男子は裙襦を衣る、その袖は微小なり。履は屨形の如し、その上に漆り、これを脚に繫く。人庶は跣足多く、金銀を用いて飾りとなすを得ず。故時、横幅を衣、結束して相連ね、縫うことなし。頭にもまた冠なく、ただ髪を両耳の上に垂らすのみ。隋に至り、その王始めて冠を制す。錦綵を以てこれを為り、金銀もて花を鏤めるを以て飾りとなす。婦人は髪を後に束ね、また裙襦を衣、裳は皆襈あり。竹を攕にして梳を為る。草を編みて

有弓・矢・刀・矟・弩・穳・斧、漆皮為甲、骨為矢鏑。雖有兵、無征戦。其王朝会必陳設儀仗、奏其国楽。戸可十万。

其俗殺人強盗及姦皆死。盗者計贓酬物、無財者没身為奴。自余軽重、或流或杖。毎訊究獄訟、不承引者、以木圧膝、或張強弓、以弦鋸其項。或置小石於沸湯中、令所競者探之、云理曲者即手爛。或置蛇甕中、令取之、云曲者即螫手矣。人頗恬静、罕争訟、少盗賊。

薦を為り、雑皮にて表を為り、縁るに文皮を以てす。

弓・矢・刀・矟・弩・穳・斧あり、皮を漆りして甲となし、骨を矢鏑となす。兵（武器）ありといえども、征戦なし。その王、朝会には必ず儀仗を陳設し、その国楽を奏す。戸は十万ばかりなり。

その俗、人を殺し、強盗し及び姦するは皆死す。盗む者は贓を計りて物を酬いしめ、財なき者は、身を没して奴となす。自余は軽重ありて、あるいは流しあるいは杖す。獄訟を訊究するごとに、承引せざる者は、木を以て膝を圧し、あるいは強弓を張り、弦を以てその項を鋸す。あるいは小石を沸湯の中に置き、競うところの者をしてこれを探らしめ、いう理の曲なる者は即ち手爛ると。あるいは蛇を甕の中に置き、これを取らしめ、いう曲なる者は即ち手を螫さると。人頗る恬静にして、争訟罕なく、盗賊少なし。

楽有五弦琴・笛。男女多黥臂、点面文身、没水捕魚。無文字、唯刻木結縄。敬仏法、於百済求得仏経、始有文字。知卜筮、尤信巫覡。毎至正月一日、必射戯飲酒。其余節略与華同。好棊博・握槊・樗蒲之戯。

気候温暖、草木冬青、土地膏腴、水多陸少。以小環挂鸕鷀項、令入水捕魚、日得百余頭。俗無盤俎、藉以槲葉、食用手餔之。性質直、有雅風。女多男少。婚嫁不取同姓、男女相悦者即為婚。婦入夫家、必先跨犬〔火〕、乃与夫相見。婦人不淫妬。

死者斂以棺槨、親賓就屍歌舞、妻子兄弟以白布製服。貴人三年殯於外、庶人卜日而瘞。及葬、置屍船上、陸地牽

楽(がく)に五弦の琴・笛あり。男女多く臂(うで)に黥(いれずみ)し、面(かお)に点(いれずみ)し身に文(いれずみ)し、水に没して魚を捕う。文字なく、ただ木を刻み縄を結ぶのみ。仏法を敬い、百済において仏経(ぶっきょう)を求め得、始めて文字あり。卜筮(ぼくぜい)を知り、尤(もっと)も巫覡(ふげき)を信ず。正月一日に至るごとに、必ず射戯し飲酒す。その余の節は略(ほ)ぼ華と同じ。棊博(きはく)・握槊(あくさく)・樗蒲(ちょぼ)の戯を好む。

気候は温暖にして、草木は冬も青く、土地は膏腴(こうゆ)にして、水多く陸少なし。小環を以て鸕鷀(ろじ)の項(くび)に挂(か)け、水に入れて魚を捕えしめ、日に百余頭を得たり。俗、盤俎(ばんそ)なく、藉(し)くに槲(かし)の葉を以てし、食するに手を用(もち)いてこれを餔(くら)う。性は質直にして、雅風あり。女多く男少なし。婚嫁は同姓を取(めと)らず、男女相悦ぶ者は即ち婚をなす。婦、夫の家に入るや、必ず先ず犬〔火〕を跨(また)ぎ、乃(すなわ)ち夫と相見(あいまみ)ゆ。婦人は淫妬(いんと)せず。

死者は斂(おさ)むるに棺槨(かんかく)を以てし、親賓は屍(しかばね)に就(つ)いて歌舞し、妻子兄弟は白布を以て服を製す。貴人は三年外に殯(もがり)し、

之、或以小輿。

有阿蘇山。其石無故火起接天者、俗以為異、因行禱祭。有如意宝珠。其色青、大如雞卵、夜則有光。云魚眼精也。

新羅・百済皆以倭為大国、多珍物、並敬仰之、恒通使往来。

大業三年、其王多利思比孤遣使朝貢。使者曰、聞海西菩薩天子重興仏法。故遣朝拝、兼沙門数十人来学仏法。其国書曰、日出処天子致書日没処天子、無恙、云云。帝覧之不悦、謂鴻臚卿曰、蛮夷書有無礼者、勿復以聞。

庶人は日を卜(ぼく)して瘞(うず)む。葬するに及んで、屍を船上に置き、陸地よりこれを牽(ひ)き、あるいは小輿(しょうよ)を以てす。

阿蘇(あそ)山あり。その石の、故なくして火起り天に接する者あり、俗以て異となし、因って禱祭(とうさい)を行う。如意宝珠(にょいほうしゅ)あり。その色青くして、大なること雞卵(けいらん)の如く、夜は則ち光あり。魚の眼精(がんせい)なりという。

新羅・百済、皆倭を以て大国にして、珍物多しとなし、並びにこれを敬仰し、恒(つね)に使(つかい)を通じ往来す。

大業(たいぎょう)三年、その王多利思比孤(たりしひこ)、使(つかい)を遣わして朝貢す。使者いわく、「聞く、海西の菩薩(ぼさつ)天子、重ねて仏法を興すと。故に遣わして朝拝せしめ、兼ねて沙門数十人もて、来りて仏法を学ばしむ」と。その国書にいわく、「日出ずる処の天子、書を日没する処の天子に致す、恙(つつが)なきや、云云」と。帝、これを覧(み)て悦(よろこ)ばず、鴻臚卿(こうろけい)に謂っていわく、「蛮夷の書、無礼なる者あり、復(ま)た以て聞(ぶん)するなか

明年、上遣文林郎裴清使於倭国。度百済、行至竹島、南望躭〔耽〕羅国、経都斯麻国、迥在大海中。又東至一支国、又至竹斯国、又東至秦王国。其人同於華夏、以為夷洲、疑不能明也。又経十余国、達於海岸。自竹斯国以東、皆附庸於倭。

倭王遣小徳阿輩台、従数百人、設儀仗、鳴鼓角来迎。後十日、又遣大礼哥多毗、従二百余騎郊労。

既至彼都。其王与清相見、大悦曰、我聞海西有大隋、礼義之国。故遣朝貢。我夷人、僻在海隅、不聞礼義。是以稽留境内、不即相見。今故清道飾館、以待大使。冀聞大国惟新之化。清答曰、皇帝徳並二儀、沢流四海。以王慕

れ」と。

明年、上、文林郎裴清を遣わして倭国に使せしむ。百済を度り、行きて竹島に至り、南のかた躭〔耽〕羅国を望み、都斯麻国を経、迥かに大海の中にあり。また東して一支国に至り、また竹斯国に至り、また東して秦王国に至る。その人華夏に同じ、以て夷洲となすも、疑うらくは明らかにする能わざるなり。また十余国を経て、海岸に達す。竹斯国より以東は、皆な倭に附庸す。

倭王、小徳阿輩台を遣わし、数百人を従え、儀仗を設け、鼓角を鳴らして来り迎えしむ。後十日、また大礼哥多毗を遣わし、二百余騎を従え郊労せしむ。

既にして彼の都に至る。その王、清と相見え、大いに悦んでいわく、「我れ聞く、海西に大隋あり、礼義の国と。故に遣りて朝貢せしむ。我は夷人、海隅に僻在して、礼義を聞かず。ここを以て境内に稽留し、即ち相見

化、故遣行人来此宣諭。既而引清就館。

其後清遣人謂其王曰、朝命既達。請即戒塗。於是設宴享以遣清、復令使者随清来貢方物。此後遂絶。

えず。今故(ことさら)に道を清め館を飾り、以て大使を待つ。冀(こいねが)わくは大国惟新の化(か)を聞かんことを」と。清、答えていわく、「皇帝、徳は二儀に並び、沢(たく)は四海に流る。王の化を慕うを以て、故に行人(こうじん)を遣わしてここに来り、宣諭せしむ」と。既にして清を引いて館に就(つ)かしむ。

その後、清、人を遣わしてその王に謂っていわく、「朝命既に達せり。請うらくは即(ただ)ちに塗(みち)を戒(いまし)められんことを」と。ここにおいて、宴享(えんきょう)を設け以て清を遣わし、復(ま)た使者をして清に随い来り方物を貢せしむ。この後、遂に絶つ。

2 日本書紀

六〇七年（推古一五）

七月庚戌（3日）

大礼小野臣妹子遣於大唐。以鞍作福利為通事。

六〇八年（推古一六）

四月

小野臣妹子、至自大唐。唐国、号妹子臣曰蘇因高。即大唐使人裴世清・下客十二人、従妹子臣至於筑紫。遣難波吉士雄成、召大唐客裴世清等。為唐客更造新館於難波高麗館之上。

六月丙辰（15日）

客等泊于難波津。是日、以飾船卅艘迎客等于江口、安置

六〇七年（推古一五）

七月庚戌（3日）

大礼(だいらい)小野臣妹子(おののおみいもこ)を大唐に遣わす。鞍作福利(くらつくりのふくり)を以て通事と為す。

六〇八年（推古一六）

四月

小野臣妹子、大唐より至る。唐国、妹子臣(いもこのおみ)を号して蘇因高(そいんこう)と曰う。即ち大唐の使人裴世清(はいせいせい)・下客十二人、妹子臣に従いて筑紫(つくし)に至る。難波吉士雄成(なにわのきしおなり)を遣わして、大唐の客裴世清等を召す。唐客のために更に新しき館(むろつみ)を難波(なにわ)の高麗館(こまのむろつみ)の上(ほとり)に造る。

六月丙辰（15日）

客等、難波津(なにわづ)に泊まる。是日(このひ)、飾船(かざりふね)三十艘を以て客等

新館。於是以中臣宮地連烏摩呂・大河内直糠手・船史王平為掌客。爰妹子臣奏之曰、臣参還之時、唐帝以書授臣。然経過百済国之日、百済人探以掠取。是以不得上。於是、群臣議之曰、夫使人雖死之不失旨。是使矣何怠之、失大国之書哉。則坐流刑。時天皇勅之曰、妹子雖有失書之罪、輙不可罪。其大国客等聞之、亦不良。乃赦之不坐也。

八月癸卯（3日）

唐客入京。是日、遣飾騎七十五匹、而迎唐客於海石榴市術。額田部連比羅夫、以告礼辞焉。

八月壬子（12日）

召唐客於朝庭、令奏使旨。時阿倍鳥臣・物部依網連抱、

を江口に迎え、新しき館に安置す。是に於いて中臣宮地連烏摩呂・大河内直糠手・船史王平を以て掌客と為す。爰に妹子臣、奏して曰く、「臣参還せるの時、唐帝、書を以て臣に授く。然れども百済国を経過するの日、百済人探りて以て掠取す。是を以て上るを得ず」と。是に於いて、群臣議して曰く、「夫れ使人、死すと雖も旨を失わず。是の使、何ぞ怠りて、大国の書を失うや」と。則ち流刑に坐す。時に天皇、勅して曰く、「妹子、書を失うの罪有りと雖も、輙く罪すべからず。其れ大国の客等これを聞くは、亦た良からず。」乃ちこれを赦して坐せず。

八月癸卯（3日）

唐客入京す。是日、飾騎七十五匹を遣わして、唐客を海石榴市術に迎える。額田部連比羅夫、以て礼辞を告ぐ。

八月壬子（12日）

唐客を朝庭に召し、使の旨を奏せしむ。時に阿倍鳥

二人為客之導者也。於是、大唐之国信物置於庭中。時使主裴世清、親持書、両度再拝、言上使旨而立之。其書曰、皇帝問倭皇。使人長吏大礼蘇因高等、至具懐。朕欽承宝命、臨仰区宇、思弘徳化、覃被含霊。愛育之情、無隔遐邇。知皇介居海表、撫寧民庶、境内安楽、風俗融和、深気・至誠、遠修朝貢。丹款之美、朕有嘉焉。稍暄。比如常也。故遣鴻臚寺掌客裴世清等、稍宣往意。并送物如別。時阿倍臣出進、以受其書而進行。大伴囓連、迎出承書、置於大門前机上而奏之。事畢而退焉。是時、皇子・諸王・諸臣、悉以金髻花着頭。亦衣服皆用錦紫繡織及五色綾羅。一云。服色皆用冠色。

臣・物部依網連抱、二人を客の導者と為す。是に於いて、大唐の国信物を庭中に置く。時に使主裴世清、親ら書を持ち、両度再拝して、使の旨を言上して立つ。その書に曰く、「皇帝、倭皇に問う。使人長吏大礼蘇因高等、至りて懐を具さにす。朕、欽みて宝命を承け、区宇に臨み仰ぎ、徳化を弘めて、含霊に覃び被ることを思う。愛育の情、遐邇に隔てなし。皇、海表に介居して、民庶を撫寧し、境内安楽にして、風俗融和し、深気・至誠ありて、遠く朝貢を修むることを知る。丹款の美、朕、嘉すること有り。稍く暄かなり。比は常の如し。故に鴻臚寺掌客裴世清等を遣わして、稍く往意を宣ぶ。并せて物を送ること別の如し」と。時に阿倍臣、出で進みて、以てその書を受けて進み行く。大伴囓連、迎え出でて書を承け、大門の前の机上に置きて奏す。事畢りて退く。是の時、皇子・諸王・諸臣、悉く金の髻花を以て頭に着す。亦た衣服は皆な錦紫繡織及び五色の綾羅を用う。一に云く、服色は皆な冠の色を用う。

八月丙辰（16日）
饗唐客等於朝。

九月乙亥（5日）
饗客等於難波大郡。

九月辛巳（11日）
唐客裴世清罷帰。則復以小野妹子臣為大使、吉士雄成為小使、福利為通事、副于唐客而遣之。爰天皇聘唐帝。其辞曰、東天皇敬白西皇帝。使人鴻臚寺掌客裴世清等至。久憶方解。季秋薄冷。尊何如。想清悆。此即如常。今遣大礼蘇因高・大礼乎那利等往。謹白。不具。是時、遣於唐国学生倭漢直福因・奈羅訳語恵明・高向漢人玄理・新漢人大国・学問僧新漢人日文・南淵漢人請安・志賀漢人慧隠・新漢人広済等、并八人也。

八月丙辰（16日）
唐客等を朝(みかど)に饗(あえ)す。

九月乙亥（5日）
客等を難波大郡(なにわのおおごおり)に饗(あえ)す。

九月辛巳（11日）
唐客裴世清(はいせいせい)罷(まか)り帰る。則ち復(ま)た小野妹子臣(おののいもこのおみ)を以て大使と為し、吉士雄成(きしのおなり)を小使と為し、福利(ふくり)を通事と為し、唐客に副(そ)えて遣わす。爰(ここ)に天皇、唐帝に聘す。その辞に曰く、「東天皇(ひがしのてんのう)、敬(つつし)みて西皇帝(にしのこうてい)に白(もう)す。使人鴻臚寺掌客(こうろじしょうきゃく)裴世清等至る。久しき憶(おも)い、方(まさ)に解けん。季秋(きしゅう)薄(ようや)く冷(すず)し。尊、何如(いかが)。想うに清悆(おだやか)ならん。此れ即ち常の如し。今大礼(だいらい)蘇因高(そいんこう)・大礼乎那利(だいらいおなり)等を遣わし往かしむ。謹(つつし)みて白す。不具(つぶさならず)」と。是の時、唐国に学生(がくしょう)倭漢直福因(やまとのあやのあたいふくいん)・奈羅訳語恵明(ならのおさえみょう)・高向漢人玄理(たかむくのあやひとくろまろ)・新漢人大国(いまきのあやひとおおくに)、学問僧新漢人日文(いまきのあやひとにちぶん)・南淵漢人請安(みなぶちのあやひとしょうあん)・志賀漢人慧隠(しがのあやひとえおん)・新漢人広済(いまきのあやひとこうさい)等、并(あわ)せて八人を遣わす。

六〇九年（推古一七）

四月庚子（４日）

筑紫大宰奏上言、百済僧道欣・恵弥為首一十人、俗七十五人、泊于肥後国葦北津。是時、遣難波吉士徳摩呂・船史龍、以問之曰、何来也。対曰、百済王命以遣於呉国。其国有乱不得入。更返於本郷、忽逢暴風、漂蕩海中。然有大幸、而泊于聖帝之辺境。以歓喜。

九月

小野臣妹子等至自大唐。唯通事福利不来。

六〇九年（推古一七）

四月庚子（４日）

筑紫大宰、奏上して言わく、「百済の僧道欣・恵弥を首と為す一十人、俗七十五人、肥後国葦北津に泊まる」と。是の時、難波吉士徳摩呂・船史龍を遣わして、以て問うに曰く、「何ぞ来たれるや」と。対えて曰く、「百済王、命じて以て呉国に遣わす。その国、乱有りて入ることを得ず。更に本郷に返らんとするに、忽ち暴風に逢い、海中を漂蕩せり。然れども大幸有りて、聖帝の辺境に泊まれり。以て歓喜す」と。

九月

小野臣妹子等、大唐より至る。唯だ通事福利のみ来たらず。

六一二年（推古二〇）

是歳

是歳、（中略）又百済人味摩之、帰化。曰、学于呉、得伎楽儛。則安置桜井、而集少年令習伎楽儛。於是、真野首弟子・新漢済文、二人習之伝其儛。此今大市首・辟田首等祖也。

六一四年（推古二二）

六月己卯（13日）

遣犬上君御田鍬・矢田部造闕名。於大唐。

六一五年（推古二三）

九月

犬上君御田鍬・矢田部造、至自大唐。百済之使、則従犬上君而来朝。

六一二年（推古二〇）

是歳

是歳、（中略）又百済人味摩之（みまし）、帰化す。曰く、「呉に学びて、伎楽の儛（まい）を得る」と。則ち桜井に安置し、少年を集めて伎楽の儛を習わしむ。是に於いて、真野首弟子（まののおびとでし）・新漢済文（いまきのあやひとさいもん）、二人習いてその儛を伝える。此れ今大市首（おおちのおびと）・辟田首（さきたのおびと）等の祖也。

六一四年（推古二二）

六月己卯（13日）

犬上君御田鍬（いぬかみのきみみたすき）・矢田部造（やたべのみやつこ）名を闕く。を大唐に遣わす。

六一五年（推古二三）

九月

犬上君御田鍬（いぬかみのきみみたすき）・矢田部造（やたべのみやつこ）、大唐より至る。百済（くだら）の使（つかい）、則ち犬上君に従いて来朝す。

六一八年（推古二六）

八月癸酉朔

高麗遣使貢方物。因以言、隋煬帝、興卅万衆攻我。返之為我所破。故貢献俘虜貞公・普通二人、及鼓吹・弩・抛石之類十物、并土物・駱駝一匹。

六二三年（推古三一）

七月

是時、大唐学問者僧恵斉・恵光及医恵日・福因等、並従智洗爾等来之。於是、恵日等共奏聞曰、留于唐国学者、皆学以成業。応喚。且其大唐国者法式備定之珍国也。常須達。

六一八年（推古二六）

八月癸酉朔

高麗（こま）、使（つかい）を遣わして方物を貢ず。因りて以て言わく、「隋（ずい）の煬帝（ようだい）、三十万の衆を興（おこ）し我を攻む。返りて我の破る所と為す。故に俘虜（ふりょ）貞公（ていこう）・普通（ふとう）二人、及び鼓吹（こすい）・弩（いしゆみ）・抛石（いしはじき）の類十物、并せて土物・駱駝（らくだ）一匹を貢献す」と。

六二三年（推古三一）

七月

是の時、大唐の学問者僧の恵斉（えさい）・恵光（えこう）及び医（くすし）恵日（えにち）・福因（ふくいん）等、並びに智洗爾（ちせんに）等に従いて来る。是に於いて、恵日等共に奏聞して曰く、「唐国に留まりて学ぶ者は、皆学びて以て業を成す。喚（め）すべし。且つ其れ大唐国は法式（のり）備わり定まれる珍（たから）の国也。常に達（かよ）うべし」と。

3 その他

『隋書』巻三・煬帝紀上・大業三年三月条

癸丑、遣羽騎尉朱寛使於流求国。

『隋書』巻三・煬帝紀上・大業四年三月条

壬戌、百済・倭・赤土・迦羅舍国、並遣使貢方物。

『隋書』巻三・煬帝紀上・大業六年春正月条

己丑、倭国遣使貢方物。

『隋書』巻三・煬帝紀上・大業六年二月条

二月乙巳、武賁郎将陳稜・朝請大夫張鎮州撃流求、破之、献俘万七千口、頒賜百官。

『隋書』巻一五・音楽志

開皇初定令、置七部楽。一曰国伎、二曰清商伎、三曰高

『隋書』巻三・煬帝紀上・大業三年三月条

癸丑、羽騎尉朱寛を遣わして流求国に使せしむ。

『隋書』巻三・煬帝紀上・大業四年三月条

壬戌、百済・倭・赤土・迦羅舍国、並びに使を遣わして方物を貢ず。

『隋書』巻三・煬帝紀上・大業六年春正月条

己丑、倭国、使を遣わして方物を貢ず。

『隋書』巻三・煬帝紀上・大業六年二月条

二月乙巳、武賁郎将陳稜・朝請大夫張鎮州〔周〕、流求を撃ち、これを破る。俘万七千口を献じ、百官に頒賜す。

『隋書』巻一五・音楽志

開皇の初め令を定め、七部楽を置く。一は国伎と曰い、

麗伎、四曰天竺伎、五曰安国伎、六曰亀茲伎、七曰文康伎。又雑有真勒・扶南・康国・百済・突厥・新羅・倭国等伎。

『隋書』巻二四・食貨志

乃使屯田主事常駿使赤土国、致羅刹。又使朝請大夫張鎮州〔周〕撃流求、俘虜数万。士卒深入、蒙犯瘴癘、餒疾而死者十八九。

『隋書』巻六四・陳稜伝

煬帝即位、授驃騎将軍。大業三年、拝武賁郎将。後三歳、与朝請大夫張鎮周〔州〕発東陽兵万余人、自義安汎海、撃流求国。月余而至。流求人初見船艦、以為商旅、往往詣軍中貿易。

稜率衆登岸、遣鎮周為先鋒。其主歓斯渇剌兜遣兵拒戦。鎮周頻撃破之。稜進至低没檀洞。其小王歓斯老模率兵拒

二は清商伎と曰い、三は高麗伎と曰い、四は天竺伎と曰い、五は安国伎と曰い、六は亀茲伎と曰い、七は文康伎と曰う。また雑えて真勒・扶南・康国・百済・突厥・新羅・倭国等の伎あり。

『隋書』巻二四・食貨志

乃ち屯田主事常駿をして赤土国に使し、羅刹に致らしむ。また朝請大夫張鎮州〔周〕をして流求を撃たしめ、数万を俘虜とす。士卒深く入り、瘴癘を蒙犯し、餒疾して死する者十に八九。

『隋書』巻六四・陳稜伝

煬帝即位し、驃騎将軍を授けらる。大業三年、武賁郎将を拝す。後三歳、朝請大夫張鎮周〔州〕と東陽の兵万余人を発し、義安より海に汎び、流求国を撃つ。月余にして至る。流求人初め船艦を見て、以て商旅となし、往往軍中に詣り貿易す。

稜は衆を率い岸に登り、鎮周を遣わして先鋒となす。そ

戦。稜撃敗之、斬老模。其日霧雨晦冥、将士皆懼。稜刑白馬以祭海神。既而開霽、分為五軍、趣其都邑。

渴剌兜率衆数千逆拒。稜遣鎮周又先鋒撃走之。稜乗勝逐北、至其柵。渴剌兜背柵而陣。稜尽鋭撃之、従辰至未、苦闘不息。渴剌兜自以軍疲、引入柵。稜遂塡塹、攻破其柵、斬渴剌兜、獲其子島槌、虜男女数千而帰。帝大悦、進稜位右光禄大夫、武賁如故。鎮周金紫光禄大夫。

『隋書』巻八一・東夷伝・流求国条

大業元年、海師何蛮等、毎春秋二時、天清風静、東望、

の主歓斯渴剌兜は兵を遣わして拒戦す。鎮周頻りに撃ちこれを破る。稜進んで低没檀洞に至る。その小王歓斯老模、兵を率いて拒戦す。稜撃ちてこれを敗り、老模を斬る。その日霧雨にして晦冥、将士皆な懼る。稜白馬を刑して以て海神を祭る。既にして開霽し、分かちて五軍となし、その都邑に趣く。

渴剌兜衆数千を率いて逆拒す。稜、鎮周をしてまた先鋒とし、これを撃走せしむ。稜、勝ちに乗じて北ぐるを逐い、その柵に至る。渴剌兜、柵を背にして陣す。稜、鋭を尽くしてこれを撃ち、辰より未に至るまで、苦闘して息まず。渴剌兜自ら軍の疲るるを以て、引きて柵に入る。稜、遂に塹を塡め、攻めてその柵を破り、渴剌兜を斬り、その子島槌を獲て、男女数千を虜にして帰る。帝大いに悦び、稜の位を右光禄大夫に進め、武賁は故の如し。鎮周は金紫光禄大夫とす。

『隋書』巻八一・東夷伝・流求国条

大業元年、海師の何蛮ら、春秋二時、天清にして風静か

依希似有煙霧之気、亦不知幾千里。三年、煬帝令羽騎尉朱寛、入海求訪異俗。何蛮言之、遂与蛮倶往、因到流求国。言不相通、掠一人而返。

明年、帝復令寛慰撫之、流求不従。寛取其布甲而還。時倭国使来朝。見之曰、此夷邪久国人所用也。帝遣武賁郎将陳稜・朝請大夫張鎮州〔周〕、率兵自義安浮海撃之。至高華嶼、又東行二日至鼅鼊嶼、又一日便至流求。

初、稜将南方諸国人従軍。有崑崙人頗解其語、遣人慰諭之。流求不従、拒逆官軍。稜撃走之、進至其都。頻戦皆敗、焚其宮室、虜其男女数千人、載軍実而還。自爾遂絶。

なる毎に、東望するに、依希なること煙霧の気あるが似し、また幾千里あるやを知らず。三年、煬帝、羽騎尉朱寛をして海に入り異俗を求訪せしむ。何蛮これを言う、遂に蛮と倶に往き、因りて流求国に到る。言相通ぜず、一人を掠めて返る。

明年、帝復た寛をしてこれを慰撫せしむるも、流求従わず。寛、その布甲を取りて還る。時に倭国の使来朝す。これを見て曰く、「これ夷邪久国の人の用いる所なり」と。帝、武賁郎将陳稜・朝請大夫張鎮州〔周〕を遣わし、兵を率いて義安より海に浮びこれを撃たしむ。高華嶼に至り、また東行すること二日にして鼅鼊嶼に至り、また一日にして便ち流求に至る。

初め、稜は南方諸国の人を将て軍に従わせしむ。崑崙人の頗るその語を解するものあり、人を遣りてこれを慰諭せしむ。流求従わず、官軍を拒逆す。稜、撃ちてこれを走らせ、進んでその都に至る。頻りに戦いて皆な敗り、その宮室を焚き、その男女数千人を虜にし、軍実を載せて還る。爾れより遂に絶つ。

『資治通鑑』巻一八一・隋紀五・煬帝大業四年三月条

三月壬戌、倭王多利思比孤入貢、遺帝書曰、日出処天子致書日没処天子、無恙。帝覧之不悦。謂鴻臚卿曰、蛮夷書無礼者、勿復以聞。

『集神州三宝感通録』巻上

倭国在此洲外大海中、距会稽万余里。有会承者。隋時来此、学諸子・史統及術芸、無事不閑。武徳之末、猶在京邑。貞観五年、方還本国。会問、彼国昧谷東隅、仏法晩至。未知已前育王及不。会答云、文字不言、無以承拠。験其事跡則是所帰。何者、有人開発土地、往往得古塔露盤・仏諸儀相。故知素有也。

『資治通鑑』巻一八一・隋紀五・煬帝大業四年三月条

三月壬戌、倭王多利思比孤、入貢し、帝に書を遺りて曰く、「日出ずる処の天子、書を日没する処の天子に致す、恙がなきや」と。帝はこれを覧て悦ばず。鴻臚卿に謂いて曰く、「蛮夷の書無礼なる者あり、復た以て聞することなかれ」と。

『集神州三宝感通録』巻上

倭国はこの洲外の大海の中に在り、会稽に距ること万余里。会承なる者あり。隋の時ここに来たり、諸子・史統及び術芸を学び、事の閑わざることなし。武徳の末、猶お京邑に在り。貞観五年、方に本国に還らんとす。会たま問わる、「彼の国は昧谷の東隅にして、仏法晩く至る。未だ知らず、已前に、育王及ぶやいなや」と。会、答えて云う、「文字もて言わず、以て承拠することなし。その事跡を験ぶれば、則ちこれ帰する所あり。何となれば、人の土地を開発することあり、往往古塔の露盤・仏の諸

『法苑珠林』巻三八・敬塔篇三五・故塔部・感応縁

倭国在此洲外大海中、距会稽万余里。隋大業初、彼国官人会丞〔承〕来此。学問内外博知。至唐貞観五年、共本国道俗七人方還倭国。未去之時、京内大徳、毎問彼国仏法之事。因問、阿育王依経所説、仏入涅槃一百年後出世、取仏八国舎利、使諸鬼神一億家為一仏塔、造八万四千塔、徧閻浮洲。彼国仏法晩至、未知已前有阿育王塔不。会丞答曰、彼国文字不説、無所承拠。然験其霊跡、則有所帰。故彼土人開発土地、往往得古塔露盤・仏諸儀相。数放神光、種種奇瑞。詳此嘉応、故知先有也。

儀相を得たり。故に素よりあるを知るなり」と。

『法苑珠林』巻三八・敬塔篇三五・故塔部・感応縁

倭国はこの洲外の大海の中に在り、会稽を距つこと万余里。隋の大業の初め、彼の国の官人会丞〔承〕ここに来たる。学問は内外博く知る。唐の貞観五年に至り、本国の道俗七人と共に方に倭国に還らんとす。未だ去らざるの時、京内の大徳、毎に彼の国の仏法の事を問う。因りて問う、「阿育王、経の説く所、仏、涅槃に入りて一百年後出世すに依り、仏八国の舎利を取り、諸鬼神一億をして、家ごとに一仏塔を為らしめ、八万四千塔を造り、閻浮洲に徧くす。かの国仏法晩くに至る、未だ知らず、已前、阿育王の塔あるやいなや」と。会丞答えて曰く、「かの国、文字もて説かず、承拠する所なし。然れどもその霊跡験ぶれば、則ち帰する所あり。故に彼の土人、土地を開発するに、往往古塔の露盤・仏の諸儀相を得たり。数しば神光を放ち、種種奇瑞あり。この嘉応を詳らかにすれば、故に先にあるを知るなり」と。

『唐会要』巻九九・倭国条

古倭奴国也。在新羅東南、居大海之中、世与中国通。其王姓阿毎氏、設官十二等。俗有文字、敬仏法。椎髻、無冠帯。隋煬帝賜之衣冠、今〔令カ〕以錦綵為冠飾。衣服之制、頗類新羅。腰佩金花、長八寸。左右各数枚、以明貴賤等級。

『通典』巻一八五・辺防典・倭条

倭自後漢通焉。在帯方東南大海中、依山島為居。凡百余国。

（中略）

隋文帝開皇二十年、倭王、姓阿毎、名多利思比孤、其国号阿輩雞弥。華言天児也。遣使詣闕。其書曰、日出処天子、致書日没処天子、無恙云云。帝覧之不悦、謂鴻臚卿曰、蛮夷書有無礼者、勿復以聞。

明年、帝遣文林郎裴清使於倭国。渡百済、東至一支国、

『唐会要』巻九九・倭国条

古(いにしえ)の倭の奴国なり。新羅の東南に在り、大海の中に居り、世(よ)よ中国と通ず。その王、姓は阿毎(あめ)氏、官十二等を設く。俗に文字あり、仏法を敬う。椎髻(ついけい)して、冠帯なし。隋の煬帝、これに衣冠を賜り、錦綵(きんさい)を以て冠飾となさしむ。衣服の制、頗(すこぶ)る新羅に類す。腰に金花を佩(はい)す、長さ八寸。左右各おの数枚あり、以て貴賤等級を明らかにす。

『通典』巻一八五・辺防典・倭条

倭は後漢より通ず。帯方の東南大海の中に在り、山島に依りて居となす。凡そ百余国あり。

（中略）

隋文帝の開皇(かいこう)二十年、倭王、姓は阿毎(あめ)、名は多利思比孤(たりしひこ)、その国阿輩雞弥(あほけみ／おほきみ)と号す。華言の天児なり。使(つかい)を遣わして闕(けつ)に詣(いた)る。その書に曰く、「日出ずる処の天子、書を日没する処の天子に致す、恙なきや云云」と。帝、これを覧(み)て悦ばず、鴻臚卿(こうろけい)に謂いて曰く、「蛮夷の書、無礼

又至竹斯国。又東至秦王国。其人同於華夏、以為夷洲、疑不能明也。又経十余国、達於海岸。自竹斯以東、皆附庸於倭。

清将至、王遣小徳阿輩台、従数百人、設儀仗、鳴鼓角来迎。又遣大礼歌多毗、従二百余騎郊労。既至彼都、其王与清相見、設宴享以遣。復令使者随清来貢方物。

其国跣足。以幅布蔽其前後、椎髻無冠帯。隋煬帝時始賜衣冠、令以綵錦為冠飾、裳皆施襈、綴以金玉。衣服之制頗同新羅。

なる者あり、復(ま)た以て聞(ぶん)するなかれ」と。

明年、帝、文林郎(ぶんりんろう)裴清(はいせい)を遣わして倭国に使せしむ。百済を渡り、東して一支国(いき)に至り、また竹斯国(つくし)に至る。また東して秦王国(しんおう)に至る。その人華夏に同じく、以て夷洲(いしゅう)となす、疑うも明らかにする能(あた)わざるなり。また十余国を経て、海岸に達す。竹斯より以東は、皆な倭に附庸(ふよう)す。

清将(まさ)に至らんとするや、王は小徳の阿輩台(あはいだい)を遣わし、数百人を従え、儀仗を設け、鼓角(こかく)を鳴らして来り迎えしむ。また大礼の歌多毗(かたひ)を遣わし、二百余騎を従え郊労せしむ。既にして彼の都に至るや、その王、清と相見(あいまみ)え、宴享(えんきょう)を設け以て遣(や)る。復(ま)た使者をして清に随いて来たりて方物を貢(こう)ぜしむ。

その国は跣足(せんそく)なり。幅布を以てその前後を蔽い、椎髻(ついけい)して冠帯なし。隋煬帝の時始めて衣冠を賜り、綵錦(さいきん)を以て冠飾となさしめ、裳(しょう)は皆な襈(せん)を施し、綴(とじ)るに金玉を以てす。衣服の制は頗(すこぶ)る新羅に同じ。

『冊府元亀』巻六六二・奉使部・絶域門

裴清為文林郎。煬帝遣清使於倭国。渡百済、行至竹島、南望躭羅国、経都斯麻国、逈在大海中。又東至一支国、又至竹斯国、又東至秦王国。其人同於華夏、以為夷洲、疑不能明也。又経十余国、達於海岸。自竹斯国以東、皆附庸於倭。

『冊府元亀』巻九六六・外臣部・継襲門一

倭国、後漢光和中、有女王卑弥呼。魏正始中、卑弥呼死。更立男王、国中不服、更相誅殺。復立卑弥呼宗女臺與為王。其後復立男王。並受中国爵命。晋安帝時、倭王賛死、弟弥立。弥死、子済立。宋元嘉二十年、済死、世子興立。興死、弟武立。隋開皇二十年、其王姓何〔阿〕毎、字多利思比孤、号河〔阿〕輩雞弥。遣使朝貢。

『冊府元亀』巻六六二・奉使部・絶域門

裴清（はいせい）、文林郎となる。煬帝（ようだい）、清を遣わして倭国に使（つかい）せしむ。百済を渡り、行きて竹島に至り、南のかた躭羅（たんら）国を望み、都斯麻（つしま）国を経、逈（はる）かに大海の中に在り。また東して一支（いき）国に至り、また竹斯（つくし）国に至り、また東して秦王（しんおう）国に至る。その人華夏に同じ、以て夷洲（いしゅう）となす、疑うも明らかにする能（あた）わざるなり。また十余国を経て、海岸に達す。竹斯国より以東は、皆な倭に附庸（ふよう）す。

『冊府元亀』巻九六六・外臣部・継襲門一

倭（わ）国、後漢の光和中に、女王卑弥呼（ひみこ）あり。魏（ぎ）の正始中、卑弥呼死す。更に男王を立てるも、国中服せず、更（こも）ごも相誅殺す。復（ま）た卑弥呼の宗女臺與（そうじょとよ）を立てて王となす。その後復た男王を立つ。並びに中国の爵命を受く。晋（しん）の安帝の時、倭王賛（さん）死して、弟弥（み）立つ。弥死して、子済（せい）立つ。宋（そう）の元嘉（げんか）二十年、済死して、世子興（こう）立つ。興死して、弟武（ぶ）立つ。隋開皇二十年、その王、姓は何〔阿〕毎（あめ）、字は多利思比孤（たりしひこ）、河〔阿〕輩雞弥（あほけみ）と号す。使（つかい）を遣わして朝貢す。

『冊府元亀』巻九七〇・外臣部・朝貢門三

（隋煬帝大業）四年三月、百済・倭・赤土・伽羅舎国、並遣使貢方物。

（隋煬帝大業）六年三月、倭国、六月、室韋・赤土、並遣使貢方物。

『三国史記』巻二七・百済本紀第五

（百済・武王）九年春三月、遣使入隋朝貢。隋文林郎裴清、奉使倭国、経我国南路。

『先代旧事本紀』帝皇本紀　推古二三年六月己卯（13日）

詔大仁矢田部御嬬連公、改姓命造、則遣大唐使。復大礼犬上君御田鉏為小使而遣之。

『冊府元亀』巻九七〇・外臣部・朝貢門三

（隋煬帝大業）四年三月、百済（くだら）・倭（わ）・赤土（せきど）・伽羅舎（からしゃ）国、並びに使（つかい）を遣わして方物を貢ず。

（隋煬帝大業）六年三月、倭国、六月、室韋（しつい）・赤土、並びに使を遣わして方物を貢ず。

『三国史記』巻二七・百済本紀第五

（百済・武王）九年（六〇八）春三月、使（つかい）を遣わし隋に入れて朝貢せしむ。隋の文林郎裴清（はいせい）、使を倭国に奉じ、我が国の南路を経る。

『先代旧事本紀』帝皇本紀　推古二三年六月己卯（13日）

詔（みことのり）して大仁矢田（やた）部御嬬連公（べのみつまのむらじのきみ）を、姓を改めて造（みやつこ）に命じ、則ち大唐に遣わす使（つかい）とす。復（ま）た大礼犬上君御田鉏（いぬかみのきみみたすき）を小使と為して遣わす。

人物略伝 1（隋編）

梁武帝（四六四～五四九、在位五〇二～五四九）　南朝梁の初代皇帝、姓名は蕭衍。南朝斉の遠縁にあたる血筋で、斉末の政治の荒廃をただすべく、荊州（湖北省）軍団を率いて都の建康（南京）に入り、梁朝を開いた。政務に精励し、寛政を敷き、行き詰まっていた貴族制の再編をはかった。途中から仏教に傾倒し、寺院の建立、たびたびの大法要や寺への捨身行為を行うなかで、政治は緩み、財政の窮乏を招いた。その隙をついて、北の東魏から流れてきた侯景に攻められ、長い建康包囲の末に陥落し、幽閉のなかで死んだ。中国史に特筆される本格的な崇仏皇帝であり、日常生活でも国政の場でも殺生を禁じ、最初の菩薩戒を受けた皇帝となる。この皇帝にして仏教者の姿勢が隋の文帝・煬帝に影響を与え、さらに唐代や日本の権力者にも及んだ。

文帝（五四一～六〇四、在位五八一～六〇四）　隋の初代皇帝。姓名は楊堅。弘農華陰（陝西省華陰市・潼関県一帯）の人というが、北族系に近い漢族か。西魏＝北周の十二大将軍であった楊忠の子。北周宣帝の外戚として実権を掌握し、五八一年に隋を建国、年号を開皇とし、五八九年に南朝陳を滅ぼして天下を統一した。それに並行して、高熲ら西魏＝北周系の人士を重用し、まず律令（開皇律令）を整え、中央から地方におよぶ一連の行政の改革を断行し、科挙制も創設した。また新都大興城（唐の長安）を造営し、この一帯の関中に政治・軍事の基盤を置く関中本位政策をとった。その政治は当初新生の意気に燃え、開皇の治と称されたが、後半には後継問題や対高句麗問題が発生し、仏教に傾倒した。その後半期の開皇二〇年、（六〇〇）に、倭の派遣した第一回の遣隋使に会い、その未開性を批判した。最後は皇太子にした楊広（のちの煬帝）に殺害されたといわれる。

煬帝（五六九～六一八、在位六〇四～六一八）　隋の第二代皇帝。姓名は楊広。文帝の次男。晋王として、北辺防備や南朝陳の討滅に功績を挙げた。母の独孤氏や楊素と策謀して兄の皇太子・楊勇を廃嫡させて、六〇〇年に皇太子となり、六〇四年に即位した。即位するや、東都洛陽の建設、大運河の開鑿などの大土木事業を断行し、またさかんに行幸して席を温める暇がなかった。そのあげく六一二年から三度高句麗遠征を試みて失敗に終わる。全土に高まる反乱状況のなか、江都（江蘇省揚州市）でデカダンな生活を送り、六一八年宇文化及に殺された。彼の政治は暴政の代名詞とされるが、大運河などの一連の政策は、いずれは断行されるべき課題であり、たんに暴政・暴君では片付けられない。しばしば唐の太宗の名君ぶりと比べられるが、政治の構想力や実行力、個人の資質ではその上を行く。彼は天台宗を開いた智顗から菩薩戒を授けられた。遣隋使小野妹子は彼と面会し、持参した「日出ずる処の天子…」の国書で激怒を買っている。

高熲（?～六〇七）　渤海蓨（河北省）の高氏で、父の賓が北斉から北周に移り、独孤信の幕客になった。字は玄昭。北周官界では目立たなかったが、楊堅が北周の実権を握ると、彼の妻独孤氏の引きで幕僚となり、周隋革命に貢献をした。隋が興ると尚書左僕射に任じられ、開皇律令の編纂から首都大興城（唐の長安城）の造営、陳の平定や突厥との攻防などに関与し、隋の統一事業に中心的役割を果たした。二〇年近く政界の枢要にあったが、後半には独孤皇后―晋王楊広（煬帝）―楊素の路線が強まり、五九九年宰相の位を追われ、六〇七年煬帝政治を批判したかどで処刑された。彼は三階教の信行を助けた熱心な仏教徒でもあった。隋の基を築き、後世にも計り知れない影響を与えた点で、高熲はもっと知られてよい政治家である。なお六三〇年の第一回遣唐使のさいに、犬上御田鍬について来倭し、使者の役目を果たさずに帰国した唐使の高表仁は、高熲の三男である。

楊素（五四四～六〇六）　弘農華陰（陝西省華陰市・潼関県一帯）の楊氏という名門の出身。隋室の楊氏とは血筋を異にする。北周期は不遇であったが、隋に入り五八九年の陳平定にさいし、隋支配に抵抗する高智慧らの反乱を押さえて頭角を現す。高熲をバックとする皇太子楊勇の廃嫡をはかる晋王楊広の陣営に迎えられ、企みを成功させて、高熲に代わって宰相となる。六〇〇年に倭の初回の遣隋使が訪れたのは、ちょうどその権力闘争の最中であった。楊広（煬帝）の即位にあたって、漢王諒の反乱を潰し、東都洛陽城の造営の責任者となるが、最後は煬帝に警戒されるなかで死去する。長子の楊玄感は六一三年に反乱を起こし、煬帝の高句麗遠征（第二次）を挫折させ、隋の滅亡にむけた大きな引き金の役割を果たした。

宇文愷（五五五～六一二）　北魏を開いた鮮卑族の宇文氏とは異なり、匈奴の流れを引く宇文氏の出身。生まれつき学問が好きで、隋代にその才能を開花させ、中国史上を代表する科学者、建築家、発明家となる。代表的な仕事は、大興城（唐の長安城）と新洛陽城（隋唐洛陽城）の立案と造営を担い、大興城に通じる広通渠の運河を通し、文帝の離宮の仁寿宮（唐の九成宮。陝西省）を造った。煬帝が突厥や張掖へ行幸したさいには、観風行殿という折りたたみ式の移動宮殿を用意し、また数千人を収容する超大型テントを作った。他に漏刻（水時計）の設計や明堂（上古の政事堂）の復元案を用意したことでも知られる。

智顗（五三八～五九七）　南朝梁代の荊州（湖北省）に生まれる。俗姓は陳、字は徳安。後梁の首都となった江陵（湖北省）が西魏に陥落したのを機に出家を志し、光州（河南省）大蘇山の慧思（南岳慧思）に入門する。のちに師と別れ、南朝陳の都の金陵（建康）で法華経を講じ、南朝を代表する僧となる。陳が滅ぶと、五九一年隋の晋王広（のちの煬帝）に招かれ、菩薩戒を授け、智者大師の号を受けた。天台宗の開祖となり、本山天台山（浙江省）に国清寺が建てられた。

信行（五四〇～五九四）　魏州（河北省）出身。俗姓は王、少年時に出家し、東魏・北斉の都の鄴で修行する。末法思想の影響を受け、民衆に依拠した新仏教＝三階教を開く。北周武帝の仏教弾圧に遭遇し、一時還俗ののち、隋の成立とともに五八九年都長安に出て、宰相の高熲の帰依を受け、真寂寺（唐の化度寺）を建立した。三階教の信者は結合が強く、無尽蔵院には財産を蓄え、強盛になるが、高熲が失脚すると、六〇〇年に禁圧された。唐になって復活するが、しばしば弾圧を受け、七二五年を最後に歴史から姿を消した。

裴矩（五四八？～六二七）　河東聞喜（山西省）の名族出身。字は弘大。北斉から隋に仕え、最後は唐にも用いられる人生を送った。隋では文帝に認められ、次の煬帝のもとで五貴（他に蘇威・宇文述・虞世基・裴蘊）の一人として重用され、煬帝期の外交政策の立案・実行にほぼすべて関与した。とくに『西域図記』を著し、西域諸国との関係改善に努め、六一〇年には東都洛陽に諸国の族長らを集めて、盛大な国際フェスティバルと交易会を催した。倭の遣隋使派遣もこうした動きと無縁ではなかった。隋末、煬帝が殺されると、竇建徳に一時仕えたのち、唐に帰順して太宗の民部尚書となる。太宗が編んだ「貞観氏族志」には、裴氏の代表者の一人として名を残した。なお彼の名は本来は「世矩」と考えられる。

裴世清（六世紀後半〜七世紀前半）　隋代から唐初・貞観年間まで生きる。隋の大業四年（六〇八）、煬帝の命を受け、遣隋使小野妹子の帰国に随行して倭を訪れた使者、いわば歴史上最初に日本に渡った外交官となる。倭に同年四月から九月まで滞在し、八月に朝廷（小墾田宮か）にて天皇（?）と会い、煬帝の国書と進物を渡し使命を達する。そのときの身分は文林郎（従八品）という下級文官で、日本側には鴻臚寺掌客（正九品下、外交担当の下級官人）の肩書きが記録される。詳しい経歴は分からないが、出身は河東の裴氏という門閥に出て、唐初にはその支脈の中眷裴氏の代表者として、太宗が編ませた氏族ランク「貞観氏族志」に名を残した。唐での職位は主客郎中（礼部。従五品上）あるいは駕部郎中（兵部。従五品上）の地位につき、最後は江州（江西省）刺史（従三品）まで進んだ。

虞世基（?〜六一八）　煬帝の政治を支えた五貴の筆頭。本籍は会稽余姚（浙江省）、南朝最後の陳に仕え、若くからその学識と文章・書に秀でていた。隋が陳を平定すると長安に移り、しばらく不遇をかこったが、煬帝によって抜擢され、全幅の信任を受けて政治のすべてに関与した。高句麗遠征にも煬帝の意をうけて推進する側にまわり、その結果広がった隋末の動乱の現実には、煬帝の不興を恐れて目をつぶり、近臣の役目を果たせない追従者として人々の怒りを買った。最後は揚州（江都）で煬帝のデカダンな生活につきあい、六一八年のクーデタで一緒に殺された。弟は書家で唐初の名臣と知られた虞世南（五五八～六三八）である。

竇建徳（五七三～六二一）　貝州漳南（河北省）の農民から出た隋末唐初の群雄。任侠にあつく、里長（一〇〇戸の長）となる。高句麗遠征時、官憲から群盗と通じていることを疑われ、群盗高士達のもとに走った。そののち寛容さや義を重んずる人柄が慕われ、急速に勢力を伸ばし、六一七年に長楽王と称し、六一八年に河北・山東を基盤に夏国を樹立した。以後数年間、領内は夜も戸締りの必要がないほどよく治まり、隋末群雄の中心に立ったが、六二一年に唐の李世民（のちの太宗）と虎牢関付近で戦って捕らえられ、長安で処刑された。彼の試みた王国は、部下であった劉黒闥に受け継がれ、なお二年の命脈を保った。

王薄（？～六二二）　山東の泰山・長白山一帯を拠点に、隋末動乱の最初に立ち上がった群盗の一人。みずからを知世郎と称し、高句麗遠征に動員される人々に対し、「遼東（高句麗）に向かいて浪死（無駄死に）することなかれ」といい、反戦反隋の気運をまき起こした。これ以後、山東一帯は隋末動乱の中心地となり、反乱が各地に展開する発進地でもありつづけた。彼は唐初まで生き、斉州総管（山東省）に任ぜられた。遣隋使はかれら反隋行動の広範な展開のために入国を阻まれた。

李密（五八二～六一八）　隋末、洛陽東方から山東西部にかけて勢力を張った群雄。本貫は遼東襄平（一説に隴西成紀）の人。西魏・北周の基を築いた八柱国の李弼は祖父、父は隋の蒲山公李寛という名門の出身。黄牛にのり『漢書』項羽伝を読んでいるのを楊素に認められ、息子の楊玄感と親交を結ぶ。六一三年、楊玄感が反乱を起こすと謀主として加担したが、乱は失敗し、捕獲された。移送の途中で脱走し亡命生活を送ったのち、六一六年頃、東郡（山東・河南の境界）の翟譲軍に身を投じた。のちその反乱軍（瓦崗軍）の実権を握り、六一七年には隋の食料庫、興洛倉（河南省）を襲って窮民に散じ、一時は隋に代わる存在として期待を集めた。ここを拠点に洛陽の王世充と激闘を繰り返したが、大敗を喫し、配下の魏徴や李勣と長安の唐に帰順した。しかし唐の扱いは低く、ために東帰して再挙を図ったが、中途で捕らえられて殺された。

魏徴（五八〇～六四三） 鉅鹿曲城（河北省邢台市）の人。字は玄成。隋末、李密の書記となり、李密に従って唐に降り、太子建成に仕えて太子洗馬となった。太子建成と秦王世民が対立すると、秦王の粛清を進言したが聞き入れられず、玄武門の変で捕らえられた。のちに許され、太宗即位後、諫議大夫に抜擢され、直諫によって太宗の貞観の治を演出した。彼の死後、太宗の高句麗出兵の失敗や後嗣問題が起こり、諫官としての存在感を浮き立たせた。中国や日本で広く読まれた政治問答書『貞観政要』（唐、呉兢撰）の中心的登場人物である。

玄奘（六〇二～六六四、生没年に諸説あり） 陳留（河南省偃師市）の人。俗姓は陳。三蔵法師。法相宗・倶舎宗の祖とされる。一三歳で洛陽浄土寺に入って経論を学び、隋末唐初の混乱を避けて長安・成都で研鑽を重ねたのち、六二九年に原典を求めて密出国した。途中、麹氏高昌国（トゥルファン）から亀茲をへ、天山北路から中央アジアを通り、三年をかけてインドに入った。ナーランダ寺で瑜伽唯識論を修め、その後各地をめぐって多数の仏典を得て、六四五年に長安に帰着し、翌年旅行記『大唐西域記』を著した。

以後太宗や高宗の支援のもと訳経に従事し、『大般若波羅蜜多経』六〇〇巻をはじめ七五部一三三五巻を翻訳した。それらは忠実な逐語訳で知られ、それまでの古訳、旧訳にたいし、新訳と評される。

人物略伝 2（倭国編）

〔凡例〕

・君主・皇族の称号は、一般的な通用に従って天皇・皇子で統一した。
・氏・姓・名の表記はおおよそ『日本書紀』に準拠した。

推古天皇（五五四～六二八、在位五九三～六二八） 実在が確実な日本史最初の女性君主。和風諡号はトヨミケカシキヤヒメ。「推古」は八世紀後半に淡海三船が撰上した漢風諡号である。敏達の大后であり、崇峻暗殺後の緊張した政治過程において五九三年即位。当時は隋が南朝陳を滅ぼしたばかりであり、波乱の国際環境の中に登場した。その治世は蘇我馬子と厩戸皇子の補佐を受けて政治に臨み、冠位十二階、朝礼改定など文明的な国作りを進めた。仏教を重視し、先進知識を有する観勒等の僧侶を受け入れ、法興寺金堂仏像の造立などを行なった。この造立を聞いて高句麗王が黄金を献上するなど、その仏教政策は東アジアレベルで考える必要がある。外交では、遣隋使を派遣する一方、対新羅関係も問題として浮上した。

聖徳太子（五七四～六二二） 厩戸皇子。上宮太子、法大王なども称する。トヨトミミノミコトと呼ばれた。聖徳太子は死後の呼称。用明の皇子、母は穴穂部間人皇女。幼少時より多くの逸話が語られるがいずれも伝説の域を出るものではない。蘇我氏と物部氏の争い（丁未の役）において四天王像を造って蘇我氏側に勝利をもたらし、それが四天王寺造立の縁起となったとされる。仏教を高句麗僧慧慈に、儒教を博士覚哿について習ったとされ、このことから早くから仏教に傾倒するようになったのであろう。推古が即位すると蘇我馬子とともに政治を輔弼したが、皇太子になったというのは後世の潤色である。外交政策に積極的に関与しており、厩戸が斑鳩に宮室を構えた六〇一年には新羅への軍事力発動が発議され、翌年に弟の来目皇子が将軍に任ぜられている。この処置は厩戸との関係が強く推測される。六〇三年に馬子と冠位十二階を制定、六〇四年には憲法十七条を作成したとされるが、六〇〇年の遣隋使の結果を受けての措置であった。六〇七年・六〇八年の遣隋使派遣にも関与していたと推測される。仏教関連の事績としては法隆寺の建立がまず挙げられる。また、勝鬘経・法華経の講説及び三経義疏を作ったことが史料に見えるが、敦煌出土経典との類似などからこれを疑問視する考えもある。

小野臣妹子（?～?）　六〇七年・六〇八年の遣隋使として知られる。近江国小野村に住したので小野氏と称したという。六〇七年に蘇因高と名のり隋に赴き、「日出処天子致書日没処天子」で知られる国書を持参し煬帝の不興を受けている。国王の名がアメタリシヒコと伝わったのは小野氏の祖、天帯彦国押人命が誤って伝わったものとする考えがある。また聖徳太子の転生説話では衡山（中国湖南省）に法華経を取りに行く目的があったと語られる。裴世清を帯同して帰国、百済を経由した時に煬帝から授けられた文書を百済人に奪われたと報告、流刑に処せられるところを特に赦された。ただし裴世清も国書をもたらしており、この件は「日出処天子」の国書に対する譴責文書を隠蔽するための処置であると考えられている。裴世清の帰国において再び遣隋使となり、六〇八年に渡隋、翌六〇九年に帰国した。係累は子に毛人（えみし）、孫に毛野（けぬ）がいる。

鞍作福利（くらつくりのふくり）（?～?）　六〇七年・六〇八年の遣隋使において訳語（おさ）（通訳）に任じられている。ただし六〇八年派遣の遣隋使帰国記事では福利のみ帰ってこなかったことが記されており、隋に留学ないしは死去したものと推測される。鞍作鳥（くらつくりのとり）（止利仏師）の同族であろう。姓は不明であるが、法隆寺金堂釈迦三尊像光背銘に「司馬鞍首止利」とあり、あるいは首（おびと）か。

難波吉士雄成（なにわのきしおなり）（?～?）　六〇八年に裴世清が筑紫に来朝した際に迎えに行く役割を担っている。筑紫から到来した裴世清は難波に新たに造られた館に滞在することとなるが、難波吉士は難波に在住する渡来系氏族であり関連が推測される。その後裴世清の帰国に帯同する遣隋使の小使となり、六〇九年に帰国したものと考えられる。

中臣宮地連烏摩呂（なかとみのみやじのむらじおまろ）（?～?）　六〇八年の裴世清来朝の折に掌客（しょうきゃく）（外国使節の接待にあたる役）の任に当たる。六一二年に堅塩（きたし）姫の喪葬において大臣（おおおみ）の誄（しのびごと）を読んでいる。

大河内直糠手（おおしこうちのあたいあらて）（?～?）　六〇八年に裴世清が来朝した折に掌客の任に当たる。同族の大河内直矢伏（やふし）は高表仁（こうひょうじん）来朝時に導者となっており、大河内直は七世紀に外交活動に従事した氏族であった。

船史王平（ふねのふびとおうへい）（?～?）　六〇八年に裴世清が来朝した際に掌客の任に当たる。船史は欽明朝に渡来して烏羽の表の伝承で知られる王辰爾（おうしんに）の子孫である。

額田部連比羅夫（ぬかたべのむらじひらぶ）（?～?）　裴世清が入京した時に海石榴市（つばきち）の岐（ちまた）（術）で迎え入れている。『隋書』倭国伝には「又遣大礼哥多毗従二百余騎郊労」とあり、「哥多毗」に同定する見解が強い。六一〇年に新羅使が来た際にはこれを迎え入れる騎兵の長に任じられている。六一一年には薬猟の指揮を執っている。なお、額田部氏は欽明朝に新羅使が来朝した時にも掌客となっており、外交での活動が確認される氏族である。

阿倍鳥臣（?〜?）　六〇八年の裴世清来朝の際に物部依網連抱とともに導者となり、裴世清を朝庭に領導する役割を担った。またその際に煬帝からの国書を裴世清から直接受け取っている。なお六一〇年の新羅使・任那使来朝の際も庭中での取り次ぎを担っている。阿倍氏の中でも本流である内臣であり、その中心的人物であったと推定される。

物部依網連抱（?〜?）　六〇八年の裴世清来朝の際に阿倍鳥臣とともに導者となり、裴世清を朝庭に領導する役割を担った。

大伴囓連（?〜?）　六〇八年の裴世清来朝の際に阿倍鳥から煬帝の国書を受け取って読み上げる役目を果たしている。外交における活動が目立ち、五九一年に朝鮮派兵の大将軍となり、六〇一年には「任那」問題のために高句麗に派遣されている。六一〇年の新羅使・任那使来朝でも庭中で取り次ぎをしている。壬申の乱の功臣である大伴吹負の父。

倭漢直福因（?〜?）　隋への留学生として知られる。六〇八年の小野妹子遣隋に伴って渡隋、六二三年に新羅使とともに帰国している。

奈羅訳語恵明（?〜?）　隋への留学生。奈羅氏は楢氏にもつくり、渡来系氏族。訳語は通訳のことであり、語学に長じていたと思われる。

高向漢人玄理（たかむくのあやひとげんり）（?～六五四）　高向黒麻呂とも記す。玄理はクロマロの仮借表記。六〇八年に留学生として隋に渡り、六四〇年に新羅を経由して帰国。孝徳（こうとく）朝においては僧旻（みん）とともに国博士（くにはかせ）に任ぜられる。六四六年に新羅に派遣され、翌年に金春秋（きんしゅんじゅう）を連れて帰国する。六五四年には遣唐押使として唐に派遣されたが、在唐中に没した。対中国・朝鮮を問わず外交に活躍した人物であった。

新漢人大国（いまきのあやひとおおくに）（?～?）　隋への留学生。六〇八年に渡隋、その後の動静は不明。

新漢人日文（いまきのあやひとにちもん）（?～六五三）　僧旻ともいう。六〇八年に渡隋、六三二年遣唐使に随って霊雲（りょううん）等と帰国する。帰国後に天狗・彗星などに関する発言をしており、留学において天文の素養を深めている。また周易（しゅうえき）を講じたともいう。孝徳即位後は、同じく留学生であった高向玄理とともに国博士として国政に参与する。祥瑞についての進言をしており、これも留学時に得た知識であろう。

南淵漢人請安（みなぶちのあやひとしょうあん）（?～?）　隋への留学僧。六〇八年に隋に渡り、六四〇年に新羅を経由して帰国。帰国後は中大兄皇子や中臣鎌足が請安に「周孔之教」を学んだとされ、留学において儒学も修めたと考えられる。

志賀漢人恵隠（しがのあやひとえおん）（?～?）　慧隠にもつくる。隋への留学僧。六〇八年に隋に渡り、六三九年に新羅の送使に随って帰国、同じ帰国に恵雲がいる。舒明・孝徳朝に無量寿経（むりょうじゅきょう）を講じた。

新漢人広済（いまきのあやひとこうさい）（?～?）　隋への留学僧。六〇八年に渡隋、その後の動静は不明。

犬上君御田鍬（いぬかみのきみみたすき）（?～?）　名は三田耜にもつくる。六一四年に遣隋使となり、翌年帰国。この時百済使を連れて来ており、百済経由のルートであった。六三〇年には最初の遣唐使として医恵日とともに赴いている。その帰国において高表仁を帯同してきた。犬上君は他に白麻呂が高句麗に派遣されており、七世紀に外交で活躍した氏族であった。

矢田部御嬬連（?～?）この名は『先代旧事本紀』によるものであろう。『日本書紀』では矢田部造〔闕名〕とする。六一四年の遣隋使として隋へ行き、翌年帰国した。

恵斉（?～?）隋への留学僧、『元亨釈書』では恵済。六二三年に新羅を経由して帰国した。出発時の留学僧十数人のうち帰国したのは恵斉・恵光の二人のみという。

恵光（?～?）隋への留学僧。『元亨釈書』では恵先。六二三年に新羅を経由して帰国した。出発時の留学僧十数人のうち帰国したのは恵斉・恵光の二人のみという。帰国の際に持ち帰った阿弥陀三尊が四天王寺に安置されている。

医恵日（?～?）医は薬師にもつくる。隋への留学生であったが六二三年に新羅使智洗爾に随って帰国、留学生の登用と遣唐使派遣の上奏を行なっている。留学時代に医術を学び医と名のった。隋滅亡後も六三〇年に犬上君御田鍬と、六五四年には遣唐副使となって唐に赴いており、外交で活躍した。

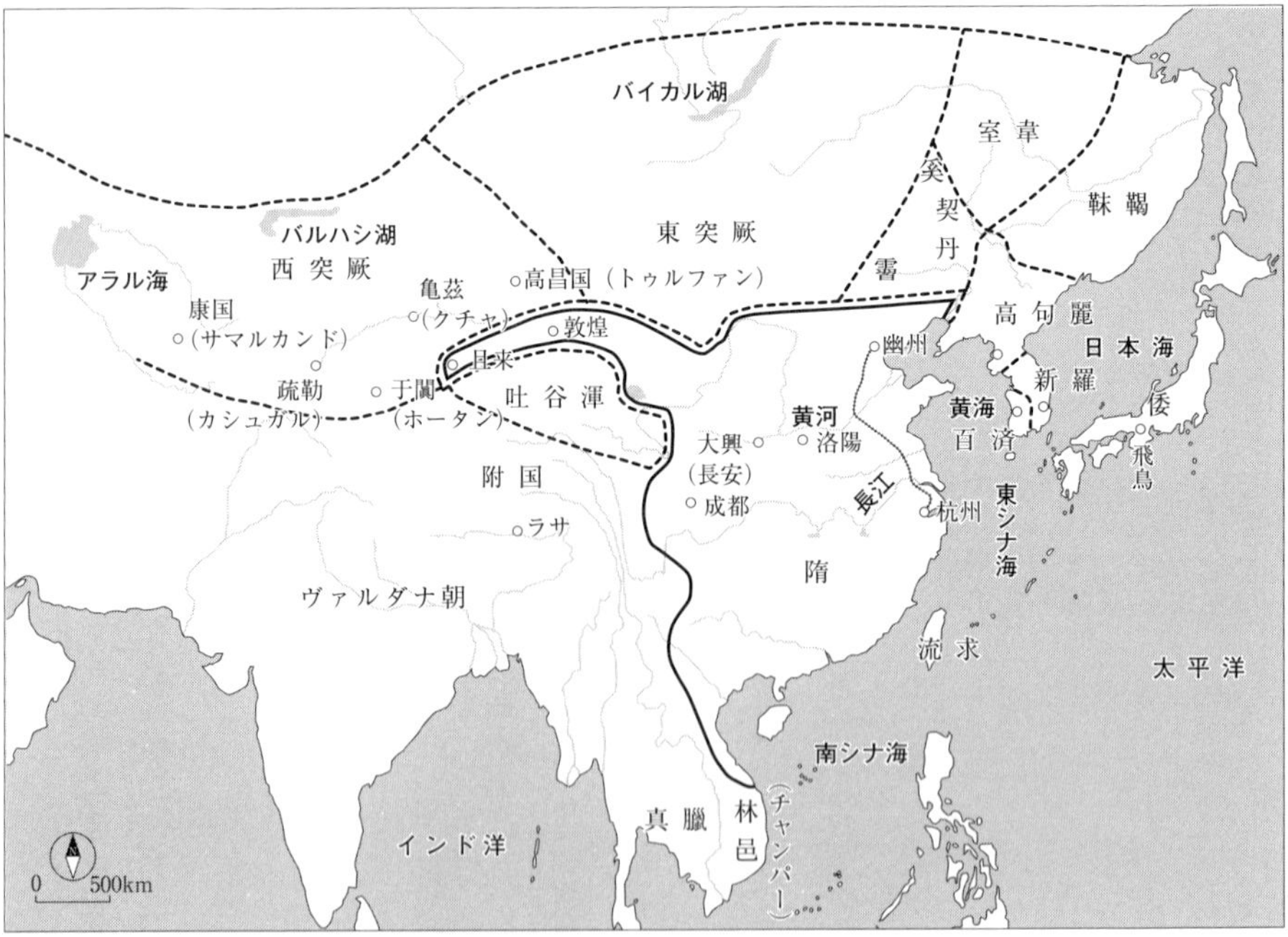

図1　7世紀初頭の東アジア・中央アジア・北アジア

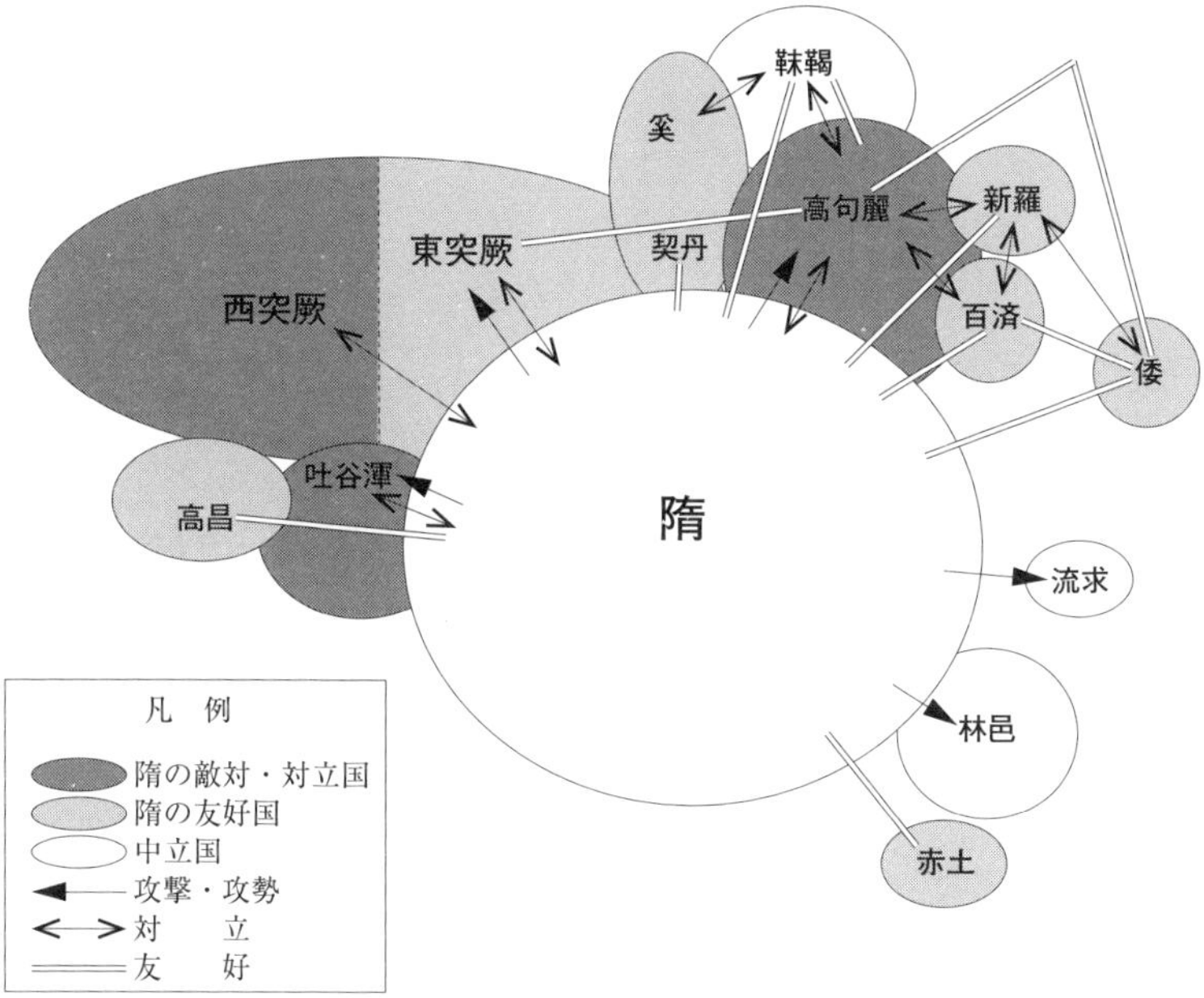

図２　隋代（6 世紀後半）の東アジア世界

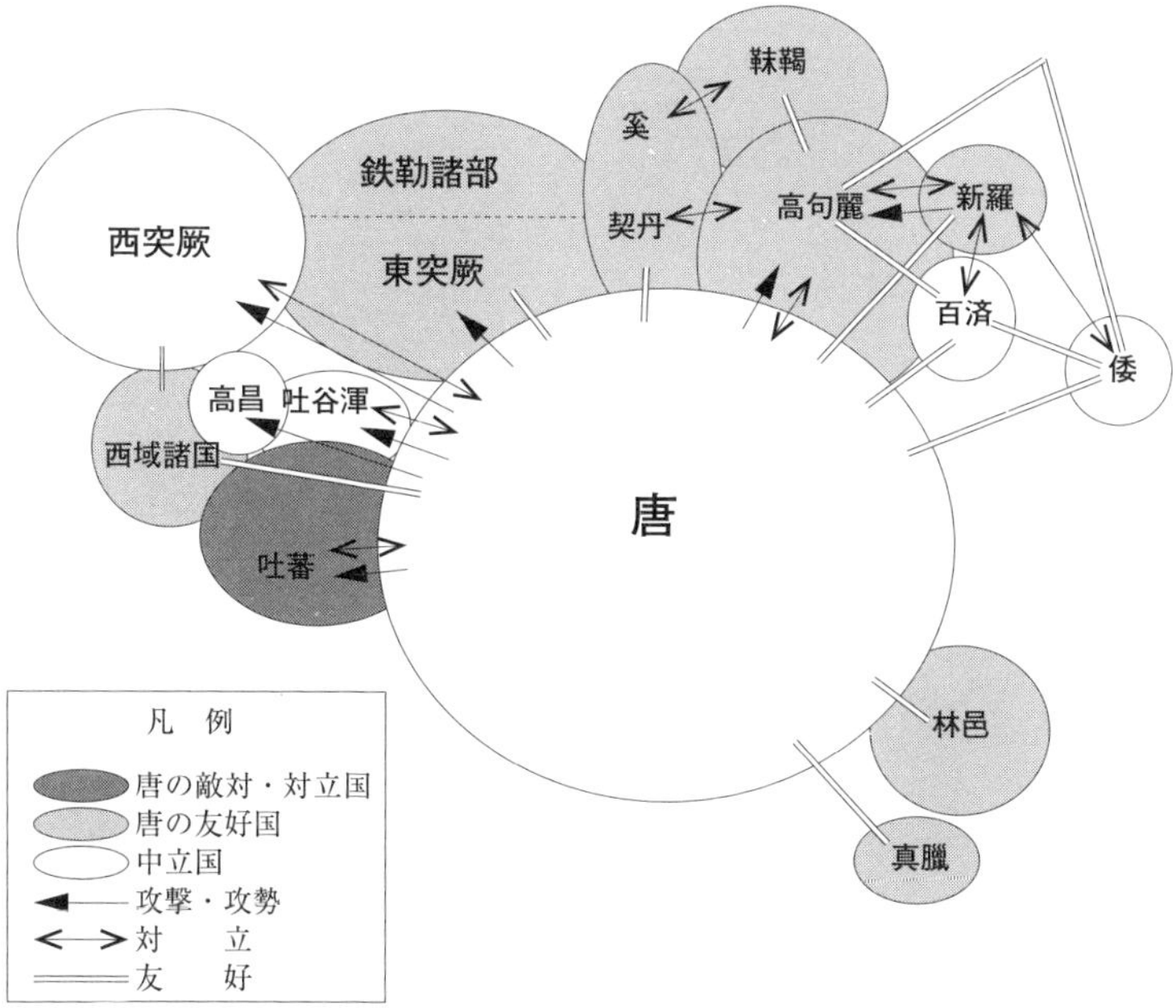

図３　唐初（7 世紀前半）の東アジア世界

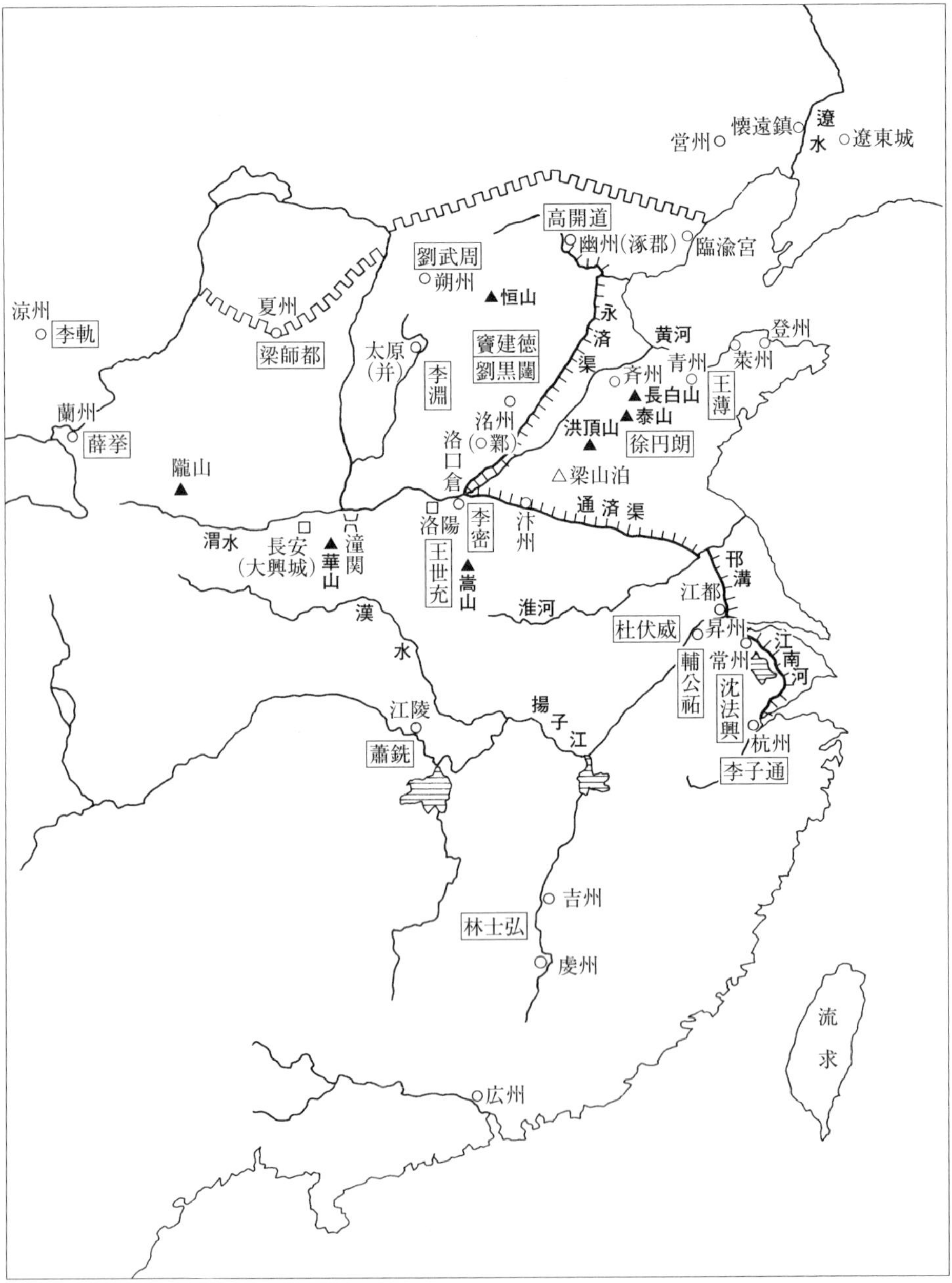

図4　隋代地図及び隋末唐初群雄割拠図

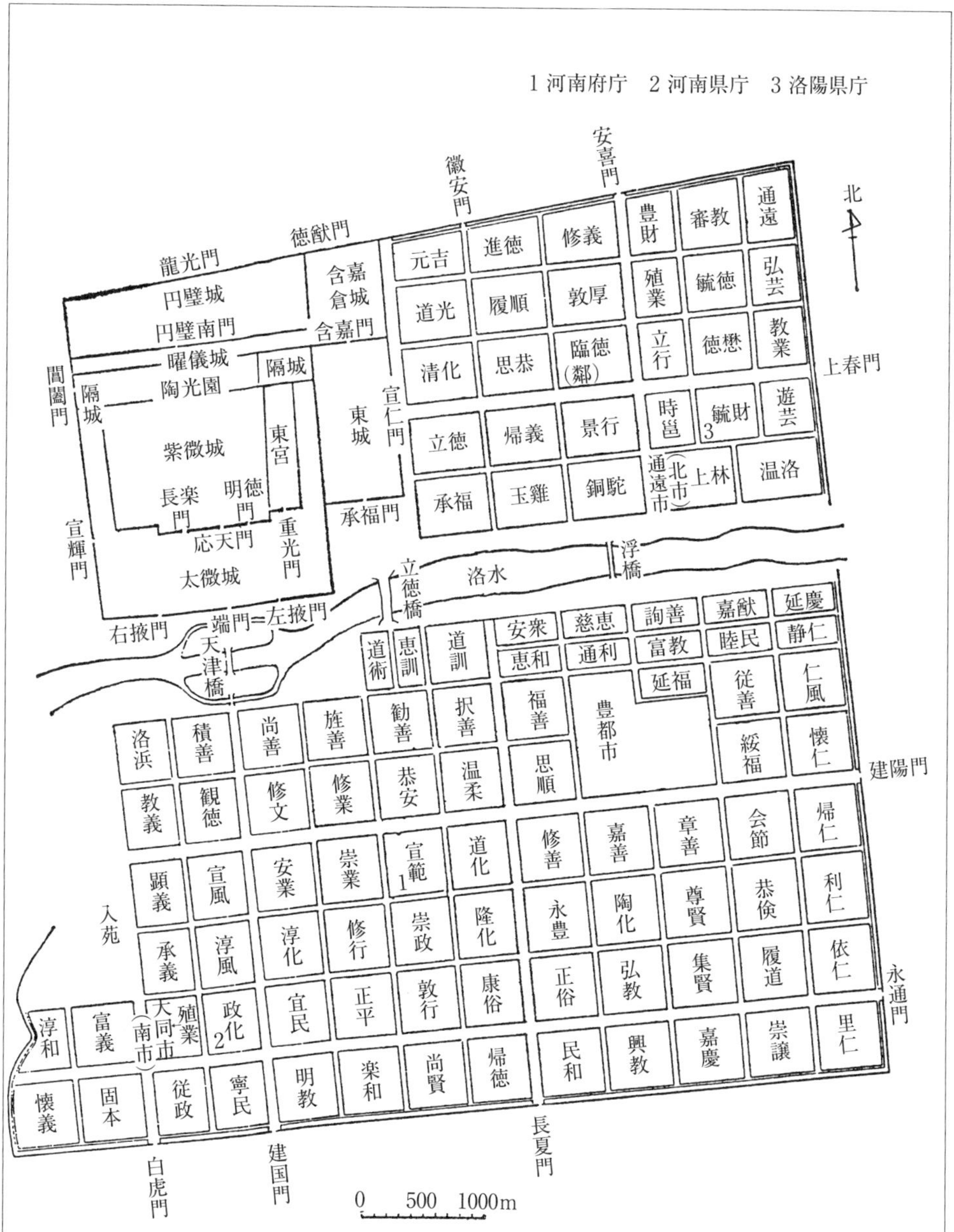
1 河南府庁　2 河南県庁　3 洛陽県庁
北
安喜門
徽安門
徳猷門
龍光門
円壁城
円壁南門
含嘉倉城
含嘉門
曜儀城
隔城
陶光園
閶闔門
隔城
紫微城
東宮
東城
宣仁門
長楽門
明徳門
承福門
宣輝門
応天門
重光門
太微城
右掖門
端門
左掖門
天津橋
立徳橋
洛水
浮橋
上春門
建陽門
永通門
長夏門
建国門
白虎門
入苑
元吉
進徳
修義
豊財
審教
通遠
道光
履順
敦厚
殖業
毓徳
弘芸
清化
思恭
臨徳（鄰）
立行
徳懋
教業
立徳
帰義
景行
時邕
毓財
3
遊芸
承福
玉雞
銅駝
通遠市（北市）
上林
温洛
安衆
慈恵
詢善
嘉猷
延慶
道術
恵訓
道訓
恵和
通利
富教
睦民
静仁
延福
従善
仁風
洛浜
積善
尚善
旌善
勧善
択善
福善
豊都市
綏福
懐仁
教義
観徳
修文
修業
恭安
温柔
思順
帰仁
顕義
宣風
安業
崇業
宣範
1
道化
修善
嘉善
章善
会節
利仁
承義
淳風
淳化
修行
崇政
隆化
永豊
陶化
尊賢
恭倹
依仁
淳和
富義
大同市（南市）
殖業
政化
2
宜民
正平
敦行
康俗
正俗
弘教
集賢
履道
里仁
懐義
固本
従政
寧民
明教
楽和
尚賢
帰徳
民和
興教
嘉慶
崇譲
0　500　1000m

図5　隋の洛陽（東京）城

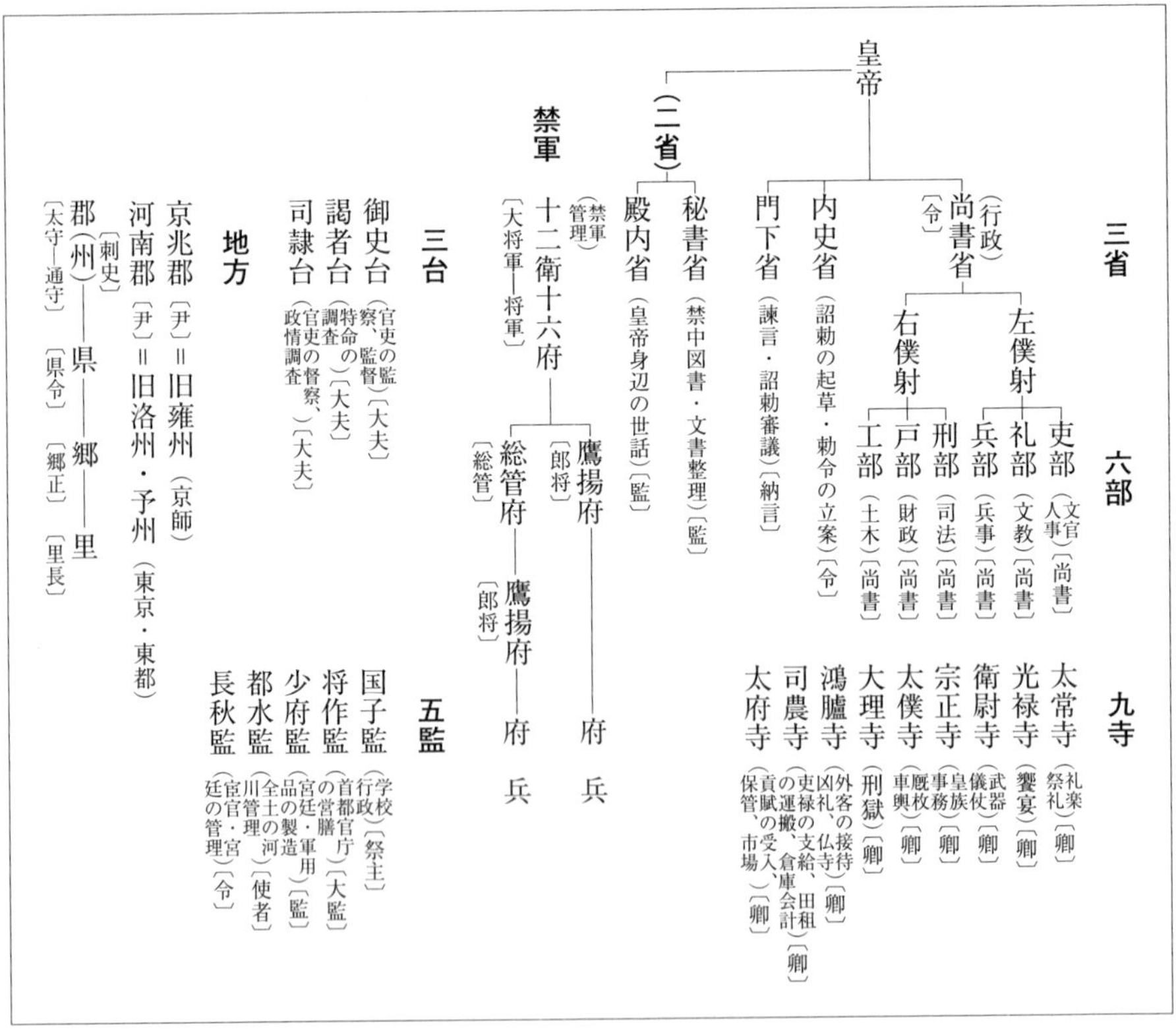
皇帝
三省
尚書省（行政）〔令〕
内史省（詔勅の起草・勅令の立案）〔令〕
門下省（諫言・詔勅審議）〔納言〕
左僕射
右僕射
六部
吏部（文官人事）〔尚書〕
礼部（文教）〔尚書〕
兵部（兵事）〔尚書〕
刑部（司法）〔尚書〕
戸部（財政）〔尚書〕
工部（土木）〔尚書〕
九寺
太常寺（礼楽祭礼）〔卿〕
光禄寺（饗宴）〔卿〕
衛尉寺（武器儀仗）〔卿〕
宗正寺（皇族事務）〔卿〕
太僕寺（厩牧車輿）〔卿〕
大理寺（刑獄）〔卿〕
鴻臚寺（外客の接待、凶礼、仏寺）〔卿〕
司農寺（吏禄の支給、田租の運搬、倉庫会計）〔卿〕
太府寺（貢賦の受入、保管、市場）〔卿〕
（二省）
秘書省（禁中図書・文書整理）〔監〕
殿内省（皇帝身辺の世話）〔監〕
禁軍
十二衛十六府（禁軍管理）〔大将軍—将軍〕
鷹揚府〔郎将〕
府兵
総管府〔総管〕
鷹揚府〔郎将〕
府兵
三台
御史台（官吏の監察、監督）〔大夫〕
謁者台（特命の調査）〔大夫〕
司隷台（官吏の督察、政情調査）〔大夫〕
五監
国子監（学校行政）〔祭主〕
将作監（首都官庁の営膳）〔大監〕
少府監（宮廷・軍用品の製造）〔監〕
都水監（全土の河川管理）〔使者〕
長秋監（宦官・宮廷の管理）〔令〕
地方
京兆郡〔尹〕＝旧雍州（京師）
河南郡〔尹〕＝旧洛州・予州（東京・東都）
郡（州）〔刺史〕〔太守—通守〕
県〔県令〕
郷〔郷正〕
里〔里長〕

図6　隋代中央・地方官制図（煬帝期官制を基準に）

表1　隋代史関係年表

表1　隋代史関係年表

隋年号	関係事項	周辺諸国動向	倭関係事項
開皇元（五八一）	2隋の創始（楊堅＝文帝即位）。三省六部制（中央官制）の成立。宰相に高熲任用。十二衛府制（兵制）の成立 9五銖銭の実施（貨幣の統一） 10新律の制定（肉刑の廃止）	10百済、隋に遣使 12高句麗、隋に遣使	
開皇二（五八二）	6大興城の造営に着手 7新令の頒布（開皇令三〇巻、目録一巻）		
開皇三（五八三）	3新都（大興城）完成。天下の遺書収集。税制（租庸調制）の確定 11廃郡の実施（州県二級制に）。新律の再改定（五〇〇条・一二巻）＝開皇律の確定		
開皇四（五八四）	1新暦（張賓暦）の頒布	突厥・沙鉢略可汗と和親	新羅に遣使
開皇五（五八五）	1新礼（一〇〇巻）の頒布（五礼＝吉凶軍賓嘉礼） 5義倉の設置 貌閲の実施（丁四四万三〇〇〇・新附口一六四万一五〇〇）。輸籍の法の実施 文帝、菩薩戒を受く（菩薩天子）		
開皇七（五八七）	1諸州より歳貢三人を命ず（秀才、明経、進士科）＝科挙制の始まり 4山陽瀆の開鑿 9後梁（南朝梁の支脈）を併合		蘇我馬子、物部守屋を滅ぼす（仏教問題）

開皇八（五八八）			百済、仏舎利・僧・寺工を献上
開皇九（五八九）	1陳の平定（州三〇、県四〇〇、戸六〇万又は五〇万）、南北統一を実現 2郷里制の制定（一郷五〇〇戸、一里一〇〇戸）		
	三階教の信行、長安に出る。高熲、邸宅の一部を寄進（真寂寺）		
開皇一〇（五九〇）	5軍籍の廃止、軍事力による関中本位政策の確立 7楊素を内史令に（左僕射は高熲）		
	11江南の乱（高智慧の乱）		
開皇一一（五九一）	霊泉寺（相州）霊裕、長安に召請さる 11天台智顗、揚州にて晋王楊広（後の煬帝）に菩薩戒を授く		
開皇一二（五九二）	府蔵の穀物、充満状態となる 均田の命が出る		12推古即位
開皇一三（五九三）	雅楽成る	突厥の大義公主殺さる	4聖徳（厩戸）太子立つ（摂政）～六二二（推古三〇）
			四天王寺建立
開皇一四（五九四）	新楽の実施（音楽統一のため） 1信行死去	新羅、隋に遣使	2三宝興隆の詔を発す

表1　隋代史関係年表

開皇一五（五九五）	1文帝、泰山で封禅を実施 3仁寿宮完成		5高句麗僧慧慈、倭へ渡来、太子の師に 百済僧慧聡、倭へ渡来
開皇一六（五九六）	1社倉の設置		11飛鳥寺（法興寺）完成
開皇一七（五九七）	晋王、智顗に国清寺（天台寺）を。智顗死去 12虞慶則の死（桂州李世賢の乱討伐の帰途）	9高句麗王湯死去、息子元嗣に上開府儀同三司遼東公を授与 この年、吐谷渾の大乱、伏允立つ この年、高句麗、靺鞨の衆万余と遼西を寇す	4百済、王子を倭に派遣 11吉士磐金を新羅に遣わす
開皇一八（五九八）	2高句麗遠征（漢王諒・高熲、水陸三〇万）（～9月帰還）		
開皇一九（五九九）	2高熲ら突厥討伐に出兵 6王世積を反乱の疑いで誅殺 8宰相高熲の失脚	2突厥内部の変動（都藍可汗と突利可汗の内訌） 4突厥・突利可汗の内附（啓民可汗に改名）	
開皇二〇（六〇〇）	2賀若弼、下獄 10皇太子楊勇を庶民におとす 11晋王楊広を皇太子に 12仏像・神像の破壊禁止。三階教を禁圧		2新羅、任那を攻む。倭、任那を援助 **①倭の使者、隋に至る**
仁寿元（六〇一）	1楊素を尚書左僕射、蘇威を右僕射に		2斑鳩宮建立 3高句麗・百済に任那救援を要請

	6国子学を除き、太学・四門学・州県学の廃止。7国子学を太学に改名、定員七〇名 6舎利を三一州に分与し、霊塔を建てる（第一回仁寿舎利事業）		11新羅征討を計画（六〇三年中止）
仁寿二（六〇二）	4舎利塔を五一（一説に五三）所に（第二回） 7蜀王秀、囚わる（12庶人に） 8独狐皇后の死		10百済僧観勒、暦・天文書などを献上
仁寿三（六〇三）		突厥の達頭可汗、啓民へ降伏（東突厥再統一）	10小墾田宮完成 11広隆寺成り、弥勒菩薩像を奉ず 12冠位十二階の制定
仁寿四（六〇四）	1舎利塔を三〇州に命ず（第三回） 7文帝、仁寿宮に崩ず（64歳）、煬帝即位 8漢王諒の乱（1か月で平定） 11洛陽へ（実質的に遷都）		1冠位十二階施行 4憲法十七条の発布 9朝礼を改める 暦日を採用
大業元（六〇五）	3東京（洛陽）の造営（～翌年正月、毎月役丁二〇〇万人）。顕仁宮の造営 大運河通済渠・邗溝の開鑿 閏7国子学等の学校の復活、課試方法の整備 8煬帝、江都（揚州）へ（翌年4月東京へ戻る）	8契丹の営州攻撃	4丈六仏像を造る（六〇九完成） 高句麗、造仏像用黄金三〇〇両を送る 10太子、斑鳩宮に移る

表1　隋代史関係年表

大業二（六〇六）	2輿服・儀衛制度の制定（牛弘・何稠） この頃より五貴（蘇威・宇文述・虞世基・裴蘊・裴矩）あるいは選曹七貴（五貴に牛弘・張瑾）の活動 音楽の統一（裴蘊。周・斉・梁・陳の楽家の子弟を楽戸に）		7太子、勝鬘経・法華経を進講 旧法隆寺金銅弥勒菩薩半跏思惟像成る
大業三（六〇七）	4律令を頒つ＝大業律（五〇〇条一八篇）・令（三〇巻） 4北巡へ（5馳道を作る、7長城を築く、7～8啓民可汗の大帳へ。9帰還） 高熲の諫言（散楽を徴することへ）。高熲・宇文弼・賀若弼を誅す 裴矩、『西域図記』三巻を上呈	1啓民可汗入朝	②7倭、小野妹子を隋に派遣
大業四（六〇八）	1永済渠の開鑿（婦女も動員）		③3倭使、隋に来貢 4妹子、隋より帰国 4～9隋の答礼使裴世清、倭訪問 ④9小野妹子再来貢（留学生・留学僧らを帯同）
大業五（六〇九）	3河右への巡幸、吐谷渾の討伐（～9月帰還） 裴蘊の貌閲（丁二〇万三〇〇〇人、新附六四万一五〇〇人（隋の最盛時）	7張掖で高昌王らを集めたミニ国際フェスティバルを開く	9妹子、隋より帰国
大業六（六一〇）	1弥勒教徒の乱（東京で。隋末諸反乱の先駆） 江南河の開鑿（3煬帝、江都へ）	1諸蕃酋長、洛陽に集まる（最初の国際フェスティバル）	⑤1倭使、来貢 3高句麗僧曇徴、紙・墨・碾磑の製法を伝える

大業七（六一一）	4煬帝、幽州へ入り（臨朔宮）、高句麗討伐準備本格化		1太子、勝鬘経義疏を著す
大業八（六一二）	1第一次高句麗遠征を発動（～9月）	11高昌王麹伯雅へ華容公主を降嫁	百済人、伎楽を伝える
大業九（六一三）	3第二次高句麗遠征（～6月） 6楊玄感の乱（～8月）、隋末の動乱本格化		9太子、維摩経義疏を著す
大業一〇（六一四）	3第三次高句麗遠征（～10月）		**⑥6犬上御田鍬を隋に派遣**
大業一一（六一五）	1諸外国二六国を集めた「戦勝」祝賀フェスティバルを開催 5煬帝、太原の汾陽宮へ（北巡に）	8～9煬帝、突厥・始畢可汗に雁門城で包囲、突厥の自立	4太子、法華経義疏を著す **9犬上御田鍬帰国（百済使を帯同して）** 11僧慧慈、高句麗に帰国
大業一二（六一六）	7煬帝、江都宮（揚州）へ出発		
大業一三（六一七）	5李淵、太原で挙兵、11長安を陥落		
大業一四（六一八）	3煬帝の死（江都の乱にて）、隋滅亡 5唐の成立（李淵＝高祖即位）		8高句麗使、隋滅亡を伝う

表2　隋代各国遣使年表

（紀＝『隋書』帝紀、伝＝『隋書』列伝＋巻数、鑑＝『資治通鑑』、冊＝『冊府元亀』巻九七〇外臣部朝貢三）

年	月	遣使国	出典	備考
文帝・開皇元年〔五八一〕	三月	白狼国	紀、冊	
	七月	靺鞨酋長	紀、伝八一、冊	
	八月	突厥（阿波可汗）	紀、冊	
	九月	突厥（沙鉢略可汗）	紀、冊	
	一〇月	百済王	紀、伝八一	
	一二月	高句麗	紀	
開皇二年〔五八二〕	正月	高句麗	紀、冊	
	〃	百済	紀、冊	
	一一月	高句麗	紀、冊	
開皇三年〔五八三〕	正月	高句麗	紀、冊	
	四月	高句麗	紀	
	〃	突厥	紀、冊	
	五月	高句麗	紀、冊	
	〃	靺鞨	紀、冊	
	〃	突厥（阿波可汗）	鑑	
	八月	靺鞨	紀、冊	
開皇四年〔五八四〕	二月	靺鞨	紀、冊	冊「開皇四年」
	四月	突厥	紀	
	〃	高句麗	紀	
	〃	吐谷渾	紀	

	九月	契丹	紀、冊	冊「開皇四年」
	〃	突厥（沙鉢略可汗）	鑑	
開皇五年（五八五）	四月	契丹	紀、冊	
	八月	突厥（沙鉢略可汗）	紀、鑑	鑑「七月」
開皇六年（五八六）	正月	党項羌	紀	紀「内附」
	三月	突厥（沙鉢略可汗）	紀、冊	
	是年	女国	冊、伝八三	
	〃	吐谷渾	伝八三	
開皇七年（五八七）	正月	突厥（沙鉢略可汗）	伝八四、冊、鑑	鑑「二月」、冊「開皇七年」
	是年	突厥（都藍可汗）	伝八四、冊	
開皇八年（五八八）	？月	突厥（都藍部落大人）	伝八四、冊	
開皇九年（五八九）	三月後	突厥	鑑	この年、陳滅亡
	平陳後	百済	伝八一	
	〃	林邑	伝八二	
開皇一〇年（五九〇）	七月	吐谷渾	紀、冊	
	一一月	契丹	紀、冊	
開皇一一年（五九一）	正月	高句麗	紀、冊	
	二月	吐谷渾	紀、伝八三、冊、鑑	
	〃	突厥	紀	
	四月	突厥（雍虞閭可汗）	紀、冊	
	五月	高句麗	紀、冊	
	一二月	靺鞨	紀、冊	

表2　隋代各国遣使年表

開皇一二年〔五九二〕	正月	突厥	冊	
	〃	高句麗	冊	
	〃	契丹	冊	
	一二月	吐谷渾	紀、伝八三、冊	冊「是年」
	〃	靺鞨	紀、冊	〃
	〃	突厥	紀	
開皇一三年〔五九三〕	正月	契丹	紀、冊	
	〃	奚	紀、冊	
	〃	霫	紀、冊	
	〃	室韋	紀、冊	
	七月	靺鞨	紀、冊	
開皇一四年〔五九四〕	？月	新羅	伝八一	
開皇一五年〔五九五〕	五月	吐谷渾	紀、冊	
	六月	林邑	紀、冊	
開皇一六年〔五九六〕	？月	党項	伝八三	
開皇一七年〔五九七〕	六月	高句麗	紀、冊	
	七月	突厥	紀、伝八四、冊、鑑	
	一一月	突厥	紀、冊	
開皇一八年〔五九八〕	？月	百済	伝八一	この年二月、高句麗遠征
	？月	百済	伝八一	伝「属興遼東之役、遣使奉表」

開皇一九年〔五九九〕	四月	突厥（〔突〕利可汗）	紀	紀「内附」
開皇二〇年〔六〇〇〕	正月	突厥	紀	
	〃	高句麗	紀	
	〃	契丹	紀	
	？月	倭	伝八一	伝「倭王、姓阿毎、字多利思比狐」
	〃	西突厥	伝八四	伝「開皇末」
仁寿元年〔六〇一〕				
仁寿二年〔六〇二〕				
仁寿三年〔六〇三〕				
仁寿四年〔六〇四〕				
煬帝・大業元年〔六〇五〕	？月	西突厥	伝八四	伝「大業初」
	〃	新羅	伝八一	伝「大業以来、歳遣朝貢」
大業二年〔六〇六〕				
大業三年〔六〇七〕	正月	突厥（啓民可汗）	鑑	鑑「啓民入朝」
	二月	百済	伝八一	
	五月	突厥（啓民可汗）	紀、冊、鑑	鑑「遣其子」
	〃	〃	紀、冊、鑑	鑑「遣其兄子」

表2　隋代各国遣使年表

	六月	吐谷渾	紀、伝八三、冊、鑑	伝「煬帝即位、遣其子順来朝」
	〃	高昌	紀、冊、鑑	
	〃	突厥	紀、冊	紀「啓民可汗来朝」
	一〇月	鉄勒	伝八四、鑑	
大業四年〔六〇八〕	二月	西突厥	鑑	
	三月	百済	紀、冊	
	〃	倭	紀、伝八一、冊、鑑	伝「大業三年」、国書「日出処天子致書…」
	〃	赤土	紀、冊	
	〃	加羅舎国	紀、冊	
	?月	高昌	伝八三	
	〃	附国	伝八三	
大業五年〔六〇九〕	正月	突厥（啓民可汗）	伝八四、鑑	鑑「啓民可汗来朝」
	二月	赤土	紀、冊	
	四月	狄道党項羌	紀、冊	煬帝、狄道にあり
	〃	高昌	紀、冊	冊「是年」
	〃	吐谷渾	紀、冊	〃
	〃	伊吾	紀、冊	〃
	六月	高昌	紀、伝八三、鑑	煬帝、張掖にあり、高昌王麴伯雅来朝
	〃	伊吾吐屯設	紀、鑑	煬帝、張掖にあり
	八月	突厥	冊	
	?月	安国	伝八三	
	〃	石国	伝八三、冊	
	〃	附国	伝八三	

大業六年〔六一〇〕	三月	倭	紀、冊	
	六月	室韋	紀、冊	
	〃	赤土	紀、冊	
	？月	西突厥（処羅可汗）	伝八四	伝「処羅可汗入朝」
大業七年〔六一一〕	二月	百済	紀、冊	
	一二月	西突厥（処羅可汗）	紀	紀「西面突厥処羅多利可汗来朝」
				隋末の乱始まる
大業八年〔六一二〕				高句麗遠征
大業九年〔六一三〕				高句麗遠征、楊玄感の乱起こる
大業一〇年〔六一四〕	七月	曹国	紀、冊	
	〃	高句麗	紀	紀「高麗遣使請降」
	〃	百済	伝八一、冊	伝、月不明
大業一一年〔六一五〕	正月	突厥	紀、伝八四、冊	
	〃	新国（新羅）	紀、冊	
	〃	靺鞨	〃	
	〃	畢大辞	〃	
	〃	訶咄	〃	
	〃	伝越	〃	
	〃	烏那曷	〃	
	〃	波臘	〃	
	〃	吐火羅	〃	

表2　隋代各国遣使年表

年	月	国名	出典	
	〃	倶慮建	〃	
	〃	忽論	〃	
	〃	靺鞨（?）	〃	
	〃	訶多	〃	
	〃	沛汗	〃	
	〃	亀茲	〃	
	〃	疏勒	〃	
	〃	于闐	〃	
	〃	安国	〃	
	〃	曹国	〃	
	〃	何国	〃	
	〃	穆国	〃	
	〃	畢	〃	
	〃	衣密	〃	
	〃	失范延	〃	
	〃	伽折	〃	
	〃	契丹	〃	
大業一二年〔六一六〕	二月	真臘国	紀、伝八二、冊	
	〃	婆利国	伝八二、冊	
	?月	丹丹	伝八二婆利国条	
	〃	盤盤	〃	
大業中		附国	伝八三、冊	
		鏺汗	〃	

		挹怛	〃
		末(米)国	〃
		史国	〃
		波斯	〃
		漕国	〃
		焉耆	〃
		康国	伝八三
		亀茲	〃
		疏勒	〃
		于闐	〃
		吐火羅	〃
		何国	〃
		烏那曷	〃
		穆国	〃

本年表は、倭国派遣のいわゆる「遣隋使」をより相対化して理解するための一助として、倭以外の国からどれだけ隋に使節が派遣されたか、その傾向をつかむために用意した資料である。

以下に、本年表より得られる史料上の傾向を、箇条書きで略記する。

(1)　出典を見ると、『冊府元亀』固有の史料はほとんどなく、同書の記事の多くは『隋書』に依拠したと思われる。この点は、大業一一年正月の遣使国羅列記事が『隋書』帝紀と『冊府元亀』とでほぼ一致することからもうかがわれよう。

(2)　文帝・開皇五年までは隋は連年突厥と抗争が絶えず、同年八月に沙鉢略可汗がその子を派遣してから、紛争を背景としない遣使が行われた。ただし、そうはいっても、文帝期にはどちらかというと北方諸民族との関係が目立ち、他地域からの遣使は煬帝期の傾向のように見受けられる。

(3)　煬帝期の傾向に拍車をかけた一因としては、大業三年の裴矩撰『西域図記』三巻の完成が想起され、同年裴矩は張掖に行き、西域商胡を招いたという。大業四年三月に赤土国からの遣使が見えるが、隋はこれを期に「能く絶域に通ずる者を募り」(伝八三赤土条は大業三年、鑑は四年)赤土国に使者を派遣した。おそらく、世界観の広がった煬帝政府は、まだ通じていない「絶域」の踏査を兼ねて使者を送ったと思われる。とすれば、大業四年の倭への裴世清派遣も、それと軌を一にする遣使と見てよいのではあるまいか。

(4)　有名な「日出処天子致書」の国書をもたらしたとされる倭の遣隋使の繫年を、『隋書』倭国伝は大業三年とするが、この年の三月に煬帝は長安に行き、四月に北方巡行に出かけ、八月に突厥・啓民可汗の牙帳に至っている。したがって、国書提出は他の史料の繫年である大業四年と見るべきで、とすれば謁見場所は洛陽である。

(5)　倭国派遣の遣隋使を見ると、おおよそ次のような時期に相当しよう。

①開皇二〇年の遣使は、文帝の高句麗遠征が終わって間もなくの時期。

②大業四年の遣使は、裴矩が西域商胡招待の政策を行い、隋がより広く周辺国と通じようとした時期。

③大業六年の遣使は、隋が西域二七国を招き、国際市を開催した翌年。

④『日本書紀』にのみ六一四年の遣使記事が見えるが、翌六一五年正月には多くの国からの遣使が隋側史料にあり、これらの派遣は前年のことと思われ、そしてその表向きの理由は対高句麗戦争終結の祝賀であったと考えられる。とすれば、『隋書』など中国側の史料には見えないが、この時の倭からの遣使は、まったくあり得ないことではないともいえよう。

（表・コメント作成者：石見清裕）

参考文献

朝日新聞社、二〇〇〇『中国国宝展』展示図録
浅見直一郎、一九八五「煬帝の第一次高句麗遠征軍」(『東洋史研究』四四―一)
網野善彦、一九九〇「「日本」という国号」(『日本論の視座』小学館)
荒野泰典他、二〇一〇『日本の対外関係1　東アジア世界の成立』(吉川弘文館)
韋　蘭春、一九九八「隋代の中日関係―六〇七年の遣隋使を中心として―」(『國學院大學日本文化研究所紀要』八二)
飯塚勝重、一九六六「礼楽よりみたる古代日本と中国との交渉―開皇七部伎の定置と倭国伎とをめぐって―」(『アジア・アフリカ文化研究所研究年報』一)
池田　温、一九七一「裴世清と高表仁―隋唐と倭の交渉の一面―」(『東アジアの文化交流史』吉川弘文館、二〇〇二年)
石野博信、一九九〇『日本原始・古代住居の研究』(吉川弘文館)
石原道博、一九五一「中国における日本観の端緒的形態―隋代以前の日本観―」(『茨城大学文理学部紀要(人文科学)』一)
石原道博、一九七五『訳註中国正史日本伝』(国書刊行会)
石原道博、一九八五『魏志倭人伝・後漢書倭伝・宋書倭国伝・隋書倭国伝』(岩波文庫)
石原道博、一九八六『旧唐書倭国日本伝・宋史日本伝・元史日本伝』(岩波文庫)
井上和人、二〇〇五「東アジア古代都城の造営意義―形制の分析を通じて―」(『東南アジア考古学研究会報告』三〈東アジアの都市と都城〉)
井上直樹、二〇〇八「五七〇年代の高句麗の対倭外交について」(『年報朝鮮学』一一、九州大学朝鮮学研究会)
井上光貞、一九七一「日本古代国家の成立―推古朝の意義―」(『古代史研究の世界』吉川弘文館、一九七五年)

井上光貞、一九七二「三経義疏成立の研究」(『日本古代思想史の研究』岩波書店、一九八二年)
今尾文昭、二〇〇八「伝承飛鳥板蓋宮内郭における北と南」(『律令期陵墓の成立と都城』青木書店)
今西　龍、一九三四「百済史講話」(『百済史研究』近澤書店)
石見清裕、一九九八『唐の北方問題と国際秩序』(汲古書院)
上田正昭、一九六八「古代貴族の国家意識」(『日本古代国家論究』塙書房)
榎本淳一、二〇一一「『隋書』倭国伝について」(大山誠一編『日本書紀の謎と聖徳太子』平凡社)
大津　透、一九九九『古代の天皇制』(岩波書店)
大塚初重他編、一九九八『考古学による日本歴史12　芸術・学芸とあそび』(雄山閣出版)
大庭　脩、一九九六「古代中世日本における中国典籍の輸入」(『古代中世日本における日中関係史の研究』同朋舎出版)
大橋一章・谷口雅一、二〇〇二『隠された聖徳太子の世界：復元・幻の天寿国』(日本放送出版協会)
小澤　毅、二〇〇三「伝承板蓋宮跡の発掘と飛鳥の諸宮」(『日本古代宮都構造の研究』青木書店)
大日方克己、一九九三『古代国家と年中行事』(吉川弘文館)
鐘江宏之、二〇〇八『律令国家と万葉びと』(小学館)
金子修一、一九九二「隋唐交代と東アジア」(『隋唐の国際秩序と東アジア』名著刊行会、二〇〇一年)
金子修一、二〇〇三「中国史の眼で『魏志』倭人伝を読む」(『法政史学』五九)
金子修一、二〇〇六「東アジア世界論と冊封体制論」(田中良之・川本芳昭編『東アジア古代国家論プロセス・モデル・アイデンティティ』すいれん舎)
金子修一、二〇〇七「『魏志』倭人伝の字数─卑弥呼の時代と三国─」(『創文』五〇三)
金子修一、二〇〇八「古代東アジア研究の課題─西嶋定生・堀敏一両氏の研究に寄せて─」(専修大学社会知性開発研究センター『東アジア世界史研究センター年報』一)
鎌田茂雄、一九八七『朝鮮仏教史』(東京大学出版会)

鎌田元一、二〇〇一『律令公民制の研究』（塙書房）
川勝　守、二〇〇二『聖徳太子と東アジア世界』（吉川弘文館）
河上麻由子、二〇〇五「隋代仏教の系譜―菩薩戒を中心として―」（『古代アジア世界の対外交渉と仏教』山川出版社、二〇一一年）
川本芳昭、二〇〇二「漢唐間における「新」中華意識の形成―古代日本・朝鮮と中国との関連をめぐって―」（『九州大学東洋史論集』三〇）
川本芳昭、二〇〇四「隋書倭国伝と日本書紀推古紀の記述をめぐって―遣隋使覚書―」（『史淵』一四一）
川本芳昭、二〇〇五『中国の歴史5　中華の崩壊と拡大―魏晋南北朝』（講談社）
岸　俊男、一九八〇「木簡と大宝令」（『日本古代文物の研究』塙書房、一九八八年）
岸　俊男、一九八八「朝堂の初歩的考察」（『日本古代宮都の研究』岩波書店）
岸　俊男、一九九三『日本の古代宮都』（岩波書店）
鬼頭清明、一九七二「推古朝をめぐる国際的環境」（『日本古代国家の形成と東アジア』校倉書房、一九七六年）
金　昌錫、二〇〇七「高句麗・隋戦争の背景と展開」（『東北亜歴史論叢』一五、東北亜歴史財団）
熊谷公男、二〇〇一『日本の歴史03　大王から天皇へ』（講談社）
栗原朋信、一九七八『上代日本対外関係の研究』（吉川弘文館）
氣賀澤保規、一九七八「隋末唐初の諸叛乱」（『中国民衆叛乱史』一、平凡社）
氣賀澤保規他、一九九六『特集花の都・長安』（『月間しにか』九月号、大修館書店）
氣賀澤保規、二〇〇一「隋仁寿元年（六〇一）の学校削減と舎利供養」（『駿台史学』一一一）
氣賀澤保規、二〇〇五『中国の歴史6　絢爛たる世界帝国　隋唐帝国』（講談社）の第一章「新たな統一国家―隋王朝―」の「隋朝中期の政治動向―遣隋使が見た隋の風景―」
氣賀澤保規、二〇〇八「遣隋使の見た隋の風景―「開皇二十年の遣隋使」の理解をめぐって―」（国際日本文化研究セン

ター）
氣賀澤保規編著、二〇一一『洛陽学国際シンポジウム報告論文集』（汲古書院）
高　寛敏、二〇〇〇「倭隋外交をめぐる諸問題」（『東アジア研究』二九）
高　明士、一九九九「隋階唐使の赴倭とその儀礼問題」（『アジア遊学』三、特集東アジアの遣唐使）
河内春人、二〇〇〇「新羅使迎接の歴史的展開」（『ヒストリア』一七〇）
河内春人、二〇〇一「日本古代における「天下」」（『歴史学研究』七四五）
河内春人、二〇〇四「「天下」論」（『歴史学研究』七九四）
河内春人、二〇〇六「東アジアにおける文書外交の成立」（『歴史評論』六八〇）
小杉一雄、一九八〇「六朝時代仏塔に於ける舎利安置」（『中国美術史の研究』新樹社）
西郷信綱、一九八九「ヒムカシと「日本」と」（『朝日百科日本の歴史』一、朝日新聞社）
佐伯有清、一九八六「推古朝の対外政策と文化」（『日本の古代国家と東アジア』雄山閣出版）
坂本太郎、一九三四「聖徳太子の鴻業」（『岩波講座日本歴史』岩波書店）
坂本太郎、一九六〇『日本全史２　古代Ⅰ』（東京大学出版会）
坂元義種、一九七九「推古朝の外交」（『歴史と人物』一〇〇）
坂元義種、一九八〇「遣隋使の基礎的考察―とくに遣使回数について―」（井上薫教授退官記念会編『日本古代の国家と宗教』下、吉川弘文館）
佐藤武敏、二〇〇四『長安』（講談社学術文庫）
佐藤　信、一九九七「古代の「大臣外交」についての一考察」（村井章介・佐藤信・吉田伸之編『境界の日本史』山川出版社）
佐原　真、一九九六『食の考古学』（東京大学出版会）
山東省青州市博物館、一九九八「青州龍興寺仏教造像窖蔵清理簡報」（『文物』一九九八年二期）
塩沢裕仁、二〇一〇『千年帝都洛陽　その遺跡と人文・自然環境』（雄山閣出版）

篠川　賢、二〇〇一「遣隋使の派遣回数とその年代」（『日本古代の王権と王統』吉川弘文館）
徐　先堯、一九六六「隋倭国交の対等性について」（『文化』二九―二）
末松保和、一九四九『任那興亡史』（大八洲出版）
鈴木靖民、二〇〇九「遣隋使と礼制・仏教―推古朝の王権イデオロギー―」（『日本の古代国家形成と東アジア』吉川弘文館、二〇一一年）
妹尾達彦、二〇〇一『長安の都市計画』（講談社）
関　晃、一九五五「遣新羅使の文化史的意義」（『関晃著作集』三、吉川弘文館、一九九六年）
石　暁軍（王小林訳）、一九八九「「日出処天子」と「日没処天子」に関する一考察―栗原朋信博士「傾斜説」を中心に―」（『日本史研究』三二七）
関野　貞、一九〇七『平城京及大内裏考』（東京帝国大学紀要工科　三）
曾根正人、二〇〇七『聖徳太子と飛鳥仏教』（吉川弘文館）
高橋善太郎、一九五一「遣隋使の研究―日本書紀と隋書との比較―」（『東洋学報』三三―三・四）
田島　公、一九八六「外交と儀礼」『まつりごとの展開』（日本の古代七、中央公論社）
田島　公、二〇〇五「大陸・半島との往来」『人と物の移動』（列島の古代史四、岩波書店）
田中健夫・石井正敏、一九八七「古代日中関係編年史料稿―推古天皇八年（六〇〇）から天平十一年（七三九）まで―」（『遣唐使研究と史料』東海大学出版会）
田中俊明、二〇〇二「百済と北斉」（千田稔・宇野隆夫編『東アジアと半島空間』思文閣出版）
田中俊明、二〇〇八「百済の対梁外交」（『忠清学と忠清文化』七、忠清南道歴史文化研究院）
田村圓澄、一九九四『飛鳥・白鳳仏教史』（吉川弘文館）
塚本善隆、一九三八「国分寺と隋唐の仏教政策ならびに官寺」（『塚本善隆著作集』六、大東出版社、一九七四年）
塚本善隆、一九七三「隋仏教史序説―隋文帝誕生説話の仏教化と宣布―」（『塚本善隆著作集』三、大東出版社、一九七五

年）
塚本善隆、一九七四「隋文帝の宗教復興特に大乗仏教振興―長安を中心にして―」（『南都佛教』三二）
鄭　孝雲、一九九九「遣隋使の派遣回数の再検討」（『立命館文学』五五九）
東野治之、一九九一「日出処・日本・ワークワーク」（『遣唐使と正倉院』岩波書店、一九九二年）
東野治之、一九九四『書の古代史』（岩波書店）
東野治之、二〇〇七『遣唐使』（岩波新書）
遠山美都男、一九九三「遣隋使はなぜ派遣されたか」（吉村武彦他編『新視点日本の歴史』二・古代編Ⅰ、新人物往来社）
礪波　護、二〇〇五「天寿国と重興仏法の菩薩天子と」（『大谷学報』八三―二）
直木孝次郎、一九六五『日本の歴史』二（中央公論社）
中尾芳治、一九九五『難波宮の研究』（吉川弘文館）
中村裕一、一九九一『唐代制勅研究』（汲古書院）
西嶋定生、一九六二「六～八世紀の東アジア」（李成市編『古代東アジア世界と日本』岩波書店、二〇〇〇年に「東アジア世界と冊封体制―六～八世紀の東アジア―」と改題）
西嶋定生、一九六四「私の古墳遍歴」（『西嶋定生東アジア史論集』四、岩波書店、二〇〇二年）
西嶋定生、一九七〇「総説」（李成市編『古代東アジア世界と日本』岩波書店、二〇〇〇年に「序説―東アジア世界の形成」と改題）
西嶋定生、一九七三「東アジア世界の形成と展開」（『西嶋定生東アジア史論集』三、岩波書店、二〇〇二年）
西嶋定生、一九八七「遣隋使と国書問題」（『学士会会報』七七六）
西本照真、一九九八『三階教の研究』（春秋社）
林部　均、二〇〇一『古代宮都形成過程の研究』（青木書店）
林部　均、二〇〇三「飛鳥の諸宮と藤原京の成立」（広瀬和雄・小路田泰直編『古代王権の空間支配』青木書店）

林部　均、二〇〇五「飛鳥・藤原京の実像―「日本的」都城の成立―」（『東アジアの都市史と環境史―新しい世界へ―』中央大学）
林部　均、二〇〇五「古代宮都と天命思想―飛鳥浄御原宮における大極殿の成立をめぐって―」（吉村武彦編『律令制国家と古代社会』塙書房）
林部　均、二〇〇七「飛鳥の諸宮と藤原京―都城の成立―」（吉村武彦・山路直充編『都城　古代日本のシンボリズム』青木書店）
林部　均、二〇〇七「飛鳥宮―大極殿の成立―」（『都城制研究集会　第一回　宮中枢の形成と展開―大極殿の成立をめぐって―』奈良女子大学）
林部　均、二〇〇七「藤原京の条坊制―その実像と意義―」（『都城制研究』一、奈良女子大学二一世紀ＣＯＥプログラム報告書一六）
林部　均、二〇〇八『飛鳥の宮と藤原京―よみがえる古代王宮―』（吉川弘文館）
廣瀬憲雄、二〇〇六「書儀と外交文書」（『続日本紀研究』三六〇）
藤善真澄・王勇、一九九七『天台の流伝』（山川出版社）
藤善真澄、二〇〇四『隋唐時代の仏教と社会』（白帝社）
古瀬奈津子、二〇〇三『遣唐使の見た中国』（吉川弘文館）
保科富士男、一九九七「「東天皇」国書考」（『白山史学』三三）
堀　敏一、一九七九「隋代東アジアの国際関係」（『隋唐帝国と東アジア世界』汲古書院）
堀　敏一、一九九三『中国と古代東アジア世界　中華的世界と諸民族』（岩波書店）
堀　敏一、一九九八『東アジアのなかの古代日本』（研文出版）
増村　宏、一九六八「隋書と書紀推古紀―遣隋使をめぐって―」（『鹿児島大学法文学部研究紀要　文学科論集』四）
増村　宏、一九六九「隋書と書紀推古紀―遣隋使をめぐって―（続）」『鹿児島大学法文学部研究紀要　文学科論集』五）

増村　宏、一九八八『遣唐使の研究』（同朋舎出版）
松枝正根、一九九四『古代日本の軍事航海史』下（かや書房）
丸山裕美子、一九九六「書儀の受容について」（『正倉院文書研究』四、吉川弘文館）
宮崎市定、一九六五『隋の煬帝』（人物往来社、一九六五年及び中央公論社文庫、一九八七年、『宮崎市定全集』七、岩波書店、一九九二年）
茂在寅男等、一九八七『遣唐使研究と史料』（東海大学出版会）
本居宣長、一九七二『馭戎慨言』（『本居宣長全集』八、筑摩書房）
森　克己、一九五五『遣唐使』（至文堂）
山川均・佐藤亜聖、二〇〇六「下三橋遺跡の発掘調査について」（『条里制・古代都市研究』二二）
山崎　宏、一九四二「仁寿年間に於ける送舎利建塔事業」（『支那中世仏教の展開』清水書店）
山崎　宏、一九六〇「隋より見た日本」（『歴史教育』八―一）
山崎　宏、一九六七『隋唐仏教史の研究』（法蔵館）
吉田　孝、一九九九『日本歴史2　飛鳥・奈良時代』（岩波ジュニア新書）
吉村武彦、一九九三「倭国と大和王権」（『岩波講座日本通史』二、岩波書店）
吉村武彦、二〇〇二『聖徳太子』（岩波新書）
李　成制、二〇〇五『高句麗の西方政策研究』（国学資料院）
李　成市、一九九八『古代東アジアの民族と国家』（岩波書店）
李　成市、二〇〇〇『東アジア文化圏の形成』（山川出版社）
和田　萃、一九九五『日本古代の儀礼と祭祀・信仰』中（塙書房）
渡辺信一郎、二〇〇八『北朝楽制史の研究―『魏書』楽志を中心に―』（科学研究費成果報告書）

【コラム】遣隋使——新聞記者が答えるQ&A

岡本　公樹

一「初」は六〇〇年　ルール知らず赤恥か

Q　第一回は本当に六〇七年だったのか？

A　実は初めての遣隋使は西暦六〇〇年だったと考えられている。遣隋使の記録は、日本側の『日本書紀』と、中国側の『隋書』にあるが、それらには食い違いがある。第一回の遣隋使は、『隋書』に六〇〇年とあるが、『日本書紀』は六〇七年。一方、六一四年を最後の遣隋使とする『日本書紀』に対し、『隋書』にはその記載はない。

後者の食い違いについては、当時、隋（五八一～六一八）の国内は大混乱で、使節を派遣はしたものの、都まで行き着けなかったために生じたという合理的な推理が成り立つ。

しかし、六〇〇年の遣隋使を、なぜ『日本書紀』は書かなかったのか、となると、その理由を明快に説明するのは難しい。単なる偵察だったという説から、九州の勢力による使節だったという考え方など、諸説ある。

森公章・東洋大教授（日本古代史）の考えはこうだ。「倭（日本）の使節が外交の常識を知らなかったため、現地で赤恥をかいたことが原因では？」。五世紀に度々中国へ使節を遣わした「倭の五王」の時代から一〇〇年以上が経過し、中国との外交儀礼を忘れていた可能性があるという。

『隋書』によると、日本の使者は「倭王は天を兄とし、太陽を弟としている。日の出前に出仕して、まつりごとをし、日が出ると、仕事を終えて弟に任せる」と倭の政治のあり方を説明した。これに対し、隋の皇帝は「大いに義理なし（それでは駄目だ）」と諭した。結局、隋は返礼の使者を日本へ送ることはなかった。

失意の遣隋使が帰国後、日本は、冠位十二階（六〇三年）や憲法十七条（六〇四年）の制定など、〝国際ルール〟にあった制度を次々に作る。「その上で六〇七年に、改めて『初の』遣隋使を送り直したのではないでしょうか」というのが、森教授の推測だ。

小野妹子が率いるこの時の一行は、隋の使者、裴世清（はいせいせい）の招請に成功する。日本は国際社会の一員として、ようやく認められたのだ。その後、隋・唐からの文物や情報によって、華やかな仏教文化が花開き、古代の文明開化と呼ばれる時代が到来する。その陰には、名も残らぬ幻の遣隋使たちの辛苦があったのかもしれない。

二〇〇七年には小野妹子が遣隋使として中国に渡ってから一四〇〇年を迎えた。東アジアを舞台にした古代日本の国際交流は、どのように行われたのか。その謎解きを試みる。

二「隋は折れる」小国の駆け引き

Q　中国を激怒させた「日出処天子」の真意は？

A　小野妹子率いる遣隋使は六〇七年、海を渡り、隋の都洛陽にたどり着いた。一行を待っていたのは、二代目皇帝、煬帝（ようだい）。高句麗遠征や大運河の建設など無理な大事業で国を滅ぼしたとされる人物だ。

この「暴君」に対して、日本が提出した国書は無礼かつ大胆極まりないものだった。

「日出（ひい）ずる処（ところ）の天子、書を日没する処の天子に致す。恙（つつが）なきや…」

――日が昇る国の天子から、日が沈む国の天子に国書を送ります。お元気ですか。

これを見た煬帝は、「野蛮な国の無礼な文だ。こんなものは二度と取り次がないように」と不快の意をあらわにした。

この国書には二つの問題があるとされてきた。日本を日が昇る隆盛の国、隋を太陽が没む、つまり傾いていく国としたこと。そして、中華思想で唯一絶対の存在である天子（皇帝）を名乗ったことだ。

しかし、最近の研究で、「日出ずる」と「日没する」は、単に「東」と「西」を示す一般的な言葉に過ぎないことが分かってきた。煬帝が無礼と感じたのは、あくまで「天子」という表現だったのだ。

煬帝は激怒したと言うわりには、翌年、返礼の使者を派遣している。「隋は当時、高句麗と敵対していたから、戦略上、その背後に位置する日本を無視することができない事情もあったでしょう。怒ったというよりもあきれた程度だったのかもしれません」と、石井正敏中央大教授（古代対外関係史）は推測する。

結果的に、超大国に対する無謀とも言える対等外交は成功した。ただ、「日本側も東アジアの事情はかなり正確に知っていたはず。小国の日本が、どこまで本気で対等を求めたのかは疑問です」と話す。

国書をしたためたのは、聖徳太子だった可能性が高いとされる。近年、存在そのものが否定される研究もある太子だが、〝外務大臣〟として世界のパワーバランスを読み取り、「隋は折れるに違いない」と考えて、巧みな外交を展開したのでは、と想像することは許されるだろう。

三　任那での勢力回復狙う

Q　なぜ、派遣決めた？

A　遣隋使派遣の背景には、緊迫した朝鮮半島情勢があったとされる。当時の半島は、北の高句麗、西の百済、東の新羅による三すくみ状態だった。そして南端には、日本が勢力下に置いていると主張する任那（加羅諸国）があったが、五六二年に、新羅によって併合された。

日本と新羅との関係は、一触即発の状態が続いた。新羅の背後に隋がいることを知った日本は、六〇〇年、幻の第一回遣隋使を送る。しかし、隋の文帝から相手にされず、〝国交樹立〟の目的を達することはできなかった。「諸外国、特に中国と対話するには仏教が必要であることを、このときの遣隋使は知ったはずです。文帝は熱心な仏教の信奉者でしたから」と話すのは、氣賀澤保規・明治大教授（中国隋唐史）だ。

当時の仏教は、美術・文化的な要素よりも、最先端のイデオロギーという側面が強かった。「あえて現代に置き換えれば民主主義でしょうか」

小野妹子率いる六〇七年の遣隋使が「日出ずる処の天子…」との国書を渡したことは先にふれた。実はこの文書は冒頭で「海の西の菩薩天子（隋皇帝）は仏教を大変盛んにされていると聞きましたので、使節を送ります。一緒に修行僧数十人を同行させるので仏教を学ばせて下さい」と、日本が仏教国であることをアピールしている。

本音は、外交交渉で任那への影響力回復をもくろんでいたのかもしれないが、表面上は仏教への関心を表明することで、日本が文明国であることを主張していたのだ。

しかし、意外に渋い隋側の反応に、妹子は面食らったかもしれない。対面した二代目の煬帝は、三年後に仏教信者によって反乱を起こされるなど、仏教に対して冷めた見方を持っていたとされる人物だったからだ。

四　地方出身者を重用

Q　その時、日本で何が？

A　遣隋使が海を渡った時代、日本は大きな変革の時期だった。第一回の派遣（六〇〇年）直後のトピックを『日本書紀』から拾ってみると、彼らが隋で何を見、何を本国に伝えたのかが浮かび上がってくる。六〇一年、聖徳太子が斑鳩宮（いかるがのみや）を建造。六〇三年には冠位十二階、翌年の憲法十七条と、〃国際標準〃の制度が作られる。六〇五年からは、飛鳥寺に納める大仏の鋳造が始まった。

新しい制度や文化を取り入れる以上、その変化に対応できる人材が必要となる。そこで、地方出身者にも中央政界への門戸が開かれた。こうした政治改革の〃物証〃が、当時の辺境の地、武蔵国にある円墳、八幡山（はちまんやま）古墳（埼玉県行田市、全長約六六メートル）で見つかっている。

県埋蔵文化財調査事業団の田中広明さんは「古墳の被葬者は地元出身で、聖徳太子の側近中の側近だった物部（もののべ）兄麿（のえまろ）と言い伝えられています。それは単なる伝承と切り捨てられないのです」と話す。

石室から、大阪府太子町の聖徳太子墓や奈良県明日香村の高松塚古墳など、皇族級の古墳でしか見つかっていない漆塗りの木棺の破片が見つかっているのだ。「畿内の中枢と相当に深いつながりがあったことは間違いありません」

長年の功績が認められた兄麿は六三三年、現在の県知事にあたる国造（くにのみやつこ）として、武蔵国に凱旋（がいせん）する。住民たちは郷土の英雄を熱狂的に迎えたことだろう。

大化の改新（六四五年）の立役者、藤原（中臣）鎌足も故地は常陸国（茨城県）。もっとも後に権力を一手に握った藤原氏が地方出身者を重用したとは言えないのだが。

五　返礼の使者「女帝」と報告せず

Q　遣隋使は天皇の性別を偽ったのか？

A　六〇〇年に遣隋使を派遣したのは推古天皇だが、彼らは君主が女帝であることを隋に隠した節がある。隋の記録には、こうある。

――日本の王、アマタリシヒコが使いを送ってきた。王の妻はキミという。後宮には女が六、七〇〇人いる。

「彦」という男性特有の名前、そして妻の存在、こうした情報は日本の使者が伝えたものである。この時点で隋は、男か女かどちらか確認しようがない。

しかし、小野妹子率いる遣隋使の返礼として、六〇八年に日本を訪れた隋の使者、裴世清は「王」と面会した。その様子をこう説明している。

――（私と王が）お互いに見合ったところ、王はとても喜んで、「私は辺境の海の隅におり、礼儀を知りませんでした。そのため、なかなか使いを出しませんでした。しかし今、国内の道や建物をきれいにし、大使が来るのをお待ちしていました」と言った。

本当に裴世清は天皇と会ったのだろうか。もし、そうなら、当然、「日本の王は女性だった」と報告したはずだ。

「隠したというより、天皇とはそもそも姿をあからさまには見せない存在でした。アマタリシヒコも個人名ではなく、天皇を意味する称号。後宮の人数も一般論では」と、吉村武彦・明治大教授（日本古代史）は話す。天皇と対面できるのは、ほんの一握りの高官のみ。当時、外国の使節が天皇の顔を見ることは不可能だったのだろう。

「おそらく妹子も天皇を直接見たことはなかった。なのに、天皇より格が上の隋の皇帝を生で見たのだから、興奮したでしょうね」

裴世清は、実際に会った聖徳太子か蘇我馬子を「王」と報告したのだろう。さもないと、日本の王を皇帝に従わせるという役目を果たしていないことになり、自分の身が危ないからだ。後に紹介するように、日本の外交官である妹子もウソの報告をした節がある。どうやら外交使節には詭弁(きべん)を弄(ろう)する才能が必要だったようだ。

六　沿岸部ルートでは安全

Q　航海は意外に楽だった?

A　遣隋使は日本の命運を背負い、命懸けで荒海を乗り越えた勇気ある男たち——というイメージがある。しかし、「海を渡ること自体は難しくなかったのです」。宇野隆夫・国際日本文化研究センター教授(考古海運史)は首を振る。

遣隋使は、九州北部を出発し、壱岐(いき)や対馬(つしま)を経由し、朝鮮半島の沿岸を通り、中国の山東半島へと抜ける道を進んだ。これは、後漢から金印を授けられた奴国(な)(西暦五七年)や、三世紀の卑弥呼の使節も利用した弥生時代以来の安全な沿岸ルートだった。

遣隋使船はまだ発見されていないが、使節の人数や当時の造船技術などから、板で囲んだ丸木舟を連結して全長約二〇メートルにまで伸ばし、オールと帆で進むタイプの船だったと推測されている。

「造船技術は弥生時代と大差ありませんが、季節を選んで沿岸部を進めば、まず難破することはなかったでしょう」。実際、日本側、中国側の資料にも遣隋使の航海が大変だったという記載はない。

航海が命懸けになるのは、七〇二年、七回目の遣唐使から。長崎・五島列島から一気に東シナ海を横断する外洋ルートを、突然選択したのだ。しかも、皇帝の正月の謁見（えっけん）に間に合わせようと、わざわざ海の荒れる時期に渡海したため、遭難が相次ぐようになる。

あえて危険な外洋にこぎ出たのは、新羅との関係が悪化したから。六六三年の白村江（はくすきのえ）の戦いで、唐・新羅に完敗した日本は、半島沿岸のルートが使えなくなったのだ。

遣隋使の小野妹子と隋の使者裴世清の二人は、穏やかな海上で、東アジアの平和についてじっくりと語り合ったのかもしれない。だが、結果的に日本は安全な海の道を失ってしまった。五度の渡航失敗の末にようやく日本に着くことができた唐の高僧、鑑真（がんじん）の苦難は、外交失敗のとばっちりとも言える。

七　天皇思っての不祥事、結局不問

Q　国書をなくした小野妹子は外交官失格か？
A　小野妹子は隋からの帰途、とんでもない不祥事を起こした。
『日本書紀』によると、隋の使者裴世清とともに、六〇八年に帰国した妹子は、朝廷にこう報告した。

「隋の皇帝は私に国書を授けましたが、（朝鮮半島の）百済を過ぎるときに百済人に盗まれました」

なんと、国書を紛失したというのだ。群臣たちは「外交使節は命をかけてでも使命を全うしなければならない。それなのに……」と激怒し、流刑に処すことを決めた。しかし、推古天皇は「今は隋の使者が来ている。彼の耳に入ったら体面上まずい」として不問にした。

この不可解な事件については、古くから様々な解釈があるが、川本芳昭・九州大教授（東アジア古代史）は、こう考える。「国書は二種類あり、正式な国書は裴世清が持っていた。その内容は『日本書紀』に紹介されているが、極めて形式的なものでした。一方、妹子が受け取った国書はかなり具体的で、おそらく日本の態度を厳しく咎（とが）める内容だったのではないかと思います」

六〇〇年の第一回遣隋使の時に、日本は天皇を「天を兄とする」と説明した。これは、天の弟である天皇は、天の子である中国の皇帝よりも目上の立場だと宣言したのも同じ。応対した文帝に追い返されたとしても無理はない。

そして七年後、妹子が隋に渡した国書には「日出ずる処の天子、書を日没する処の天子に致す」と記されていた。この有名な一文を、川本教授は「六〇〇年のときに『天の弟』と主張して失敗した日本は、隋のアドバイスを一応受け入れて、一段下の『天の子』を称することにしたのでしょう。朝鮮半島の支配権を主張したい日本としては、これでもギリギリの譲歩だったはずです」と解釈する。

むろん、こうした日本側の事情を隋の皇帝、煬帝が理解できるはずもない。形式的な国書を裴世清に託す一方で、収まらない怒りを書き連ねた親書を妹子に突き付けたというわけだ。

隋から叱責（しっせき）された文書の存在を明らかにすれば、天皇の権威が失墜する可能性がある。妹子は、何とか闇に葬ろうと考え、身を賭（と）してウソをついたのかもしれない。

八　使者の到着に、なぜ時間がかかったのか？

Q　使者の到着に、なぜ時間がかかったのか？

A　〝首都〟インフラ整備急ぐ

『日本書紀』によると、小野妹子は六〇八年四月、隋の使者、裴世清を伴って九州（筑紫）に上陸した。一行は、二か月後の六月にようやく大阪（難波）に到着、都の飛鳥までは、さらに二か月を要した。約三〇年後に朝鮮半島の百済の使者が来た際には、筑紫到着から三週間余りで難波に着いたという記録がある。それに比べると、随分とゆっくりとした行程だ。

「日本側は、まさか使節が本当に来るとは考えていなかったのでしょう。あわてて道路や迎賓館などインフラの整備を始めたのでは」。河内春人・明治大兼任講師（日本古代史）は推測する。そのため、所々で足止めをされたというわけだ。

隋の記録には、唐突に阿蘇山（熊本県）について詳しく説明する一文が残る。大きな謎の一つだが、時間を稼ぐため、隋使に〝観光〟させたということなのかもしれない。

現在の飛鳥を歩くと、飛鳥京跡の礎石や、石舞台古墳、酒船石、亀形石造物など、日本で最初の都にふさわしい遺跡が数多く点在する。しかし、裴世清はまだそれらを見ることはできなかった。〝首都〟建設が始まったばかりの当時の飛鳥は、「推古天皇の住まう小墾田宮（おはりだ）と初めての本格寺院、飛鳥寺があった程度の状態でしたから」。そう、奈良県明日香村教委の相原嘉之さんは説明する。

五九六年にできたばかりの飛鳥寺は美しくきらめいていたことだろうが、大都会の洛陽から来た裴世清を「辺境にしては立派な国だ」と感心させることはできなかっただろう。ただ、今見つかっている遺跡の下に、都市を思わせる当時の遺構が眠っていないとも限らない。が、貴重な遺跡を破壊して掘り進めるのは不可能。裴世清が飛鳥に何を感じたのか――それは永遠の謎なのかもしれない。

九　貴族に有利な「昇進」制度

Q　なぜ、日本で科挙は定着しなかったのか？

A　六〇〇年からの遣隋使に始まる交流を通じて、日本は中国の制度や文化を貪欲に吸収していく。とくに、法律や行政制度などは律令国家としての古代日本の根幹となった。

　そうしたなか、一度は取り入れられながら有名無実化した制度がある。中国の人材登用試験「科挙」に似た「貢挙」だ。

　七世紀後半から始まったとされる貢挙は、貴族の子弟や全国の優秀な若者を推薦のみで大学寮に入学させ、卒業後、式部省試験に合格すると中央の役人になれる仕組みだ。

　しかし、狭き門を突破したにもかかわらず、エリートたちは不遇だった。登用されても官位は八位からのスタートで、貴族として認められる五位に達する人は極めて少なかった。

　実は、三位以上の皇族や大貴族の子弟は、無条件で六位からスタートできる制度があった。結果として、高官は貴族が世襲し、学問を究めた人材へのおこぼれはほとんどなく、貢挙が空洞化するのもやむを得なかった。

「科挙が日本に浸透しなかった理由はほかにもあります」と、岡田英弘・東京外国語大名誉教授（歴史学）は語る。

隋・唐などの支配者層は純粋な漢族ではなく、北方系の民族であることが最近の研究で分かってきた。「当時、大陸全体に通用する共通の話し言葉は成立していません。広い大陸のどこに赴任するか分からない行政官は、どこへいっても通じるコミュニケーション手段として、書き言葉としての漢字で仕事をするしかなかった。だから、漢字の能力を試す科挙が絶対に必要だったのです」

一方、古代日本はある程度、話し言葉によるコミュニケーションが成り立つ社会だった、と岡田名誉教授は見る。『万葉集』には、天皇や貴族だけでなく、庶民の詠んだ歌が多くあることからも、それは容易に想像できる。貢挙が根づかず、世襲社会が続いたことは、現代日本にも大きな影響を与えているのではないだろうか。

一〇 失われた経典逆輸出

Q 中国の文化を取り入れるだけだったのか?

A 遣隋使や遣唐使に象徴されるように、古代日本は圧倒的に国力の勝る中国から一方的に文化や制度を取り入れてきたという印象がある。

「確かに、東アジアの文化の流れは、明治以前は中国から日本へ、明治以降は日本から中国へと、滝のように上から下へ落ちる一方通行のものだったと見られがちです。しかし、実際は、空気のように還流して相互に発展していったのではないでしょうか」。そう話すのは、中国・浙江（せっこう）工商大学日本文化研究所長の王勇教授（中日文化交流史）。

当時、中国に使節を派遣していた国は五四か国に上る。新羅など朝鮮半島の国はほぼ毎年、遠いイスラムの諸国でも三年に一度使節を送っていたが、日本は二〇～三〇年に一度。実は、交流の回数で比べたら、日本は他国よりかなり少なかったのだ。にもかかわらず日本は、隋・唐文化の最大の継承者となった。

大陸では、九〇七年に唐が滅び大混乱となる。九七九年に宋が再び統一したが、七〇年にわたる戦禍で隋や唐時代から伝わる仏典などの書籍の多くが消滅してしまった。しかし、海を隔てた日本ではそれらが残された。九九八年には、天台座主（てんだいざす）の覚慶（かくけい）が失われた経典を宋の僧侶に送った。こうした逆輸出によって、東アジアの貴重な文化が守られたのだ。

「東西交流の道は、シルクロード（絹の道）と言われていますが、日本の使節が持ち帰りたいと切望したのは、絹よりも本でした。つまり中国と日本の場合はブックロードと呼ぶべきです」と、王教授は主張する。新たな国作りに邁進（まいしん）する日本は、珍しい宝物よりも先進の情報が詰まった書籍に強い関心を持っていた。使節が日本で未知の本を持ち帰ると官位や土地が与えられたほどだった。

遣隋使や遣唐使が大切に持ち帰った文化の種子は日本で豊かに実った。そして、それらは東アジア全体へと大きく広がっていったのである。

＊本コラムは、『読売新聞』（二〇〇七年七月二一日～二〇〇七年九月二一日）に「遣隋使一四〇〇年」と題して全一〇回連載したものに加筆訂正したものである。

＊肩書きは原則的に取材時のものである。

図版出典一覧

カラー口絵

1頁図2　宮内庁蔵

2頁図3　豊嶋優花氏作成

3頁図5　中国国家博物館蔵／『世界美術大系』八（講談社、一九六三年）より転載

4頁図6・7『山東青州龍興寺出土佛教造像展』（香港芸術館、二〇〇一年）より転載

4頁図8『中国国宝展』展示図録（朝日新聞社、二〇〇〇年）より転載

4頁図9『世界美術大全集　東洋編4』（小学館、一九九七年）より転載

5頁図10、6頁図14・16、7頁図22『中国美術全集　彫塑編4』（人民美術出版社、一九八八年）より転載

5頁図11〜13、6頁図15・17、7頁図18・20・21『中国の博物館7　河南省博物館』（講談社、一九八三年）より転載

7頁図19『中国美術全集　絵画編12』（文物出版社、一九八八年）より転載

8頁図23『中国美術史　隋唐巻』（齊魯書社・明天出版社、二〇〇〇年）より転載

8頁図24『中国美術全集　彫塑編13』（文物出版社、一九八九年）より転載

8頁図25・26『中国の建築』（小学館、一九八二年）より転載

本文

51頁図1　天津市芸術博物館蔵

155頁図2、275頁図15　中国国家博物館蔵／『世界美術大系』八（講談社、一九六三年）より転載

157頁図3　京都・崇道神社蔵／京都国立博物館提供

165頁図5『聖徳太子の遺跡』展示図録（奈良県立橿原考古学研究所附属博物館、二〇〇一年）をもとに作図

193頁図2　奈良国立文化財研究所『飛鳥・藤原宮発掘調査概報』一六（一九八六年）より転載

194頁図3　奈良文化財研究所編『飛鳥・藤原京展』展示図録（朝日新聞社、二〇〇二年）より転載

195頁図4　明日香村教育委員会『雷丘東方遺跡　第三次発掘調査概報』（一九八七年）より転載

198頁図5　岸俊男『日本の古代宮都』（岩波書店、一九九三年）をもとに作図

200頁図6、202頁図7、204頁図8、207頁図10、210頁図11、211頁図12　林部均「飛鳥宮と『飛鳥京』の形成」『飛鳥京跡』Ⅲ（奈良県立橿原考古学研究所調査報告一〇二、二〇〇八年）より転載

205頁図9　小澤毅「伝承板蓋宮跡の発掘と飛鳥の諸宮」（『日本古

代宮都構造の研究』青木書店、二〇〇三年）の図をもとに加筆
252頁図1　豊嶋優花氏作成
254頁図3　国家文物局主編『中国文物地図集』陝西分冊上（西安地図出版社、一九八九年）より転載
258頁図4　『山東青州龍興寺出土佛教造像展』（香港芸術館、二〇〇一年）より転載
260頁図6　頼非『山東北朝仏教摩崖刻経調査与研究』（科学出版社、二〇〇七年）より転載
263頁図8　『文物』（二〇〇八年第五期）より転載
266頁図10　『佛陀香火塔寺窟』（光復書局、一九九二年）より転載
270頁図11　『中国佛塔史』（科学出版社、二〇〇六年）より転載
273頁図13　『唐墓壁画珍品・章懐太子墓壁画』（文物出版社、二〇〇二年）より転載
275頁図14　台湾故宮博物院蔵／深津行徳「台湾故宮博物院所蔵『梁職貢図』模本について」（朝鮮半島に流入した諸文化要素の研究』二、学習院大学東洋文化研究所、一九九九年）より転載
284頁図1、300頁図6、301頁図7　奈良文化財研究所提供
295頁図3　大阪文化財研究所提供
297頁図4　法隆寺蔵／平川南編『古代日本　文字の来た道』（大修館書店、二〇〇五年）より転載
299頁図5　埼玉県立さきたま史跡の博物館提供

その他

〔本扉〕聖徳太子像（御物模写、奈良国立博物館蔵・提供）／煬帝（『歴代帝王図』）
〔表紙〕聖徳太子像（御物模写、奈良国立博物館蔵・提供）／煬帝（『歴代帝王図』）／仁寿舎利塔想定図（『中国佛塔史』科学出版社、二〇〇六年より転載）／観音菩薩立像（ワシントン博物館蔵）

執筆者紹介（五〇音順）

（略歴は奥付参照）

氣賀澤保規（けがさわ やすのり）

序章、第Ⅰ部1・4、第Ⅲ部1、終章、付録全体

池田 温（いけだ おん） 第Ⅲ部3

専門は東洋史（中国中古史・前近代東亜文化交流史）。東京大学大学院博士課程単位取得退学。東京大学・創価大学名誉教授。

〔主な著作〕『中国古代籍帳研究—概観・録文—』（東京大学出版会、一九七九年）・『中国古代写本識語集録』（東京大学東洋文化研究所、一九九〇年）・『東アジアの文化交流史』（吉川弘文館、二〇〇二年）

鐘江宏之（かねがえ ひろゆき） 第Ⅲ部2

専門は日本古代史。東京大学大学院人文社会系研究科博士課程修了。現在は学習院大学文学部教授。

〔主な著作〕「七世紀の地方社会と木簡」（森公章編『日本の時代史3 倭国から日本へ』吉川弘文館、二〇〇二年）・『地下から出土した文字』（山川出版社、二〇〇七年）・『律令国家と万葉びと』（小学館、二〇〇八年）

金子修一（かねこ しゅういち） 第Ⅰ部2

専門は中国古代史。東京大学大学院人文科学研究科修士課程修了。現在は國學院大學文学部教授。

〔主な著作〕『古代中国と皇帝祭祀』（汲古書院、二〇〇一年）・『隋唐の国際秩序と東アジア』（名著刊行会、二〇〇一年）・『中国古代皇帝祭祀の研究』（岩波書店、二〇〇六年）

川本芳昭（かわもと よしあき） 第Ⅱ部2

専門は東アジア古代中世史。九州大学大学院博士課程単位取得退学。現在は九州大学文学部教授。

〔主な著作〕『中華の崩壊と拡大 魏晋南北朝』（講談社、二〇〇五年）・『中国史のなかの諸民族』（山川出版社、二〇〇四年）・『魏晋南北朝時代の民族問題』（汲古書院、一九九八年）

河内春人（こうち はるひと） 第Ⅱ部4、遣隋使史料集、人物略伝

専門は日本古代史。明治大学大学院博士後期課程中退。現在は明治大学文学部・立教大学文学部兼任講師。

〔主な著作〕シャルロッテ・フォン・ヴェアシュア著『モ

ノが語る日本対外交易史　七—一六世紀』〔翻訳〕（藤原書店、二〇一一年）・「古代国際交通における送使」（鈴木靖民・荒井秀規編『古代東アジアの道路と交通』勉誠出版、二〇一一年）・「倭の五王と中国外交」（『日本の対外関係1　東アジア世界の成立』吉川弘文館、二〇一〇年）

田中俊明（たなか　としあき）　**第Ⅰ部3**

専門は朝鮮古代史・古代日朝関係史。京都大学大学院文学研究科博士課程認定修了。現在は滋賀県立大学人間文化学部教授。

〔主な著作〕『大加耶連盟の興亡と「任那」』（吉川弘文館、一九九二年）・『古代の日本と加耶』（山川出版社、二〇〇九年）・『高句麗の歴史と遺跡』〔共編著〕（中央公論社、一九九五年）

林部　均（はやしべ　ひとし）　**第Ⅱ部3**

専門は日本考古学。関西大学文学部史学地理学科卒業。現在は国立歴史民俗博物館研究部考古研究系准教授。

〔主な著作〕『古代宮都形成過程の研究』（青木書店、二〇〇一年）・『飛鳥の宮と藤原京—よみがえる古代王宮—』（吉川弘文館、二〇〇八年）・『平城京誕生』〔共〕（角川書店、二〇一〇年）

吉村武彦（よしむら　たけひこ）　**第Ⅱ部1**

専門は日本古代史。東京大学大学院人文科学研究科博士課程中退。現在は明治大学文学部教授。

〔主な著作〕『日本古代の社会と国家』（岩波書店、一九九六年）・『古代天皇の誕生』（角川書店、一九九八年）・『聖徳太子』（岩波書店、二〇〇二年）・『ヤマト王権』（岩波書店、二〇一〇年）

石見清裕（いわみ　きよひろ）　**付録　年表（409頁）**

専門は東洋史。早稲田大学文学研究科博士後期課程単位取得退学。現在は早稲田大学教育学部教授。

〔主な著作〕『唐の北方問題と国際秩序』（汲古書院、一九九八年）・『唐代の国際関係』（山川出版社、二〇〇九年）・「唐の成立と内陸アジア」（『歴史評論』七二〇、二〇一〇年）

高瀬奈津子（たかせ　なつこ）　**遣隋使史料集、地図**

専門は東洋史。明治大学大学院文学研究科博士後期課程修了。現在は札幌大学文化学部准教授。

〔主な著作〕「安史の乱後の財政体制と中央集権について—建中元年の財政使職廃止をめぐって—」（『史学雑誌』一一〇—一一、二〇〇一年）・「唐後半期の財庫について—延資庫を中

心に―」(『唐代史研究』一三、二〇一〇年)

江川式部(えがわ しきぶ)　**遣隋使史料集**

専門は東洋史。明治大学大学院文学研究科博士後期課程修了。現在は明治大学商学部兼任講師。

〔主な著作〕「唐代の上墓儀礼―墓祭習俗の礼典化とその意義について―」(『東方学』一二〇、二〇一〇年)・「源氏物語と唐の礼楽思想―物語に書かれなかった「楽」をめぐって―」(日向一雅編『源氏物語と音楽』、青簡舎、二〇一一年)

岡本公樹(おかもと こうき)　**コラム**

読売新聞金沢支局次席。慶應義塾大学文学部卒業。

【編者】氣賀澤保規（けがさわ やすのり）

専門は中国隋唐史。京都大学文学部史学科卒業（東洋史学専攻）、京都大学文学研究科博士課程東洋史学専攻修了。博士（文学、京都大学）。現在、明治大学文学部教授・明治大学東アジア石刻文物研究所所長。

〔主な著書〕

・『中国の歴史 6　絢爛たる世界帝国　隋唐時代』（講談社、2005 年）
・『府兵制の研究―府兵兵士とその社会―』（同朋舎、1999 年）
・『則天武后』（白帝社、1995 年）
・『中国仏教石経の研究―房山雲居寺石経を中心に―』〔編著〕（京都大学学術出版会、1996 年）
・『洛陽学国際シンポジウム報告論文集　東アジアにおける洛陽の位置』〔編著〕（汲古書院・明治大学石刻文物研究所、2011 年）
・『新版唐代墓誌所在総合目録（増訂版）』〔編〕（汲古書院・明治大学石刻文物研究所、2009 年）
・『図説三国志の世界』（リュウウェイ原著）〔編訳著〕（大修館書店、2001 年）

遣隋使（けんずいし）がみた風景（ふうけい）—東（ひがし）アジアからの新視点（しんしてん）—

2012 年 2 月 10 日　初版第一刷発行　　定価（本体 3,800 円＋税）

編　者　氣　賀　澤　保　規
発行者　八　木　壯　一
発行所　株式会社　八　木　書　店
〒101-0052 東京都千代田区神田小川町 3-8
電話 03-3291-2961（営業）
03-3291-2969（編集）
03-3291-6300（FAX）
E-mail pub@books-yagi.co.jp
Web http://www.books-yagi.co.jp/pub

印　刷　上毛印刷
製　本　博勝堂
用　紙　中性紙使用

ISBN978-4-8406-2035-2

©2012 YASUNORI KEGASAWA